STRESS N'S[...]

TAPPING FOR TEENS

EFT at YOUR FINGERTIPS

STRESSWORX
positive solutions for peace of mind

Ruth Fogg MSc

To Molly
Enjoy
Ruth
x

Published by The Visualisation Press Melville House, 2 The Glade, Staines Middlesex. TW18 1EW

ISBN: 979853497435   First published 2021

FOREWORD

By **Leigh Middleton** – Chief Executive of the National Youth Agency

As the Chief Executive of the NYA, I am very aware of the growing mental health crisis affecting young people today.

With less provision available, young people are often left to their own devices or social media to find emotional support.

This book helps to fill that gap and offers young people a way forward in understanding and managing their stress levels.

When I look back at my own journey in youth work, Ruth has been around for a fair bit of it! I first met her in the early nineties when she visited my youth centre in Reading as part of an inspection (she was the inspector!). A few years later I undertook training with Ruth as the tutor for Brunel University (where she is an Honorary Fellow).

As Youth Development Officer for the borough of Spelthorne, I engaged Ruth to deliver training and write a "Toolkit" for my staff team. She also delivered and assessed our Level 2 qualification and offered ongoing support throughout.

We were both on the Executive Committee of National Association of Youth and Community Officers for several years. She has become a friend as well as a trusted colleague.

Ruth is very committed to the wellbeing of young people – she is intuitive, thorough and professional which is demonstrated in this book.

Young people have lots of "stuff" to deal with and it's good to see it all in one place together with some practical and positive solutions.

You are in safe hands with Ruth and Stressworx

LEIGH MIDDLETON, The National Youth Agency

www.nya.org.uk

TESTIMONIALS

I was reluctant to believe that tapping would work but I gave it a go and released many fears and anxieties. **Izzie 15**

....

Attending Stressworx has been more than an incredible experience. Learning how to handle stress is like teaching yourself to sew - except you're also wearing both oven mitts *and* a blindfold. Mental health -and how YOU can handle it appropriately by influencing your subconscious, decisions, and emotions- is something schools should be obliged to teach; yet they DON'T!

Learning 'how to handle stress' is perhaps the first step to becoming a mature, young adult. Attending these sessions has helped me enormously in many situations. Ruth from Stressworx was a bigger help than anybody else when I needed it most and felt 'well past my breaking point' and I recommend it to **anyone,** as the skills you learn here will remain valuable for the rest of your life." **Lucas 17**

....

I went to see Ruth because I was really anxious about going to High School. She showed me how to tap and my anxiety went away. I often tap now if anything is worrying me . **Ruben 13**

....

I don't know if you'll remember me, but we had a few sessions when I was 16/17 back in 2012 or 2013. I had trouble eating anything, I had major anxiety, and I generally struggled with life in general, I don't think I ever got a chance to personally say thank you to you, especially now that I'm doing better, and I've grown up a fair bit since we met! So thank you Ruth for being there for me back then and helping me, words can't really express my appreciation enough, (Received in May2021!)

....

"Tapping and hypnosis have helped calmed me down through stressful moments and helped raise my self-esteem" **Cairo.16**

ACKNOWLEDGEMENTS

When you are writing a book, the content is the easy part. Knowing how to lay out the pages and format your document is a different matter altogether!

I would therefore like to thank Karen Brown of Master Self-Publishing for her guidance, patience expertise and support.

www.masterselfpublishing.pro

Thanks also to all the young people I have worked with over the years who have given me insights and understanding of what it's like to be a teenager today. The world is a very different place from when I was an adolescent.

Last but not least, thanks to my husband, Nigel who provides endless cups of tea and encouragement.

CONTENTS

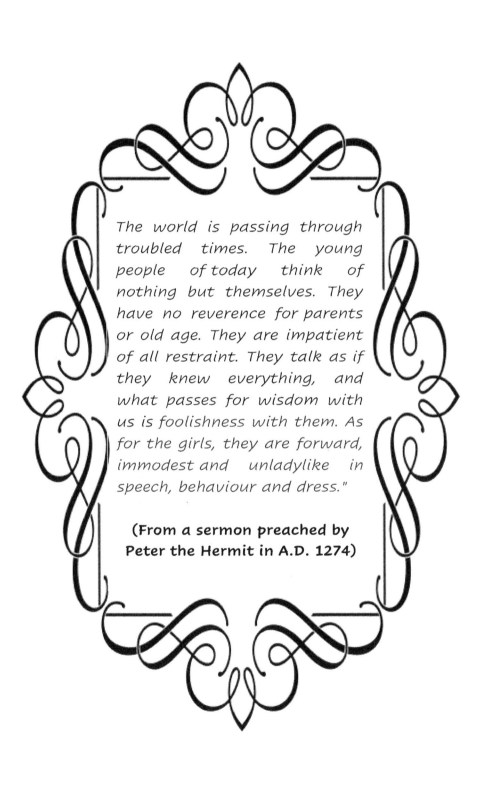

The world is passing through troubled times. The young people of today think of nothing but themselves. They have no reverence for parents or old age. They are impatient of all restraint. They talk as if they knew everything, and what passes for wisdom with us is foolishness with them. As for the girls, they are forward, immodest and unladylike in speech, behaviour and dress."

(From a sermon preached by Peter the Hermit in A.D. 1274)

TAPPING FOR TEENS

A MESSAGE FROM RUTH

My first book in the Stress N' Stuff series was written for adults who either lived or worked with teenagers but didn't have a clue how to help them when things got tough. (Tackling Teenage Mental Health)

My second which was written during the first lockdown was called Tackling Tough Times and it included stories of incredible people who had come through a wide range of challenges in life and were happy to share their stories.

The third was Tackling Student Stress which I wrote during the second lockdown when students at universities were virtually ignored.

So now it's your turn!

Teenagers have it tough regardless of what is going on in the world (like pandemics) but sometimes do not want to share what is going on in their minds. Feelings like guilt, shame, vulnerability and fear dominate. These emotions can be so strong that they may stop you from moving forward and enjoying your teenage years,

My background is in teaching and youth work and in my present role as a stress consultant, I see a lot of teenagers who are struggling and are seeking ways to feel better about themselves and their lives.

If you are having a tough time right now, you probably feel that nothing will ever change.

Teenagers have to deal with lots of change in a short time period – some good, some not so good. It may feel like you are on a roller coaster of emotions and that no-one understands.

Teenage years can be traumatic, transformational, full of trials and tribulations, transitions, troubles, and tears but they can also be TERRIFIC!

TAPPING FOR TEENS

By changing the way you think and feel can change your life and give you the control and confidence that you need.

This book can help you to help yourself with a technique that you can use at any time for anything, anywhere.

Please be kind to yourself, you are changing – physically, emotionally, academically, socially, and spiritually, all at once and it can be confusing, exhausting, and stressful. By understanding how your mind works and having some coping skills, you will be able to deal with the "bad days" and be more positive, confident and in control of both your feelings and your thoughts.

You can dip into this as and when you feel the need to, but it is a useful resource to help you through adolescence and indeed for life.

"Tapping" is the term used for EFT – Emotional Freedom Technique which is the most powerful self-help tool I have ever come across (You will also find some hypnosis audio downloads to listen to)

You have your feelings and fingertips with you all the time so there is no reason to feel sad or bad

Stick with it and discover how you can

Change the way you think

Change the way you feel

Change the way you act

Painlessly, Positively and Powerfully!

1

STRESS STUFF

TAPPING FOR TEENS

PEACE OF MIND

Do you want peace of mind?

Is it something you want to find?

What of happiness and health?

How does that compare with wealth?

Sadness, fears, alone with grief

Haunting memories or negative belief

Read this book and you will find

The power of your subconscious mind

With hypnosis and EFT

You will finally feel FREE

TAPPING FOR TEENS

STRESS STUFF

Stress is a familiar word to us all but what does it actually mean?

It is an invisible enemy which must not be ignored. It seems to creep up on us unawares, until suddenly we can't cope anymore. It affects us all in one way or another depending on our circumstances.

The causes are numerous. Rushing in the morning for school or college, poor relationships, forgetting where you left things, cancelled buses or trains, traffic hold-ups, being late for everything, arguments with friends, family, misunderstandings, unfair criticism, exam pressure, family demands, high expectations, not feeling good enough, not fitting in, lack of appreciation, too much to do, not enough time.... the list goes on and on, whatever age we are.

Because stress has become an everyday part of our lives, many of us see and accept it as being normal and don't realise that it can be managed and, in many cases, eliminated!

What is stressful for one person may be perfectly acceptable to another; indeed, some people seem to thrive on living under pressure or stress and others seem to go to pieces over the slightest thing. Stress, it seems, is not only triggered by events and experiences, but also how we react to these situations. If we could identify the triggers and where they come from – we would be halfway there!

The situations that make us feel stressed gradually build up and eventually become too much to cope with, causing anxiety, panic attacks, headaches, depression and other stress-related behaviours and illnesses.

TAPPING FOR TEENS

Do you feel as if you are all alone, fighting something that is overwhelming and overpowering and you have no control over anything in your life?

Not all stress is bad. We need a certain amount of it to get us going, to get the best out of us. It is a degree of stress that gets us up on a cold winter's morning when the alarm goes off, that motivates us to get to places on time, and without stress we can become apathetic, lethargic and lazy.

As human beings, we have a natural tendancy to try and move from pain to pleasure and my strapline is "positive solutions for peace of mind"

When are calm, we feel in control and life seems managable but when we feel overwhelmed, overtired, overstretched and overworked, we are under stress.

You might be under constant pressure and unable to cope with the demands of today's fast and hectic lifestyle, both at home and at school/college.

It seems strange that when we have so many timesaving, labour-saving devices: computers, washing machines, microwaves, tumble dryers, dishwashers, fast cars, to name but a few - many of us still find it difficult to enjoy quality time doing what we really want to do. How much time have we gained from these inventions? When we do have spare time, how many of us feel guilty when we are inactive or doing something for ourselves?

Technology and social media are time thieves which can keep us on high alert and can add to the need to be present and able to respond quickly. The evidence base is still building which suggests that social media may cause stress but for others it may seem to be a solution rather than a problem, how often do we switch off our mobile phone or tablet?! It's stressful when it's on and even more so when it's off, wondering who may have been trying to contact you.

TAPPING FOR TEENS

Many people today are suffering from information overload — too much for the brain to cope with. We wake up feeling overwhelmed and go to bed feeling the same.

TAPPING FOR TEENS

What causes you stress? What effect does it have on you? Have a look at the stress profile and tick the relevant columns

INDIVIDUAL STRESS PROFILE

Tick the boxes below as honestly as you can.

Do you....	All of the time	Most of the time	Some of the time	Rarely	Never
Feel upset and moody?					
Get migraines/headaches?					
Find it hard to concentrate?					
Sleep badly?					
Avoid your friends?					
Get irritated easily?					
Feel anxious?					
Take time off school/college?					
Feel fed up?					
Think that things are all your fault?					
Feel tired?					
Feel physically sick and wound up?					
Eat too much?					
Lose your appetite?					

Get annoyed with those close to you?					
Feel that life is pointless?					
Feel that you just can't cope?					
Get angry easily?					
Feel isolated/lonely?					
Feel worthless?					
Smoke/drink too much?					
Feel nervous?					
Keep your problems a secret?					
Argue with friends/family/?					
Find it hard to make decisions?					
Feel frightened?					
Feel tearful often?					
Get Muscle aches and pains?					
Feel sad for no particular reason?					
Feel sad for an identified reason e.g., loss					
Have a nervous stomach?					
Have IBS?					

Bite your nails/thumb suck etc?					
Get rashes?					
Have a lump in your throat?					
Feel that your hands are sweating?					
Forget things?					
Find yourself clenching your fists?					
Have nightmares/bad dreams?					
Have trouble sleeping?					
Other symptoms?					

If the majority of your ticks are in the first three columns then you are probably experiencing an unhealthy level of stress in your life.....

Many of the young people I see find it quite hard to pinpoint the cause of their stress and anxiety and why they reach the point of not being able to cope. For most of us, small things build up over time without us realising their effect on us and for others it is a traumatic event that triggers the stress response within us.

The everyday demands or daily hassles in life are for the most part, manageable but can quickly accumulate:

Daily hassles include things like misplacing stuff, bickering with friends, losing keys, being late, missing an important call, arguments at home, forgetting homework.........

Imagine filling a glass of water slowly. When it gets full, it overflows. The only way that you can put anything else in the glass is by emptying it.

PRESSURE V STRESS

It is however important to know the difference between pressure and stress. Pressure is motivating, stimulating and energising but when it stops us from coping with everyday life, it tips into stress.

Most of us can cope with short periods of pressure or mild stress, and it can often be relieved by deep breathing, taking time out to relax, going for a walk, discussing things with friends, or having a good night's sleep.

Think of the last time you felt "stressed" – maybe when you were running for a bus, were late for a class or had a deadline to meet. As soon as you arrived, or the situation was over, the "stress" went away. This is pressure, not stress.

If you are under pressure ALL the time, it can tip into stress.

Chronic (long-term, continuous) stress is much harder to deal with, and can be physically, psychologically, and emotionally damaging, both for you as well as those around you.

Stress itself is not an illness, but unresolved stress can lead to illness because it drains and weakens the immune system and keeps our bodies on high alert.

Stress related illnesses are both emotional and physical – depression, panic attacks and palpitations, self-harm, skin conditions, heart attacks, nervous breakdowns, weight gain, alcoholism, IBS, insomnia, fatigue, loss of confidence and strokes, to name a few, and recent research has established links between stress and cancer too.

The traffic light diagram on the next page is a quick and easy way to assess your own stress levels. If you identify with the Green box, your life is pretty much on an even keel, the Amber box indicates continuous pressure and could be a warning sign to take care and assess your lifestyle. The Red box is self-explanatory – act and make changes before you become ill:

CONTENTMENT

- No real worries
- Healthy
- Happy
- Sleeping well
- Good friends
- Enjoying life
- Good self-image
- Having fun

GREEN

AMBER

PRESSURE

- High expectations
- Often Anxious
- Low self esteem
- Outcome driven
- Tense relationships
- People pleaser
- Challenging
- Need to perform

STRESS

- Can't cope
- Headaches
- Tense muscles
- Aches and pains
- Poor sleep
- Irritable / moody
- High blood pressure
- Illness

RED

TAPPING FOR TEENS

Have a look at the stress tips on the next few pages, you have probably seen them before but how many are you actually implementing? They may seem obvious, but they can make a difference if you are hovering between the green and amber zone.

If however, you are already in the amber zone, you may find the Balance and Control Tips worth considering to stop you entering the red zone.

So how can you tell if you are stressed?

I know I'm stressed when

STRESS SYMPTOMS

The most common symptoms are: -

irritable moody aches
chest pain headaches
light headed
tremblinginfections
colds palpitations tense muscles
defensive low energy dizzy
weak bladder frustration
STRESS SYMPTOMS
insomnia carelessness
tirednesseasily distracted
poor memory rapid heartbeat
sweating dry mouth
lack of concentration pain
upset stomach temper

It may seem like we are coping, but our nervous systems are still dealing with an overload which can seriously affect overall health in the long run. One of the most common physical reactions to stress is the tensing of muscles, which can ultimately trigger tension headaches, migraines, and other musculoskeletal conditions.

Stress is also hard on your digestive system, as it affects which nutrients your intestines absorb. Stress influences how quickly food moves through the body and can provoke us to eat more or less than normal. The disruption of the body's natural digestive processes can cause nausea, pain, vomiting, heartburn, constipation, acid reflux or diarrhoea.

Most of us believe that we should be able to manage our lives without asking for help but when we become overwhelmed or ill as a result, it's time to act.

The Coronavirus pandemic showed us how we could adjust and change our lifestyles quite quickly. Key workers who were dealing with lots of demands would have been on high alert most of the time, sacrificing sleep and regular meals, making them vulnerable to the virus. Stress weakens the immune system.

What action can you take today to reduce your stress?

QUICK and EASY STRESS TIPS

- **Drink** lots of water – keep your body hydrated so you can think clearly
- **Eat** regularly – maintain your energy levels
- **Reduce** junk foods – sugars and fats can make you sluggish
- **Exercise** when you can – bike rides, swimming, dancing, walking
- **Avoid** excess caffeine intake – (energy drinks and coffee) which can increase feelings of anxiety and agitation
- **Relax** in a hot bath
- **Practice** deep breathing – to increase the oxygen to your brain which helps you stay calm
- **Make** time for yourself to switch off – read, listen to music, watch a film
- **Get** plenty of sleep
- **Plan each day** – structure provides a sense of security
- **Look** forward to a night out or a holiday
- **Smile** - release endorphins, the feel-good hormones
- **Have fun** with friends and laugh
- **Keep** a journal of your thoughts and feelings – better out than in!

TAPPING FOR TEENS

Jot down the ones that feel right for you

TAPPING FOR TEENS

These may take a little longer to implement but are worth noting.

BALANCE and CONTROL TIPS

Work out, **WHAT** and **WHO** causes you stress, **WHEN** and possibly **WHY** then you can work on **HOW** to manage it.

- **Avoid** any unnecessary conflict
- **Have** an attitude of gratitude (be thankful for what you have)
- **Talk** to someone you trust
- **Be** proud when you do something well
- **Don't** be too hard on yourself when you make a mistake
- **Take** a break from stressful situations
- **Pace** yourself
- **Build** a network of trusted friends for mutual support
- **Try** and plan so you feel in control
- **Don't** over commit yourself
- **Be** assertive
- **Rehearse** and practice situations that cause you stress (presentations, interviews)
- **Don't** over commit or make promises you can't keep
- **Try** to reduce excessive drinking, drugs and smoking

ACT!!

ACTION

CHANGES

THINGS

WHERE DOES STRESS COME FROM?

In Stone Age times, life was straightforward – if you saw a dinosaur, you had the choice of "FIGHT or FLIGHT." Either way, your body would react to the perceived danger by releasing cortisol and adrenaline, which prepares the body for emergency action.

These physical reactions happen very quickly to provide enough energy to fight or run away from the perceived danger.

It does not actually matter if the danger is real or not – our bodies respond the same way each time they sense a threat of some sort.

These are known as the *stress response* which is automatic.

When we *move* into either fight or flight, the hormones produced within the body are used up and the body will then return to normal. (This is where exercise helps) If we "freeze" instead, then we do more harm than good because we are unable to escape the stressful situation. The hormones continue to be released, building up within the body which continues to be on high alert and a state of anxiety may come to exist which may lead to those stress related illnesses if not dealt with.

When the cortisol is released – the body automatically responds with

- Increased strength of skeletal muscles
- Decreased blood clotting time
- Increased heart rate
- Increased sugar and fat levels
- Reduced intestinal movement
- Reduced tears and digestive secretions.
- Relaxed bladder
- Dilated pupils
- Increased perspiration
- Increased mental activity
- Low libido
- Inhibited erection/vaginal lubrication
- Constricted blood vessels but dilated in heart, leg, and arm muscles

Despite all the amazing developments in the world since dinosaurs roamed the earth – we still have Stone Age bodies and react in the same way as we did then!

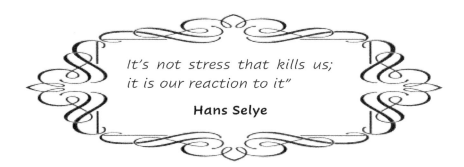

It's not stress that kills us; it is our reaction to it"

Hans Selye

WHY ARE SOME PEOPLE MORE STRESSED THAN OTHERS?

- Childhood experiences which are reactivated by certain triggers
- Genetics, connected with serotonin levels, the brain's happy hormone
- A weak immune system which makes you more susceptible to stress-related illnesses.
- Lifestyle – poor diet and lack of exercise
- Personality types
- Painful or traumatic memories which create fear
- Bereavement – unable to let go

Different personalities respond and react to situations in different ways. Some people appear to be more anxious than others and worry all the time, and others seem to find life easy and worrying about things is just not in their nature.

WELL- KNOWN PERSONALITY TYPES

There are numerous studies on personality types and how they respond to stress but the best known (and simplest) is attributed to Friedman and Rosenman, in the 1950's. They were psychologists who investigated personalities and links to heart attacks. Which are you? Most of us tend to fall into one category more than the other but depending on circumstances, this can change

Are you stressed out or chilled out?

Type A

Often feels under pressure and prone to stress

- Competitive
- Achiever
- Fast worker
- Aggressive
- Impatient
- Restless
- Hyper – alert
- Explosive speech

Type B

Much more laid back

- Relaxed
- Easy going
- Patient
- Not easily irritated
- Time for self
- Manages time well
- Slow and steady attitude
- Not worried about achievement

Type A was found to be more susceptible to stress and heart attacks.

You can be a mixture of both depending on the situation but tend to have a dominant personality type.

Have some fun with the wordsearch on the next page – how many causes of stress can you find?

TAPPING FOR TEENS

CAUSES OF STRESS WORDSEARCH

H	E	A	L	T	H	Q	R	P	L	A	D	D	I	C	T	I	O	N	Z	P
O	X	S	O	F	A	M	I	L	Y	L	Y	X	V	A	Z	X	U	Q	Y	R
S	Z	S	S	M	D	E	P	R	E	S	S	I	O	N	R	S	Y	R	B	E
P	R	A	S	T	D	O	U	B	T	S	E	P	N	G	H	G	X	K	E	S
T	P	U	P	A	I	N	V	W	U	T	X	B	V	E	B	R	T	K	L	E
A	H	L	G	P	C	X	W	O	R	K	Z	M	E	R	T	E	G	X	I	N
L	O	T	X	B	T	Y	F	A	I	L	U	R	E	Y	Y	J	P	C	E	T
S	B	F	Z	D	I	N	S	O	M	N	I	A	T	Y	D	E	B	T	F	A
W	I	K	C	A	O	U	L	P	O	S	X	Y	Q	W	S	C	R	T	S	T
C	A	L	M	O	N	E	Y	Z	A	B	C	H	A	B	I	T	S	B	S	I
O	S	J	L	M	S	E	L	F	I	M	A	G	E	B	N	I	M	K	D	O
M	L	K	P	R	A	P	E	V	D	C	F	V	X	P	J	O	K	L	P	N
P	B	M	S	I	B	L	I	N	G	S	C	R	A	V	I	N	G	S	U	S
E	L	J	C	K	U	Z	Y	L	M	N	P	S	M	T	Y	T	U	L	X	K
T	A	X	H	A	S	Y	R	V	A	L	U	E	S	V	B	N	I	M	Y	W
I	B	D	O	B	E	X	P	E	C	T	A	T	I	O	N	S	L	B	S	B
T	O	Z	O	S	X	L	C	D	T	F	G	T	A	R	G	E	T	S	L	M
I	R	E	L	A	T	I	O	N	S	H	I	P	S	B	K	M	N	L	N	B
O	T	N	R	N	D	S	N	U	D	P	E	R	F	O	R	M	A	N	C	E
N	I	V	T	X	P	O	F	O	D	X	D	E	M	A	N	D	S	T	P	L
Z	O	Y	Y	I	G	L	U	P	E	Z	F	S	P	U	V	W	X	Y	L	I
R	N	U	J	E	K	A	S	L	A	D	I	S	A	B	I	L	I	T	Y	E
T	B	I	R	T	H	T	I	K	T	I	J	U	H	Q	E	R	W	Q	X	F
W	O	R	R	Y	F	I	O	L	H	E	G	R	I	E	F	V	W	Y	Z	S
R	B	G	J	H	G	O	N	M	F	T	S	E	X	U	A	L	I	T	Y	K
H	X	M	O	V	I	N	G	K	L	S	A	M	E	M	O	R	I	E	S	M

TAPPING FOR TEENS

ANSWERS!

SELF IMAGE	FAILURE
CRAVINGS	MEMORIES
REJECTION	PRESSURE
FAMILY	WORK
EXAMS	WORRY
VALUES	DISABILITY
RELATIONSHIPS	PAIN
SCHOOL	HOSPITALS
HABITS	LOSS
MOVING	PERFORMANCE
PRESENTATIONS	COMPETITION
ABUSE	DEMANDS
SIBLINGS	ISOLATION
HEALTH	ANXIETY
INSOMNIA	SEX
MONEY	GRIEF
DEPRESSION	ABORTION
ADDICTION	SEXUALITY
EXPECTATIONS	TARGETS
ENVY	BIRTH
DEATH	DIETS
BELIEFS	CONFUSION
ANGER	PHOBIAS
GUILT	RAPE
ASSAULT	DEBT

TAPPING FOR TEENS

Notes

....

....

....

....

....

....

....

....

....

....

....

....

2

PERSONAL STUFF

TAPPING FOR TEENS

In many countries of the world, adolescence is not a recognised process. You are perceived as a child one day and an adult the next. Some cultures have an initiation ceremony e.g., Bar Mitzvahs in the Jewish faith at the age of thirteen.

In other countries and cultures, including the USA, The Commonwealth countries and the UK, there are recognised and labelled stages of adolescent development.

There are at least sixteen academic theories of adolescence! You can look them up if you want but here is the simple version!

Every one of us goes through the same process:-

During this time, we develop physically, emotionally, intellectually, spiritually and socially but not always in a balanced way or at the same time as other teenagers. This can cause confusion and stress.

Self-image is very important to teenagers, and body image is a key part of this. Body image is how we view and feel about our bodies and how we measure how others see us. A negative body image usually results in stress and low self-esteem.

Both rapid and slow physical development can generate feelings of insecurity and vulnerability whereas growing at the same rate as your peer group can inspire confidence and self-esteem.

Parental criticism (however well intentioned) can also knock self-esteem and cause distress.

Most young people today have a far greater awareness of the adolescent process than previous generations when it was shrouded in mystery and intrigue.....

TAPPING FOR TEENS
EARLY ADOLESCENCE

(PUBERTY) AGE 12-14

The World Health Organisation defines puberty as "the period in life when a child experiences physical, hormonal, sexual, and social changes and becomes capable of reproduction."

It is a time of rapid growth and change as bodies seem to change overnight and the world is suddenly full of body parts and emotions that never seemed to exist before! Puberty typically starts for girls between ages 8 and 13, and for boys between ages 9 and 14, and may continue until age 19 or older.

Changing bodies may lead to changes in self-perception and of those around us.

Invisible hormones (testosterone in males and oestrogen and progesterone in females) start to do their work before any physical changes appear, but a greater self-awareness comes into play.

There are many other transitions to deal with as well as physical change - new school, new friends, new subjects, new challenges as well as unidentifiable feelings and fears. Body image takes on a new meaning. Childhood interests start to fade and new ones surface – usually in line with what friends are doing. After all, no-one wants to be left out! It's a time for groups, giggles, dares and being cheeky, trying out new things and breaking away from childhood traditions.

Bodies are suddenly important and much more noticeable. Awareness of other people's bodies heightens too, and heartfelt, painful crushes on older teenagers, media or pop stars, teachers or youth workers develop.

Emotions seem to run wild, happy one minute and miserable the next. Friendships rise and fall as the young teenager seeks and finds his or her own identity.

Puberty usually starts a couple of years later for boys than girls. It can bring on traits that society and the media see as something to be proud of – height, broadness, strength, speed, muscularity. Early development in boys has some social benefits, since added height and muscular appearance may result in increased popularity and confidence.

However, stress and anxiety from physical changes during puberty also are typical for early-developing boys.

Young people may be pushed or challenged to have sex before they are ready or receive unwanted sexual advances they cannot handle. Remember lots of boys brag that they have had sex when they haven't!

Boys and young men often have a strong need to feel accepted, and body image is as important as it is for girls and young women. They aspire to be like their favourite footballer or pop star and keeping fit is important.

The need for acceptance from older boys and young men sometimes encourages boys to make risky decisions and choices. Also changes in the brain trigger the desire for thrill-seeking and risk-taking. However, the adult brain is not fully developed at this stage, so the urge to experiment is not balanced by the capacity to make sound judgments.

12–14-year-olds usually prefer the company of their friends to their parents.

If this is where you are now, you are probably challenging and resisting your parents' choices and values, arguing, and feeling that they just do not understand what you are experiencing. Familiar childhood rituals and belongings are cast away as being childlike.

For both boys and girls, curiosity about sexual matters begins. Teenagers begin having new feelings, which are usually centred on their own bodies, rather than actually having sex. Their sexual energy is often expressed remotely via social media or by fantasising about idols, pop, rock and movie stars.

You probably also have clear views on what is right and wrong in the world (values) and these are usually considerably different from the adult world!

TAPPING FOR TEENS
MIDDLE STAGES OF ADOLESCENCE AGE 15-17

The majority of changes associated with puberty have taken place but anxiety about body image goes up a notch. Much more time is spent in the shower, buying clothes and "looking good."

Friends and friendship groups are now especially important, as is approval. If you do not "fit in" or comply with the norm (behave, act and dress the same as friends), then there is a risk of being excluded and bullied. Friends' opinions are far more important to them than anyone else's.

As adults it is accepted that it is perfectly ok to be different but very few teenagers want to take that risk.

Computer games, music and social media seem to rule the lives of young people today and they have more virtual friends than real ones! Finding enough time in the day to fit schoolwork in with other priorities is quite a challenge.

There is a sense of liberation and feelings of invincibility in middle adolescence – a belief that you can do or be anything. There is a sense that nothing will happen to you if you experiment with "drugs, sex and rock n' roll." At the same time there are the constraints of schoolwork, exam choices and sometimes career choices as well.

Parents are often seen as enemy number one, and defiance and denial are normal. Messy rooms, changing eating habits and refusing to help in the home is typical of this age range. Deep down teenagers still need to be loved by their parents but the goalposts have changed and it's now on your terms and no longer those of the parents!

Parents always seem to get it wrong, they want their offspring in at a certain time, to work hard, do homework and not hang out with certain friends who they think they are a bad influence. They are only trying to protect you, but it feels very restrictive!

There is, however, a certain amount of autonomy in middle adolescence. You are probably allowed out on your own without being dependent on parents for lifts everywhere. You also have more choice about clothes and image without so much adult influence.

LATE ADOLESCENCE 17-19

Physical changes are for the most part complete. Some young adults are less concerned about body image and are more self-accepting, with a sense of direction and identity.

Parents are given more tolerance with mutual respect growing on both sides. Likewise, the peer group seems less important as individuality, style, career choices and relationships develop.

Relationships deepen on a one-to-one level both with friends and partners and tend to last longer. Awareness of health issues and risky behaviours increase as consequences are taken on board.

The future requires choices – university, college, apprenticeships, the world of work and money, money, money! Pride in achievement and material things become more important with nice clothes, cars, the latest technology and music at the top of most lists, together with travelling whenever possible.

Self-esteem, self-confidence, self-reliance, self-respect, and self-worth develop as the meaning of life is explored. Decision-making seems easier, as does willingness to compromise with others.

The search for identity is one that can drive us, to explore and discover how to feel comfortable with ourselves. What is holding you back? How much control do have of your own life?

CONTROL

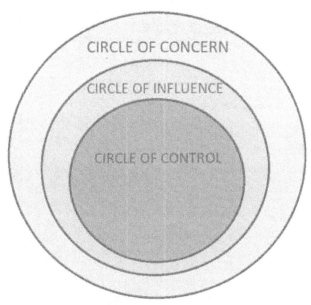

One thing we all want, and need is to feel in control of our thoughts, and feelings. The Pandemic was a good example of how that control can be removed. However, there are things that we are still in control of. Steven Covey talks about

Circles of Control, Influence and Concern. (The 7 Habits of Highly Effective People)

The Circle of Concern represents what we worry about but have no control over, like the weather, our skin colour and height.

 The first habit is "Be Proactive" and the Circle of Influence is relevant to proactive people who take responsibility for their lives. They recognise that no-one else is going to do it! What or who influences you? Who do you or who could you influence? We are not talking about brain washing here but a sensible approach to things that you may be able to change through, discussion, challenge, and negotiation. A good example is challenging discriminatory comments.

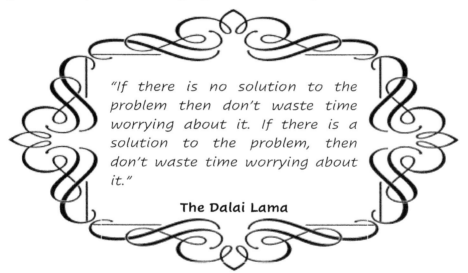

"If there is no solution to the problem then don't waste time worrying about it. If there is a solution to the problem, then don't waste time worrying about it."

The Dalai Lama

What others say or do is outside your direct control, but you may be able to influence a situation.

You can increase your circle of influence by

• Being a good listener. – build trust and rapport

• Being consistent - reliable and responsive

• Showing empathy - relate to the experiences and feelings of others

- Finding solutions - practical ideas to move things forward

- Accepting responsibility for your actions — not blaming anyone   else

- Appreciating and valuing others - They will remember!

- Having a vision or goal that others can relate to

- Being passionate and enthusiastic - it's magnetic

- Keeping well informed

What or who influences you? Your friends, family, your course, social media? TV?

What is within your circle of control? What do you have control of in your life?

How many of the following would you place in your circle of control?

- Your beliefs

- Your values

- Your attitudes

- Who your friends are

- What you eat

- What you read

- How much you drink / smoke. / take drugs

- Which courses you do

- How hard you work

- How honest you are

- How much exercise you do

- How you spend your money

- How kind you are

- How often you say thank you

- How much you smile / laugh

• What risks you take

• How responsible and trustworthy you are

I am sure there are others, but we all have more control of our lives than perhaps we realise.

SELF ESTEEM

"Self-esteem is how we value and perceive ourselves. It's based on our opinions and beliefs about ourselves, which can sometimes feel really difficult to change." **MIND**

Self-esteem and emotional health are closely related and is essential to make positive lasting relationships. Self-esteem embraces self-respect, self-worth and self-reliance.

It is usually described in three ways:

Inflated Self-esteem, High Self-esteem, and Low Self-esteem

Inflated Self-esteem - these think that they are better than anyone else, they are competitive and measure life through perceived success and achievement. They do not like any criticism, constructive or otherwise and find it hard to listen to advice. They do not learn from their mistakes, avoid responsibility, and blame others, rather than appreciating them.

High Self-esteem - these believe and trust in their ability to deal with whatever life throws at them. They feel safe and secure within their own skins and when they are off balance, they can bounce back. They are not seen as arrogant by others but self-assured and in control.

Low Self-esteem – These people don't value or trust themselves, feel insecure, unhappy and fear failure. When they do feel good about their lives, the slightest blip can knock them back. They are easily influenced, feel inadequate, unimportant, unloved and are full of doubts.

I see many clients with low self-esteem, and it can destroy so many aspects of life which are resolvable.

BONUS OFFER Subscribe to my newsletter to receive a FREE Self Esteem audio –ruth@stressworx.co.uk

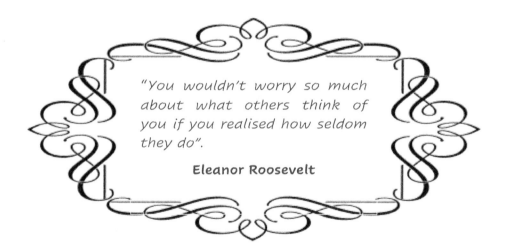

"You wouldn't worry so much about what others think of you if you realised how seldom they do".

Eleanor Roosevelt

TAPPING FOR TEENS
BODY IMAGE

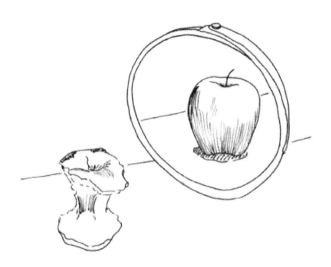

A negative body image can cause stress and low self-esteem as well as feelings of inferiority and shame together with a lack of body confidence.

What do you think and feel when you see your body image in a mirror or photo? Are you comfortable with it? Do you accept that you may not be perfect, or do you worry about being too fat, too thin, too tall, or too short? Do you accept yourself or worry about trying to change to feel better?

Body Confidence was the theme for Mental Health Awareness in May 2019, and they carried out a survey with You Gov. Over 5,000 people (with 13 being the youngest) were involved and it found that an alarming number of people were either ashamed, disgusted, anxious, depressed and even suicidal about their body images.

 Extreme dislike is described as Body Dysmorphia which is a recognised mental health condition.

https://bddfoundation.org/helping-you/questionnaires-do-i-have-bdd/

TAPPING FOR TEENS

Here is a recipe to improve your perception of yourself – some things may be glaringly obvious to you but maybe not all.

TIPS FOR A POSITIVE BODY IMAGE

- **Eat** healthily and stay active
- **Treat** your body with respect
- **Look** after your skin
- **Wear** clothes that you feel good in.
- **Focus** on the parts of your body that you DO like
- **List** the things you like about yourself and read out loud every day
- **Try** not to be influenced by the media.
- **Spend** time with people who don't judge you but accept you for who you are
- **Don't** assume that those with "perfect "bodies are happier than you!
- **Do** something useful to help someone in need
- **Don't** compare yourself to others
- **Accept** that you don't need to be perfect
- **Pamper** yourself regularly
- **Be grateful** for what your body can do – breathing. movement, your senses and so on

---

SELF CONFIDENCE

Confidence and self-esteem are not quite the same although they are obviously linked. Confidence describes how we feel about our ability to perform roles, functions and tasks. Self-esteem describes how we feel about ourselves, the way we look, the way we think and whether we feel worthy and valued.

People with low self-esteem often have low confidence too but it is possible for those with high self-esteem to lack confidence.

Likewise, those with low self-esteem can be confident carrying out certain tasks.

A simple definition of self-confidence is having faith in yourself.

As with most things, self-confidence tends to be the product of our upbringing and how we see ourselves.

The degree of confidence that we feel can change depending on the situation. Familiar and comfortable tasks trigger more confidence and control than new challenges which may take us out of our comfort zone.

Lack of confidence can be caused by: -

- Fear of the unknown
- Criticism
- Feeling unprepared
- Poor time management
- Lack of knowledge
- Previous failures
- Misinformation

- Worry about what others think
- Ridicule or humiliation
- Bullying

There is a fine line between over confidence and arrogance. Most of us respect confident people (and may even envy them) but are likely to avoid arrogant people with huge egos who believe they are better than anyone else.

Ask your partner, friends, family, and colleagues to tell you three things they like about you – Its good for the ego!

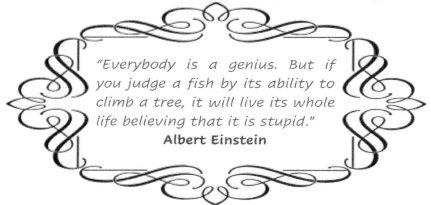

"Everybody is a genius. But if you judge a fish by its ability to climb a tree, it will live its whole life believing that it is stupid."
Albert Einstein

All sorts of things can knock our confidence, a snide remark, or upsetting experience. Maybe you were embarrassed or scared which made you hesitant next time around. Blame your subconscious and get tapping! See **Tapping Stuff** for confidence and have a go at implementing the following tips.

CONFIDENCE TIPS

- **Dress to impress** – if you look good, you will feel good
- **Create your own style** – wear what makes you feel good regardless of fashion trends
- **Stand tall**
- **When in doubt** – leave it out! Trust your instincts and surround yourself with positive people.
- **Identify** your strengths and be proud of them
- **Don't** put yourself down by comparing yourself to others
- **Set** achievable goals for yourself and celebrate success
- **Try** big picture thinking and put things in perspective
- **Be** true to yourself
- **Organise** your clothes / desk / work so you can find things easily without stressing
- **Plan and prepare** – think ahead and have a Plan B
- **Be kind**, polite and respectful to others, they will notice
- **Smile**
- **Believe** in yourself
- **Focus** on solutions not problems
- **Learn** from mistakes and move on
- **Take control** of your monkey, that inner voice **(See Mind Stuff)**
- **Make decisions** that are right for you by weighing up the pros and cons
- **Be assertive** not arrogant
- **Visualise** new situations until they become your reality

TAPPING FOR TEENS

HOW WELL DO YOU KNOW YOURSELF?

How well do you <u>really</u> know yourself? Do you accept who you are or spend hours wanting to be like someone else, or worrying about how people see you?

An ex-colleague of mine, John Huskins was an Ofsted Inspector for youth work, and he maintained that we all need 10 social an life skills to lead a balanced and stress free life

They are

1. Self Esteem, Self-awareness
2. Communication Skills
3. Interpersonal Skills
4. Explore and manage Feelings
5. Understand and Identify with Others
6. Values Development
7. Problem Solving Skills
8. Negotiation Skills
9. Future Planning
10. Reviewing Skills

Do you agree?

THE ELEPHANT'S CHILD BY RUDYARD KIPLING

I keep six honest serving-men

they taught me all I knew.

their names are

WHAT and WHY and WHEN and

HOW and WHERE and WHO

What, Why, When, How, Where and **Who** are great questions to be asking yourself all the time

TAPPING FOR TEENS

HOW WELL DO YOU KNOW YOURSELF?	SCORE 1–10 1= LOW 10 = HIGH
1. I have high self esteem	
2. I am self-aware	
3. I like to try new things	
4. I am aware of my beliefs (positive ones)	
5. I am aware of my limiting beliefs	
6. I think before I act	
7. I believe in myself	
8. I trust myself	
9. I think about the consequences of my behaviour	
10. I am aware of my feelings	
11. I am in control of my feelings	
12. I am aware of what is right and wrong	
13. I am confident	
14. I am not afraid to say what I think	
15. I make friends easily	
16. I worry a lot	
17. I enjoy responsibility	
18. I can make decisions	
19. I try to understand differences in race. culture, sexuality, age and disability	
20. I am comfortable asking for help or information	
21. I enjoy my life	

22. I am responsible sexually	
23. I eat healthily	
24. I exercise regularly	
25. I can stand up for myself	
26. I know where I am going in my life	
27. I can solve most of my problems	
28. I like myself8.	
29. I accept myself	
30. I am in a good, safe place in my life	

How did you do? Which areas do you need to work on?

....

....

....

....

....

....

RELATIONSHIPS

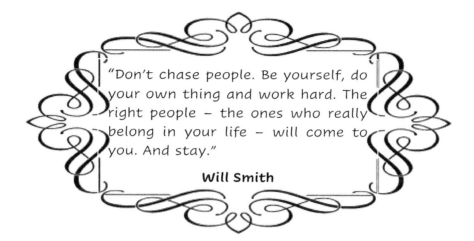

"Don't chase people. Be yourself, do your own thing and work hard. The right people – the ones who really belong in your life – will come to you. And stay."

Will Smith

Having a good relationship with yourself is one thing but of course we need to have relationships with others too.

All relationships are unique, some lasting for a lifetime, some for many years, and others are short-term as people come and go within our lives.

Family relationships are the first ones we experience, and if our early years are happy, stable, safe and secure with lots of love, affection and trust, then this will become our expectation for the future.

If, however, childhood years are insecure, with feelings of being unloved, unwanted, or unneeded, this could probably hinder faith in others, as well as our ability to make strong, lasting relationships.

In order to initiate, develop and maintain relationships we all need to be able to communicate, and have patience, tolerance and a shared understanding of what is important to us. People we care about are accepted for who they are, and we expect them in return to accept all our strengths and weaknesses as well.

Most family relationships are tested at some point, and whilst this is to be expected, it can cause stress and upsets. Compromise is the key to harmonious family life, but this is difficult when attitudes, beliefs and values differ.

COMMUNICATION

Communication is key to all relationships and research from Professor Albert Mehrabian claims that words are actually only 7% of what we are trying to convey. The tone of our voices is 38% but body language accounts for 55%!

This, of course, refers to face to face communication, not telephone, texting or email. How often have you thought that the message you received was abrupt or insensitive because you could not see the person's body language?

This is definitely a downside of social media!

Facial expressions, gestures, eye contact, posture, and tone of voice speak louder than words. Silence also speaks volumes! The way we listen, look, move, and react tells the other person whether or not we care, if we are being truthful, and how well we're listening. When our non-verbal signals match up with the words we're saying, they increase trust, clarity, and rapport. When they don't, they can generate tension, mistrust, and confusion. It's not just the words that we utter – it's the way we say them, what gestures we make, and the degree of eye contact that determines our credibility. Words themselves become meaningless – how do we judge if someone is being honest and sincere without eye contact and body language?

Non-verbal communication includes:

- Facial expressions we are able to convey countless emotions without saying a word. ...
- Body movement and posture. ...
- Gestures. ...
- Eye contact. ...
- Touch. ...
- Space. ...
- Voice. .

Flirting across a crowded room is a great example of body language! Want to know more? Have a look at:- www.simplybodylanguage.com

Within our multi-cultural society, we need to be aware that eye contact in Western Europe and the US shows interest and attention to what is being said. However, in some cultures, including Hispanic, Asian, Middle Eastern and Native American, eye contact is considered to be disrespectful or rude. Women may especially avoid eye contact with men because it can be taken as a sign of sexual interest.

The tone of our voice is also very important (38%) and can easily be misconstrued and cause stress to the person on the receiving end.

Aggressive communication is when a forceful or hostile manner is used, and usually involves allocating blame or calling people names. Aggressive voice tone together with body language projects unfriendliness and often means trouble!

Passive communication means not expressing our thoughts or feelings or asking for what we want. Passive communication results in feeling like we don't matter, and others are walking all over us because we don't stand up for ourselves. Eventually this affects our self-esteem and possibly makes us feel resentful for not being heard.

Assertive communication involves clearly expressing what we think, how we feel and what we want, without demanding that we have things our way. Assertive communication increases the likelihood of achieving what we want, avoiding conflict and maintaining good relationships.

When we are assertive we can:

- Express our own thoughts, feelings and needs
- Make reasonable requests of other people, while accepting his or her right to say "no"
- Stand up for our own rights
- Say "no" to requests from others when we want to, without feeling guilty

Touch is, of course, also an important part of communication which is open to cultural interpretation. A handshake is the traditional greeting in the UK and US, but in many European countries, a kiss on both cheeks is the norm, or a high five is a popular casual greeting amongst young people. In many cultures the left hand is for toilet use but scouts worldwide use a left handshake – confusing!

Inappropriate touch is something that most of us instinctively know is wrong as we feel uncomfortable and feel the need to check out why it is happening.

Most young people now know that if a teacher or other adult in their lives touches them in any way that makes them feel insecure, uncomfortable or afraid, they should tell someone. It may be perfectly innocent, but it may not!

Julie was fifteen when she realised that her teacher was being overly familiar with her, and flirting. She was flattered but in retrospect recognised that her response was due to her need for love and affection. Her dad had left her mum the previous year after being caught out in an affair and it was Julie who told her mum. She felt guilty about the family break-up and missed her dad. She fell in love with the teacher and did not think they were doing anything wrong having underage sex. The relationship dwindled when she left school and she kept it a secret (apart from her best mate) until her early twenties, when she realised that he had "groomed her" and she needed to deal with her mixed emotions. Unbeknownst to her, her best friend had married a copper and during all the Jimmy Saville revelations, she had told her husband about Julie. The next thing that Julie knew, the police were on her doorstep! After a great deal of soul-searching, she revealed the teacher's name and discovered to her horror that she had not been the only young woman that the teacher had seduced! He lost his job and was prosecuted.

Of course, this can work both ways. I have had a few clients who have had allegations made against them for inappropriate behaviour with young people. They were false allegations made by young people who had an axe to grind. The effect on the accused adults was devastating, with investigations, suspicion and mistrust developing in their workplace. If allegations are found to be true then the perpetrators deserve everything they get, but false accusations can be soul destroying.

Listening is an important part of communicating with others. Habit 5 of The 7 Habits of Highly Effective People by Stephen Covey, is "Seek first to understand, then be understood." If we understand where other people are coming from (perceptions, attitudes, beliefs and values), then we are in a stronger position to be able to relate to them. We understand best by listening.

Levels of Listening

- *Ignoring*
- *Pretend listening*
- *Selective Listening – hearing only what interests us*
- *Active Listening – Paying attention*

- *Empathic Listening – identifying with what is being said to us*

Silent and Listen have the same letters!

Did you ever learn The Green Cross Code? That may seem a very strange question but the three words that were used were STOP, LOOK and LISTEN.

We can learn a lot about others by just watching and listening

If a friend needs to talk, offload or share a confidence – here are some tips for you to listen effectively so that s/he feels heard and valued.

LISTENING GUIDELINES

- **Find** a quiet space without any distractions
- **Ensure** that you both feel relaxed with each other
- **Speak** in a calm voice
- **Try** not to interrupt
- **Allow** them time and space to think
- **Believe** what they say to you
- **Accept** that the situation is very real to them
- **Try** not to give advice nor make comparisons
- **Empathise** – imagine being in their shoes
- **Watch** for non-verbal clues
- **Try** not to react to what they are telling you
- **Avoid** sarcasm or flippancy
- **Do not** make assumptions – check!
- **Ask** open questions where appropriate
- **Don't** try to have the last word
- **Keep** an open mind
- **If** things get heated or emotional, take a break
- **Stay** in the present – avoid wondering what is coming next
- **Check** things out for clarity
- **Listen** to what is *not* being said, be aware of tension or hesitation
- **Keep** eye contact throughout
- **Summarise** at appropriate points
- **Help** them to explore options to move forward
- **Do** not offer advice
- **Decide** on action points together
- **Encourage** him/her to seek professional advice if you think s/he is in any danger.

3

MIND
STUFF

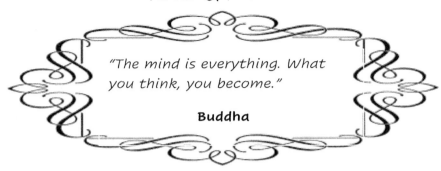

"The mind is everything. What you think, you become."

Buddha

MENTAL HEALTH

This has become a much more familiar term to all of us in recent years with media, charities and health organisations seeking recognition for the enormity of the problem, especially with young people.

What does the term mental health mean to you? How do we decide who is mentally healthy? Would your answer be the same now as it might have been before the pandemic?

The statistics for people suffering from mental health disorders are scary, and the Mental Health Foundation states that one in four of us experience a mental health problem each year. Fortunately. most of these situations are mild and mainly caused by anxiety and stress. At the other end of the scale, however, there are serious mental health illnesses. The MIND website has a detailed list with clear explanations.

Young Minds carried out four surveys during lockdown, the last being at the beginning of 2021.

They use the term devastating to describe the impact on the young people they spoke to. They said that they were really anxious, were having panic attacks with many self-harming and concerned about the future, they identified the main causes as being, loneliness and isolation, concerns about school, college or university work and a breakdown in routine.

TAPPING FOR TEENS

The survey was carried out with 2,438 young people aged 13–25, and 67% believed that the pandemic would have a long-term negative effect on their mental health.

The previous survey was carried out in the Autumn of 2020 and the main issues then were social isolation, loss of routine, a lack of emotional support and academic pressure.

- **69% of respondents described their mental health as poor now that they are back at school**; this has risen from 58% who described their mental health as poor before returning to school.

- **40% of respondents said that there was no school counsellor available to support students in their school**

- **Only 27% had had a one-to-one conversation with a teacher or another member of staff** in which they were asked about their wellbeing, by the time they completed the survey.

- **Almost a quarter of respondents (23%) said that there was less mental health support in their school than before the pandemic,** while only 9% agreed that there was more mental health support.

https://youngminds.org.uk/about-us/reports/coronavirus-impact-on-young-people-with-mental-health-needs/

Childline also recorded the main issues that were raised by young people which included feeling trapped, worry about vulnerable family members, arguments at home, not having quiet space to do schoolwork

Domestic abuse was also high on the list which triggered anxiety, depression or suicidal thoughts; self-harming; eating disorders; nightmares or problems sleeping; drug or alcohol use; aggression; difficulty concentrating; tried or are thinking about running away from home

https://learning.nspcc.org.uk/research-resources/childline-annual-review

Do any of these resonate with you?

What are you doing about it?

Who are you sharing your feelings with?

Sadly, one of the many things we are not taught in school is how our minds work. When you understand this, it helps to identify why you feel the way you do.

Read on!

HOW OUR MINDS WORK

Our minds are the most powerful computers that we will ever come across – they add and delete, save, and rename files and are even subject to virus attacks which can grind things to a halt.

The mind is in two parts – the conscious and the subconscious. The conscious mind is the here and now and thinking part which needs to be recharged with sleep (just like your phone). It is approximately 5% of your mindpower so that means that the powerhouse is the subconscious.

The subconscious mind controls our heartbeat, the pumping of our lungs, blood flow, the digestive system and so on. Just imagine having to **think** about breathing, swallowing, or blinking – we wouldn't last long at all!

It is also home to our imagination, emotions, habits, rituals, fears, attitudes, beliefs, and values as well as our memories which store everything that it thinks is significant or possibly useful – good bad and indifferent. It also stores what we have learned. I doubt that you think of your nursery rhymes very often or your 6 times table but if asked, you would remember!

Have a look at these Russian dolls, each one fits into the next one, representing each stage of life

What early messages did you receive as a child? Were they positive or negative? Negative beliefs and thoughts about ourselves often start quite early on, even if they are not real, they stay with us throughout life unless we know how to get rid of them.

We take all our experiences from one stage of life to the next and we don't leave anything behind. Another way of looking at the dolls is that a problem gets bigger and bigger if it is not dealt with.

1. Early childhood

2. Adolescence

3. Adulthood

4. Middle age

5. Old age

EARLY MESSAGES

Early messages like feeling inadequate, a failure or not good enough can be reactivated by the subconscious at any stage in life and indeed can increase as we get older.

With computer files or a filing cabinet, when everything is in order and in the correct place, it is easy to find what you are looking for – our lives, however, are rarely so organised and often things get mixed up and stored in the wrong place or hidden from view!

Our minds also get cluttered up with rubbish and viruses which cause us distress, tension, anxiety, and depression as well as bad habits, fears and phobias – all that negativity that we want to be rid of. Is it time for a clear out?

A person who is scared or lacks confidence giving presentations or public speaking will undoubtedly have a painful or embarrassing memory (usually at school) when he or she pronounced a word wrongly, tripped over or stammered and everyone laughed or commented.

All those feelings come back as soon as you think about standing up and speaking in front of others. You may have forgotten the original event consciously, but your subconscious certainly has not and will give you all those feelings back again! The more it happens, of course, the worse the problem seems to be.

Sadly, the subconscious is unaware of the difference between right and wrong, fact or fiction, and gives us back what we gave it. If you learned a spelling incorrectly or you learned that 6x6 was 35 instead of 36 then that is what you will receive as an answer when you are asked what 6 x 6 is!

Once we have trained our subconscious mind to do certain tasks, we trust it to get on with it without having to think about it at all.

The subconscious mind never sleeps and is always busy keeping us going like well-oiled machinery and is often in conflict with the conscious mind.

When we have had a stressful day or have troubles then it is often hard to switch off, and sleep becomes difficult and sometimes impossible. The conscious mind will not shut down. Loss of sleep, as we all know, makes it harder to function and the stress levels increase.

No matter what we *do, think,* or *know,* if we don't *feel* right, anxiety, discomfort and stress can develop.

MY EARLY MESSAGES

What messages did you receive about yourself from the adults in your life?

About being loved?

About your looks?

About your intelligence?

About your future?

About your health?

About your academic ability?

About being good enough?

What did friends or family tease you about?

WHICH OF THESE MESSAGES STILL FEEL REAL TODAY?

"When I was 5 years old, my mother always told me that "happiness was the key to life.

When I went to school, they asked me what I wanted to be when I grew up. I wrote down 'happy'.

They told me I didn't understand the assignment, and I told them they didn't understand life."

John Lennon

TAPPING FOR TEENS
THE MONKEY ON YOUR SHOULDER

Is there a little voice inside you telling you that your negative thoughts, feelings, attitudes, doubts, fears, and beliefs are true or justified? This is your monkey!

"Monkeys" are worries, negative beliefs, doubts, messages, fears, habits, thoughts, and feelings that never keep quiet and refuse to sit still. They just will not leave us alone, however much we tell them to. They are the automatic patterns of thoughts and feelings that are caged in our heads. Monkeys are what prevent us from thinking clearly, reaching our goals, and feeling more peaceful and positive about ourselves.

Monkeys love the word **SHOULD** — do you recognise these?

I *should* be nice to everyone

I *should* work hard all the time

I *should* be successful

I *should* do things perfectly

I *should* lose weight

I *should* always look good

I *should* have a boyfriend/girlfriend/partner

I *should* feel confident in every situation

I *should* set goals and targets

I *should* always say the right things at the right time

I *should* always feel calm and in control

I *should* be happy

I *should* never make mistakes

I *should* put other people's needs before my own

I *should* never say anything that might make other people feel uncomfortable

I *should* always make the right decisions

I *should* exercise regularly

Who is in control – you or your monkey?

Change the word **should** to **could** and see how that feels!

WHAT ARE YOUR "SHOULDS">

TAPPING FOR TEENS

EMOTIONS AND THOUGHTS

Emotions are triggered by our thoughts, and they affect the way we behave and live our lives.

Emotional health is probably far harder to understand than physical and cognitive (thinking brain) development.

Positive emotions help us to believe in ourselves, have a positive attitude and be confident with high self-esteem, self-respect and self-worth.

Those with positive emotions are far more likely to:

- Have peace of mind
- Enjoy their lives
- Be able to laugh and have fun
- Be able to deal with stress
- Recover from tough times more quickly
- Have a sense of purpose and, or direction in their lives
- Attract other positive people into their lives
- Be open minded to learn new things in life
- Be open to and welcome change
- Develop a balance between work and play.
- Make and sustain good relationships
- Have self-confidence and high self-esteem

Being positive emotionally does not mean that life is plain sailing or that we will not experience negative emotions and setbacks, but it does mean that we are stronger and more able to cope with the tough times.

There are hundreds of labels that we give to our feelings, which are, by degree, positive or negative.

Humans have a natural tendency to move from pain to pleasure, but of course, we need to know how!

Negative emotions can take over and control our lives (if we let them) resulting in life being an uphill struggle. Would you rather feel sad or glad? In control, or feeling like you have lost the plot? No-one wants to feel bad all the time, but it can become a pattern or habit if we are not careful.

What is your reaction?

6x 4 = 24 ✔

9 x 3 = 27 ✔

8 x 8 = 64 ✔

10 x 10 = 150 ✗

Do you automatically dismiss the positive and focus on the negative? Most of us let the negative dominate the positive/

TAPPING FOR TEENS

Have a look at the table below and mark on a scale of 1-10 how strong the negative emotion is.

Feeling	Score	Feeling	Score
Abandoned		Deceived	
Accused		Degraded	
Alienated		Demeaned	
Alone		Demoralised	
Angry		Depressed	
Annoyed		Deprived	
Anxious		Despair	
Attacked		Destroyed	
Ashamed		Devastated	
Battered		Different	
Belittled		Disappointed	
Bereaved		Disgusted	
Betrayed		Disgraced	
Bitter		Desolate	
Blamed		Dominated	
Breathless		Edgy	
Bullied		Embarrassed	

TAPPING FOR TEENS

Feeling	Score	Feeling	Score
Cheated		Empty	
Confused		Enraged	
Controlled		Exhausted	
Criticised		Evil	
A failure		Jealous	
Fearful		Jumpy	
Foolish		Lazy	
Forgotten		Left out	
Frightened		Lonely	
Frustrated		Lost	
Grumpy		Losing control	
Guilty		Manipulated	
Helpless		Mean	
Hopeless		Misunderstood	
Horrified		Moody	
Humiliated		Mistaken	
Hurt		Nasty	
Ignored		Negative	

TAPPING FOR TEENS

Feeling	Score	Feeling	Score
Impatient		Neglected	
Inadequate		Naïve	
Incompetent		Numb	
Indifferent		Obsessed	
Insecure		Offended	
Insignificant		Overwhelmed	
Insulted		Overworked	
Irritated		Ugly	
Panicky		Unloved	
Paranoid		Unaccepted	
Patronised		Unfeeling	
Possessive		Unprotected	
Pressured		Powerless	
Rejected		Unsafe	
Repulsed		Unwanted	
Resentful		Ungrateful	
Ridiculed		Vengeful	
Ruined			

Feeling	Score	Feeling	Score
Sad		Violent	
Scorned		Terrified	
Selfish		Violated	
Shattered		Vulnerable	
Sickened		Worried	
Silly		Worthless	
Smothered			
Stressed			
Stupid			
Suffocated			

Negative thoughts, negative feelings, negative beliefs and negative memories can be eliminated so that you feel calm, confident and in control.

How?

With EFT – Emotional Freedom Technique, better known as Tapping. **See Tapping Stuff**

Do you find it hard to identify what you are feeling and do you recognise the difference between thoughts and feelings?.

Here is a lovely story – food for thought.

An old Cherokee is teaching his grandson about life. "A fight goes on inside us all" he said to the boy.

"It is a terrible fight, and it is between two wolves. One is evil – he is anger, envy, sorrow, regret, greed, arrogance, self-

pity, guilt, resentment, inferiority, lies, false pride, superiority, and ego."

He continued, "The other is good – he is joy, peace, love, hope, serenity, humility, kindness, benevolence, empathy, generosity, truth, compassion, and faith."

The grandson thought about it for a minute and then asked his grandfather, "Which wolf wins?"

The old Cherokee simply replied, "The one you feed."

Which wolf do you feed?

TAPPING FOR TEENS
WHAT MAKES YOU TICK?

The obvious question that we all ask ourselves is "Where do my feelings come from?" "Why do I feel negative, miserable, stressed and useless when friends and people around us are positive, in control and enjoying life?"

The answer lies in how we have trained our minds, but first it's important to understand how our perceptions, beliefs and values as well as our attitudes contribute to how we feel and see the world

Attitudes – are feelings that we have towards something or someone else, which can be positive or negative

Beliefs– are ideas that are accepted as truth and certainty

Values – are what we hold to be important and often used to measure other people by. E.g.   It is easier to make friends with people who have the same taste in music, politics and clothes than with others who have totally different tastes.

Look at your fingerprint – it is different from anyone else's in the world! There may be some similarities, but you are unique. In the same way, our perceptions, or how we see the world, are unique to each of us. How we see people, events and circumstances as well as life's experiences probably vary too.

PERCEPTIONS

We all see things in different ways and at different times. We learn at different paces and in different ways – some of us learn better by seeing things, others by listening and others by doing. Look at the pictures below. What do you see

first, the vase or the two faces?

What about this one? At first glance most people see a face but look
again. Tilt your head sideways to the right and you will see the word liar!

What about this next one? It's a sign that you have probably seen loads of times, but have you really *seen* it?

74

Yes, it's the FEDEX logo. Can you see the arrow? Have you noticed it before? Most people get caught out with this one.

Can you see the white arrow between the E and X? Maybe you can now but why have you not seen it before? It's always been there! You were probably not expecting to see it, but you will always see it in future!

If our perceptions of ourselves are negative because of negative messages, discrimination, bullying, lack of support, etc., then the result is low self-esteem, lack of confidence, insecurity, feeling vulnerable, powerless, unlovable, and unable to change.

By looking at something differently, we send a new signal to our brains, allowing us to perceive things in more than one way.

Many of us often accept our first impressions of people, situations, and feelings without checking to see if there is another way of looking at things. It is always worth checking out that these impressions or perceptions are correct.

Jim believed that his parents had always loved his brother more than him, and his evidence was that his brother asked for a razor at 16 and got one. Jim waited patiently for his 16th birthday but did not receive a razor (which meant, in his eyes he was accepted as a man). No razor at Christmas either – he never got one and for all his adult life this affected him, and he believed he was unlovable. He never actually asked his parents for a razor as a present!

At the age of 74, he started to see things from another perspective.

By being more self-aware, we can avoid some of the pickles we get ourselves into!

This applies to stereotypes too. This is a fixed idea that we have about people, usually from either our perceptions or those of others. For example, as a child you were probably told that if you got lost or were in trouble, you should ask a policeman. However, as you got older, your perception of the police might have changed because of experiences you or friends may have had. Society tends to stereotype teenagers

"She is skinny so must be anorexic"

"He is a geek as he gets straight A's"

"She wears short skirts so must be a tart"

"He's a skinhead so must be a bully"

Do you have a healthy self-image? Do you like and respect yourself?

Self-belief, self-respect, self-image, self-esteem self worth and self-confidence all go hand in hand and are very important to us all. Our attitudes beliefs and values as well as events and experiences usually inform us how we feel about ourselves and the world around us and they shape our lives.

MY STEREOTYPES

TAPPING FOR TEENS

How you see the world and the other people in it is important but how do you see yourself?

ATTITUDES

Take each letter of the alphabet with a numerical value A=1 B=2 and so on, then look at the word *attitude*

A Positive attitude is

1	=	**A**ction orientated
20	=	**T**akes responsibility
20	=	**T**urns fear into focus
9	=	**I**mitates excellence
20	=	**T**ransforms negatives into positives
21	=	**U**nderstands self
4	=	**D**evelops strengths
5	=	**E**njoys life

100%

Would your attitude to your friend change if you found him/her stealing from you?

Would your attitude change if you discovered that your neighbour was a paedophile or a murderer?

Would your attitude change if enemy number one was there for you when you needed him or her in a crisis?

Unexpected discoveries about others alter our perceptions, which may in turn affect our attitudes towards them.

TAPPING FOR TEENS
BELIEFS

Basic
Empowering
Limiting
Influencing
Embedded
Framework
Sustaining

Beliefs have the power to: Create (Empowering) or Destroy (Limiting)

Most of us have inherited beliefs from childhood and accept them as gospel, probably unaware that these may only one perspective or interpretation.

Like attitudes, beliefs can be changed by circumstances, e.g. loss of faith in God after personal tragedy, or by evidence. We used to believe that the world was flat until explorers and scientists provided *evidence* that proved that it is round. Twenty years ago, no-one would have believed that we would have phones in our pockets and be able to connect to the internet anywhere in the world in seconds! Who would have believed that a virus would spread like wildfire and kill millions in the 21st century?!

We call these **GLOBAL** beliefs which are almost indisputable as there is so much evidence to reinforce them.

We also have **RELIGIOUS** beliefs and **PERSONAL** beliefs that tend to be either positive or negative.

Needless to say, **NEGATIVE** (limiting) beliefs about ourselves can cause stress, low self-esteem and lack of confidence.

If each of these was turned into a positive belief, instead, life would be much easier!

Self-belief leads to self-respect, self-confidence, and self-esteem, but negative beliefs lead to negative thinking habits, low self-esteem and depression.

The negative thinking habits of self-blame, comparison to others, impossibly high standards of perfection, concentration on mistakes, ignoring successes, name calling and making assumptions about what others think about us undermine our sense of self-worth.

However, we become so used to these thoughts and feelings that they seem reasonable, normal and justified, and we no longer notice the effect they are having on us. No matter how bad or untrue the thoughts are, we tend to **believe** them. This is very painful to live with, and unless we take positive steps to change our thinking habits, those negative thoughts and feelings will always be with us and dominate our minds.

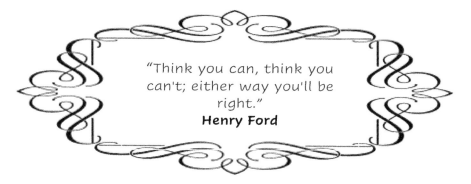

"Think you can, think you can't; either way you'll be right."
Henry Ford

See the list of common negative beliefs which can be used as a checklist for you to identify which beliefs you are aware of.

Negative thoughts cause stress. If we THINK negatively about a situation, we will also FEEL negatively about that situation, regardless of the realities.

Although our negative thoughts and feelings are often unrealistic, it is exceedingly difficult to check up on whether they are true or not. We may be misinterpreting the behaviour, words and actions of others and making assumptions. We draw conclusions based on our attitudes, beliefs and values, which become automatically negative if we have trained them that way!

These automatic negative thoughts and feelings pop into our minds and carry with them strong feelings of self-dislike. They are difficult to turn off and seem I'm a waste of space

Tick the ones that apply to you

NEGATIVE BELIEFS			
I am useless		I am aggressive	
I am thick		I am not understood	
I am fat		I have no confidence	
I am ugly		I have no self-worth	
I am untidy		I am too short / tall	
I am lazy		I trust no-one	
I can't cope		I am a lousy friend	
I am unlovable		I am dishonest	
I'll never be happy		I am an angry person	
I don't deserve to be happy		I am a failure	
Nobody likes me		I always get hurt	
Nobody respects me		I am a bad person	
I am not good enough		I am always jealous	
I can't be trusted		I am a waste of space	

Are you surprised at how many you ticked?

As a child, I was knocked down by a car and fractured both ears, resulting in loss of hearing. I was able to cope with lipreading and hated wearing my hearing aid. When I was eleven, I was told that I wouldn't be able to cope with grammar school because I was deaf. The seed was sown, and my belief was that I was therefore daft and doomed to fail at everything. Of course, this became a self-fulfilling prophecy until I got a master's degree. Deaf, yes but maybe not so daft after all.

If we kept a record (who does?!!), we may have noticed a pattern to our negative thinking. Looking back, do you still hold on to negative thinking habits from childhood years?

The price we pay for negative thoughts is very high. I see many adults who are victims of their past.

Consider what continual undermining of your self-worth may be costing you in terms of family life, friendships and enjoyment (or lack of it) of life generally.

Remember the Russian dolls – whatever happens to us is taken with us to the next stage of our lives, good, bad and indifferent. We do not leave anything behind unless we know how to.

When we look at what underlies negative thinking, we will very often find it stems from childhood messages which have become beliefs. Check them out! Where is your evidence that your beliefs are correct?

Negative beliefs, feelings and negative thinking patterns or habits can lead to depression. However, much we tell ourselves that other people are in similar situations to us, our logic goes out of the window because we are talking about how we **FEEL**.

It is important to remember that negative thoughts and feelings trigger negative behaviour. Feeling miserable and sorry for ourselves creates a downward spiral and makes relationships with friends and family harder. Remember the saying "Laugh and the world laughs with you, cry and you cry alone."

VALUES

Do you know your shoe size? Of course, you do! What about your core values?

Which is more important?!

Our values are the things that we believe are the most important to the way we live our lives, both at home and school/college/work. They are usually formed fairly early on in life and are often accepted as a framework for living. Most of us accept that stealing is wrong, and that alone stops us from even thinking about it, let alone doing it!

Our early values are called "received values" because they are received from parents, grandparents, extended family and teachers who shape our early lives. At an early age we don't really know anything different from the way we are taught, either literally or by example.

However, in teenage years, we accept, reject or test those values until we are comfortable with what is **REALLY** important to us. They can of course change – if you are driven by career and income but then marry and have a family, whilst your career is still important to you, it's not as important as it was before the patter of tiny feet.

Values are almost like a personal hidden agenda which helps us to determine our priorities, choose our friends, where we shop, or go on holiday. They are the measures we use to make decisions and choices.

Sadly, values, awareness and development are not taught in school, so we often wonder why life is as hard as it is. Being aware of what is important to us is of **VITAL** importance!

Have a look at the values below - Find out which ones immediately resonate with each of you. How many do you share with those closest to you?

Now think about your top ten values — are they aligned with your perception of yourself?

My Top Ten Values

These are your **CORE** values.

- Do they make you feel good about yourself?
- Are they representative of the life you lead?
- Do they inform your decision-making and choices?

Now think about those you are closest to, friends and family:

Are your CORE values like theirs? You may find that a few are different but not so far apart that you can't accept them. However, if you think of people from your past or present who you do NOT get on with or have fallen out with for some reason, you will almost undoubtedly find that their values are very different from your own and you may struggle to establish a relationship with them.

A good example of conflicting values in teenage years which you may have experienced is when your parents wanted you home at midnight, but your mates were allowed to stay out until later. Maybe you were being encouraged to drink / smoke, have sex / take drugs / bully / steal but you had been brought up to believe these things were not for you, or were "wrong." Do you recall feeling uncomfortable if you went against your instincts?

Remember, conflicting values cause stress!

MEMORIES

Can you remember what you were doing two weeks ago on Thursday? Unless it was part of a regular pattern, it is unlikely that your memory recorded it. What about your first day at school? Other early memories? First date?

All our significant memories are stored in your subconscious. Happy memories stimulate and trigger happy feelings whilst sad or bad memories trigger sad and upsetting emotions, which cause stress. Any similar circumstance to the original event will trigger those feelings again – your subconscious thinks you want those feelings back, so it gives them to you without you asking or giving "permission!"

If you ever go through old photos or those stored on your phone, do they trigger memories? Does the picture or movie in your mind expand as you recall the circumstances, who you were with or what you were doing? Can you recall the colours, sounds, smells, and feelings? This is a great example of how powerful your memory is and how it can be reactivated quite easily.

You may be able to store facts and figures for an exam but I doubt that you will remember them all a few weeks afterwards.

The subconscious holds onto significant memories or those that have had an impact on you. Most people of my generation (baby boomer) can remember where they were or what they were doing when JFK was shot and when Princess Diana died.

My earliest memory was being knocked down by a car – what is yours?

Some memories are too traumatic or painful to recall so the subconscious blocks them, sometimes forever and sometimes until we are ready to deal with them.

Everything starts somewhere and when we can track back to the start point, subsequent emotions and behaviour patterns become more understandable and can be worked on.

Jenna had failed her driving test 5 times! When she came to see me, I asked her if there was a pattern and she stated that each time she had failed, it had been at a roundabout where she had had a panic attack. No one had ever asked her about any memories she might have had relating to roundabouts. She told me about a bad accident she had been involved in – at a roundabout! Although she was a passenger, every time she approached a roundabout when she was driving, her subconscious recalled the accident and the fear of it happening again triggered the stress response – or a panic attack. We quickly cleared the memory of the accident with EFT, plus how she felt about failing and the next time she took her test, she passed with no problems at roundabouts.

A good technique to reduce the impact of a painful memory is to imagine that you are sitting in a cinema, watching the memory on the screen. You have a remote control beside you, so you press play, see the colours, and hear the sounds and when the "film" reaches the end, press rewind and watch it backwards. Press play again but this time imagine it in black and white. You will find that the intensity the memory and the emotional attachment will fade.

Reduce the impact of uncomfortable or painful memories in **Tapping Stuff**

HABITS AND ADDICTIONS

Habit

"An acquired behaviour pattern regularly followed until it has become almost involuntary"

Addiction

"The state of being enslaved to a habit or practice or to something that is psychologically or physically habit-forming, to such an extent that its cessation causes severe trauma" www.dictionary.com

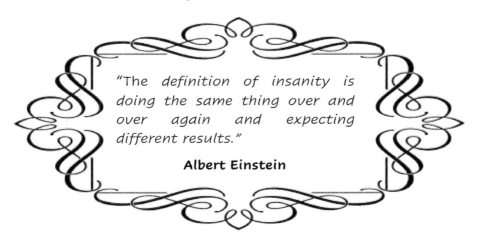

"The *definition of insanity is doing the same thing over and over again and expecting different results.*"

Albert Einstein

We must all be insane because we all have habits, some good and some bad, which we may try to change, or we may be happy with them because they serve a purpose.

Habits or behaviour patterns are initially developed at an early age, and it is generally believed that it only takes 21 days to create a habit.

Ask someone close to you what habits s/he thinks you have, as you may be unaware of them. Habits can become so much a part of us that it may come as a surprise to have them pointed out! They become an integral part of us through repetition and practice which is not always deliberate.

As children we often copy and learn behaviour patterns from parents or family, and sometimes develop habits to meet a need for comfort or reassurance, such as needing a dummy, comfort blanket, or thumb sucking.

We usually grow out of early habits naturally, but the more we practice these behaviour patterns the stronger they become. We cease to think or be aware of what we are doing. Think about learning to ride a bike, roller skate, swim, read, or learning tables.... At first it feels almost impossible, but with repetition and lots of practice it suddenly all seems to come together and become automatic. Brushing your teeth is another good example. This is because the repetition and practice become consolidated and moves from the "thinking" part of your mind (the conscious) to the automatic part (subconscious) and we don't give it a second thought

Most of our habits are not harmful or damaging to our lifestyle or to others, but sometimes they become annoying and need to be broken.

A habit turns into an addiction when you are aware that you "need" the item to get through daily living and feel out of control and panicky without it.

Common addictions include alcohol, drugs, gambling, computer games, internet trawling (phone, tablet etc) texting, Facebook, Twitter, Snapchat, Pinterest, Instagram, eBay, Tik Tok, shopping, food and chocolate.

There is no single reason why addictions develop. Addictions to substances such as alcohol, drugs and nicotine change the way we feel, both mentally and physically. If the experience is a good one, then there may be a strong desire or need to repeat it.

A good way of checking if you have a habit or addiction is to ask yourself to what degree you could do without this behaviour or substance. The stronger the need, the more likely it is to be an addiction.

MY GOOD HABITS

We also often have habitual or addictive thoughts which are usually negative, and however hard we try to stop them with willpower it is very hard because willpower is part of the conscious mind and is overpowered by the subconscious.

Your monkey is in control!

MY BAD HABITS

---

fidgeting   checking phone all the time
forgetting things
thumb / finger sucking   gossiping
speeding   interrupting
lying   picking your nose
video games   belching   overspending
snacking   social media
exaggerating
knuckle cracking retail therapy
negative self talk
COMMON HABITS
eating fast food being late
chewing gum   name dropping speaking with your mouth full
nail biting   swearing
gambling   procrastinating   skin picking   drinking   overeating   self talk
smoking   teeth grinding   debt   picking scabs
scratching / itching
sugar
pencil chewing

HABITS I WANT/NEED TO BREAK

FEARS AND PHOBIAS

Fear

"A distressing emotion aroused by impending danger, evil, pain, etc., whether the threat is real or imagined; the feeling or condition of being afraid."

Phobia

"A persistent, irrational fear of a specific object, activity, or situation that leads to a compelling desire to avoid It." www.dictionary.com

Fear can be described in different terms in relation to the degree of fear that is experienced. This varies from mild caution to extreme phobia and paranoia, with anxiety, worry, terror, horror, panic, and dread falling between the extremes.

Being afraid of something that can cause harm is a normal reaction. However, some people show strong, persistent and irrational fears of particular objects, activities or situations. When this behaviour interferes with normal everyday functioning, the condition is called a phobia.

"If you are distressed by anything external, the pain is not due to the thing itself, but to your estimation of it; and this you have the power to revoke at any moment." Marcus Aurelius (Roman Emperor)

It could be argued that FEAR stands for **F**antasies **E**xperienced **A**s **R**eal. This is because the subconscious mind cannot differentiate between what is real and what is imagined. For example, a fear of spiders can be reactivated just by thinking of one, even though there isn't one in sight. However, the mind will trigger the fear based on the original response to seeing a real spider. (memory)

We become used to our fears and generally try to avoid them; e.g. if you are scared of flying then you travel by train or boat, or if you have a fear of heights, you stay at ground level

When confronted with a fear, your body automatically goes into the "stress response", as discussed in **Stress Stuff.**

- Trembling or shaking
- Feeling of choking
- Sweating
- Nausea /sickness feeling
- Palpitations, pounding heart
- Chest pain or discomfort
- Feeling unsteady, dizzy, light-headed, or faint
- Feelings of unreality or of being detached from yourself
- Fear of losing control or going crazy

What would it be like to be **FREE** of your fears? **See Tapping Stuff!**

Remember that your brain is like a computer that has saved everything that has ever happened to you in folders and files – you know that in order to change them, you need to reopen them, alter or update them and return them to your filing system. If a file serves no purpose at all, then you delete it! However, the brain is more flexible than a computer and can be modified or re-trained to adapt to changing circumstances. We become very attached to familiar patterns and feel uncomfortable when our accustomed behaviour patterns are thwarted, questioned, challenged or changed, even though they make us feel stressed!

Pam came to see me with a fear of flying, as she was due to fly within two weeks; she was becoming more and more anxious. The fear had materialised a few years ago after a very close friend died abroad. The real issue was the trauma and grief that the death had caused which had not been cleared. Pam was awfully close to the family and was supporting her friend's mum. In order to do this, she felt she had to remain strong, and she kept busy arranging the funeral and contacting people. After that, she sorted clothes and possessions to feel close to her friend. She was scared that if she went abroad, that she would die too.

This manifested itself into a fear of flying. By tapping gently on the grief, the memories, and the pain her fears dissolved, and she enjoyed a well-deserved rest on holiday.

....

Mia was eight years old, and she was terrified of dogs. Every time she saw one, she panicked and cried. Her three sisters were keen to get a dog, but it wasn't possible with Mia's fear.

We tapped for the fear first of all and it came down a bit but not enough for her to feel comfortable. Eventually after her mum tried to remember any incidents that involved dogs, she recalled an incident in a park. Mia was in the back seat of the car and as her dad leant over her to undo her seat belt, a dog jumped into the car and onto Mia's lap! The shock and fear were so much for the little girl that she blocked the memory. Even though she couldn't really remember this incident, we worked on how it must have felt, and she imagined a dog jumping on her. After a few rounds she felt better and now she is much more comfortable around dogs. The family is now planning on getting a puppy, with Mia's blessing.

....

"My brother went to STRESSWORX for something and when he came back. he showed me how to get rid of my fear of spiders – awesome!" Sean 8

Ephebiphobia is the fear of teenagers!

MY FEARS

The greatest fear I come across is the fear of not being good enough....

NEEDS AND WANTS

We all have needs, both physical and emotional.

Emotional needs are by degree and can change with circumstances. Physical needs are more straightforward in that we know when we are hungry, tired or cold without doubt, and we know that we usually meet these needs with food, sleep or warmth.

Emotional needs are harder to identify but most of us can relate to them.

How do we work out what is a need and what is a want?

We may have *needed* a new pair of shoes because our old ones had worn out or our feet had grown, but we did not *need* the latest fashion designer trainers – we *wanted* them!

TAPPING FOR TEENS

It's very hard for parents to understand and accept why young people want them to pay out a small fortune for a designer name so they can be just like everyone else!

fulfillment inclusion affection
protection work relaxation
warmth transport oxygen
hope medical support
freedom choice clothes
sleep understanding
freedom food
approval NEEDS equality
self worth identity
play respect appreciation
purpose shelter trust
water communication friends
acceptance oxygen respect

I need	I want

TAPPING FOR TEENS
DEPRESSION

Some people use the word depression for having a bad day but in fact it's about *always* having bad days. Negative thoughts and feelings become a familiar pattern.

Most depression starts when negative thoughts, beliefs or memories are triggered and then they take over – the monkey on the shoulder is in charge.

Depression is labelled as MILD, MODERATE and SEVERE, the latter often needing care as well as medication for the safety of the individual.

Sometimes depression has no apparent or obvious cause. However, in other cases, it may be caused by one or a number of factors, which include:

- **Genetics**: If there's a history of depression in your family, it could be that there's a genetic or biological link that makes the illness more common among your relatives

- **Biochemical**: In certain cases, the chemicals in the brain that control your moods might be out of balance
- **A stressful event:** Or chain of events, such as a family divorce or conflict, physical or sexual abuse, bullying, rape, the death of a loved one, or a relationship break-up
- **Personality**: Certain personality types are at a higher risk of depression than others. This includes people who tend to be anxious, shy, perfectionist, or those who have low self-esteem.

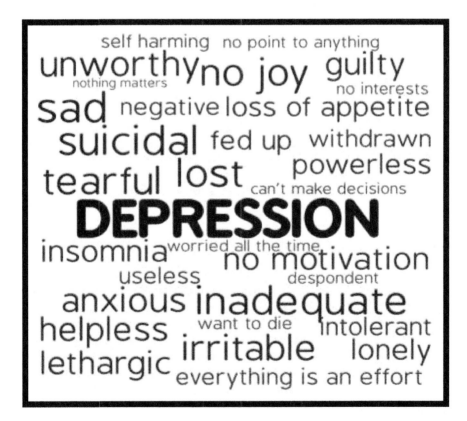

Remember, everything starts somewhere.

I feel depressed when

Winston Churchill called his depression "the black dog" and said that it haunted him wherever he went. It has become a familiar phrase adopted by the World Heald Organisation and MIND, You can find The Black Dog video on You Tube.

TIPS FOR MILD DEPRESSION

- **Try** not to spend too much time "dwelling" on things.
- **Spend** time with friends who make you feel good, especially those who understand how you feel
- **Avoid** hanging around with people who abuse drugs or alcohol, get you into trouble or make you feel insecure.
- **Talk** to someone you feel comfortable with and trust
- **Do** something different to break your thinking pattern. (Go for a walk, watch a film, read a book, listen to music.)
- **Write** your thoughts and feelings down, it helps to release them
- **Express** your feelings in ways that won't hurt yourself or anyone else (dance to loud music, punch a pillow, scream how you feel)
- **Get** creative. Find something to do which distracts you from feeling bad – draw a picture, make a collage or a photo book for yourself or a friend.
- **Pamper** yourself – book a massage, have a new hairstyle.
- **Eat** healthily – lay off the junk foods
- **TAP** for your feelings – **see Tapping Stuff**

EFT (Tapping Stuff)) can help with feelings and memories, but if this doesn't make you feel better then a visit to the doctor would not go amiss. They can prescribe medication or offer other solutions to aid recovery.

SELF-HARMING AND SUICIDE

Many teenagers who are struggling do not believe that anyone can help them or that anything can change, so they use self-harming as a desperate bid to rid themselves of the negative emotions, memories and thoughts that just will not go away. The monkey on their shoulder is firmly in control and the physical pain seems to be more manageable than the emotional distress. The physical pain also distracts from the emotions even though it is only short-term relief.

Ways of self-harming include:

- cutting - usually on the arms or other places of the body which can be covered up
- over-eating - bulimia
- under-eating - anorexia
- excessive drinking
- burning the skin
- inserting objects into the body
- hitting or bruising with objects
- drug overdosing
- exercising excessively

Self-harming usually offers some release from the emotional pain, but it is often followed by feelings of shame and guilt, which adds to the original problem. Many self-harmers keep it a secret as it's a very private and personal way of trying to deal with things. Sadly, it becomes a habit, and it becomes harder and harder to tell someone and find help for the original issue.

If you have self-harmed, or feel the need to do so, do some detective work to find out when it started . What was going on in your life? Deal with the emotions by using EFT or seek help.

SUICIDE

When self-harming doesn't relieve the emotional pain and distress, and self-esteem and self-respect are at an all-time low, then suicide may seem like the only answer. People who commit suicide believe that the world would be a better place without them, that they are beyond help, and they are past caring how their loved ones would feel.

Suicide is a choice that some young people make, but it is not a rational choice, as the decision is usually made when desperation and loneliness dominate the mind.

Angie was seventeen and she was struggling with attendance at college. The work was manageable, but it was social anxiety that was the problem. It had been as issue for a while, and she had dropped out of another college where her "friends" had rejected her for being miserable all the time. Her self-esteem was so low that she couldn't believe that anyone would want to be her friend or spend time with her. Her boyfriend dumped her and that was the final straw – she felt totally worthless, isolated and alone. She took an overdose. Fortunately, her parents found her, and she was ok. She started a new college, but the problem was still there.

We quickly identified when and where this started. It was in year seven when she didn't know anyone in her new high school class. She lacked confidence to reach out to others because they all knew each other from primary school. The pattern became established.

EFT quickly cleared the painful memories and then we worked on her fears and negative beliefs, followed by some self-esteem and confidence building.

After three sessions, she was back in college, a bit hesitant but determined to make friends and complete her course.

Life is a gift – unwrap it and enjoy it rather than throw it away.

TAPPING FOR TEENS
THE MIND BODY CONNECTION

What the mind supresses, the body expresses is a favourite saying of mine.

Have you ever noticed that you get infections, stomach bugs and colds when you are run down and worried about something?

When we are children, unless we are around sick people, we tend to take our health for granted. As teenagers we think we are infallible but when we reach adulthood we realise that without good health, we have extraordinarily little.

Looking after ourselves – mentally, emotionally as well as physically, can help reduce stress on both body and mind.

The connection between our minds and bodies is powerful and understated or misunderstood. Whatever is causing you stress, it will inevitably cause physical health issues

The reverse is also true. Health problems affect our stress levels and our mental health and wellbeing.

When our brain experiences high degrees of stress, our bodies react accordingly. The immune system weakens, making us vulnerable to illness, colds, aches and pains.

The most common stress related physical ailments for teenagers are Panic attacks, OCD and Insomnia.

Life choices such as smoking, drinking and drug taking can have an effect on our physical health too. It is always best to explore WHY you need these props and look for the root cause and deal with it.

PANIC ATTACKS

Most panic attacks result from a sudden overwhelming sense of intense fear or discomfort. Severe stress, a shock, such as the sudden death of a loved one, divorce, or job loss can also trigger panic attacks. Exam stress and fears like flying and heights can trigger an attack too.

There are no hard and fast answers as to why they occur, but traumatic or painful experiences and shock certainly play their part. When something happens to us, which is upsetting, it gets logged in the mind and if something similar happens again then the mind remembers the initial response and "feeds" it back to you. We cannot always make sense of why and when panic attacks occur but when they do, what is the best way of dealing with them?

Try and identify the cause or the event that triggered the attacks and if and when you feel an attack coming on

- Deep breathing – breathe in deeply, counting to 4, pause, then breathe out counting to 4
- Stamp your feet – this will start to release the adrenaline
- Smell something strong like Olbas Oil which stimulates other senses

OCD – OBSESSIVE COMPULSIVE DISORDER

Distressing or frightening repetitive thoughts trigger responses or actions to try and make them go away. These thoughts seem to come into the mind automatically, even though logically or consciously you know that they are irrational. For example, continuous thoughts and fears about germs and diseases can prompt a hand washing ritual that is repetitive.

This may give short-term relief from the anxiety but then there is a need to do it again just to make sure!

Most OCD behaviours are linked to a fear or a need for perfection.

Common rituals include repeatedly:

- Checking light switches are off repeatedly
- Getting everything in place before eating, doing homework, going to bed
- Checking windows and doors repeatedly before leaving the house
- Cleaning phones and/ or computers before each use
- Double checking sell by dates on food labels
- Checking pockets/bags before leaving the house
- Worrying about harming others

OCD can be triggered by stress but is thought to be caused by childhood trauma or it may be genetic. See **Tapping Stuff**

INSOMNIA

Do you lie awake, unable to sleep when you are worrying about something?

Insomnia is difficulty in getting to sleep, waking during the night and not being able to get back to sleep and just not getting enough – making us feel drained and not able to cope during the day. This in turn makes us feel stressed, and the cycle continues as we become more stressed, tense, and edgy, worrying about whether we will sleep or not It also weakens our immune systems.

107

TAPPING FOR TEENS

Lack of sleep is caused by a range of things – physical pain and discomfort, fear, anxiety, painful memories "haunt "us at night, depression worry or stress. Insomnia can also be caused by an addiction to medications, caffeine, nicotine, alcohol or other heavier drugs..

SLEEP TIPS

- **Have** a regular bedtime and establish a routine
- **Soak** in a warm bath before bed
- **Have** a warm drink but not caffeine
- **Read** a book or magazine
- **Turn** off all devices
- **Set** your alarm to wake up at the same time each day
- **Have** a nap during the day to catch up on lost sleep but limit it to thirty minutes
- **Avoid** eating late
- **Monitor** your caffeine intake after 4pm. Try and cut it out for a few days and see if it makes a difference.
- **Wear** comfortable nightwear
- **Make** sure you are warm enough.
- **Check** that the mattress is firm for support
- **Buy** a pillow that suits you.
- **Keep** your bedroom well ventilated
- **Avoid** loud noise
- **Keep** a journal to offload your thoughts from the day

4

SCHOOL

&

COLLEGE

STUFF

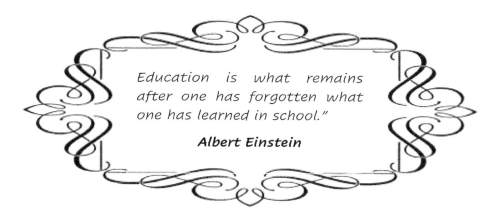

Education is what remains after one has forgotten what one has learned in school."

Albert Einstein

School and college years are the foundation for our adult lives, what we learn and experience, and how we see the world.

Outside the family, school and college experiences are very influential in the development of attitudes, beliefs, values, choices and decisions.

School years are sometimes good, sometimes bad, but they are something we all experience.

However, the pressure on young people to achieve is far greater than ever before.

School and college years are the one of the few times in our lives that we are surrounded by people of our own age, which brings with it the tensions of needing to be liked, good enough and accepted.

TAPPING FOR TEENS
FRIENDS

As we grow up, we tend to make friends initially with the kids who live near us or the children of our parents' friends. However, when we go to school, we pick our own. What makes us choose one person over another? Is it "animal magnetism," shared interests, the sound of their voice, their humour, where they live, or a mixture?

"Friends are the family we choose for ourselves" is a well-known phrase, so we need to choose wisely!

Some friends are for life, others come and go, and some are just names and faces on social media, but they all contribute to our sense of worth and wellbeing. Friends help to prevent loneliness, they support us, challenge us, motivate us, and even have the nerve to criticise us and keep us on track when we lose our way! Good and true friends make us feel good about ourselves. We can have fun, share our secrets, hopes, doubts and fears (without worrying about them going viral!).

Good friends are trustworthy, honest, dependable, loyal, caring, non-judgmental, good listeners, and genuine. They accept us unconditionally, respect us, forgive us if or when we upset them, support us through good and bad times, do thoughtful things for us, and are there when we need them. If our friends are mainly happy, proactive and positive people, then the chances are that we will be too.

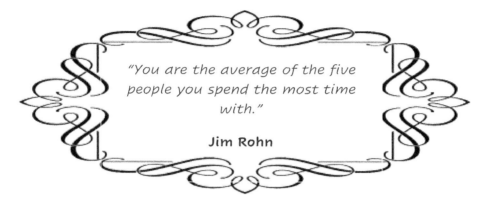

"You are the average of the five people you spend the most time with."

Jim Rohn

Positive attitudes, beliefs and values from friends, as well as an outlook on life that is challenging, fun and optimistic, influence our wellbeing.

In contrast, if we hang out with a bunch of negative people who see nothing but doom and gloom, then how do you think we will feel?

We always have a choice about who we spend our time with, and it's usually what's important to us that helps us to decide. Like attracts like, and shared interests are a common bond. If you were into sports, you were more likely to befriend other sports lovers than not. Music and fashion trends also probably helped us to gravitate to one group of friends or another.

We all tend to have an "inner circle" of friends – those who we trust with our innermost secrets and fears, and vice versa. They will stick by us through thick and thin and are not scared away by disagreements or arguments.

Beyond that we usually have friends who we are happy to spend time with, who have shared interests but are not keepers of our secrets. They do, however, offer support and help us to develop self-esteem, self-belief and self-respect.

Most of us use friends as a sounding board to help us make decisions and choices, and it is a two-way process. Trust is important, and if broken it can put a strain on a friendship. If something told in confidence to a friend suddenly becomes common knowledge, it's doubtful we will trust them again!

We also have online friends who we may never meet face to face which may make it harder or easier to share things with depending on other options open to us.

We learn from friends too, what works for us and what doesn't, what makes us feel comfortable or uncomfortable, what feels right and what feels wrong. Shared experiences also help us to establish our own value systems.

Mike went to an international school where most pupils came from rich families, He felt very much like the poor kid on the block; his parents couldn't afford to support a credit card for him, pay for expensive school trips or the newest designer clothes. He felt envious, inadequate and left out. He was ashamed of his "ordinary" home and didn't want his friends round.

As he got older, he realised that money could not buy family stability, love and emotional security. He took a risk and started to invite his friends home. They liked feeling part of a warm family which did things together and respected and valued each other. The friendship group scattered all over the world when they left school but when they got together – they chose to go to Mike's!

FRENEMIES

Do you have Frenemies at school/college? I did, but they were not called that then.

They were the people in your life who claimed to be a friend, but their actions told you otherwise. Frenemies can cause enormous amounts of stress, hurt and doubts. Knowing how to help young people identify them is crucial.

I was horrified recently when working with a sixteen-year-old who was at sixth form college with very low self-esteem and in sharing her issues, said she was the DUFF in her college. I asked her what that meant, and she explained that it stands for Designated Ugly Fat Friend!

Were they friends or Frenemies?

TIPS FOR DEALING WITH FRENEMIES

- **Identify** the negative effect they have on you
- **Spend** your time with genuine friends
- **Challenge** comments that "are out of order"
- **Offer** real friendship but accept it is not likely to happen
- **Walk** away and just be polite in future
- **Maintain** respect for yourself
- **Explore** new friendships

HOW MY FRENEMIES MAKE ME FEEL

_____

_____

_____

_____

_____

_____

_____

PEER PRESSURE

Almost everyone experiences peer pressure at some time or another. Adults may not have called it that, and it is not peculiar to young people, but hopefully as we get older, we get wise to it and refuse to comply.

Peer pressure results from friends or others (usually of a similar age) trying to get you to do something that you may not really want to do. It is so easy to give in to peer pressure because everyone wants to fit in and be liked. Especially when it seems like "everyone else is doing it."

Sometimes people give in to peer pressure because they do not want to hurt anyone's feelings, or they do not know how to get out of the situation, so they just say "yes."

We all have a basic human need to feel safe, and it seems like the best way to do this is to fall in with everyone else. As young people, most of us want and need to be liked, to fit in and be accepted. We tend to want to wear similar clothes and adopt a style that is the same as our friends so that we don't stand out, and risk being teased or not accepted and left out?

Peer pressure can result in young people doing something that doesn't fit with their sense of right and wrong (values).

Peer pressure might influence you in a number of ways, including:

- Fashion choices
- Alcohol and drug use
- Decisions about boyfriends / girlfriends
- Choice of friends
- School work
- Non-attendance
- Bullying

- Anti-social behaviour
- Crime

It's hard! Remember looking at values and beliefs? If something doesn't feel right to us and we are clear about our beliefs and sense of what is right and wrong, then saying **NO** comes naturally and easily.

When there is a strong need for acceptance it's hard to go against your peer group even if the pressure to have sex, smoke, steal, take drugs, mug or bully someone goes against every belief, and we sense that it's wrong. Going back to values again, close friends will probably have similar values, and that may give you the strength to resist or walk away from negative situations.

Many just follow like sheep, knowing that they are doing wrong and also knowing that they have to work out how to live with that choice, which could prove to be very stressful.

TIPS FOR DEALING WITH PEER PRESSURE

- **Try** not to find yourself isolated within a group
- **Hang** out with people who like the same things as you.   This may help you to avoid being picked on and being pressured into doing things you don't want to.
- **Try** not to show fear
- **Say NO**. Saying no can be hard but it feels good to stay with what you believe to be right.
- **Explain** why you don't want to be part of something in a calm manner and you may even gain respect from others which will increase your confidence.
- **Try** not to judge.
- **Respect** the choices of others even if you don't agree with them.
- **Stand** up for yourself – you will gain respect in the long run

BULLYING

When does peer pressure become bullying?

Sadly, bullying seems to have become a fact of life and is a major issue for many young people, causing distress. Where is the line between bullying, banter and teasing? We all get called names or teased at some point but when it is endless, it can be incredibly stressful.

Bullying is a major problem, and it comes in all shapes and sizes, from teasing, name calling and spreading rumours to physical harm and exclusion from activities.

Bullies are into power games – their words and actions make them feel powerful at the expense of the victim. Bullies use any excuse – size, weight, skin colour, behaviours, religion, or maybe no real reason at all.

Bullying creates stress for the victims. It undermines confidence and self-esteem; it can cause sadness, loneliness, fear, anxiety, and poor concentration. It can lead to self-harm, depression, suicidal thoughts and, in some cases, suicide.

When someone we know well, a friend or family member makes a comment, we usually know instinctively if it's a bit of banter, friendly teasing or something more serious.

If it was a one off, then maybe it was a joke or a bit of sarcasm which you can let go. If, however, the teasing or name calling is from people you do not know, like and trust very well, then it may be bullying.

When someone feels under pressure and intimidated, uncomfortable and even scared by persistent comments or actions, then this is bullying. In extreme cases, a person may feel so low they may attempt to or actually take their life.

TAPPING FOR TEENS

This is sadly a reality for some families who have lost a loved one through bullying.

The reason for bullying can be anything that the bullies can find to pick on. It may be for being different in some small way, supporting a different team or liking different music. It may be due to looking different – hair, appearance, skin colour, language, stammer, sexuality, weight, shape or size, background, family or home. A bully will always find something!

I have seen people in their forties and fifties who were bullied at school, and it has continued to affect their lives. The most important thing to remember about bullying is that it's the bully who has the problem, not the victim!

For nice people, bullying is hard to understand, but it's easy to forget that gossiping, spreading rumours and teasing are mild forms of bullying and can have a lasting effect (at any age).

There is usually a need within the bully that prompts them to behave the way they do.

- They may need to be seen to be the leader of the "gang" for acceptance and kudos.
- They might be bullying to build a reputation and to impress their friends.
- They may have been bullied themselves and do not know how to behave any differently.
- Their victim may remind them of someone who upset them or made them angry.
- They might be enjoying the attention or reaction.
- They might be having problems at home or at school, so they are taking this out on someone else.
- They feel that bullying is the only way they can feel good and powerful inside.

- They might be finding it hard to cope and are taking their anger and frustration out on the victim.
- They might be bullying for a dare.

Bullies usually hunt in packs, as the main bully wants and needs to show off and demonstrate what s/he can do. There isn't much point if they don't have an audience!

Many bullies are different when they are on their own with less bravado. Either way it is sad that young people have to resort to bullying and power games in order to feel good. Whatever reason or justification in the mind of the bully, it does not help the victim.

Physical bullying – prodding, hair pulling, tripping, hitting taking or hiding your belongings – is as stressful as emotional or verbal bullying and can end up with fights or worse still, the use of knives or other weapons.

Bullying can trigger feelings which include: -

- Isolation
- Anger
- Distress
- Humiliation
- Despair
- Anxiety
- Frustration
- Withdrawal
- Self-doubt

Paul was 14 and for no apparent reason, he attacked his physics teacher and was suspended from school. He couldn't explain what prompted the attack until I asked him who his teacher reminded him of. He said, "My dad". His dad had left the family home following bullying and abusive behaviour and unfortunately for the physics teacher, Paul took his anger out on him!

HOW I FEEL WHEN I AM BULLIED OR INTIMIDATED

These feelings can then result in:

The bullies themselves need help. If you know or suspect that someone you know is a bully, you may be able to ask:

- Why are you doing it?
- Is it for acceptance, popularity, or power, envy, to be the leader of the pack?
- What is missing in your life that bullying fulfils?

These are hard questions to answer, but they may help the bully to rethink their behaviour before they end up without any friends.

Sean was 16 and he had done badly in his GCSEs because he had been bullied and refused to go to school so fell behind. His parents kept going into school, but the teachers denied that any bullying was going on and said that Sean was just lazy. He had to do his GCSE year again but struggled even more as the syllabus had changed. This made him more stressed and depressed, and he was bullied by his new peer group as well as the previous one and teased about being a failure. The teachers were sarcastic towards him, so he was scared to ask for help. At home he became a recluse, shut himself in his room and didn't want to talk to anyone. Things came to a head when his younger brother started the school, and he was also being bullied because of his brother!

Sean was not stupid and whilst he didn't understand why he was being bullied; he did understand the effect it was having on him. Obviously complaining to the teaching staff at school was not going to change things so different tactics were needed! By working together, the parents made a request for the school's anti-bullying policy and followed the complaints section step by step. The chair of Governors supported the Head who was adamant that there was no bullying in his school, and he refused to investigate the statement that Sean had written. Meanwhile with lots of tapping and hypnosis as well as talking, Sean began to realise that the situation was becoming ridiculous, and it wasn't really about him anymore. However, he still refused to go to school (not surprisingly really!). The local sixth form college was contacted but they would not take Sean until he had two more GSSEs. Stalemate.

The school was a private one, and eventually the head agreed to let Sean be tutored privately at home but still take his exams under the school banner. Sadly, because of the syllabus change, the exams were failed once more. In desperation, his parents went back to the sixth form college on an open evening and told the tale to the Head of Pastoral Care. Result! Sean wasted two years of his life and his education as a result of bullying and not being believed. He has now caught up with his GCSEs and is studying for his A levels. He is more confident within himself, but the bullying left scars and he is wary of making new friends.

CYBER BULLYING AND SEXTING

This has become more and more of a problem in recent years, and not something that most adults can identify with.

Research shows that a huge percentage of young people have been bullied or harassed online. Lockdown made things worse – have you been affected by it? Do you ignore it, feel hurt and upset or are you able to do something about it?

Posting seemingly harmless pictures or personal information can be misunderstood, often unintentionally, and then abused. Any content received that causes discomfort should be reported straight away. Most social media sites have guidelines and advice. Even if the intention was a joke, that picture is out there.

Sexting is the exchange of self-generated sexually explicit images, through mobile picture messages or webcams over the internet. It is also called

-
- Cybersex
- Doxing
- Sending a nudie, picture or selfie.

Sexting is often seen as flirting by young people who feel that it's a part of normal life and not a problem. However, there are dangers to sexting, as we are now aware from media coverage.

It is actually **illegal.** Anyone sending an explicit image is producing and distributing child abuse images and risks being prosecuted, even if permission is given to share.

Taking, sharing or receiving an image, even voluntarily, can have a long-lasting negative impact.

We have no control of images, where or how they are shared, and even if the image is only sent to one person, how do you know where it will go next? All images shared online are public. Remember too that many universities and colleges as well as employers are quite likely to have a look at social media pages before an interview. One fun-filled moment could define your future!

Although the image sent may seem innocent or harmless, you may be vulnerable to blackmail or bullying, where someone threatens to show the pictures to parents, college/school or friends unless they do something for them. Not a nice position to be in. The risk is just not worth the stress and aggravation.

There are lots of good websites offering advice on how to deal with all aspects of bullying. The effects of this behaviour can last a lifetime if not dealt with.

How can you support a friend who is the victim of sexting or cyber bullying?

TAPPING FOR TEENS
EXAM STRESS

Exam stress is common in teenage years, but it varies by degree, from a mild nervousness to full panic. Exam nerves are perfectly normal and can start with SATS at primary school and develop through to GCSEs and A levels and any subsequent exams if not dealt with.

We never really quite know what to expect or what is expected of us at exam time, but when and how does it tip over into ongoing anxiety and stress which is debilitating?

Exams are a means to an end; they are not the be all and end all. Some areas still have the eleven plus exam to determine who goes to grammar school and who doesn't.

Exam stress is

- Excessive worry about not doing enough revision
- Fear of failure and the consequences of poor results
- Anxiety about friends doing better than you
- Worrying about letting your family and yourself down
- Not understanding your subject matter
- Negative beliefs about your ability

- Self-doubt
- Procrastination
- Feeling out of control and panicky
- Feeling overwhelmed by worry

Stress, tension and worry can stop us sleeping, which obviously makes us tired, making us unable to concentrate, and the cycle continues.

Procrastination or putting things off is a familiar tactic in revision for exams. Brian Tracey, an American motivational speaker, wrote a great book called "Eat that Frog." He advises that we eat the biggest frog first because after that, the others will slide down more easily! Yuck!

What he is really saying of course is that if we deal with the subject that causes us the most anxiety or stress first, then the others will seem easy. If we do it the other way round, then the "big frog" is hanging around all day.

Have a look at these Revision and Exam Tips

REVISION TIPS

- **Plan** well ahead and draw up a revision plan
- **Stick** to it!
- **Explore** what works best for you – notes, index cards, mind maps video tutorials etc
- **Check** out anything you don't understand with a teacher/tutor before you learn the wrong thing.
- **Talk** to someone about any concerns before they get out of proportion.
- **Buy** Revision Guides.
- **Ask** for some old exam papers and go through them.
- **Eat** healthy food and drink lots of water.
- **Get** plenty of sleep.
- **TAP** for any emotional blockages. (Chapter 5)
- **Pace** yourself and don't try to do every subject at once.
- **Take** regular breaks
- **Get** some exercise and fresh air
- **Plan** in some fun
- **Believe** in yourself

Revision Plan

TAPPING FOR TEENS

BONUS OFFER- subscribe to my-newsletter for a FREE Exam stress audio – contact <u>ruth@stressworx.co.uk</u>

EXAM TIPS

- **Get** a good night's sleep before each exam
- **Have** a good breakfast – fuel to keep your energy levels up
- **TAP** for nerves (**See Tapping Stuff**)
- **Arrive** in plenty of time
- **Don't** listen to your friends if they are stressing
- **Go** to the loo before going into the exam room
- **Take** a bottle of water with you (dehydration causes confusion)
- **When** the exam starts, take a couple of deep breaths and read the instructions carefully
- **Work** out how long you have for each question allowing time to check your answer.
- **Prioritise** your questions, easiest first.
- **Underline** the key words of the question.
- **Don't** rush but keep an eye on the time.
- **If** you get "brain freeze" – stop for a moment, close your eyes and breathe deeply.
- **When** you have finished, read your answers through, checking for grammar errors.
- **After** the exam, try and avoid "post-mortems" or dwelling on what you could have said differently.
- **Go** and chill – you deserve it!

TAPPING FOR TEENS
DISCRIMINATION

We all discriminate in one way or another by making everyday choices, but the word is understood best in the context of prejudice where pre-judgment is made on the basis of experience, attitudes, beliefs and values, fear of the unknown and other influences.

We are all unique and different from each other in a wide variety of ways, but some of the differences are more obvious or visible than others. Skin colour, gender, dress, behaviours and many disabilities are easy to identify as being different.

Over the years there have been numerous laws passed to protect minority groups from discrimination. These were all pulled together under The Equality Act in 2010 which made it illegal to discriminate against anyone due to

- Age
- Being or becoming a transsexual person
- Being married or in a civil partnership
- Being pregnant or on maternity leave
- Disability
- Race including colour, nationality, ethnic or national origin
- Religion, belief or lack of religion/belief
- Gender
- Sexual orientation

This applies wherever we are, at school, college, university, or work, and every organisation should have a policy. Do you know where to find that policy if you need it?

Whatever our age, it is **never** the victim's fault when experiencing discrimination. It is important to keep a written record of what is happening and the effect it has on the individual.

Many young people "inherit" their views from their environment, family and friends in early years and do not stop to think about them.

We all have a responsibility to challenge discriminatory attitudes, behaviour and comments. If you have ever been discriminated against, you will know how soul-destroying it is. Discrimination is a form of bullying and it is very stressful. It needs to be reported as soon as possible. See EFT for bullying in **Tapping Stuff** to eliminate the hurt and emotional pain.

Every school or college has policy document that covers discrimination, and it should spell out that:

- All discriminatory incidents are treated seriously
- All allegations of discriminatory incidents are dealt with within a reasonable timescale
- All allegations are thoroughly and fairly investigated
- All allegations of discriminatory incidents are dealt with appropriately, recorded in detail as accurately as possible.
- Records should be kept for 24 months
- Reports should be available and presented to staff, parents and governors each term (in schools and colleges).
- Appropriate support is provided for the victim of discrimination

In my experience, very few young people are aware of policies. Arguably, they are just bits of paper and not implemented effectively, but they do provide a framework for justice. Governors and staff in schools find it hard to justify going against their own policies.

EXAMPLES OF DISCRIMINATION

physical assault   offensive media
comments on social media
bullying   hurtful 'jokes'
cultural ridicule victimisation
name calling damage to property
abusive or obscene phone calls
DISCRIMINATION
hate crime abusive gestures
verbal abuse and threats
graffiti nasty comments
                    harassment
hate mail insults
abusive or obscene texts, emails

DRUGS

Drug names, fashions, effects, and dangers change so rapidly that any info will be out of date as soon as it is written. Have you been tempted? Have you tried different drugs?

Why do young people feel the need to take non-prescription drugs?

- To see what all the fuss is about?
- To get a new experience?
- Because their friends are?
- Because it's trendy?
- Peer pressure?

- Why not?

Drug use is illegal in the UK for a reason. Many young people have died taking "dirty or street drugs" and many substances are addictive and can have long-term effects on their health and wellbeing. There are far too many drugs on the market – both legal and illegal to cover here, so find out all you need to know online.

There are also various help lines which you can Google to find advice and information or look at the list at the end of this book..

MY THOUGHTS AND FEELINGS ON DRUGS

5

TOUGH STUFF

TAPPING FOR TEENS

Very few of us get through life without some challenges which prompt and demand decisions and choices. Some of these challenges can be quite tough and need courage and patience to learn from the experience and move on.

EXPECTATIONS

As stated previously, the most important relationship we ever have, at any age, is with ourselves. If we try to comply with the expectations and beliefs of others all the time then life can be pretty challenging. Some would say "anything for an easy life" but will life be easy if you can't live with yourself comfortably? Expectations or pressure can challenge or motivate us to do our best. However, unrealistic expectations are not helpful, and can have a negative impact on our thoughts, feelings and behaviour, and cause undue stress. Relationships can suffer due to external or unrealistic expectations.

It's great to have expectations, as long as they are realistic and achievable; if not, they will cause ongoing stress if we fail to meet them.

Family expectations can vary, and might include how we behave or dress, or what sort of career we choose.

We may have been expected to follow cultural or racial beliefs and traditions, even though we may not have agreed with them. (Examples are FGM, arranged marriage, sex before marriage, abortion.)

Schools /colleges, parents and teachers may have expected high grades and academic success, or we may have felt pressure from sports teammates or trainer to participate and do well regardless of whatever else was going on in our lives.

Society also has expectations, and through media and advertising, there is pressure to behave in certain ways or buy certain products.

Maria was 14 and a great rower. She was good and loved her chosen sport. She was so good that she was moved up from the junior team to the seniors where most of the girls were over eighteen. She was terrified of letting them down and believed that they had high expectations of her to win at every race. If they didn't win, she believed it was her fault. She started to have dizzy spells and passed out when her team lost. She tapped for her fears and expectations and recalled a memory from age 9 when the coach shouted at her and blamed her when her team lost. She was devastated but it was this memory that was triggering the problem at 14. It was soon cleared, and Maria's confidence and self-belief returned.

SEXUALITY

For some young people, awareness of their sexuality can be confusing and stressful as they try to understand how they feel towards others.

Sexuality is obviously a very personal thing and not always as simple as being gay or straight. Some gay, lesbian or bisexual people say from an early age that they "felt different," and had crushes on friends of the same sex, only associating these feelings with being gay or bisexual later. Many people don't discover their sexual orientation until adulthood, and it can be just as confusing then.

However, for adults who did not experience confusion over their sexuality, it can be challenging and hard to understand what others are going through, especially with sons and daughters.

Most young people just need reassurance that it's ok to be unsure about their sexual identity and it takes time to figure it out. Strong feelings and exploration are often part of this process.

TYPES OF SEXUALITY

Nowadays there are labels that people use to identify their sexuality. Sexuality is not defined by who we have sex with – it's about how we feel and how we choose to identity ourselves.

Heterosexual or Straight. Attracted mostly to people of the opposite sex or gender.

Gay. Attracted mostly to people of the same sex or gender (term used by guys, and often girls too).

Lesbian. Attracted mostly to people of the same sex or gender (used by women).

Bisexual. Attracted to both men and women. Some people use terms like pan or pansexual to say they're attracted to different kinds of people, regardless of their gender.

Asexual. Not really sexually attracted to anyone.

Transsexual or Transgender. Someone who identifies with the opposite gender and feel that they are in the wrong body

Transvestite. Usually a man who enjoys dressing in female clothes

What we call ourselves is up to us – we are all individuals, not a label or category.

John went around telling everyone at the youth club that he was gay. It seemed to be a rather strange way to "come out" so when the opportunity arose, I asked him how he knew he was gay. He declared that because he had never had a girlfriend, he therefore had to be gay.

It is not a process of elimination but an instinctive thing, knowing what our personal sexuality is and it is peculiar to each of us individually. There are no rights and wrongs here – we are what we are.

Stress occurs when young people go against their instincts and try to be someone they are not, usually to try and please their families or be accepted by their peer group and society.

SEX AND THE LAW

The legal age of sexual consent in the UK is 16. Many young people think that this law is outdated; bearing in mind that it is an offence for anyone to have any sexual activity with a person under 16. It is, however, highly unlikely that young people under 16 would be prosecuted where both mutually agree to have sex and where they are of a similar age.

The purpose of the law is to protect us, and it states that it is an offence for a person who is 18 or over to have any sexual activity with a person under the age of 18 if the older person holds a position of trust (for example a teacher, youth worker or social worker) as such sexual activity is an abuse of the position of trust.

SEXUAL ASSAULT AND RAPE

If any young person is unfortunate enough for either of these to happen to them, the situation will prove to be very stressful so please, please seek professional help and support to help them through it.

In law, sexual assault and rape are clearly defined.

SEXUAL ASSAULT AND INDECENT ASSAULT

In England and Wales, it is an offence to touch someone else with sexual intent if the other person has not consented to such touching.

SEXUAL ASSAULT BY PENETRATION

It is an offence for someone, male or female, intentionally to penetrate the vagina or anus of another person with a part of their body or anything else, without their consent. The purpose also must be sexual.

RAPE

When most of us think about rape we tend to assume that a stranger jumps out of a shadowy place and attacks their victim. About half of all people who are raped actually know the person who attacked them.

Rape is defined if a man (usually) intentionally penetrates the vagina, mouth or anus of another person, male or female with his penis without that person's consent or if they are under 13, as young people aged 12 and under are not legally able to give consent to any sexual activity.

Girls and women are more likely to be raped, but it can also happen to boys and young men. It's not just men who rape. In rare cases, women rape, too.

RAPE FACTS

The person who gets raped is not to blame.

Rape is always the rapist's fault. People never "ask for it" because of the clothes they wear or the way they act. If sex is forced against someone's will, it's rape. That's true even when two people are dating or married — even if they've had sex before. You never "owe" someone sex, even if you're a couple.

Rape is not always violent.

If you say "no," but the person doesn't respect your wishes and talks you into something that you don't want, it's rape.

Rape is not about sex or passion.

Forced sex is an act of violence and aggression. It has nothing to do with love. Healthy relationships are about respect. Someone who really cares about another will respect their partner's wishes and not force or pressure them to do anything sexual without agreement.

DATE RAPE

This is a topic that is often in the news and associated with young people. It refers to forced sex that can happen on a date but also somewhere like a party or at a club with someone the victim may know, like, or even be interested in. Alcohol and drugs often contribute to date rapes. Drinking can loosen inhibitions, reduce common sense, and, for some people, allow aggressive tendencies to surface. They take away self-control and when mixed into other drinks are almost impossible to detect.

The well-known (dangerous) drugs associated with date rape are:-

• **Rohypnol**, called roofies, lunch money, or mind erasers.
GHB (gamma hydroxybutyric acid), called cherry meth, energy drink, gook.

• **Ketamine**, called bump, special K, and super acid.

If you are unfortunate enough to be the victim of rape, be kind to yourself. You will experience a wide range of emotions to be such as disgust, anger, hurt, confusion and fear of it happening again.

As with most things, prevention is better than cure, and sharing these tips may help prevent a traumatic experience from occurring, as well as the stress of the aftermath. If you or a friend are a victim of rape or sexual assault then the police and other professional organisations are there to help. This also applies if you have been pressured into any type of sex or you wake up somewhere, not knowing what happened to you

Quite understandably you may not want to go to the police station and may be too distressed at first to explain what happened. However, the sooner a professional is aware, the better. Most people who work with rape victims are sensitive enough to respond appropriately and this may be in your own home or wherever you feel safest.

Call 999 as soon as you can but do not change your clothes or have a shower as the police will need the DNA evidence.

If you are under 17, the Child Protection Unit will be involved.

Write down or record on your phone **as much as** you **can remember about what happened,** while it is fresh in their mind
www.gov.uk/report-rape-sexual-assault

If you don't want to go the police, then www.rapecrisis.org.uk
offers an alternative resource for support. Either way**, Call, text, or find someone you feel safe with to share** what happened or what **you** are concerned about. **You can have someone with you at all times during the investigation.**

PROTECTION TIPS FOR YOUNG PEOPLE

- **Always** have your mobile fully charged
- **Carry** a personal alarm
- **Avoid** going to places you don't know or private/secluded places with a new person.
- **Don't** spend time alone with someone who makes you feel uncomfortable.
- **Always** trust your instincts. If a situation doesn't feel right, get out of it as soon as you can.
- **Let someone know** where you will be. If this changes – let them know
- **Stay sober,** alert and aware. Watch out for spiked drinks (usually dark coloured drinks).
- **Be very clear** about what kind of relationship you want with the other person. If you are not ready for any form of sexual activity (including snogging and petting) or you're not sure, let the other person know.
- **Be firm** about saying stop
- **Don't let** friends or peer pressure influence you or push you into something you don't want to do.
- **Go out in a group of friends** rather than just two of you. You will feel safer and can watch out for each other.
- **Don't** be afraid to ask for help if you feel threatened.
- **Take** self-defence course. Learn how to fend off any attacks

LOSS

Our first experience of loss is usually that of a pet or grandparent, which can cause both emotional pain and confusion. It's hard to understand what is going on, and grieving parents do not always realise that children do not understand and feel lost, sometimes abandoned and rejected, and some blame themselves for what has happened.

I can recall that my parents did not allow me, at the age of nine, to go to my grandmother's funeral. I felt cheated of not being able to say goodbye. Of course, I had no idea how traumatic it might have been, but it also might have prepared me for later loss. Unbelievably, my aunt (my mother's sister) and my paternal grandmother died on the same day when I was nineteen.

I went to two funerals in three days – one cremation and one burial. I found it extremely hard and didn't know which parent to comfort!

There is no doubt that most parents do what they believe to be right at the time, and it's a tough call. Sharing grief, however, can start the healing process, and helps us to realise that we are not alone with our feelings.

Loss and separation are obviously not just about death, but the effect can be almost as devastating.

Zoe's behaviour had changed dramatically over a few months. She was angry and irritable, not coping at school and altogether acting out of character. It transpired that her gran had died in year six, she went to a new high school where none of her old friends went, her cousins moved away, and her cat died. She felt hurt, bewildered and confused. She didn't understand how the accumulated loss had affected her. Once she managed to join up the dots and understand what was happening and why she felt the way she did, she was able to cope and release the hurt and feelings of rejection with EFT, and she settled down.

DIVORCE AND SEPARATION

Sadly, one in three marriages break down and couples split up, find new partners or remain single. The break-up is rarely the fault of the "child." However, many young people blame themselves unnecessarily, and this guilt can remain for many years. Honesty is the best policy, but very few parents want to admit to an affair or "failure" in making the marriage work, so the children are left to make their own minds up, and often reach wrong conclusions.

Break-ups can result in the disruption of moving home, changing school and making new friends. There is also sometimes the painful choice of having to decide which parent to live with (and not having that choice can be even more stressful).

Amicable break-ups obviously are less stressful all round, and many young people are happier seeing their parents apart and happy rather than together and unhappy. Being stressed out all the time, with rows and continual tension can manifest itself in lost sleep, disruptive behaviour or attention-seeking at school, as well as poor attendance and loss of confidence.

A major study by University College London in 2015 said that their findings added to "a mountain of evidence" about the damage caused by family breakdown to children and young people.

Living with continual tension, arguments and parents' distress can be very disturbing, and can trigger self-doubts and fears about healthy relationships.

New relationships – stepparents, step or half brothers and sisters – can also be stressful, with adjustments and patience needed. One parent families can put additional pressures on young people who often try to "compensate" for the missing parent.

"My mum had a new partner, and I didn't like him much as I wanted her to go back with dad. I was miserable, and we weren't getting on at all. I was angry too and started to lose my friends. Stressworx taught me that although I couldn't change events, I could change how I felt about them. I am now in a different place." Alice17

LOVE

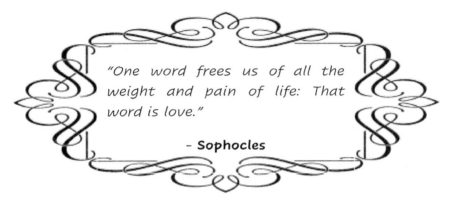

"One word frees us of all the weight and pain of life: That word is love."

- Sophocles

Love is probably the most used and misused word in the English language and one of the most powerful emotions that we can experience. We all love in different ways – pets, families, friends, heroes, pop stars, all by degree. We all know that love that is not returned can be incredibly painful and stressful, but positive experiences of love "make the world go round." Love is the main subject of poems, songs, films and books, but what is it?

When we are falling in love, we want to be with our partner all the time, and when we're not together, we're thinking and yearning to be back together because we need that person and feel empty and incomplete without our loved one.

Unconditional love has no limits or conditions attached. It's when we trust the other with our life and when we would do anything for each other. Being in love with someone makes us put our partner's needs and happiness before our own. You have no secrets from each other and accept any weaknesses or faults.

Love, when it is returned and equal, can make your world a better place. You feel understood, safe and valued.

LOVE OR INFATUATION?

How do we know the difference? The short answer is that infatuation tends to be short-term, and love is for the long haul, but as with everything in life, there are exceptions to every rule!

Most of us are infatuated during teenage years with pop stars, footballers, models, older people at school and even teachers. We daydream about being with them, which makes us feel warm and fuzzy, often at the expense of school/college work.

Infatuation can grip us very quickly, and sometimes the recipient   of our affection is totally unaware. It can leave us quickly too, or transfer to another. The powerful physical pull of infatuation tends to be short lived, whilst love is slower to burn but lasts longer. Love accepts the whole person, mind, body and soul, but infatuation can generate jealousy, is obsessive and fragile, and does not survive arguments very well!

Infatuation can deepen into love and many childhood sweethearts have long and happy relationships. They are, however, in the minority, and most of us learn the difference between infatuation and the real thing pretty quickly!

REJECTION OR BEING DUMPED

As we know, not all relationships work out the way we want them to, and most of us have probably experienced "being dumped" at some time in our lives. We possibly also did some "dumping" too. If you are on the receiving end, it can be very painful indeed, and if you have low self-esteem or lack self-confidence, you may feel that there was something wrong with you, that you are not good enough or a failure in some way. Not so! It just wasn't meant to be. Hopefully we learn from these experiences and move on.

Obviously, it is easier to break up when the relationship is not very serious. However, if you really do care and were not expecting rejection, it would have come as a shock. Common reactions include feeling stunned and unable to find the right words to respond. This stress response may have made you feel shaky, dizzy and sick, wanting to cry or run away. Your heart may have pounded and you couldn't think straight. Over the following few days, whenever you thought about what happened, you may have found it hard to eat, sleep or concentrate on anything. You may have wanted to be left alone to ask yourself what went wrong and dwell on the misery you felt.

LONELINESS

We are born alone, and we die alone – how we choose to spend the years in between is a choice that we all make. Being alone is different from feeling lonely. More young people spend time alone than ever before, tied to their laptops or phones in their rooms. However, that probably doesn't make them feel lonely as they are with their "virtual" friends.

Loneliness is a painful emotion which we can still feel even when we have other people all around us.

Being alone is one of the greatest human fears, and it can be very stressful and debilitating, especially long-term. Many old people become very depressed when they are alone for long periods of time especially when many of their friends have already died. Unlike the elderly, who may have mobility problems, younger people can get out and about. We all need human interaction, a kind word or a hug, to keep us feeling valued and needed.

We all need some time alone, to think, plan and make decisions, but we also need people around us, so we need to go where people are. It is possibly easier at school or college to join in a conversation or activity than other places, but if we are outside established friendship groups, this can be hard. If we are proactive and invite people to go somewhere with us, it's better than waiting to be asked. Others will not know we are lonely unless we tell them.

When we really think about it, most of us have a few people we can talk to, invite out for a coffee, or an activity. Seeds can be sown which can grow into stronger relationships.

ABUSE

Abuse is a major safety issue within our society, but many young people accept it as their norm. For some, sadly, they do not know anything different.

Recent cases of exposure, grooming and violation of young women have made the public realise how big an issue it is.

"Abuse is a violation of an individual's human and civil rights by any other person or persons."

Home Office 2000

Many people do not realise that there are different types of abuse, each of which can be extremely stressful and cause long-term mental health damage to the individual.

Hopefully, you have not been a victim of abuse yourself, so the following signs and symptoms may help you to identify abuse in your life or for your friends. Many victims of abuse are too scared to tell anyone for fear of the possible consequences.

NEGLECT

- Being left alone for long periods of time as a child
- Always hungry
- Dirty or smelly
- Weight loss
- Inappropriate dress

Julie lacked confidence and felt inadequate in everything she did. She believed that her parents loved her sister more than her but did not understand why she felt like this as she had no evidence to support her feelings. In regression in hypnosis, she recalled that at the age of five, she was left alone all night at home when her sister was being born in hospital. She was terrified, and this became worse as she got a bit older as her parents would go out at night, leaving her to look after her sister. The fear she experienced then was carried into adult life as a result of her neglect as a child.

TAPPING FOR TEENS

PHYSICAL ABUSE

This is a deliberate act and is usually delivered through hitting, shaking, throwing, poisoning, burning or scalding, suffocating or otherwise causing physical harm.

It is often easier to identify by unexplained bruises, bruises which reflect hand marks, cigarette burns, bite marks, broken bones or scalds. This form of abuse can cause changes in behaviour, fear, aggression and depression.

EMOTIONAL ABUSE

Continuous emotional ill treatment of a child or young person can also cause severe mental health issues. It is harder to see in someone else but occurs when a person feels worthless or unloved and shows itself in a fear of making mistakes, self-harm, stammering, lack of confidence, low self-esteem and body image.

Most emotional abuse is verbal and closely linked to bullying.

It can take the form of

- Intimidation, threats and humiliation
- racial, sexual or homophobic abuse
- harassment, coercion and extortion
- being isolated from people other than the abuser and from other sources of information
- being made to say or do things out of fear
- being deprived of sleep, being kept exhausted and debilitated
- having one's sense of reality distorted by misinformation and lies
- misuse of medication
- deprivation of privacy and other human rights
- lack of access to social activities

- continual rejection

Pamela was five when her parents split up. Neither she nor her brother really knew why but as she got older, she realised that her dad was keeping in contact with her brother but not her. Her dad remarried and lived in the States, had more children but still Pamela was not contacted. She was welcomed by her stepmother and went to stay but never received a hug or smile from her father. She felt totally rejected and hurt, and this manifested itself in her believing that she was not good enough and it was something that she did that caused her parents to split. Her self-esteem and self-image were very low, and that resulted in her struggling to make healthy relationships as a young adult.

SEXUAL ABUSE

This aspect of abuse is the most commonly known, and like the others can have long-lasting effects. Sexual abuse is forcing or enticing a child or young person to take part in sexual activities, whether or not the child or young person is aware of or consents to what's happening.

It includes

- Penetrative acts; rape, buggery, oral sex
- Non-penetrative; fondling and touching
- Non-contact – involving children/young people in looking at pornographic material or watching sexual acts

Again, it is often hard to recognise signs of sexual abuse in teenagers who are also probably being emotionally abused and threatened by the abuser.

Ongoing or long-term sexual abuse in families is very hard to detect and is seen as normal within the household.

Changes in behaviour are usually noticeable by someone who know them best and is close.

What do you do if you or a friend is being abused in this way?

If a friend tells you that s/he has been abused it could make you feel uncomfortable and rather confused. Sexual abuse is a serious crime and by not reporting what you know, a criminal is being protected from justice. However, it's not always easy because your friend who is the victim will probably ask for confidentiality.

Every young person really needs to understand that they have a responsibility to share what they know with a responsible adult to protect their friend. Most people disclose when they really do need help and secretly want something to happen to make it stop. Maybe the friend will be angry at first and end the friendship. However, if the abuse stops then at some future point, the friendship can hopefully be resumed.

Mary was 14 and at boarding school when her best friend told her that she was made to have sex on a regular basis with her dad at weekends. Mary was obviously upset and didn't know what to do so she told her mum. Mum rang the school and the police went arrested the dad who was then convicted on various counts including having illegal sex with an underage girl. It transpired that the mum was disabled and could not meet her husband's sexual needs and was aware of what was going on. Mary's friend meanwhile was very angry with Mary for telling her mum. She didn't speak to Mary again and this in turn distressed Mary so much, she attempted suicide

....

TAPPING FOR TEENS

Alan was bought up in a children's home because his mother couldn't cope. His brother was adopted but Alan wasn't, which caused a lot of resentment and low self-esteem. The only place he felt wanted and needed by anyone was in the choir at his local church. He was sexually abused by the curate and although he hated it and was ashamed, he craved the attention.

He grew up and became a successful businessman but never told anyone about the abuse. He mentored and trained a young man who he became fond of until he discovered that he had been stealing from him over a period of time (over £100,000).

Alan's confidence and faith in human nature plummeted and all the childhood feelings came back – lack of confidence, anger, shame, despair.

During therapy he finally disclosed his abuse and was able to acknowledge the effect it had on him. He carried his secret for fifty years.

Whichever way you look at it – any form of abuse is unacceptable.

If it happens to you , or a friend ,the most important thing is to speak to someone who:-

- you trust.
- Is reliable
- Is not a gossip
- Is sensible
- Cares
- Will believe them or you and is easy to talk to
- They or you feel safe with

Many young people prefer to tell a friend, but others find it easier to tell a stranger about what has happened rather than someone they are close to. Specially trained counsellors are available on telephone help lines that can talk with them about what has happened and provide support to help make sure that they are safe. They will also advise on what to do next.

For parents, it is very hard to learn that their son or daughter is being or has been abused, especially if the perpetrator is known to them. A professional who has some distance from the situation can offer objective advice and guidance.

If the young person is making an allegation against a family member, then it's a tough call.

DOMESTIC ABUSE

Domestic violence is also abuse and can happen to anyone. During lockdown, the Met Police made an average of nearly 100 arrests every day for domestic abuse offences. Staying at home caused stress and anxiety for those who lived in fear or were at risk. Everyone should feel safe and secure in their own home. We all need to have control over our choices and decisions and maintain self-respect, self-esteem, and self-worth. Being deprived of these can cause emotional, physical and social scars which can last a lifetime.

Domestic abuse is all about control and it is sometimes so subtle, that the victim is unaware of what is happening, until it becomes unbearable. It can take many forms – not just physical violence – hitting, slapping, beating and kicking. The other types of abuse are covered by the term Coercive Control which is a criminal offence. It carries a maximum penalty of five years' imprisonment and a fine.

How do you know if you or a family member is a victim? Have you experienced any of these?

- Enforced isolation from family and friends

- Being controlled - where you can go, who you can see or talk to, being told what to wear and when to sleep
- Being repeatedly intimidated, humiliated, undermined, or ridiculed.
- Being forced to behave in ways which are degrading and dehumanising
- Being threatened with violence.
- Prevented from using transport, or going to school/college
- Continuous sexual abuse

No -one knows what goes on behind closed doors, but lockdown kept those doors closed far longer than normal. The help websites have Exit Site signs so that anyone caught researching can escape the site quickly if they are interrupted.

Recognising that you may be a victim of domestic abuse is one thing – having the courage to break away is another.

Keep a record of everything that happens to you for evidence and contact the following:

https://www.nationaldahelpline.org.uk/

https://www.met.police.uk/advice/advice-and-information/daa/domestic-abuse/what-is-domestic-abuse/

Fortunately, there is plenty of help online and practitioners will advise a victim on how to keep information in relation to incidents and themselves safe. 24 Hour National Domestic Violence Helpline is run in partnership with Women's Aid and Refuge on 0808 2000247).

Some victims put up with abuse because their self-esteem is so low that they blame themselves and think that they deserve everything they get. It is a form of brainwashing and common emotions are: -

- Hopelessness
- Feeling unworthy

- Apprehensive and discouraged about the future
- Inability to trust
- Questioning and doubting spiritual faith
- Unmotivated

Some victims believe that the perpetrator will change and live-in hope whilst putting up with the situation. It is not unusual for victims to suffer PTSD, prolonged anxiety, and loss of self-worth.

TAPPING FOR TEENS

My thoughts and feelings on this chapter

....

....

....

....

....

....

....

....

....

....

....

....

6

TAPPING STUFF

TAPPING FOR TEENS

ALL YOU NEED ARE YOUR FINGERTIPS AND YOUR FEELINGS AND YOU CAN CREATE MIRACLES!

POTTED HISTORY

EFT combines ancient Chinese acupressure and modern psychology with incredibly quick, powerful, and long-lasting results. Tapping can help with pain relief, healing past traumas and painful memories, clearing limiting or negative beliefs, emotional eating and drinking, weight loss, food cravings, fears and phobias, negative thinking patterns and habits.

The EFT journey began in the 1970's quite by chance and is now used all over the world.

Dr. Roger Callahan, a clinical psychologist in the US, was looking for ways to help his clients eliminate fears, phobias, habits and painful memories. He was interested in how acupuncturists used the meridians to help relieve pain

If you have ever been to an acupuncturist, you may recall posters on the wall showing the meridian system. They look like lines running throughout our bodies from top to toe. Take a moment to Google body meridians in Images and you will see what I mean. They carry energy round our bodies, just like veins and arteries carry blood.

Reflexologists massage the meridian points in your feet which are all connected to the major organs of the body.

Neither of these therapies specifically work on the emotions but EFT does – hence its name Emotional Freedom Technique

By tapping on identified points, we can relieve negative emotions, painful memories and physical symptoms for ourselves without drugs.

It all sounds very bizarre – weird whacky and wonderful! It is the most powerful self help tool I have come across

Dr Callahan developed a technique called TFT and one of his students, Gary Craig created a simple sequence called EFT.

A calm mind creates a calm body so it's a win – win all round.

Once you know what to do, you can deal with your negative thoughts and feelings as they arise.

Think of being anxious before an exam – do you feel sick and shaky? The mind /body connection is invisible, but it is there, just like our meridians.

In the same way that our arteries and veins carry blood around our bodies, meridians carry our energy. If the flow of energy is blocked, then we experience physical discomforts and eventually disease.

So, what can cause a blockage? Negative emotions, negative memories, negative beliefs and thoughts – in other words – STRESS!

EFT has grown rapidly in the USA since its creation, and it is used with soldiers and others suffering from post-traumatic stress from 9/11 and other traumatic events in peoples' lives with amazing results.

By tapping on meridian points – you can clear your baggage quickly and easily. If you have had a bad day, then a couple of rounds of tapping will help you feel relaxed and calm.

As I explained earlier, our minds are in two parts – the conscious and the subconscious. The amygdala is the part of the subconscious mind that acts as the gatekeeper, on the lookout for external threats. It alerts you by triggering the stress response as well as releasing cortisol and adrenaline which prepares the body for fight or flight.

When you are upset and stressed about anything, you can't think straight. EFT helps bring both parts of your mind onto an even keel as well as calming your body and the amygdala down.

As we now know, the subconscious mind is *immensely powerful*.

Try this.... Imagine a plank of wood lying across your hallway; if I asked you to walk along it, you would have no problem at all. If, however, I asked you to imagine this same plank of wood stretching across a crevice, one hundred feet up, I am sure that your reaction would be different! Although you know this isn't a REAL situation, your own experiences, memories and beliefs trigger your imagination and the emotion that caused distress, which in turn, in this instance, recreates fear, shortage of breath, shaking and so on. The negative emotion that is triggered by the memory or thought prevents energy flowing through certain meridians. Tapping on these meridians releases the negativity, neutralises the emotion, and stimulates the meridian energy points, which allows the physical symptoms to disappear.

*EFT cannot change what's happened, but it **DOES** change the way you feel about it.*

The sequence below is very general, but it will become more specific with examples later in this chapter.

We start by identifying a "set up statement" where you acknowledge the problem. Let's use a fear of heights as an example.

First, we say-

Even though I am scared of heights

Then we choose a solution

I choose to release my fear

The original EFT "basic recipe" uses "I deeply and completely love and accept myself" but many people find that hard to say, especially at first because they don't love and accept themselves at all, and that's why they feel so bad! (The "Choices" method was developed by Dr Pat Carrington in 2000.)

However, you can say that if you wish. Most young people like to say "I'm cool."

By saying it out loud, both your conscious mind and subconscious mind are hearing the same thing at the same time – usually they are saying different things to you. Your subconscious is going round like a hamster on a wheel whilst your conscious is saying things like "pull yourself together "or "you're just being silly."

Now, how strong is that fear? How intense is it?

Can you measure it on a scale of 1-10 with 10 being the highest?

Now we say our statement out loud three times whilst we tap on the "Karate Chop" point on our hand. It doesn't matter which hand you use. Use all your fingers of one hand to tap on the other as in the diagram.

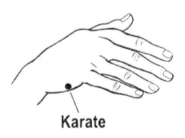

Karate

You may find that your hand tingles a bit when you have done this, but that's fine. The technical term for this is "psychological reversal" but simply put, it's making sure that your batteries are in the right way. (Think of a torch which won't work if the batteries are not put in correctly.)

Using two fingers, index and middle fingers, and say out loud as you tap on the following points **"This fear of heights"**. You can use either hand on either side of your face.

Eyebrow - EB *At the beginning of the eyebrow, just above and to one side of the nose*

Side of Eye - SE *On the bone at the side of the eye, level with your eyeball*

Under Eye - UE *On the bone under an eye about 1 inch below your pupil*

Under Nose - UN *Between the bottom of your nose and the top of your upper lip*

Chin - Ch *Middle of your chin*

Collarbone - CB *To the right or left of where a man would tie his tie (trace your collar bone towards your throat until you find a knobbly bit – your clavicle)*

Under the Arm - UA *About 4 inches below the armpit.*

Top of Head - TH *Centre of scalp*

Take a deep breath in and out

Now we focus on the positive choice.

Go through the tapping points again but this time you say :-

"I choose to release my fear" or "I'm cool" or "I accept myself anyway"

- Eyebrow
- Side of Eye
- Under Eye
- Under Nose
- Chin
- Collar bone
- Under arm
- Top of Head

Take another deep breath (this shifts the energy and clears the emotion).

Now reassess your score – feel any better? Has the fear come down on your scale? Maybe it's harder to find? I am sure it does feel different! Follow the diagram on the next page.

However, there may be a reason for your fear, like a fall, so we need to work on the memory to clear the fear completely.

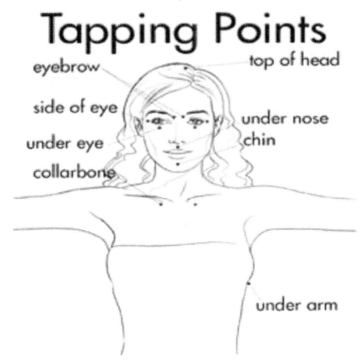

Tapping Points

eyebrow

side of eye

under eye

collarbone

top of head

under nose

chin

under arm

www.thetappingsolution.com

Before we do that, there is another short sequence that should help to reduce the fear a bit more.

It may seem a bit weird but go for it and I will explain afterwards.

It's called the Gamut and we start by tapping on the gamut point which is on the back of the hand between the ring finger and little finger.

TAPPING FOR TEENS

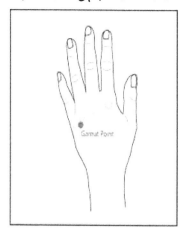

Tap this point as you:

- Close your eyes
- Open your eyes
- Keep your head still and look hard down to the right
- Keep your head still and look hard down to the left
- Roll your eyes all the way round anti – clockwise
- Repeat clockwise
- Hum the first line of "Happy Birthday"
- Count from 1-5 aloud
- Hum "Happy Birthday" again
- Take a deep breath

Eye movement is very important in terms of messages to the brain. Happy Birthday usually triggers happy memories (but you can choose another tune if you wish). Memories and rhythm represent your subconscious and the 1-5 counting, represents your conscious, so it's like they are agreeing to work together. Somehow this procedure brings down the feeling even more!

I am not really sure how my car works but as long as it does, I don't worry.

Reassess your score once again. If it is now zero or a low number that feels comfortable then you can stop.

5 is obviously the halfway point – any emotion that is above 5 is in control of you. Below 5, then you have more control of the emotion. The lower you get it, the better.

If you need to reduce the issue even more then this time your statement will be

"Even though I have this remaining (fear of heights) I choose to let it go."

Continue to tap using the word "remaining." "This remaining fear of heights..."

Whilst you are tapping, a new thought or a memory may pop into your head – this is part of the de-layering process which your subconscious is responding to as you tap and release those emotions. Remember the filing cabinet? It is all in there. Keep a note of what comes up and then tap for that as well. You will be surprised at how much better you feel.

The chances are that if you have a fear of heights – there is a reason for it. Maybe you had a bad experience or saw something on the TV or a film which has caused your fear.

Have a think.

"Even though I have this horrible memory of..........." (be as specific as you can) "I'm cool, I choose to let it go, I accept myself anyway."

There are loads of negative feelings, thoughts and memories that can hold you back. However, you do not have to go on living with them. By using EFT, you can neutralise negative thoughts and feelings, and even change them to positive ones. Awareness or identifying the feeling is the first step to change.

Think of an orange. When you remove the skin, there are lots of segments.

The peel holds them together, but which segment do you eat first? It's the same with tapping; you may start with one issue and that leads you to the next. They are all connected. Another way of looking at your issues is to imagine a jig saw puzzle where you need to find the missing pieces to complete the picture. These are called aspects in the EFT world.

Many of our emotions are linked and you may find that as you deal with one emotion, it collapses another, just like dominoes.

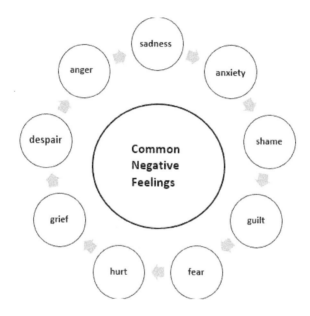

Have a look at the negative emotions that you ticked previously and work your way through them. Take note of any memories that may emerge that have had an impact upon you. Work on those too. Every uncomfortable memory we have (as well as good ones) is stored in the subconscious. Subsequent events that are similar trigger the same emotions, so if you clear the original memory, the feelings will not come back.

This is known as the perfect peace procedure Write down every event or memory that has upset you, imagine it's a movie and give it a name, like "When I was teased about my jumper when I was 8." Measure its intensity and tap it out.

Even though I have this horrid memory of being teased when I was eight, I choose to let it go now.

Refer back to the Russian Dolls and your early messages.

Did you ever do "joining up the dots" pictures when you were little? This is just the same – you will find that most of your negative emotions are linked to one another, especially if there is a memory attached to the original incident.

MEMORIES

I cannot emphasise enough the importance of memories. Most problems or issues start somewhere so allow old memories to surface – there is almost inevitably a link between an old stored memory and the feelings you are having now.

A memory is like a picture or a movie in your mind and the more you think about it, the stronger it gets. If a memory picture, song or movie cause upset then it needs to be cleared. Obviously, nothing can change what has actually happened, but we can change the intensity of the emotion which is linked to that memory.

We can give the picture or movie a name like "That horrible day" or break it down into "scenes" and work through them.

You can work on it in two ways –

E.g. *Even though I have this hurtful memory of that horrible day*

Even though I feel angry with.... When I think of that horrible day

I choose to release the memory, or I choose to let it go.

Or – Just bring up the picture in your mind like a photo

Even though I have this horrible picture in my mind

Even though I can remember that horrible day clearly

I choose to let the picture fade, or I choose to let it go.

Either way, you will find that the memory or picture recedes, and when you do the gamut as well it fades even more. It is comparable to the difference of seeing a film in black and white instead of colour. It loses its impact and fades into insignificance.

If something else comes into your mind as you are going through this process, tap for that next. It is your subconscious giving you a connection.

Remember that you can't change what has happened, but you can change how you feel about it!

Put a number beside the emotion and then create your statement. It is a good idea to write it down so that you can monitor your progress. Be as specific as you can. You can use the past or present tense, whichever is appropriate, For example

Even though **I worry** (insert what you worry about). I choose to release the feeling

Finish the following statements.........

Even though I am **impatient** when....

Even though I **hate**....

Even though I feel/felt I am not **good enough** ...

Even though I feel/felt **anxious** about.....

Even though I feel /felt **hurt** when ....

Even though I feel/felt **scared** of ......

Even though I feel / felt **desperate** when....

Even though I feel /felt **angry** with (or when).....

Even though I feel / felt **sad** when ....

Even though I feel / felt **lonely**...

Even though I don't feel **loved** ...

Even though I feel /felt **rejected when**

Even though I feel / felt **ashamed**

Even though I feel / felt **hopeless**

Even though I feel / felt **miserable**

Even though I feel/felt **angry** with......

You can also release stress and tension which is trapped in your body. Where do you feel it when you are nervous or anxious?

Even though my stomach is churning..... I choose to relax and let go.

Even though my chest is tight and tense...... I choose to release the feeling

Get rid of anything and everything holding you back. Clear all that unwanted and unneeded baggage!

You can use your other senses for tapping too. You might recall a smell or colour that is attached to the situation you are trying to clear.

For example, *Even though I can remember the smell in the old house, I choose to release it now.*

Even though I have this hot red anger inside, I choose to release it.

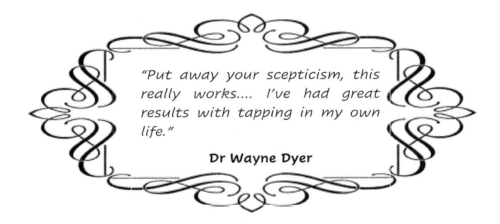

"Put away your scepticism, this really works.... I've had great results with tapping in my own life."

Dr Wayne Dyer

Imagine a tree - without roots, a tree cannot flourish and whilst we can work through the leaves and branches which are your symptoms, emotions and fears, we need to get to the roots to discover the causes of your stress by exploring your memories and beliefs

Our symptoms are where you feel the discomfort in your body

Even though: *My stomach is churning, I have a headache, I am irritable, edgy*

The following pages are to give you ideas of tapping sequences and statements for various issues that may be in your life.

Check back to see what notes you made in previous chapters – they will help to identify what you need to tap for.

TAPPING FOR TEENS

I need to tap for;-

....

....

....

....

....

....

....

....

....

....

EFT for STRESS / ANXIETY

Create a statement that describes how you feel (or work through all of them, one at a time). Look at the choices below and choose the best match or add your own.

Measure the intensity of the feeling on a scale of 1-10

Even though

I feel stressed, overwhelmed, edgy, irritable, anxious about, I can't cope, I'm tearful, I feel defensive, I lack motivation, I've lost my mojo, I can't be bothered with anything, I forget things all the time, I can't switch off, I can't relax, my stomach is churning, I feel shaky, my throat / chest feels tight and tense....

I choose to

- ❖ Be calm and relaxed
- ❖ Let it go
- ❖ Take back control
- ❖ Release the feeling
- ❖ Feel more energetic
- ❖ Remember important things
- ❖ Relax my body
- ❖ Clear my head

What is the intensity of the feeling now?

Do the Gamut. (See next page)

Tap for any memories or events which are contributing to or triggering your stress. When did you start to feel like this? What was going on your life?

TAPPING FOR TEENS

Eye movement is important in terms of messages to the brain. This procedure, called the Gamut involves eye movement plus a bit of humming. The subconscious is represented by humming "Happy Birthday" for happy memories and a bit of rhythm. The 1-5 count represents your conscious mind so the two are working together. (you can choose another tune if you want!)

Some practitioners do not use this, but I find that it brings the emotion down more quickly when used. You can of course choose another tune if birthdays were not happy occasions for you.

THE GAMUT

Tap between the valley or join of your ring finger and little finger

- ❖ Close your eyes
- ❖ Open your eyes
- ❖ Keep your head still and look hard down to the right
- ❖ Keep your head still and look hard down to the left
- ❖ Roll your eyes all the way round anti – clockwise
- ❖ Repeat clockwise
- ❖ Hum the first line of "Happy Birthday"
- ❖ Count from 1-5 aloud
- ❖ Hum "Happy Birthday" again
- ❖ Take a deep breath

Now reassess your score – don't forget to tap for anything else that comes into your mind. This is your subconscious telling you that there is a connection

Thoughts, feelings and memories that arise. Jot down the intensity of the emotion at the beginning and end of the sequence

---

EFT for BODY IMAGE

Create a statement that describes how you feel (or work through all of them, one at a time). Look at the choices below and choose the best match or add your own.

Measure the intensity of the feeling on a scale of 1-10

Even though

I dislike my body; I hate my arms / legs / stomach / spots / scars / feet / hair (whichever part of your body you feel strongly about) I am clumsy, too tall / short.

I choose to

- ❖ Accept myself anyway
- ❖ Let it go
- ❖ Release the feeling
- ❖ Feel good about myself
- ❖ Like my body and imperfections
- ❖ Feel more comfortable with myself
- ❖ Stop worrying about it
- ❖ Accept what I can't change
- ❖ Be healthy

What is the intensity of the feeling now?
Do the Gamut

Remember to tap for whatever may come into your mind as this will be connected to the issue. When did it start? Tap for any uncomfortable memories about your body image.

EFT for CHANGE

Create a statement that describes how you feel (or work through all of them, one at a time). Look at the choices below and choose the best match or add your own.

Measure the intensity of the feeling on a scale of 1-10

Even though

I am scared of change, I dislike change, I feel out of control, the change is too fast for me, I am confused with the changes, I am worried how the change will affect me

I choose to

- ❖ Accept what I cannot control
- ❖ Check I have all the information I need
- ❖ As for clarification
- ❖ Release my frustration
- ❖ Stop worrying
- ❖ Go with the flow
- ❖ Embrace the change
- ❖ Look for opportunities
- ❖ Move on if I cannot accept the change

What is the intensity of the feeling now?
Do the Gamut

Tap for whatever may come into your mind as this will be connected to the issue.? Tap for uncomfortable memories relating to change.

EFT for CONFIDENCE

Create a statement that describes how you feel (or work through all of them, one at a time). Look at the choices below and choose the best match or add your own.

Measure the intensity of the feeling on a scale of 1-10

Even though I lack confidence when: -

I am at work, in a new relationship, meeting new people, speaking in public, doing a presentation, driving, doing DIY, with new technology, at interviews, cooking, at the gym

I choose to

- ❖ Stay calm and relaxed
- ❖ Release the feeling
- ❖ Believe in myself
- ❖ Trust myself
- ❖ Take one step at a time
- ❖ Overcome my anxiety
- ❖ Not worry about anyone else
- ❖ Be calm and confident
- ❖ Feel in control
- ❖ Be in control

What is the intensity of the feeling now?
Do the Gamut

Tap for any memories or events which are contributing to how you feel. When did you start to feel like this? What was going on your life?

TAPPING FOR TEENS

Thoughts, feelings and memories that arise. Jot down the intensity of the emotion at the beginning and end of the sequence

EFT for FEARS

Create a statement that describes how you feel (or work through all of them, one at a time). Look at the choices below and choose the best match or add your own.

Measure the intensity of the feeling on a scale of 1-10

Even though I am scared of: -

Failure, rejection, not being good enough, not being loved, dying, losing (a loved one), change, speaking in public / class, heights, snakes, creepy crawlies, being in a small space, crowds, pain, flying, needles, injections, doctors and dentists, cats, dogs, mice and birds, the dark.

I choose to

- ❖ Release the fear
- ❖ Believe in myself
- ❖ Trust myself
- ❖ Take things in my stride
- ❖ Overcome my fear
- ❖ Concentrate
- ❖ Be calm and confident
- ❖ Feel in control
- ❖ Be in control

What is the intensity of the feeling now?

Do the Gamut

Tap for any memories or events which are contributing to how you feel. When did you start to feel like this? What was going on your life?

EFT for HABITS

Create a statement that describes how you feel (or work through all of them, one at a time). Look at the choices below and choose the best match or add your own.

Measure the intensity of the feeling on a scale of 1-10

Even though I can't stop - Biting my nails, cracking my knuckles, picking my nose, talking to myself, swearing, feeling sorry for myself, arguing with everyone, being a know all, feeling aggressive, worrying, stressing about everything, procrastinating, criticising everything, being lazy, being jealous, exaggerating, any others?

I choose to / I'm cool:

❖ Stop! Believe in myself

❖ Break the pattern

❖ Trust myself

❖ Stop worrying

❖ Accept myself anyway

❖ Be confident

❖ Feel in control

❖ Release the habit

What is the intensity of the feeling now?

Do the Gamut

Tap to clear any memories or events which are contributing to how you feel. When did you start this habit? Why?

189

EFT for ADDICTIONS and CRAVINGS

Your choices here are slightly different but again choose the one that is the best match (or choose your own)

Even though

I really want / need (Score 1-10 for the strength of your craving) A cigarette, a glass of wine, an energy drink, caffeine (coke, tea, coffee) chocolate, sugar (biscuits, cake, ice cream), to spend some money, shoes clothes, to gamble, fresh bread, a beer, crisps, a MacDonald's (your favourite food), Others?

For these be as specific as you can – if your craving is for Galaxy, Dairy Milk or Red Bull, then say so!

I choose to

❖   Resist

❖   Do without

❖   Break the pattern

❖   Cut down

❖   Be satisfied with one

❖   Release the craving

❖   Have water instead

❖   Take control

What is the intensity of the feeling now?

Do the Gamut

Tap for any memories or events which are contributing to how you feel. When did it start?

EFT for REJECTION

Create a statement that describes how you feel (or work through all of them, one at a time). Look at the choices below and choose the best match or add your own.

Measure the intensity of the feeling on a scale of 1-10

Even though

I feel rejected, hurt, unwanted, humiliated, lost, cheated, worthless, sick inside. betrayed, angry, I can't stop crying, I can't stop thinking about him/her, I can't face anyone, I don't deserve this, it's so unfair.

I choose to

- ❖ Heal the hurt
- ❖ Accept it's over
- ❖ Forgive him / her
- ❖ Move on with my life
- ❖ Learn from this experience
- ❖ Stop grieving
- ❖ Release the physical pain
- ❖ Stay calm
- ❖ Release my anger
- ❖ Take care of myself

What is the intensity of the feeling now?
Do the Gamut
Tap for any memories or events which are contributing to how you feel.

TAPPING FOR TEENS

Thoughts, feelings and memories that arise. Jot down the intensity of the emotion at the beginning and end of the sequence

---

EFT for PERFECTIONISM

Create a statement that describes how you feel (or work through all of them, one at a time). Look at the choices below and choose the best match or add your own.

Measure the intensity of the feeling on a scale of 1-10

Even though

I need to be perfect, I will never be good enough, I feel like an imposter, nothing is good enough, I am a failure, I need to work harder, I will never be contented unless.... I need to achieve more....

I choose to

- ❖ Believe I am doing my best
- ❖ Trust in my ability
- ❖ Acknowledge my achievements
- ❖ Accept that no one is perfect
- ❖ Learn from my mistakes and move on
- ❖ Stop driving myself so hard
- ❖ Feel good about myself
- ❖ Release my negative beliefs

What is the intensity of the feeling now?
Do the Gamut

Tap for any memories or events which are contributing to how you feel. When did you start to feel like this?

EFT for MOTIVATION

Create a statement that describes how you feel (or work through all of them, one at a time). Look at the choices below and choose the best match or add your own.

Measure the intensity of the feeling on a scale of 1-10

Even though

I can't be bothered with anything, I feel fed up, lethargic, nothing interests me, I don't want to do anything, I have no energy

I choose to

- ❖ Feel energised
- ❖ Find something that I would like to do most
- ❖ Stop procrastinating
- ❖ Start one thing at a time
- ❖ Not to feel overwhelmed
- ❖ Avoid distractions
- ❖ Spend time with positive people
- ❖ Read and absorb motivation quotations

What is the intensity of the feeling now?
Do the Gamut

Tap for any memories or events which are contributing to how you feel. When did you start to feel like this? What was going on your life?

EFT for BULLYING

Create a statement that describes how you feel (or work through all of them, one at a time). Look at the choices below and choose the best match or add your own.

Measure the intensity of the feeling on a scale of 1-10

Even though

I am being bullied, I am scared of bullies, I feel intimidated, they say horrible things, they make my life hell, I don't stand up to them, I let them get away with it, I can't escape them, no-one believes me about the bullying, I am being tormented

I choose to

> **ASK for the school/college bullying policy**

- ❖ Ignore what they say
- ❖ Report them
- ❖ Be more resilient
- ❖ Ensure I am not alone with them
- ❖ Tell them that they are not succeeding
- ❖ Move on with my life
- ❖ Take care of myself
- ❖ Stay calm
- ❖ Stay in safe places, around others

What is the intensity of the feeling now?

Do the Gamut

Tap for any memories or events which are contributing to how you feel. When did you start to feel like this?

Thoughts, feelings and memories that arise. Jot down the intensity of the emotion at the beginning and end of the sequence

---

EFT for ASSERTION

Create a statement that describes how you feel (or work through all of them, one at a time). Look at the choices below and choose the best match or add your own.

Measure the intensity of the feeling on a scale of 1-10

Even though

I feel intimidated. manipulated. overwhelmed, pressured, Inferior, vulnerable, I can't say no, I can't express my feelings, I don't stand up for myself, I hate criticism, I crumble when someone shouts at me, I feel powerless

I choose to

- ❖ Say what I mean
- ❖ Be unafraid
- ❖ Trust my judgement
- ❖ Be true to my beliefs and values
- ❖ Be calm in my responses
- ❖ Say no without feeling guilty
- ❖ Ignore confrontation

What is the intensity of the feeling now?

Do the Gamut

Tap for any memories or events when you felt intimidated which are contributing to how you feel now.

EFT for SLEEP

Create a statement that describes how you feel (or work through all of them, one at a time). Look at the choices below and choose the best match or add your own.

Measure the intensity of the feeling on a scale of 1-10

Tap before you try to sleep

Even though

I am worried that I might not sleep, I can't stop thinking about ....., my mind is racing, I am too wound up to sleep, I am wide awake, I am overtired, I expect to wake in the night

I choose to

❖ Relax and let go
❖ Switch off
❖ Sleep through the night
❖ Sleep soundly
❖ Break the pattern
❖ Relax my body
❖ Sleep until 7.00 (or time you wish to wake)

What is the intensity of the feeling now?

Do the Gamut

Tap for any memories or events when you had sleep problems which are contributing to how you feel now.

EFT for MILD DEPRESSION

Create a statement that describes how you feel (or work through all of them, one at a time). Look at the choices below and choose the best match or add your own.

Measure the intensity of the feeling on a scale of 1-10

Even though

I feel low, sad, bad, miserable, lost, unwanted, worthless, desperate, hopeless, powerless, drained exhausted, suicidal

I choose to

- ❖ Heal the emotional pain
- ❖ Move on with my life
- ❖ Learn from this experience
- ❖ Take care of myself
- ❖ Believe things will improve
- ❖ Look forward
- ❖ Feel more positive
- ❖ Do some exercise

What is the intensity of the feeling now?

Do the Gamut

Tap for any memories or events which are contributing to how you feel. When did you start to feel like this? What was going on your life?

TAPPING FOR TEENS

Thoughts, feelings and memories that arise. Jot down the intensity of the emotion at the beginning and end of the sequence

EFT for PANIC

Create a statement that describes how you feel (or work through all of them, one at a time). Look at the choices below and choose the best match or add your own.

Measure the intensity of the feeling on a scale of 1-10

Even though

My heart is racing, I am shaking I am scared,
I am having palpitations, having a heart attack, think I am dying, I expect to be panicky when...., I

I choose to

- ❖ Stay calm and relaxed
- ❖ Breathe deeply and slowly
- ❖ Release the feeling
- ❖ Believe I am healthy
- ❖ Release my fear of dying
- ❖ Break the pattern
- ❖ Feel in control
- ❖ Slow my heart rate
- ❖ Not to panic

What is the intensity of the feeling now?

Do the Gamut

Tap for any memories or events when you had panic attacks which are contributing to how you feel now.

EFT for OCD

Obsessive Compulsive Disorder

Create a statement that describes how you feel (or work through all of them, one at a time). Look at the choices below and choose the best match or add your own.

Measure the intensity of the feeling on a scale of 1-10

Even though

I need to check....., I want to check....., I can't stop....., get anxious when....., I am scared I will....., unless do....(Whatever the compulsion is)

I choose to

- ❖ Stop
- ❖ Release the need / habit
- ❖ Believe I can change
- ❖ Take my time
- ❖ Break the pattern
- ❖ Feel in control
- ❖ Accept that I am not perfect
- ❖ Not to panic
- ❖ Do things differently

What is the intensity of the feeling now?
Do the Gamut

Tap for any memories or events when you had this compulsion which are contributing to how you feel now.

EFT for SMOKING

Create a statement that describes how you feel (or work through all of them, one at a time). Look at the choices below and choose the best match or add your own.

Measure the intensity of the feeling on a scale of 1-10

Even though

I can't imagine not smoking, I need cigarettes to Cope, stay calm, relax, socialise, I'm scared I will put on weight if I stop, I won't know what to do with my hands, I need a cigarette after a meal, with a drink when I am on the phone, driving, I have smoked since I was..., I smoke when I am bored, tense, as a reward, I have tried before, it is too hard to give up, I don't believe I can stop, I am addicted.

I choose to

- ❖ Believe I can stop
- ❖ Release the craving
- ❖ Relax without them
- ❖ Cut down slowly
- ❖ Break the link with tea, coffee, beer wine
- ❖ Break the habit

What is the intensity of the feeling now?
Do the Gamut
Tap for any memories or events linked to smoking which may be contributing to your habit.
KEEP GOING!!

Please note that smoking may take a bit longer than some of the other things, but it can be done. Use the same process for wine, beer, spirits, crisps, chocolate, biscuits or any other food or drink craving.

When the intensity or strength of an emotion is over 5 then it feels as if the emotion is in control. When it is below 5 then you feel in control of the emotion. It feels more manageable and matters less. The lower the score, the better you will feel.

After following the above procedure, if the emotion is still bothersome but has come down a little then say "Even though I *still* have this fear, craving, anxiety about....." I choose to let it go.

As you tap – say "This remaining fear, craving anxiety about..." and proceed as before.

Revisit the lists of negative feelings and beliefs that you identified in the first chapters – they will give you ideas of what to work on,

For results that are **terrific** – be really **specific**!

EFT for PRESENTATIONS and SPEAKING

Create a statement that describes how you feel (or work through all of them, one at a time). Look at the choices below and choose the best match or add your own.

Measure the intensity of the feeling on a scale of 1–10

Even though

I feel conspicuous, nervous, worried about what people will think, I am scared I will forget my words, no one will listen, I am afraid I will make a mistake, everyone will see how shaky I am

I choose to

- ❖ Stay calm and relaxed
- ❖ Practice, practice, practice
- ❖ Breathe deeply and slowly before starting
- ❖ Do my best
- ❖ Focus on my delivery
- ❖ Speak clearly
- ❖ Believe in myself
- ❖ Accept that the audience are unlikely to know what I have missed out!

What is the intensity of the feeling now?

Do the Gamut

Tap for any memories or events when you had these feelings which are contributing to how you feel now.

TAPPING FOR TEENS

Thoughts, feelings and memories that arise. Jot down the intensity of the emotion at the beginning and end of the sequence

TAPPING FOR TEENS
BLOCKAGES AND SELF SABOTAGE

Whatever you are tapping for, think when it first started.

What was going on?

Where were you?

When was it?

Who were you with?

How did the situation develop?

Why does it upset you?

Tap for the memory and why it upset you – deal with all the aspects of the situation. Some may be deep rooted but when you think of a plant, it's those with the deepest and strongest roots that grow more.

Another nice analogy is an orange. When you take the peel off, there are lots of segments. Where do you start? Which segment do you eat first? You need to eat them all before the orange has "gone"

If you know there is something holding you back but have no idea what it is, have a look at old photos and see if they trigger anything for you.

You can also say

"Even though I don't know what the problem is"

"Even though I don't know how I feel "

"I choose to let it go"

"I accept myself anyway"

TAPPING FOR TEENS

Remember that the subconscious is aware and may have blocked a memory in order to protect you, and the conscious mind may not have a clue!

7
OTHER
STUFF

TAPPING FOR TEENS

EFT is an amazing tool, but of course, there are other ways of reducing stress and anxiety as well. Which you will find here.

HYPNOSIS

The other main therapy I use is hypnosis, which is also incredible and works on the subconscious mind to make changes that you want and need. Most teenagers are fascinated by hypnosis and one 17-year-old client said it was the most incredible experience of his life.

Most of us have heard of hypnosis, and it usually conjures up images of stage hypnosis where volunteers do daft things in response to directions from the hypnotist. What we are not told is that these 'volunteers' decided that they actually *wanted* to make fools of themselves before the show began, and probably had a practice session as well!

Let me assure you that if these characters did not _want_ to make fools of themselves under hypnosis, then they would come out of it immediately.

All hypnosis is self-hypnosis, and you may be surprised to know that we all enter into degrees of hypnosis every day! How many times have you been daydreaming, and you suddenly realise that someone is talking to you? Maybe you are so involved in a film or a book that you miss being told that your meal is ready?

 A hypnotherapist is merely the guide who directs and leads the person into the hypnotic state. It feels great, rather like that nice feeling when you are dozing on the settee, and you are vaguely aware that the TV is on or someone is talking but you really can't be bothered.

The therapist induces the hypnotic trance by using certain words and phrases which are directed at the subconscious mind and the conscious soon gets bored and drifts off – just like when you are drifting off to sleep. You are not fully awake, but nor are you completely asleep.

TAPPING FOR TEENS

Another way to relax is to make your eyes tired by looking at a picture like this

Generally, most people remember either some or most of the experience. Suggestions which have been given in hypnosis become absorbed to produce changes in behaviour, beliefs, attitudes, values and feelings. The therapist will be aware of your issues and will be basically telling the subconscious that the fears, anxiety, painful memories, panic attacks etc are no longer needed. They may have served a purpose in the past but now is the time to release them and let them go. The role of the subconscious is to protect us so it acknowledges and make changes that are for your benefit. In the same way, it alerts you to danger; if, for example, there was a fire, you would come out of hypnosis immediately.

Remember that you are in control at all times, and you will not say or do anything at all that you don't want to. If you were to be given suggestions that you didn't morally agree with you would come out of hypnosis immediately. The example I usually share with clients is that if I asked them (in hypnosis) to take their clothes off and run down the road, they would come out of hypnosis immediately unless they *wanted* to take their clothes off and run down the road!

TAPPING FOR TEENS

Most people are aware of changes and feel different immediately after the session. Everyone is surprised when they look at the clock and see how long they were in hypnosis as it often just feels like five minutes when it was really half an hour.

No one can hypnotise you if you don't want to be hypnotised. Your natural defences will prevent this from happening. A hypnotherapist **CANNOT** (and **WILL NOT**) encourage you do anything against your will, morals, values or ethics. Hypnosis is not appropriate for anyone with a diagnosed mental illness like schizophrenia or those with special needs, who require personal attention. Hypnotherapy is not suitable for those who have ever suffered from personality disorders, psychosis, clinical depression or epilepsy.

However, hypnosis is not dangerous. It is just a natural state of the mind which is guided by the hypnotherapist as a means to help the individual change certain habits or patterns of behaviour and release painful memories. Your mind rejects any undesired or unwanted suggestions automatically.

Hypnosis is good for most causes of stress. It was recognised by the British Medical Association in the 1950's, and is used by some doctors and dentists too. Some people have teeth extracted and others surgery whilst in hypnosis. It is one of the oldest healing methods known to man.

FREE BONUS OFFER – Subscribe to my newsletter and receive a Free copy of Teenage Stress Audio download – contact ruth@stressworx.co.uk

SELF HYPNOSIS

If you like the sound of your own voice, record the following stress relief script onto your phone so you can listen whenever you need to. Speak slowly and clearly. Alternatively, ask a friend to record it for you.

TAPPING FOR TEENS

Take a nice couple of deep breaths and settle down in the chair. Allow yourself to start to relax and just let go of those everyday thoughts, stresses, and strains

Now make yourself really comfortable and relax your body. I am going to ask you to imagine certain things, and you'll find that as you see the scenes I describe, the more relaxed and comfortable you become.

See yourself walking along a secluded beach with white sand as far as the eye can see. The waves are gently lapping on the shore and the sound sooths you as you walk along the water's edge, The water is cool as it caresses and tickles your toes, and you can feel your body slowing down as you start to relax. The sun is shining and it's the temperature that you like, and the soft sea breeze clears your mind of tension and stress, anxiety and worries, negative or painful memories, negative beliefs – anything and everything that is stopping you from feeling the best you can possibly feel..............

 With each and every breath that you take, you find yourself becoming more and more relaxed and comfortable. You see a couple of palm trees ahead with a hammock swinging between them. It looks inviting, so you stroll over to it and lie on the hammock. It sways gently in the breeze, and you decide to rest a while. You stroll over to the hammock and lie down. The hammock sways gently and you find yourself drifting and floating. You become aware of the sunlight above your head, and you can feel the healing sunlight, warm and relaxing as it flows down you face and neck. Now feel that healing sunlight flowing across your shoulders and down your arms to the tips of your fingers. Become aware of your body slowing down as the sunlight surround your heart like a blanket of love. Your heart beats slowly, steadily and easily. The sunlight flows round your ribs and up your spine, soothing, calming, relaxing, releasing tension and stress. Now feel this healing sunlight entering your stomach, soothing, calming relaxing, releasing. Sense the healing light carrying on down your legs to the tips of your toes. Soothing, calming and healing, bringing your body into a healthy balance as it releases any tension, sadness., fears and anxiety, releasing any blockages, You feel as though you are becoming immersed in an ocean of calmness - an ocean of calmness, that continues, as peace and serenity take over your entire body, and your mind - creating within you a very special feeling inside .You become aware of the inner you which is calm and relaxed, clever and wise - the part of you that wants you to heal and to recover and become a whole person once more, free of stress and tension.

Feel the healing sunlight, sense it, imagine it filling every nerve every cell, each muscle, just feel it at work, soothing, calming, healing, relaxing, and reenergising. This healing gentle sunlight is absorbing and destroying any reasons, causes and memories that have caused this stress and tension,- anything and everything that has contributed to your present situation, and no matter how long ago this started it is time to change. The more you listen to this audio, the more you will release. Just let the sunlight do its work, then see yourself wandering back to the hard, damp sand and picking up a stick, you write in the sand – whatever or whoever caused your stress. When you have written all you need to, watch the waves wash the words away.

Continue to relax now and then when you are ready, just drift back into this time and this place.........

EMDR

This is another therapy that I teach my clients as a self-help tool. Think back to MIND STUFF with the FedEx logo and I asked if you could see the arrow. Our eyes are especially important in terms of getting messages to the brain and also indicating genuineness when making eye contact with others.

I am not getting into the argument about which way our eyes move when we are remembering or constructing things (lying) The original theories around this seem to have been disproved recently.

EMDR stands for Eye Movement Desensitisation Reprocessing, and it has been around since. 1989 when it was discovered and developed by Francine Shapiro.

The therapist doe does not need to know all the detail of the event or emotion that needs to be cleared but a measurement is taken on a scale of 1-10 with 10 being high.

The therapist then moves his or her finger in a horizontal motion about a 3ft or metre distance. This is done 24 times after which the intensity of the memory or emotion drops.

Doing this yourself is easy too. You are not going to follow your own finger, but you can use a door, window, or wide screen to follow from side to side. Your eyes become tired and you can feel your body slowing down.

1.Measure the intensity of the emotion or visualise the memory

2.Follow a line there and back x 24 with your eyes, keeping your head still.

3.Take a deep breath in and out

Measure the intensity once more

If it has dropped so that it doesn't bother you any more then stop. If something else comes to mind....

Repeat

OR Change Direction

24 eye movements again diagonally

1. Deep breath

2.Measure once more

3. 24 again on the opposite diagonal

Usually, horizontal eye movements are sufficient to make an emotional shift.

It is a good way of getting off to sleep as the eyes tire quite quickly.

DEEP BREATHING

Breathing is a natural human function, and we need to breathe in order to live. However, stress or shock can lead to shallow breathing as we prepare for Fight or Flight. Continuous shallow breathing then causes the body to stay in a stressed and tense state.

The more stressed we are, the more shallow our breathing is likely to be. Shallow breathing limits the amount of oxygen available to the body, causing the whole system to work less efficiently, and is a great contributor to the tiredness that so often results from stress. Bad breathing restricts the blood flow to the brain, which can cause dizziness and tingling.

Low carbon dioxide levels put the body on high alert, which is exhausting.

BREATHING EXERCISE

Take a deep breath in through your nose and feel your stomach expanding. Count slowly to four and then breathe out, letting your stomach deflate, counting slowly to four once more. Be aware of the air entering and leaving your lungs. Aim for 8-10 breaths a minute. This will calm down the body and address the chemical imbalance of the stress hormones. Practice until you feel in control of your breathing and this then becomes your new habit.

PHYSICAL EXERCISE

Physical exercise releases the cortisol and adrenalin that builds in our bodies when we are stressed. Any form of exercise is good, from walking to a whole range of sports activities. However, if you are unhappy or worried about something before your exercise, you will probably still feel the same afterwards.

The best exercise you can do is something that you enjoy, so you can keep fit, de-stress and have fun as well.

Yoga and meditation are very relaxing the mind – see www.headspace.com for a free app. There are also several mindfulness apps, but again they do not necessarily release the emotions causing the stress. That's why I believe that EFT is so great!

COLOUR THERAPY

There are some amazing colouring books that you can buy for very little outlay. They are relaxing, and you also get a sense of achievement when you have completed one.

SMILE!

When you smile, the muscles that you use trigger the release of endorphins which are known as the "happy hormones". They not only make you feel better but also reduce the stress hormone cortisol. A fake smile works too! Remember that the mind doesn't know the difference between what is real and what is imagined.

Smiling is contagious and makes us more approachable as well as making others feel better too. Laughter too is a great stress reliever; think about how you feel after a good laugh.

KEEP A JOURNAL

This is an easy way to offload feelings – a day to day diary, shop bought journal or plain notebook all offer a means of offloading thoughts and feelings each night.

Nobody else needs to see it but you will feel a bit calmer when you have put those thoughts and feelings onto paper. You will probably sleep better too.

ASSERTION

Being assertive is a great skill or strength to have.

Assertiveness means

being able to express your needs, preferences and feelings in a way that is neither threatening or punishing to others, without stress, fear or anxiety, and without violating the rights of others.

It is a means of direct, honest communication between individuals interacting equally and taking responsibility for themselves.

Non-assertiveness means:

Having difficulty standing up for yourself

Voluntarily relinquishing responsibility for yourself

Inviting persecution by assuming the role of victim

Assertive young people are or can be:-

resilient

decisive get needs met

less bullied

self assured

resistant to pressure

ASSERTION

self aware happier

less stress

better communication

healthier

in control of emotions

responsible

manage better

accepting confident

ATTITUDE OF GRATITUDE

What are you grateful for in your life? Your warm bed? Food? Friends? Family? Warm clothes? Sunshine? The birds singing? Flowers? Your phone, pet, music? Write your own list and when you have a bad day, look at it and think of people who have none of these things, however simple they may seem. You will feel a bit better and this helps to get things into perspective.

TAPPING FOR TEENS
MANAGING CHANGE

Change is an ongoing process that is part of our lives. We manage change or transitions easily when it is something that we have chosen for ourselves and feel in control of.

However, when things happen that trigger unwanted change, then it can be very stressful. Change, when we choose to do something different can be very exciting, motivating and stimulating but enforced or unexpected change is a different story. Lots of change in one hit, like moving house and school together, can be very upsetting and overwhelming.

Making the decision to make changes in your life takes courage and confidence, and even more so to carry it out. If you feel in control throughout the process, then it may be difficult but manageable as you can see the light at the end of the tunnel (assuming that the change is for the better).

Although we are usually unaware of it, we actually go through a process or transition from A to B which is not always straightforward.

Think of a situation – the loss of a family member or pet, or a family break-up.

We are at first in denial that the situation has happened – it's not real, it can't be – then shock kicks in and you are numb, stunned almost. After this comes confusion and the realisation that things have changed and there is nothing you can do to prevent it. Then the anger and blame take over, making it really hard to move forward. Gradually there is a sense of acceptance and then a slow move forward to a new "normality".

However, when we choose change as a positive action it can still be scary, but at the end of the day, we are in charge of our thoughts, our actions and our feelings.

TAPPING FOR TEENS

FUTURE STUFF

One of the biggest changes young people have to make comes when "formal" education finishes and the future awaits. The choices are numerous and can be very confusing. For some it is about getting a job, for others, going to university, college or securing a place on an apprenticeship scheme.

Whichever is the right route for you – try and explore all your options so you can choose wisely for yourself. It is especially hard when you have no sense of direction or any idea of what you want to do.

Some questions for you

WHAT do you want to do?

WHY are you doing it?

WHERE do you want to be in five or ten years' time?

WHEN are you doing it?

WHO do you need to help you?

HOW are you going to do it?

PLANNING

Planning is important when we start to think about the future. Benjamin Franklin (US president) said "If you fail to plan, you plan to fail." Of course, there are other sayings too, such as "The best-laid plans of mice and men often go awry," meaning that however well planned we are, sometimes things change. However, if we have a plan to start with then we can amend it as circumstances change.

Often the thought of planning seems quite daunting, but actually we make plans all the time. When we arrange social events, we plan where to meet, what we are going to do, how we are going to get there, who we are going with and so on. We plan what we are going to wear every day, who we are going to spend time with and these skills are transferable to all aspects of life.

Planning for the future is not much different but arguably more important.

A plan is a tool for getting ideas into action. If, for example, you make a revision plan, setting out what you need to do and when, then you will spend less time stressing about it when the time comes as you already have a written plan to work through. A plan helps organise the mind! It might seem a bit time-consuming at first, but it will save time and stress in the long run. Many people use the acronym SMART as a planning guide

Specific

Measurable

Achievable

Realistic

Time framed

Think of something that you would like to achieve. This is your goal or target. (Specific) You may then need to break it down into small bite-size chunks to make it manageable. Let's look at travelling as an example – where do you want to go and how long for? When do you want to go? How much will it cost?

When you have worked that out, you will know how much money you will need to earn and save to make it achievable and realistic. Then you will need to work out what you are going to do to earn the money! If you do nothing, take no action and have no plan, then travelling is just a pipe dream. This applies to everything you want to do – we all have to take action in order to make things happen in their life!

If you want to be a doctor, a lawyer, an engineer, architect or vet for example, then forward planning is crucial in terms of subject choices. If you work out what subjects you need to do well in, where you can get work experience, which is the best university for you – you have a plan!

> The future belongs to those who believe in the beauty of their dreams
>
> **Eleanor Roosevelt**

.

Sometimes, in spite of the best intentions and thorough planning, obstacles get in the way.

These include things like demands on time, lack of money, skills or support from friends and family who don't agree with identified goals, dreams and aspirations.

The main obstacles or hurdles are those within us – like fear of failure, fear of disapproval or rejection, lack of confidence in our ability to succeed, frustration or lack of motivation.

Tapping can help with the doubts and fears to help remove the emotional blocks, and when the going gets tough, we need encouragement to think of all the rewards of success! Visualising or imagining that dream job or being able to travel a sun-soaked beach somewhere exotic is often enough to get us back on track.

PLANNING TIPS

- **Be** clear about what you want to achieve (your goal)
- **Write** it down
- **Make** sure your plan is SMART
- **Be flexible** – there is always another route to your destination if a traffic jam slows you down
- **Identify** short term goals as you work towards the main one
- **Get** some support and ideas from friends, teachers, family
- **Ask** around to see if anyone has done something similar – they may have some short cuts to share
- **Be prepared** for setbacks and amend your plans accordingly
- **Tap** for doubts and fears

CV STUFF

Most applications for a job or a course now need a CV (Curriculum Vitae) which details qualifications, background, and interests. (There are lots of good templates on line) The more interesting you sound, the more chance you will have of an interview! There are loads of opportunities to acquire that "added extra" especially if an activity is started early on. Many sports and music activities have awards attached to them as skill levels increase, but they are not for everyone. However, there are other options for the non-sporty:

TAPPING FOR TEENS

THE DUKE OF EDINBURGH'S AWARD

This is a challenge that was started in 1947 for young people by the Duke of Edinburgh and it is regarded with respect by employers and universities as character building.

It is available for young people aged 14-25 and has three levels: bronze, silver and gold. Each level includes a skill, physical activity, volunteering and an expedition. It's great fun, and young people learn new things and make new friends too. Some schools and colleges run the D of E, as do some uniformed youth groups and youth clubs. Their website will give you more info about where you can find out more locally to you.

www.dofe.org

YOUTH ACHIEVEMENT AWARD

YAA is run by UK Youth and is also a step by step award programme (bronze, silver, gold and platinum). Its focus is on a range of challenges which fit in with whatever else you are doing. It is based on the ten personal and social skills mentioned in **Personal Stuff.**

www.ukyouth.org/youth-achievement-awards

THE 7 HABITS OF HIGHLY EFFECTIVE TEENAGERS

This is a book written by Sean Covey, who adapted his dad's book "The 7 Habits of Highly Effective People" which is recognised throughout the world as a blueprint for personal development.

These habits can help you to take control of your life , improve relationships with family and friends and increase your self-confidence.

THE HABITS

1. **Be proactive** - This is the ability to take responsibility and control of life – rather than letting anyone else do so.

2. **Begin with the end in mind** – What and where is the end destination? Once that is decided, a route can be worked out..

3. **Put first things first** - Having worked out a destination the first steps can be taken to work towards identified goals.

4. **Think win-win** - Win-win is based on fairness and not trying to succeed at the expense of anyone else.

5. **Seek first to understand and then be understood.** – watching, listening and learning from others helps to understand where they are coming from and be a much better communicator than otherwise.

6. **Synergize –** "The whole is greater than the parts" or TEAM (Together Everyone Achieves More). Working with others can be more positive and productive than working in isolation.

7. **Sharpen the saw** – a strange phrase which is about balance and self-renewal – meeting emotional, physical, spiritual and social needs as well as intellectual. This means regular breaks, exercise and fun!

THE 7 HABITS OF *DEFECTIVE* TEENAGERS

TAPPING FOR TEENS

1. React

2. Begin with no end in mind

3. Put First things last

4. Think Win – Lose

5. Seek First to talk, then pretend to listen

6. Don't cooperate

7. Wear yourself out

NATIONAL CITIZEN SERVICE

This is a government sponsored summer holiday programme, which is recognised by employers and worth doing to boost CVs or university applications.

It is in three phases:

ADVENTURE – five days and four nights at a residential activity centre where young people have fun and do things like canoeing, abseiling and rock climbing and make new friends too.

DISCOVERY – another five days where young people learn life skills including confidence, communication and leadership.

ACTION – a team community project in which young people plan, fundraise, deliver and evaluate.

APPRENTICESHIPS

An alternative to going to university, and saving on those fees, is to do an apprenticeship. Young people learn on the job and get paid too. Depending on the nature of the work, employers will pay for day or block release to college. Apprenticeships have changed since the end of the last century and now include some highly technical and specialist jobs. Government policy and financial support for small employers now means that even quite small companies are able to offer locally-based apprenticeships.

Work experience is a good idea to explore options for apprenticeships.

Apprenticeships   www.getingofar.gov.uk

Work experience   www.yeuk.org.uk

VOLUNTEERING

Giving time to help others and gain new skills, make new friends and gain great experience looks great on a CV.

Volunteer at home or abroad

www.vinspired.com

www.volunteeringmatters.org.uk

www.planmygapyear.co.uk

www.projects-abroad.co.uk

CONCLUSION

If you have been struggling with negative beliefs, thoughts, memories and feelings, I do hope that this book has helped you to identify and eliminate them.

New experiences, the need to be perfect and be all things to all people creates too much pressure and can make you miserable and stressed. You now have the coping skills to help you make the right choices and decisions for your life

Trust your instincts and listen to your subconscious mind, it will give you insights and clues on what you need to deal with.

Early intervention is the key to success; prolonging the problem may lead to more difficulties. Nip things in the bud as soon as the seed is sown, before it grows, flourishes and puts down roots

Have some fun with tapping – create a "tea and tapping time" where you can sit down and work through your issues. Write them down so you can see your progress. It may seem weird, but it truly is amazing, and what have you got to lose?

Give yourself permission to learn to love and like yourself and have a happy and healthy journey through adolescence.

Once you replace negative thoughts with positive ones, you will start having positive results

Willie Nelson

TAPPING FOR TEENS
USEFUL WEBSITES

Emotional Health

www.headstogether.org.uk

www.youngminds.co.uk

www.time-to-change.org.uk

www.sane.org.uk

www.fixers.org.uk

www.minded.org.uk (Resource for adults)

www.itsalright.org

www.kidshealth.org/teen

www.mentalhealth.org.uk

Abuse

www.thisabuse.direct.gov.uk

www.respectyourself.info

www.stopitnow.org.uk

Alcohol

www.talktofrank.com

www.drinkaware.co.uk

Anxiety

www.anxiety.org.uk

www.mind.co.uk

www.moodjuice.scot.nhs.uk/anxiety.asp

Benefits

www.turn2us.org

Bereavement

www.griefencounter.org.uk

www.facingbereavement.co.uk

Bullying

www.beatbullying.org

TAPPING FOR TEENS

www.bullying.co.uk
www.kidscape.org.uk

Cyber bullying

www.stopbullying.gov/cyberbullying
www.thinkuknow.co.uk

Depression

www.nhs/conditions/depression
www.clinicaldepression.co.uk
www.rethink.org

Drugs

www.thesite.org
www.actiononaddiction.org.uk - 0300 330 0659
www.famanon.org.uk- 020 7498 4680.
www.talktofrank.com 0300 123 6600
www.april.org.uk - Information on Adverse Psychiatric Drug
Reactions.
www.recoveryfocus.org.uk - Recovery Focus 020 7697 3300
www.release.org.uk - 020 7324 2989
www.re-solv.org - 01785 810762
www.turning-point.co.uk
www.lukeandmarcustrust.org.uk
www.smartrecovery.org.uk

EFT

www.emofree.com
www.thetappingsolution.com
www.eftuniverse.com

LGBT

www.itgetsbetter.org
www.lgbtfoundation
www.lgbtconsortium.org.uk
www.switchboard.lgbt

Mentoring

www.mentoruk.org.uk/resources

www.time-to-change.org.uk/get-involved/resources-youth-professionals

OCD

www.ocd.org

www.anxietyuk.org

Self-harm

www.self harm.co.uk

Volunteering

www.vinspired.com

www.volunteeringmatters.org.uk

www.princes-trust.org.uk

STRESSWORX - Positive Solutions for Peace of Mind

RUTH FOGG

Therapist - Educator - Speaker - Author

Ruth is committed to working with people of all ages to help them overcome whatever is holding them back and preventing them from living life to the full.

At the age of three, Ruth was knocked down by a car, which resulted in a 70% hearing loss.

She therefore understands how negative self-beliefs, teasing, bullying and a sense of inadequacy can affect both personal and professional development. She saw herself as a failure when she only got 2 GCSEs at 16, but with belief in herself that she could do better, she went on to be a teacher and youth worker, and obtain a Master's degree.

She was awarded an Honorary Fellowship at Brunel University in 2002 as an acknowledgement for her contribution to the development of training for youth workers. She was Chairperson of the Centre of Youth Work Studies and an associate lecturer at Brunel, Head of the Youth Service in a London Borough; a youth work Ofsted Inspector, a National Youth Agency specialist consultant, a Master Facilitator for Franklin Covey Europe for The 7 Habits Teens Programme and is a Tutor / Assessor for youth work qualifying courses.

In a voluntary capacity she was a Trustee of YMCA London South West and Middlesex Young People's Clubs for over ten

TAPPING FOR TEENS

years, a national board member of YMCA Training and a Trustee of MIND in Ealing.

Her Master's degree is in Counselling Psychology, and other qualifications include teaching, coaching, stress management, Reiki, Emotional Freedom Technique and Hypnotherapy.

Ruth discovered stress in her own life when her dad died suddenly, and she had to sell two houses to buy one (her mum's and her own) so her mum could come and live with her family. Her mum then had a stroke, and at the same time, her eleven-year-old son developed chronic fatigue syndrome and was ill for five years. Dementia quickly followed the stroke, resulting in Ruth taking early retirement and becoming self-employed in order to be available at home.

She combines her managerial and training experience with coaching, counselling EFT (Emotional Freedom Technique) and hypnotherapy to get fast and effective results for anyone suffering from stress – for whatever reason. Stress is no fun at any age but added to other pressures during teenage years it becomes particularly challenging.

Ruth is a Fellow and approved Stress Advisor for The International Stress Management Association. She is a member of The General Hypnotherapy Standards Council, The Complementary and Natural Healthcare Council and The Professional Speakers Association.

She lives in Wraysbury, near Windsor where she is an Associate Governor at the primary school and a founder member of "wraysbury matters", promoting wellbeing in the community.

She offers presentations, keynotes, workshops, training programmes, stress policies, audits and 1-2-1 support on all aspects of stress.

TAPPING FOR TEENS

As an **AUTHOR** – Ruth has also written

Stress Tips for Busy People PDF (contact me for a copy)

Stress N' Stuff - Tackling Teenage Mental Health

Stress N' Stuff – Tackling Tough Times

Stress N 'Stuff – Tackling Student Stress

Available on Amazon

TAPPING FOR TEENS

CONTACT

www.stressworx.co.uk

ruth@stressworx.co.uk

https://www.facebook.com/stressworx

Linked in -https://www.linkedin.com/in/ruthfogg/

Instagram – ruth_fogg_stressworx

Subscribe to Stressworx newsletter for information, tips and freebies – ruth@stressworx.co.uk

TAPPING FOR TEENS

COMING SOON

Stressed or Blessed – Gratitude Journal

Stressed or Blessed – Kindness Journal

Stressed or Blessed – Motivation Journal

For Children

Merlyn the Magic Monkey and his Forest Friends

Merlyn the Magic Monkey and his Jungle Friends

Merlyn the magic Monkey and his Farmyard Friends

Uneska the Understanding Unicorn

Plus Merlyn audios for Primary aged children

Worrybugs

Creepybugs

Scareybugs

Clutterbugs

Foodybugs

Sleepybugs

Yuckybugs

Back to School

Printed in Great Britain
by Amazon

Est classique le livre qu'une nation ou un groupe de nations ou les siècles ont décidé de lire comme si tout dans ses pages était délibéré, fatal, profond comme le cosmos et susceptible d'interprétation sans fin. N'est pas classique (je le répète) un livre qui nécessairement possède tel ou tel mérite, mais un livre que les générations humaines, pressées par des raisons différentes, lisent avec une ferveur préalable et une mystérieuse loyauté.

Jorge Luis Borges

PLOTIN
UNE MÉTAPHYSIQUE
DE L'AMOUR

DANS LA MÊME COLLECTION

TRADITION DE LA PENSÉE CLASSIQUE

Directeur : Monique DIXSAUT

PLOTIN
UNE MÉTAPHYSIQUE
DE L'AMOUR

L'AMOUR COMME STRUCTURE
DU MONDE INTELLIGIBLE

par

Agnès PIGLER

PARIS

LIBRAIRIE PHILOSOPHIQUE J. VRIN

6, Place de la Sorbonne, Ve

—

2002

© *Librairie Philosophique J. VRIN,* 2002
Imprimé en France
ISSN 1251-4756
ISBN 2-7116-1577-4

À Pierre

Καὶ ἐράσμιον καὶ ἔρως ὁ αὐτὸς
καὶ αὐτοῦ ἔρως, ἅτε οὐκ ἄλλως
καλὸς ἢ παρ' αὐτοῦ καὶ ἐν αὐτῷ.

Plotin, VI, 8 (39), 15, 1-2.

AVANT-PROPOS

Le présent ouvrage est la version remaniée d'une Thèse de Doctorat menée à bien sous la direction de Monsieur le Professeur Gilbert Romeyer Dherbey et soutenue en Octobre 1999 à l'université de Paris-IV. Les pages qui suivent ont largement bénéficié des conseils et des critiques du jury composé de Messieurs les Professeurs Gilbert Romeyer Dherbey, Jean-François Mattéi et Lambros Couloubaritsis. Je leur adresse ici l'expression de ma profonde gratitude.

Je remercie également Pierre Rodrigo pour sa patience, ses conseils avisés et son soutien jamais en défaut. Mes remerciements vont également à Madame Monique Dixsaut qui a eu la gentillessse de s'intéresser à ce travail et l'audace toute plotinienne de publier dans sa collection le résultat de mes recherches.

Je me suis référée au texte de l'*editio minor* P. Henry et H. R. Schwyzer (= H-S[2]), parue en trois volumes, à Oxford (Clarendon Press 1964, 1977, 1982), me réservant toutefois de lui préférer, suivant le contexte, l'*editio maior* des mêmes auteurs (= H-S[1]), parue en trois volumes en 1951, 1959, 1973 à Paris, Bruxelles et Leyde (Museum Lessianum, Séries Philosophica t. XXXIII-XXXV). La traduction du texte grec des *Ennéades* est, sauf mention contraire en note, la mienne.

L'ERÔS COMME FONDEMENT DE LA STRUCTURE DE L'UNIVERS INTELLIGIBLE CHEZ PLOTIN

Le présent ouvrage ne porte pas sur la question de l'érôs chez Plotin *et* Platon. Sans doute ce choix délibéré mérite-t-il d'être immédiatement justifié, puisque Plotin se présente lui-même comme un exégète de la tradition et, en particulier, du platonisme :

> Nos théories n'ont rien de nouveau, elles ont été énoncées il y a longtemps, mais sans être développées, et nous ne sommes aujourd'hui que les exégètes de ces vieilles doctrines dont l'antiquité nous est témoignée par les écrits de Platon [1].

On pourrait ainsi, semble-t-il, se contenter de remarquer que la philosophie plotinienne puise à la source platonicienne, et que la lecture des *Ennéades* nous invite, de fait, incessamment à faire retour à « ces vieilles doctrines », dont la philosophie de Platon représente la magistrale synthèse en même temps qu'elle les dépasse par le développement des idées qui y étaient contenues et par une plus haute vérité.

---

1. V, 1 (10), 8, 10-14. On remarquera que si le « divin Platon » est la source plotinienne par excellence, il n'est pas la seule référence de l'Alexandrin, puisque aussi bien : « Avant lui Parménide était partisan d'une doctrine semblable [...], mais le *Parménide* de Platon est plus exact. » (V, 1 (10), 8, 14-24). Au paragraphe 9 de ce même traité apparaissent aussi les noms d'Anaxagore (1. 1), d'Héraclite (1. 3), d'Empédocle (1. 5) ou de Pythagore (1. 9). Plotin ajoute encore à cette énumération le nom d'Aristote (1. 7) ; il fait également allusion aux doctrines stoïciennes et épicuriennes, soit pour dénoncer leur infidélité à la doctrine platonicienne, soit pour les utiliser comme matériaux pour sa propre philosophie.

Les choses sont pourtant loin d'être aussi simples, comme en témoigne l'abondance des travaux consacrés à l'intention exégétique de Plotin [1]. Il ressort clairement de ces études, quelles que soient par ailleurs leurs différences, que l'exégèse plotinienne *n'est pas* un commentaire littéral des œuvres de Platon : si Platon est bien le fil d'Ariane de Plotin, s'il y a bien indéniablement une communauté spirituelle entre les deux philosophes, il existe néanmoins des différences. L'exégèse n'est donc pas exempte d'un certain nombre d'oppositions entre les deux penseurs, lesquelles n'ont d'ailleurs pas échappé aux commentateurs modernes des *Ennéades,* et dont Plotin lui-même est tout à fait conscient :

> Que nous dit donc Platon ? Il apparaîtra qu'il ne dit pas toujours la même chose, de manière qu'on puisse voir facilement son interprétation [2].

ou encore :

> La question est donc difficile à résoudre, et les textes de Platon augmentent, ou ne diminuent pas, notre embarras (ἀπορίαν) [3].

Dès lors, si Platon parle « par énigmes » [4], il revient à Plotin, d'une part d'expliciter les obscurités et/ou les contradictions du texte platonicien – ce qui peut parfois se faire en ayant recours à d'autres auteurs, pour la plupart postérieurs à Platon [5], et qui sont souvent incompatibles avec la stricte orthodoxie des textes platoniciens – d'autre part de *reconstruire* à nouveaux frais la philosophie de Platon, c'est-à-dire de *construire sa propre philosophie*, de construire une métaphysique proprement plotinienne. En d'autres termes, il nous a semblé impossible de considérer Plotin simplement comme le philosophe génial de la synthèse des « anciennes

1. Les travaux sont nombreux, qu'il nous soit permis de n'en citer ici que quelques uns : J.-M. Charrue, *Plotin lecteur de Platon,* Paris, 1978 ; A. Eon, « La notion plotinienne d'exégèse », *Revue internationale de philosophie,* 92 (1970-2), 252-289 ; É. Bréhier, *La Philosophie de Plotin,* Paris, 1923 ; J. Moreau « Plotin et la tradition hellénique », *Revue internationale de philosophie,* 92 (1970-2), 171-181 ; P. Hadot « Philosophie, exégèse et contresens », Actes du XIV e *Congrès international de philosophie,* t. I, Vienne, 1968.

2. IV, 8 (6), 1, 27. Nous avons suivi le texte des *Ennéades* publié par P. Henry et H. R. Schwyzer, *Plotini opera* (H-S 2 = *Editio minor*), 3 tomes, Oxford 1964, 1977 et 1982, en indiquant ses variantes. En règle générale nous traduisons nous-même. Cependant, nous avons parfois repris la traduction d'É. Bréhier en la modifiant ponctuellement lorsque cela nous a paru nécessaire.

3. IV, 4 (28), 22, 10.

4. *Cf.* IV, 2 (4), 2 ; VI, 8 (39), 19 et 22 ; III, 4 (15), 5 ; III, 7 (45), 13.

5. C'est le cas notamment de l'usage que fait Plotin des doctrines philosophiques aristotélicienne et surtout stoïcienne.

doctrines », et/ou de comprendre sa philosophie comme une *continuation* plus ou moins fidèle de celle de Platon. Car entre Plotin et Platon, « la simplicité de l'intuition originelle »[1] qui gouverne leur philosophie respective n'est plus la même. En effet, dans la mesure où Plotin fonde sa métaphysique sur la *surabondance* de l'Un, intuition propre à notre auteur, son exégèse se charge d'un sens absent des textes de Platon. On ne peut donc concevoir l'entreprise interprétative plotinienne comme un projet visant à « refaire le plus possible à l'image de son modèle une seconde fois [ce qui aurait déjà été fait] »[2]. En ce sens, et parce que Plotin n'est pas *en germe* dans Platon, l'exégèse plotinienne atteint à l'idéal de toute exégèse : non pas développer ce qui n'était que suggéré dans les doctrines antérieures, et rassemblé de façon étincelante dans la philosophie de Platon, mais plus profondément *produire*, à partir de l'autorité incontestée des textes platoniciens, ce qui n'appartient qu'à Plotin.

Cette démarche interprétative nous a semblé tout particulièrement fructueuse en ce qui concerne la notion d'érôs. L'originalité de la doctrine de Plotin, sa génialité même, consiste, en effet, en ce que l'Amour s'y trouve *au cœur de l'Un* en tant que source de la procession et racine du Réel, c'est-à-dire *au cœur* de l'Intelligible aussi bien que du sensible : l'amour diffusif du Principe y est conçu comme une « vie immense » qui sourd, indéterminée, de l'Origine absolue, une vie dont chaque produit se différencie des autres mais dont l'énergie vitale permet au Tout de conserver la continuité avec lui-même. Il n'y a évidemment rien de tel chez Platon[3].

1. L'expression est de H. Bergson, *La Pensée et le Mouvant*, Paris, 1934, p. 119. Il vaut la peine de citer, à ce propos, un extrait de cet ouvrage : « A ne tenir compte que des doctrines une fois formulées, de la synthèse où elles paraissent alors embrasser les conclusions des philosophies antérieures et l'ensemble des connaissances acquises, *on risque de ne plus apercevoir ce qu'il y a d'essentiellement spontané dans la pensée philosophique* [...]. Nous nous mettons à l'œuvre, nous remontons aux sources, et nous finissons par voir distinctement dans la doctrine ce que nous y cherchions : *une synthèse plus ou moins originale des idées au milieu desquelles ce philosophe a vécu* [...]. Je ne dis pas que le travail de comparaison auquel nous nous étions livrés d'abord ait été du temps perdu : sans cet effort préalable pour recomposer une philosophie avec ce qui n'est pas elle et pour la relier à ce qui fut autour d'elle, nous n'atteindrions peut-être jamais ce qui est véritablement elle : [...] la simplicité de *son* intuition originelle » (p. 117-119), c'est nous qui soulignons.

2. *Cf.* J.-M. Charrue, *op. cit.*, p. 35.

3. Dans la mesure où Plotin fonde sa métaphysique sur la *surabondance* de l'Un, laquelle introduit à une compréhension de l'univers intelligible selon la double ordonnance de la procession/conversion, il nous a semblé impossible de faire dialoguer, sur ce thème, Plotin et Platon. Le thème de la surabondance de l'Un est *entièrement nouveau* par rapport aux philosophies antérieures, et notamment à celle de Platon. Même si l'Un plotinien emprunte au Bien platonicien de *République* VI, 509 c, sa transcendance, puisqu'il est lui aussi « ἐπέκεινα τῆς οὐσίας », la différence n'en est pas moins considérable dans la mesure où le Bien de la

De fait, lorsque nous considérons la notion d'érôs, nous constatons que le centre des préoccupations platoniciennes, relativement à cette notion, c'est l'âme et non le Bien[1]. Précisons quelque peu cette différence.

Dans un célèbre ouvrage, Léon Robin[2] a montré, en s'appuyant sur les analyses du *Lysis*, du *Banquet* et du *Phèdre*, que l'amour a, chez Platon, à la fois une nature propre et une fonction particulière :

> Une des idées les plus saillantes du *Banquet*, c'est que la nature de l'Amour est essentiellement synthétique ; cette idée appartient déjà au *Lysis*, et le *Phèdre* ne la contredit pas[3].

La nature synthétique de l'amour platonicien s'interprète comme une participation de l'immortel et du mortel[4], comme un *mixte* à mi-chemin entre les deux. Or, cet état intermédiaire est le propre des démons (δαίμονες) ; c'est donc en tant que δαίμων que l'amour platonicien a une fonction :

> L'idée de l'Amour médiateur s'exprime dans le *Banquet* sous une forme bien connue : l'Amour est un démon et un grand démon. Or, la fonction des démons est d'être les intermédiaires entre les immortels et les mortels, d'unir l'une à l'autre les deux sphères, de

---

République, en tant qu'Idée suprême, est une Idée, donc une Forme que l'on peut, en droit, connaître : il est le terme anhypothétique de la dialectique ascendante, le μέγιστον μάθημα (505 a), l'objet suprême de la connaissance, alors qu'il devient chez Plotin le suprêmement *inconnaissable*.

1. Si le noyau dur de la philosophie platonicienne est le Bien, peut-être pouvons-nous dire, comme le fait d'ailleurs L. Couloubaritsis dans son ouvrage *Aux origines de la philosophie européenne. De la pensée archaïque au néoplatonisme*, Bruxelles, 1992, que la philosophie platonicienne a néanmoins son centre en l'âme : « si l'on excepte le *Parménide*, dont la problématique approfondit la question de l'Un et de l'unité, ces dialogues se déploient [il s'agit des dialogues de jeunesse] dans l'horizon de la connaissance de soi et du souci de soi, ce qui suppose l'*âme* comme centre de gravité de toute l'analyse » (p. 188). De même, L. Couloubaritsis remarque que c'est encore le problème de l'âme qui est la préoccupation principale des œuvres de vieillesse : « Le dualisme ontologique, tel qu'il ressort de l'ensemble de l'œuvre platonicienne, entraîne la distinction entre âme et corps. C'est pourquoi, dans l'œuvre de vieillesse, la théorie de la transmigration des âmes est conservée, voire complétée par une seconde : Platon se réfère de plus en plus à une âme de l'univers, comme cela ressortait déjà de son analyse du *Phèdre* » (p. 289). *Cf.* l'ensemble du chapitre concernant Platon, p. 192-335.

2. L. Robin, *La Théorie platonicienne de l'amour*, Paris, 1933. Cet ouvrage reprend, sans changement, le texte de la « Thèse complémentaire » présentée en 1908 ; nous le citerons dans la pagination de la nouvelle édition de 1964.

3. *Ibid.*, p. 101.

4. *Cf. Lysis* 216 c-22b ; *Banquet* 201 a-204 b ; *Phèdre* 252 d-253 c.

remplir l'intervalle qui les sépare, de donner à l'univers l'unité et la liaison[1].

La fonction d'intermédiaire du démon Amour est donc investie d'une signification forte : il est *médiateur*. Dans le *Banquet*[2], la nature démonique d'Érôs se confond avec sa fonction de médiateur, et c'est par la voie du mythe que cette unité nous est révélée. En effet, l'Amour, en tant qu'amour de quelque chose, n'est pas un dieu puisqu'il implique nécessairement une relation à un autre : ce que désire Érôs, c'est la Beauté. Son désir, toujours vivant, toujours renouvelé, lui vient de son père Poros, qui est un dieu[3]; mais l'indigence de sa mère Pénia fait que « sans cesse s'écoule entre ses doigts le profit de ses inventions, si bien qu'Érôs n'est ni dans le dénuement, ni dans l'abondance »[4]. L'amour ne peut donc rien garder, en ce sens il est mortel. Son désir de la Beauté s'exprime aussi comme désir de sagesse, puisque la sagesse est parmi les choses les plus belles. Or, les dieux ne désirent pas savoir : ils possèdent la sagesse; et les ignorants non plus ne désirent pas savoir, leur ignorance est sans désir. Mais la philosophie est ignorance qui se sait, et c'est pourquoi elle ne laisse l'âme ni satisfaite ni en repos : elle est, en l'âme humaine, le signe de son inquiétude[5]. L'amour exprime donc, chez Platon, la condition humaine dans sa dualité essentielle[6]. C'est cette condition propre à l'homme qui, dans le *Banquet*, est symbolisée par l'amour démonique, car l'autosuffisance divine ne peut manifester que ce qui est véritablement délié de tout rapport à un autre. La leçon du mythe est donc que l'Amour n'est pas un dieu mais un intermédiaire entre le divin et le non-divin, qu'il est le mouvement même du non-divin vers le divin, vers le suprêmement aimable et le désirable par excellence. Cette fonction intermédiaire de

---

1. *Cf.* L. Robin, *op. cit.*, p. 108 ; et *Banquet* 202 e.
2. *Cf.* J.-Fr. Mattéi, « Le symbole de l'Amour dans le *Banquet* de Platon », in *Herméneutique et ontologie*, Hommage à Pierre Aubenque, Paris, 1990, p. 55-77 ; et *Platon et le miroir du mythe*, chapitre X, « Eros : le mythe de l'amour », Paris, 1996, p. 283-306. L'auteur analyse très précisément, dans ces deux études, la structure symbolique de l'amour dans le *Banquet*.
3. Cf. *Banquet* 203 d.
4. *Ibid.*, 203 e.
5. Cf. *ibid.*, 204 a-c. Voir aussi l'ouvrage de M.-Cl. Galpérine, *Lecture du* Banquet *de Platon*, Lagrasse, 1996. Nous suivons ici les analyses de cet auteur.
6. Plotin, interprétant sur ce point fidèlement ce mythe du *Banquet*, fera de l'amant de la sagesse celui qui la cherche parce qu'il la possède déjà *en partie*. *Cf.* III, 5 (50), 9, 42-45 : « Cet amour est donc une réalité qui est un mélange : il participe à l'indigence, en tant qu'il veut être rassasié, mais il n'est pas privé totalement de l'abondance, en tant qu'il recherche ce qui manque à ce qu'il a déjà. Car certes, ce qui serait totalement privé du Bien ne chercherait jamais le Bien ».

l'amour fait de lui un *auxiliaire*[1] (συνεργόν) *de l'âme* dans sa recherche et son désir du Bien, et découvre ainsi un nouveau visage de l'amour, pour autant qu'il enfante dans la beauté et qu'il s'épanouit dans l'acte même par lequel il fait être ce qui auparavant n'existait pas. La beauté devient médiation pour le désir d'engendrement, en même temps qu'elle est le signe d'une plénitude intérieure[2]. Or, la puissance créatrice par laquelle le mortel produit de l'existence manifeste sa part d'immortalité; l'amour accomplit donc le vœu de ce qui est, par essence, mortel : accéder à une sorte d'immortalité. De ce tout périssable qu'est le monde sensible, la puissance de l'amour fait un Tout qui ne passe pas : son œuvre la plus haute est la pérennité du monde[3].

Mais, si l'acte d'engendrer a, pour l'homme, quelque chose de divin, son œuvre ne peut s'accomplir que dans la beauté; la Beauté préside donc à l'enfantement érotique en délivrant l'être fécond[4] des douleurs de l'enfantement. Or, c'est l'âme plus que le corps qui est impatiente d'engendrer, et c'est de paroles et de pensées qu'une âme est grosse; elle va donc chercher « une âme bien née, belle et généreuse, apte à devenir philosophe, capable de se laisser féconder par une parole philosophique »[5]. C'est pourquoi l'amour est initialement l'œuvre de celui qui aime, mais « ne trouve son achèvement, n'atteint sa perfection que dans *l'œuvre commune* de l'amant et de l'aimé »[6].

Cependant, au-dessus de cet amour humain se tient, pour Platon, la révélation suprême, au terme du chemin qui mène à « l'époptie » finale. Ici le chemin est une montée, comme la dialectique ascendante, et il débouche comme elle sur la contemplation du Beau en soi. Ce chemin ascendant de l'amour permet de concevoir l'unité, l'identité à soi de l'Idée de Beau dans son universalité[7]. La dialectique de l'amour, qui fait passer celui qui aime

---

1. *Banquet* 212 b.
2. Plotin reprendra cette universalité de la fécondité en donnant au désir une extension plus vaste, en l'appliquant non seulement, comme Platon, aux vivants mortels, mais encore aux réalités immortelles et au Bien lui-même. *Cf.* V, 1 (10), 6, 37-38 : « Tous les êtres arrivés à l'état parfait engendrent, donc l'être le plus parfait engendre toujours ».
3. Dans son ouvrage *Plato's symposium*, Londres, 1968, St. Rosen indique, au chapitre VII : « Socrate et Diotime », que « le désir de la beauté apparaît ainsi comme la condition du désir naturel d'immortalité à travers la reproduction ».
4. Cf. *Banquet* 206 d.
5. M.-Cl. Galpérine, *op. cit.*, p. 34.
6. *Ibid.*, p. 35 et *Banquet* 209 c. Ajoutons que pour Platon cette œuvre est « politique ».
7. La révélation du Beau advient parce qu'il est « lui-même selon lui-même, étant avec lui-même toujours spécifiquement un, tandis que toutes les autres choses sont belles parce qu'elles participent d'une façon telle qu'en dépit du fait qu'elles deviennent et dépérissent, il ne devient rien en lui ni en plus ni en moins, et il ne pâtit rien non plus » (*Banquet* 211 b).

de l'amour des beaux corps[1] à l'amour de l'âme[2], aboutit à la vaste région de la Beauté du savoir, à l'« Océan du Beau »[3].Vivre consiste alors pour l'âme à contempler l'Intelligible, à s'en nourrir[4]. C'est en ce sens que l'infini de Beauté est en même temps le signe, pour l'âme-philosophe, du dépassement de la beauté des corps. La Beauté, intériorisée par l'âme-philosophe, devient, pour cette dernière, une inépuisable source d'inspiration. Mais plus encore, la vision de la Beauté suprême permet au philosophe de saisir la Vérité et ainsi de s'immortaliser au travers de beaux discours : « c'est là la vie philosophique dans sa liberté souveraine et son inépuisable fécondité »[5]. La fin du voyage est donc la contemplation de la Beauté en soi : l'amant et l'aimé ont atteint l'objet éminemment désirable de leur mutuel amour, la contemplation du suprêmement aimable. Mais l'âme ne peut faire *seule* ce voyage, il lui faut suivre un maître, il lui faut être aimée[6].

L'amour apparaît donc, dans le *Banquet*, comme une *méthode*, et la dialectique érotique symbolise la dialectique ascendante dans la mesure où l'amour permet de réaliser l'œuvre de la dialectique, qui est d'orienter l'âme vers la contemplation des Idées. Mais arrivé à ce point suprême, qui est la contemplation du Beau en soi, l'amour a achevé son rôle médiateur et « il n'a plus qu'à se retirer pour faire place à ce qui est plus noble et plus divin que lui, l'intuition pure de l'Intelligible »[7]. La contemplation vers laquelle l'amour nous oriente, est « un acte de l'Intellect »[8], et l'érôs « doit, par la réminiscence, nous ramener à un état auquel seul l'Intellect est intéressé »[9].

L. Couloubaritsis remarque à propos de ce passage : « Ce processus dialectique animé par l'Amour qui aspire au Beau, est un processus d'initiation et de purification, où il s'agit, par la pensée qui se replie sur soi, de préparer la séparation de l'âme et du corps », *op. cit.,* p. 245.

1. Cf. *Banquet* 210 b.

2. Cf. *ibid.,* 210 c.

3. *Ibid.,* 210 d.

4. Cf. *Phèdre* 247 d.

5. M.-Cl. Galpérine, *op. cit.,* p. 32. Cf. *Banquet* 210 d : « Il pourra enfanter en foule de beaux, de magnifiques discours ainsi que des pensées nées dans l'inépuisable aspiration vers le savoir ».

6. *Cf.* M.-Cl. Galpérine, *op. cit.,* p. 38. L. Couloubaritsis analyse ainsi la nécessité, pour l'âme, d'avoir un guide : « Il s'ensuit que l'Amour est profondément lié à la philosophie [...] ; entre la philosophie et l'Amour se produit une connivence secrète qu'on ne peut ignorer. En somme la philosophie apparaît comme la manifestation de l'Amour. Mais inversement, l'Amour apparaît comme l'être même de la philosophie. La philosophie est donc, par son essence même, "amour de la sagesse" (*philo-sophia*) », *op. cit.,* p. 244.

7. V. Brochard, « Sur le *Banquet* de Platon », *Ann. ph.,* XVII (1906), p. 19, cité par L. Robin, *op. cit.,* p. 169.

8. *Banquet* 212 a-b. *Cf.* L. Robin, *op. cit.,* p. 144.

9. L. Robin, *op. cit.,* p. 144. Cf. *Phèdre* 247 c.

La théorie de l'amour comme condition de la réminiscence est exposée dans le *Phèdre*. Or, dans ce dialogue, l'amour n'est plus un démon, mais un dieu lié à l'âme immortelle *d'avant l'incarnation*. Cet état de l'âme désincarnée va permettre à Platon d'attribuer à Érôs la réminiscence dont nos âmes incarnées sont capables. C'est pourquoi le mythe du *Phèdre*[1] n'a d'autre finalité que de montrer que l'âme, divine et immortelle par essence, est néanmoins le siège d'un mixte, puisqu'elle est âme humaine, dont l'allégorie est la contrariété des chevaux qui constituent son attelage. Le cocher, c'est l'Intellect, l'âme divine, qui contemple les Idées. « En d'autres termes, dit Lambros Couloubaritsis, l'allégorie de l'attelage ailé se rapporte à un état de l'âme qui précède l'incarnation, et qui révèle qu'elle possède en elle, grâce à la contemplation des Idées, les conditions de l'intelligibilité »[2]. Or, pour qu'il y ait réminiscence il faut, là encore, la médiation de la Beauté et de l'amour du Beau. Seule, en effet, la Beauté est capable d'éveiller en l'âme incarnée le désir de l'immortalité, mais ce qu'ajoute le *Phèdre* par rapport au *Banquet*, c'est que ce désir est une réminiscence de notre vraie nature, une réminiscence de ce qu'a été notre vie antérieurement à l'incarnation. La réminiscence découvre donc à l'âme qu'elle participe effectivement à la vie immortelle et divine : sous l'impulsion de l'amour l'âme humaine s'élance vers le haut, se libérant de ses attaches sensibles. L'amour ouvre ainsi à l'âme l'accès, par la réminiscence de la Beauté en soi, au monde des Idées. La Beauté en soi, dont la splendeur est incomparable, communique au monde sensible un peu de cet éclat et de cette splendeur intelligibles ; c'est pourquoi le beau provoque en l'âme une émotion éveillant l'amour qui, seul, permet un retour, par la réminiscence, vers le monde divin d'où nous venons[3]. Cette émotion, Platon l'appelle « le délire d'amour », mais ce délire est positif, il est provoqué par l'amour de la sagesse, par la philosophie. Le délire de l'amour philosophique[4] est en rapport avec la beauté, et grâce à ce délire l'âme, ayant retrouvé ses ailes, est capable de s'élever au-delà du sensible et de retrouver, par la réminiscence, la connaissance du Vrai en même temps que l'immortalité qui lui appartient en vertu de sa nature propre. Le délire d'amour est donc finalement ce qui garantit un retour vers le divin, en même temps qu'il révèle le fond caché en l'âme, fond qui est remémoration des vérités éternelles contemplées dans l'au-delà.

---

1. *Phèdre* 246 a-248 c.
2. L. Couloubaritsis, *op. cit.*, p. 234.
3. Pour une analyse détaillée de la fonction de réminiscence de l'érôs dans le *Phèdre*, *cf.* L. Robin, *op. cit.*, p. 19-43. Nous suivons ici son analyse.
4. Cf. *Phèdre* 265 c-e.

Ce bref rappel des thèmes principaux se rattachant à l'amour platonicien nous permet de conclure que, pour Platon, l'amour a son siège en l'âme et en elle seule. Suivant les dialogues, il revêt différentes fonctions : intermédiaire, auxiliaire, méthode, réminiscence ; mais toutes ces fonctions ont un seul et même but, atteindre le Vrai. De ce fait, l'amour platonicien est à la fois condition de la psychagogie et de la gnoséologie. Or, si tous ces thèmes sont certes repris par Plotin en divers endroits des *Ennéades*, il nous semble essentiel de relever que, alors que pour Platon l'amour humain est le point de départ de la philosophie, puisque « l'amour véritable est le cheminement vers le Beau, car c'est l'amour de la sagesse, la philosophie »[1], *l'erôs plotinien n'est pas de même nature et n'a pas la même finalité.*

Pierre Hadot analyse ainsi la différence de point de vue dans le traitement de l'amour par les deux philosophes :

> Lorsque Plotin reprend le vocabulaire du *Phèdre*, ce n'est plus, comme Platon, pour décrire l'amour humain, mais c'est pour exprimer tout de suite une expérience mystique. L'amour humain n'est plus le point de départ, le premier degré d'une ascension. Il devient seulement un terme de comparaison[2].

Jean Trouillard formule, quant à lui, cette différence comme suit :

> Plus que chez Platon, il est clair chez Plotin que, quand la dialectique a fini sa tâche, l'amour n'a pas fini la sienne[3].

C'est ce déplacement plotinien des données platoniciennes concernant l'amour qu'il nous faut maintenant examiner pour notre propre compte. La rencontre, dans les *Ennéades*, de thèmes platoniciens et même, parfois, du vocabulaire platonicien repris presque mot à mot par Plotin[4], n'empêche pas, croyons-nous, qu'il y ait, concernant l'erôs, non seulement une intuition différente, mais encore l'émergence d'une nouvelle métaphysique. La première différence, et la plus remarquable, est que *l'erôs n'a pas son siège en l'âme,* comme chez Platon, *mais en l'Un*[5]. La différence est, répétons-le, *capitale* dans la mesure où l'amour étant ce qui se diffuse de l'Un dans ses dérivés, le Noῦς et l'Âme-hypostase, il est ce sans quoi la procession des

1. L. Couloubaritsis, *op. cit.*, p. 248.
2. P. Hadot, *Plotin ou la simplicité du regard,* Paris, 1963, p. 72 ; voir aussi du même auteur, *Plotin. Traité 38, VI, 7.* Introduction, traduction, commentaire et notes, Paris, 1988, p. 289-293.
3. J. Trouillard, *La Purification plotinienne,* Paris, 1955, p. 157.
4. C'est le cas notamment en VI, 9 (9), 9, 39-43 ; VI, 7 (38), 32, 25 et 33, 14.
5. *Cf.* VI, 8 (39), 15.

êtres n'aurait pu avoir lieu. L'Érôs se diffuse en effet lorsque l'Un, « se tournant vers lui-même », engendre par ce mouvement, sans en être altéré ni amoindri, la totalité du Réel qui découle de lui. Nulle part nous ne trouvons, chez Platon, l'affirmation d'un Érôs du Bien engendrant les Idées. De l'Un en revanche, de son Érôs diffusif tout provient, et du désir inné dans les dérivés pour leur générateur provient le processus fondamental de conversion qui permettra la constitution du monde intelligible. L'amour est donc *à la fois* à la source de la procession, comme cause de ce qui dérive de l'Un Amour de soi, et moteur de la conversion des dérivés vers ce dernier, puisque l'amour diffusif du Principe se convertit, dans les dérivés, en amour pour le Bien : « Tout tend vers le Bien et le désire *par une nécessité de nature*, comme pressentant que sans lui rien ne peut exister »[1].

L'Un, tout comme le Bien platonicien, est le suprêmement aimable, mais la signification de ce suprêmement aimable n'est pas la même pour les deux philosophes. En premier lieu, parce que chez Platon l'attrait du suprêmement aimable ne vaut *que* pour l'âme humaine dans son ascension vers le Beau en soi. En deuxième lieu, parce que la méthode érotique platonicienne est subordonnée à une finalité, celle de l'atteinte du Bien conçu comme « le plus indispensable des savoirs »[2], et parce que cette finalité commande *l'abandon* de la méthode érotique au profit d'une contemplation intellectuelle de la Vérité. Pour Plotin, tout au contraire, lorsque l'âme humaine dépasse l'intelligence pour n'être plus qu'amour il y a vision du Principe et union avec lui, et de plus, ceci vaut encore pour les réalités intelligibles. C'est qu'en effet l'âme humaine aime le Bien « *poussée par lui* à l'aimer »[3], et, à l'encontre de l'émotion amoureuse décrite par Platon dans le *Banquet* et le *Phèdre,* elle « n'attend pas l'avertissement des beautés d'ici-bas »[4]. L'amour de l'âme lui est donc connaturel, dans la stricte mesure où il est *une certaine motion du Bien*, où il est initié par la présence de l'Un en l'âme.

En troisième lieu enfin, la perspective gnoséologique de l'érotique platonicienne est confirmée par le fait que le philosophe contemplatif de l'Idée du Bien ne reste pas à cette hauteur, mais, fécondé par cette science sublime d'où « la justice et les autres vertus tirent leur utilité et leurs avantages »[5] et ayant vu ce qui est vrai[6], à peine redescendu du ciel sur la

---

1. V, 5 (32), 12, 7-9 (nous soulignons) ; voir aussi I, 6 (1), 7 ; IV, 4 (28), 35 ; VI, 7 (38), 23 et 26 ; VI, 8 (39), 7.
2. *Rép.* VI, 504 e.
3. VI, 7 (38), 31, 17-18 (nous soulignons).
4. *Ibid.,* 19.
5. *Rép.* VI, 505 a.
6. Cf. *ibid.,* 484 c.

terre il devient éducateur et/ou gouvernant[1]. C'est pourquoi Socrate entreprend, dans la *République,* l'examen d'un système éducatif propre à conduire à l'intuition du Bien, et à hisser l'âme vers la vision du Bien[2]. Nous retrouvons ici la nécessité du Maître que nous avions découverte dans le *Banquet* : si la relation Maître/disciple s'élargit en gouvernant/citoyens, c'est que, de même que l'érôs à lui seul est insuffisant pour l'ascension de l'âme vers la contemplation du Beau, et qu'il est nécessaire d'avoir un guide, de même le gouvernement de la cité nécessite un archonte capable de diriger les âmes des citoyens. Ainsi l'œuvre d'amour du philosophe qui a contemplé le Bien, ce seront les lois qu'il donnera à la cité, car donner des lois est la tâche la plus haute que puisse assumer un mortel ; aussi le philosophe façonnera-t-il les lois les yeux fixés sur « ces réalités qui ne commettent ni ne subissent l'injustice »[3] et que les relations humaines, dans la cité, doivent imiter.

A aucun moment donc, chez Platon, l'amour n'est une fin en soi. A aucun moment l'amour n'est ce qui se diffuse du Bien dans les réalités qui le suivent, les Idées, et à aucun moment non plus le seul idéal de l'âme n'est, comme le dira Plotin de « fuir seul(e) vers le Seul » (φυγὴ μόνου πρὸς μόνον)[4]. A l'ascension érotique platonicienne, à la dialectique ascendante, doit succéder la dialectique descendante, qui n'a plus rien d'érotique, mais qui est pédagogique. Ainsi l'intellectualisme platonicien prend-il le pas sur l'érotique : l'ascension amoureuse nous emporte jusqu'au Beau, puis elle s'efface au profit de la vision du Bien par l'Intellect. La dialectique est donc ce qui couronne la méthode érotique, dans la mesure où seule la dialectique nous porte jusqu'à la contemplation de l'anhypothétique. *Tout au contraire,* chez Plotin, l'amour n'est ni une méthode, ni au service de la dialectique, mais il est *dynamique,* il est puissance et vie. Ce qui commande cette dynamique est *la surabondance de l'Un,* et ce qui structure le monde intelligible est encore la dynamique érotique en tant que conversion vers le Bien. Sur ce terrain, qui est le nôtre, il est donc fort difficile, voire impossible, de faire dialoguer l'Alexandrin et le « divin » philosophe. De plus, le présent travail portant sur les seules

1. Cf. *ibid.,* 473 c-e ; 484 b-c ; 498 b-c ; 500 e ; 519 d-521 e.
2. C'est ainsi que la gymnastique et la musique, dans la *République,* correspondent à ce que sont l'amour des beaux corps et l'amour des belles âmes dans le *Banquet.* La musique n'a d'autre fin que de régler l'âme au moyen de l'harmonie ; pour une étude détaillée de cette unification de l'âme par l'étude musicale, *cf.* E. Moutsopoulos, *La musique dans l'œuvre de Platon,* Paris, 1959, notamment dans la quatrième partie « L'esthétique musicale », le chapitre premier « Axiologie du Beau musical », p. 229-259.
3. *Rép.* VI, 500 c.
4. VI, 9 (9), 11, 51.

réalités intelligibles et sur l'érôs comme fondement de ces réalités, la référence à Platon s'avèrerait non pertinente. C'est, en effet, dans une toute autre perspective, celle de *l'âme humaine*, de sa purification et de son ascension amoureuse vers le Principe, qu'un travail sur l'érôs chez Plotin *et* Platon aurait pris tout son sens. Cette perspective dépasse le cadre de ce travail qui ne concerne, pour l'heure, *que* les hypostases intelligibles.

*

Les « trois hypostases »[1], l'Un, l'Intelligence, l'Âme, ne sont pas trois réalités distinctes et séparées, trois « monades ». Certes, si l'Un est bien le Principe absolu dont tout dérive, il y a cependant continuité, et non discontinuité, dans la procession des hypostases. Cette continuité est assurée, telle est notre thèse, par le processus dynamique de l'Érôs de l'Un comme puissance originelle se transmettant dans ses dérivés. Mais elle est assurée aussi, au niveau des hypostases dérivées, par une certaine identité de la procession et de la conversion, comme Plotin l'indique lui-même :

> La génération de toute réalité à partir de l'Un procède nécessairement de son éternelle conversion vers lui[2].

Or, cette conversion n'a lieu que par le rôle moteur, dans les dérivés, de l'amour pour le Principe. Dit autrement, l'Amour de l'Un pour lui-même est *à la fois* la source de la procession, la continuité qui relie tous les êtres entre eux[3] depuis l'Un-Bien jusqu'aux êtres sensibles, *et* le moteur de la conversion, par la force d'attraction de l'amour comme désir du Bien, et ce à tous les niveaux de réalités puisque seul le Bien ou l'Un est objet d'amour[4].

De fait, si nous réfléchissons sur le mode de constitution des hypostases dérivées, le Noῦç et l'Âme, nous voyons qu'il imite la façon dont l'Un s'est porté lui-même à l'existence[5], avec toutefois cette différence

---

1. *Cf.* le titre que Porphyre a donné au traité V, 1 (10) « Des trois hypostases principielles ». Dans ce traité, Plotin présente de manière exemplairement synthétique la structure de son système et l'intention qui l'anime.
2. V, 1 (10), 6, 17-19.
3. Nous analyserons en détail dans notre première partie cet Amour de l'Un pour lui-même, qui est exposé par Plotin dans le traité VI, 8 (39), 15, 16.
4. Lorsqu'il s'agit de l'Amour de l'Un pour lui-même, nous écrivons Amour avec une majuscule pour indiquer qu'il s'agit là d'un Amour absolument transcendant et ineffable. Nous écrivons amour avec une minuscule lorsqu'il s'agit de l'amour des hypostases inférieures pour leur principe ou pour elles-mêmes.
5. *Cf.* VI, 8 (39), 13. Ce traité sera étudié dans notre première partie.

fondamentale que l'existence du Principe ne provient pas d'un autre : c'est l'Amour qu'il se porte à lui-même qui permet de penser son auto-production, alors que l'existence des dérivés est soumise à l'existence du Premier[1]. Cependant, le moment où l'hypostase dérivée se constitue en plénitude n'est autre que celui-là même où elle se tourne vers le principe qui l'a engendrée. Le moment de la conversion est, par conséquent, suscité par l'amour du dérivé pour son générateur : « Tout être engendré désire et aime celui qui l'a engendré »[2].

A la source de la procession donc, nous trouvons l'Amour que le Principe se porte à lui-même. Cet Amour de soi est identique à la puissance qu'il a d'engendrer tous les êtres sans être aucun des êtres qui proviennent de lui. Son « immense puissance »[3] est une puissance communiquée[4], car son Érôs est généreux et diffusif ; or, c'est cet Érôs, cette puissance infinie qui sourd de lui qui se retrouve altérée dans les hypostases dérivées. Il y a, dès lors, amoindrissement, mais non disparition, de la puissance érotique dans les dérivés. C'est pourquoi nous interprèterons la trace, l'ἴχνος de l'Un dans ce qui le suit comme *amour*.

Nous entendons donc montrer dans ce travail que *l'amour structure le monde intelligible*[5]. Dans ce but, nous insisterons sur le fait que la seule définition *positive* de l'Un, chez Plotin, est l'Amour, et que dans cette notion culmine et converge, au niveau de cette hypostase supérieure, la double puissance du Premier en tant qu'il est, d'une part, cause nécessaire des êtres et, d'autre part, Amour de soi[6]. Nous établirons ensuite que cette puissance infinie de l'Amour permet à Plotin de poser l'Un dans sa transcendance à l'être et à la pensée. L'Amour apparaîtra ainsi comme ce qui assure au Principe sa plénitude et son absolue simplicité. Il nous faudra donc établir que dans l'Un, Puissance, Vie et Amour sont des termes strictement équivalents : sa Puissance se manifeste comme Amour infini, et ce dernier caractérise sa Vie.

---

1. Car « l'Un s'est porté lui-même à l'existence » (VI, 8 (39), 13 et 16), tandis que les hypostases dérivées sont engendrées par le Principe.

2. V, 1 (10), 6, 50-51 : Ποθεῖ δὲ πᾶν τὸ γεννῆσαν <τὸ γεγεννημένον> καὶ τοῦτο ἀγαπᾷ.

3. *Cf.* VI, 7 (38), 32, 9-14.

4. « Il [l'Un] n'est donc aucun des êtres, et il les est tous à la fois : aucun d'eux, parce que les êtres sont postérieurs à lui, tous, parce qu'ils sont dérivés de lui. De les produire tous, il a la puissance. » (VI, 7 (38), 32, 12-15).

5. C'est ici l'occasion d'une remarque, *valable pour l'ensemble de notre travail*, à savoir que nous comprenons la notion d'*intelligible* en un sens large, comme ce qui contient, et en lequel vivent, les trois hypostases ou réalités divines. Nous n'ignorons pas qu'en son sens le plus strict, le concept d'intelligible désigne l'ensemble des Formes, des Idées, des essences ou des êtres véritables que l'Intelligence contient en elle-même.

6. *Cf.* VI, 8 (39), 15.

Nous aurons alors à montrer que l'amour, règle de la procession, se retrouve aussi dans les hypostases dérivées comme force attractive permettant la conversion au principe et comme désir d'unification pour chacune des hypostases. L'amour, en tant que moteur de la conversion sera donc compris comme ouverture à la générosité diffusive du Bien, ouverture à l'infini de l'Amour.

Notre seconde partie s'attachera à l'analyse de la première hypostase dérivée, le Νοῦς. Nous verrons que, par sa partie indéterminée, à savoir par l'Intelligence aimante, il reste dans la proximité du Bien et qu'il est par là semblable au Bien. L'Intelligence qui pense les intelligibles, quant à elle, manifeste la puissance érotique de l'Un sous forme d'*amitié* entre les intelligibles, c'est là proprement l'Intelligence pensante.

Du Νοῦς dérive l'hypostase inférieure, l'Âme. Notre troisième partie aura pour objet cet engendré du Νοῦς. Nous établirons que l'amour de l'Âme pour l'Intelligence lui donne son unité, mais que son désir de devenir l'empêche d'être semblable au Bien. Plus encore, le désir de devenir qui *s'ajoute à* l'amour de l'Âme pour son principe est ce qui permet l'engendrement du sensible. Par cette fonction organisatrice, l'Âme sert de *médiateur* entre l'Intelligible et le sensible ; c'est elle qui communique au sensible, en même temps que la vie, l'érôs. Un érôs affaibli toutefois, car, l'Âme étant la troisième hypostase, son amour est moins pur que celui du Νοῦς, qui est l'hypostase immédiatement engendrée à la suite du Premier ; et un érôs affaibli aussi par la matière sensible qui obscurcit et exténue l'illumination qui vient de l'Âme.

Bien que la procession des hypostases s'arrête « à la série des êtres divins »[1], il nous a néanmoins semblé nécessaire d'ajouter une quatrième partie sur la dérivation, à partir de l'Âme inférieure, de la matière précosmique. En effet, la question du statut ontologique de la matière engendrée par l'Âme-Nature est centrale pour comprendre plusieurs problèmes : ceux d'ordre théorique d'une part, puisque la matière est conçue comme altérité, ceux d'ordre éthique d'autre part, puisqu'elle s'égale au mal, et ceux enfin d'ordre cosmologique, puisqu'elle est le terme ultime de la procession. En outre, c'est à partir de l'obscurité qu'elle engendre que l'Âme cosmique crée le monde sensible. La matière précosmique, dernier terme de la procession, et terme si exténué qu'il ne trouve pas en lui-même la ressource de sa conversion vers son engendreur, est le lieu de l'ultime dispersion dans la

---

1. V, 1 (10), 7, 49 *in fine* : Καὶ μέχρι τούτων τὰ θεῖα. Dans le même traité, Plotin insiste encore sur le caractère complet de cette série : « Il y a d'abord ce qui est au-delà de l'être, à savoir l'Un [...], il y a tout de suite après l'Être et l'Intelligence, et en troisième lieu la nature de l'Âme » *ibid.*, 10, 1-4.

mesure où elle est par nature indétermination totale. En elle point d'érôs, aussi faible soit-il, qui serait comme une trace de l'Un. Le seul désir qui lui soit inhérent est celui de l'être, c'est-à-dire le désir d'une existence continuée. Mais parce qu'elle appartient encore à la procession de l'intelligible, la matière précosmique, telle une sorte d'hypostase négative, reste en relation de procession avec les principes : elle en est « le terme ultime après lequel il n'y a plus de génération »[1]. De plus, parce qu'elle représente le mal, aussi bien le mal physique en tant que non-être, que le mal éthique en tant qu'elle est dépourvue de vie et d'amour, elle est, pour les âmes individuelles qui animent les corps matériels, un principe d'entropie.

Au niveau de la matière donc, l'absence de forme et d'érôs, la laideur et le mal sont en parfaite réciprocité. En tant qu'elle est une image aberrante et inversée de la matière intelligible, l'altérité précosmique est à la fois la limite négative de la procession, là où s'exténue le flux érotico-vital de l'Un, et le mal originaire où ne séjourne aucun érôs. C'est cette absence d'être, de forme et d'amour que Plotin nomme le mal originaire, et la matière sauve ainsi l'âme incarnée du soupçon de la perversité.

Le schème d'intelligibilité directeur pour notre interprétation de la procession des « êtres divins » peut donc s'énoncer comme suit : l'Érôs de l'Un est *la puissance fondamentale* qui unit et rapproche les êtres, celle qui permet *l'expansion* de l'être. Afin de mieux saisir la prévalence de l'amour dans les *Ennéades* de Plotin, prévalence qui le rend coextensif à tous les degrés d'être, nous nous attacherons donc à éclaircir, dans la première partie de cet ouvrage, comment la Puissance infinie du Principe peut être dite porteuse de l'Amour infini à l'œuvre dans tout le processus de dérivation-conversion

---

1. I, 8 (51), 7, 20.

L'UN : PUISSANCE – VIE – AMOUR

L'AMOUR DE L'UN POUR LUI-MÊME

L'UN EST OBJET D'AMOUR, AMOUR ET AMOUR DE SOI

On trouve dans le traité VI, 8 (39), pour la seule et unique fois dans toutes les *Ennéades,* la mention d'un Amour de l'Un pour lui-même. En effet, au chapitre 15, ligne 1, Plotin affirme que le Premier est

> à lui-même à la fois objet aimé, Amour et Amour de soi (καὶ ἐράσμιον καὶ ἔρως ὁ αὐτὸς καὶ αὐτοῦ ἔρως).

et plus loin, au chapitre 16, lignes 12-14, il ajoute :

> Quant à lui [l'Un], il se tourne pour ainsi dire au-dedans de lui-même, comme rempli d'Amour pour lui-même, il aime sa propre lumière, lui-même identique à ce qu'il aime (ὁ δ'εἰς τὸ εἴσω οἷον φέρεται αὐτοῦ οἷον ἑαυτὸν ἀγαπήσας, αὐγὴν καθαράν, αὐτὸς ὢν τοῦτο, ὅπερ ἠγάπησε).

Deux remarques s'imposent concernant ces deux citations. La première est que, lorsque Plotin parle positivement du Premier, il accompagne toujours (excepté *justement notre première citation*) ce discours affirmatif d'un οἷον, d'un « comme si », d'un « pour ainsi dire », ménageant toujours ainsi une distance entre l'Un lui-même et ce qui se dit de lui, car le langage instaure inévitablement une adéquation entre ce qu'il dit et ce à propos de quoi il le dit. Cet οἷον permet à Plotin, non de décrire l'Un dans ses prétendus attributs essentiels, mais de l'annoncer, de le montrer, de tenter de le cerner au plus près tout en écartant du Principe le soupçon d'une dualité qui n'est en fait que celle de la pensée. Il est donc d'autant plus remarquable de relever que dans la première citation, Plotin *n'*emploie *pas* la clausule οἷον, le « pour ainsi dire » ou le « comme si ». Ici *l'Amour dit* *l'Un sans introduire en lui de dualité* : il est « Amour, Amour de soi », sans que le discours nécessite la restriction de l'οἷον indiquant la marque de l'approximation. Si l'Amour peut non seulement rendre possible un discours positif sur l'Un, mais encore dire « quelque chose » de son ineffabilité, c'est assurément qu'il n'est pas un prédicat noétique ; nous y reviendrons.

La deuxième remarque concerne la seconde citation. En effet, même si Plotin n'emploie pas ici le vocabulaire de l'ἔρως mais celui de l'ἀγάπη[1], il n'en est pas moins frappant que, dans ce paragraphe, le discours sur l'Un est parsemé de ces « οἷον » : c'est le signe que les attributs ici employés portent en eux-mêmes le risque de le confondre avec l'Intelligence. Pour pouvoir parler du Principe, Plotin est donc amené à redoubler en lui certains attributs réservés au Νοῦς, et la restriction de l'οἷον permet de dire, en opposition à la seconde hypostase, quelque chose de l'Origine sur un mode éminent. En ce sens, on peut dire que dans cette seconde citation, « Quant à lui, il se tourne *pour ainsi dire* au-dedans de lui-même, *comme* rempli d'Amour pour lui-même [...] », la répétition de l'indéfini οἷον marque le caractère proprement unique de l'Amour de l'Un pour lui-même.

Il est à remarquer enfin, de façon plus générale, que le traité VI, 8 (39), intitulé par Porphyre « De la liberté et de la volonté de l'Un », n'a pas manqué de frapper nombre de commentateurs car il introduit un thème fort peu orthodoxe dans les *Ennéades*, celui de la réflexivité du Principe. Thème fort peu orthodoxe, car Plotin ne cesse, tout au long des *Ennéades*, d'affirmer l'absolue transcendance et l'absolue simplicité du Premier. Le vocabulaire de la réflexivité, introduit par des expressions comme « lui-même, soi-même, cause de soi, Amour de soi », est, en effet, celui d'un sujet réfléchissant sa propre volonté, or, un tel vocabulaire de la réflexivité est, semble-t-il, incompatible avec l'absolue simplicité de l'Origine. C'est donc dans le cadre d'une analyse plus large sur la volonté de l'Un, qui culmine dans l'affirmation qu'il est « cause de lui-même, [qu'il est] par lui-même et de lui-même », que s'insère le thème de son Amour de soi.

Malgré l'immense richesse du thème de la volonté de l'Un et la fécondité des analyses qui en résultent, nous ne le prendrons en compte que dans la mesure où il s'articule avec la difficile question de son Amour pour lui-même[2], ce qui ne veut nullement dire que cet Amour est, dans ce traité,

1. Sur cette question, *cf.* J. M. Rist, *Eros and Psyche. Studies in Plato, Plotinus and Origen*, Toronto, 1964, p. 98 *sq.* Nous suivons les conclusions de l'auteur pour qui l'ἀγάπη, dans ce contexte, est un véritable Érôs.
2. Nous renvoyons, pour une étude plus approfondie des thèmes de la volonté et de la liberté de l'Un, au travail de G. Leroux, *Plotin. Traité sur la liberté et la volonté de l'Un*

un thème périphérique. Tout au contraire, et nous aurons à le montrer, le thème de la volonté de l'Un culmine dans la notion d'Amour de soi comprise comme règle de la procession *et* comme moteur de la conversion. Au-delà de la conversion, toutefois, il n'y a plus que l'union contemplative. La réflexivité de l'Un en lui-même est, avons-nous dit, peu orthodoxe. En effet, que signifient ces prédicats positifs que sont « l'Amour », « l'Amour de soi », et que signifie la formule « lui-même objet aimé », lorsqu'il s'agit du Principe ? En somme, quelle signification donnée à l'Amour hénologique pour empêcher qu'il n'introduise dans le Premier la dualité du sujet et de l'objet qui est incompatible avec l'affirmation, maintes fois répétée dans les *Ennéades*, de son absolue simplicité ?

S'il est « objet aimé », c'est par rapport aux réalités dérivées. En effet, dans ce même traité VI, 8 (39) et avant les chapitres 15 et 16 déjà cités, Plotin avait introduit dans le Principe une sorte de réflexivité : la complaisance en soi-même. Nous lisons, par exemple, que le Bien « se complaît en lui-même »[1], et que :

> les autres êtres n'ont point dans leur essence la raison de se com-plaire en eux-mêmes [...] Dans l'hypostase du Bien, au contraire, est compris le choix et la volonté de lui-même, car autrement il n'y aurait aucun être susceptible de se complaire en lui-même, puisque les autres êtres se complaisent à eux-mêmes par participation ou représentation du Bien[2].

Ce passage montre que la complaisance que le Bien prend en lui-même est le signe de sa transcendance par rapport aux autres êtres, car il n'y a que l'Absolu qui se suffise pleinement à lui-même, qui s'affirme lui-même. Les autres êtres sont des relatifs qui exigent l'auto-suffisance du Principe pour exister et pour agir, comme Plotin le dit en VI, 5 (23), 12 : si tout tend vers le Bien par une nécessité de nature, c'est que les autres êtres sont désir[3], plutôt que possession, de l'unité. Le désir étant, au niveau de la

---

[Ennéade VI, 8 (39)], Introduction, texte grec, traduction et commentaire, Paris, 1990. On consultera aussi avec profit l'ouvrage de J.-M. Narbonne, *La Métaphysique de Plotin*, Paris, 1994, surtout p. 32-38.

1. VI, 8 (39), 7, 40.

2. VI, 8 (39), 13, 42-43.

3. Pour Plotin, il y a une identité entre l'être et le désir : seul celui qui est au-delà de l'être ne désire pas. Cette affirmation est confirmée par des passages comme V, 6 (24), 5 ; VI, 9 (9), 11, 24 ; I, 7 (54), 1, 13. Pour une analyse complète de l'ἔφεσις, ainsi que sur la problématique générale du désir dans la philosophie de Plotin, voir le livre de R. Arnou, *Le Désir de Dieu dans la philosophie de Plotin*, Paris, 1921. Dans cet ouvrage, l'auteur propose un commentaire du lexique plotinien et une discussion d'ensemble de ce qu'il nomme « la pensée mystique » de Plotin.

seconde hypostase, inséparable de la pensée, car « penser, c'est se mouvoir vers le Bien et le désirer »[1]. C'est la raison pour laquelle Plotin accorde à l'Intelligence le désir :

> il y a un désir dans l'Intelligence, à chaque instant l'Intelligence désire, et à chaque instant, elle obtient ce qu'elle désire. Mais le Bien ne désire pas (οὔτε ἐφιέμενος)[2].

Seul l'Un peut éprouver cette entière complaisance en lui-même, car lui seul trouve en lui-même la raison de cette complaisance. Et, si tout aspire au Bien, « le Premier n'aspire à rien (οὐδενὸς ἐφίεται) ; [...] que pourrait désirer ce qui est au sommet ? »[3]. Si l'Un est l'objectif de tous les êtres, c'est en raison de sa perfection, car seul ce qui n'est pas absolument le Bien aspire au Bien, alors que pour le Bien, il n'y a « pas autre chose qui soit son bien »[4]. Si donc il est « objet aimé », de par la conversion érotique des dérivés au Principe, en lui, en revanche, il n'y a ni mouvement vers l'objet du désir, ni repos succédant à la satisfaction du désir.

Pourtant, Plotin ajoute :

> [...] et si, pourrait-on dire, ce qui désire est identique à ce qui est désiré [...], il devient clair pour nous que le désir et la substance sont identiques (καὶ τὸ οἷον ἐφιέμενον τῷ ἐφετῷ ἕν, [...], πάλιν αὖ ἡμῖν ἀνεφάνη ταὐτὸν ἡ ἔφεσις καὶ ἡ οὐσία)[5].

Remarquons encore une fois l'introduction de l'οἷον dans le discours sur l'Origine absolue. Il s'agit d'indiquer ici que le désir de l'Un n'est pas le désir des êtres dérivés, mais *un désir qui est plus que le désir*, un désir qui n'introduit aucune déhiscence dans sa pure et primitive simplicité puisqu'il se confond avec lui. C'est un désir absolu, c'est-à-dire sans objet, comme l'Amour de l'Un est lui aussi absolu, c'est-à-dire, là encore, sans objet. Ce qui signifie que pour les êtres dérivés le Principe est le Désiré et le Désirable par excellence, qu'il est le centre et le foyer de toute puissance affective, ainsi que le remarque Georges Leroux[6] :

> L'Un condense, en quelque sorte, en lui-même la totalité du procès de la remontée des êtres et de leur union au Bien.

---

1. V, 6 (24), 5, 8-9.
2. III, 8 (30), 11, 22-23 (traduction É. Bréhier).
3. III, 9 (13), 9, 4-5.
4. V, 6 (24), 5, 11-12.
5. VI, 8 (39), 15, 5-6.
6. G. Leroux, *op.cit.*, p. 344.

Mais, comment comprendre maintenant que cet Amour de soi de l'Un soit *diffusif*, qu'il soit à la source de la procession et à l'origine de la conversion des hypostases inférieures ? Pour concevoir que l'Ἔρως hénologique puisse être diffusif par rapport aux ἔρωτες inférieurs (celui du Νοῦς et celui de l'Âme), il nous faut reprendre l'enquête concernant ce qu'est, chez Plotin, cet Amour de soi.

L'Amour de l'Un pour lui-même est supérieur à la pensée

L'Amour du Principe pour lui-même ne nécessite aucune conscience, ni réflexivité, car il y a une identité stricte entre l'Un, l'Amour et l'Amour de soi. Cette identité est sans commune mesure avec l'identité repérable dans l'Intelligence, tant il est vrai que, lorsque nous lisons les *Ennéades*, nous ne pouvons qu'être frappés par le thème, récurrent chez Plotin, de la supériorité du Premier sur la pensée. Non seulement Plotin a écrit tout un traité[1] pour montrer que l'Un ne pense pas, mais encore son absolue simplicité, affirmée avec force tout au long des *Ennéades*, ne saurait rien avoir à faire avec la pensée.

En effet, la pensée introduit une dualité (aussi minimale soit-elle, comme dans le cas du Νοῦς) incompatible avec l'exigence de simplicité que requiert le Premier. C'est pourquoi le Principe ne saurait être le Dieu d'Aristote, qui est νόησις νοήσεως. Un Dieu qui se pense lui-même est indigne, pour Plotin, de l'Absolu :

> Ne lui attribuez pas la pensée si vous ne voulez pas y introduire une chose étrangère[2]

L'Un n'a pas de pensée au sens noétique du terme, cependant il a « une certaine intuition simple de lui-même (ἀλλ'ἁπλῆ τις ἐπιβολὴ αὐτῷ πρὸς αὐτὸν ἔσται)[3] qui est un sentiment :

> L'Un n'est pas en quelque sorte privé de sentiment (οὐκ ἔστιν οἷον ἀναίσθητον)[4].

Si le Principe n'est pas privé de sentiment, c'est qu'il a une sorte de conscience de lui-même (οἱονεὶ συναισθήσει), et même « une pensée différente de la pensée de l'Intelligence (νοήσει ἑτέρως ἢ κατὰ τὴν νοῦ

---

1. Le traité V, 6 (24), intitulé par Porphyre « L'au-delà de l'être ne pense pas ».
2. III, 8 (30), 11, 12-13 (traduction É. Bréhier).
3. VI, 7 (38), 39, 1-2.
4. V, 4 (7), 2, 15.

νόησιν) » [1]. Le Premier se voit donc réattribuer ce qui de lui, auparavant, avait été nié. Or, par cette prédication, Plotin signifie, d'une part, que l'Un n'est ni ignorant ni aveugle, et d'autre part, que son absolue transcendance n'est pas remise en cause, puisque le discours ne peut être qu'approximatif lorsqu'il s'agit de l'inexprimable :

> Ainsi faut-il concéder l'usage des noms, puisqu'on est forcé en parlant de lui, en raison même de sa désignation, d'utiliser ces expressions qu'en toute rigueur nous ne consentirions pas à employer ; il faut toujours les entendre avec un "comme si" (καὶ τὸ "οἷον" ἐφ'ἑκάστου) [2].

En toute rigueur donc, ces expressions sont propres à la seconde hypostase :

> Nous reportons sur lui des attributs inférieurs, repris d'êtres inférieurs, par impuissance à rejoindre le discours qui lui convient, et c'est ainsi que nous pouvons parler de lui [3].

S'il en est ainsi, nous pouvons affirmer que la Pensée de soi du Premier Moteur aristotélicien ne satisfait pas à l'expression de l'Un. En effet, le retour sur soi du Dieu aristotélicien est une réflexivité noétique, c'est celle d'un sujet qui se pense lui-même. Il y a donc une déhiscence qui affecte la Pensée de la Pensée aristotélicienne, puisqu'elle est, pour Plotin, à la fois sujet pensant et objet pensé. Pourtant, Aristote accorde à la νόησις

---

1. *Ibid.*, 19-20 : « L'Un n'est pas en quelque sorte privé de sentiment ; tout lui appartient, tout est en lui et avec lui ; il a un total discernement de lui-même (πάντη διακριτικὸν ἑαυτοῦ) ; la vie est en lui (ζωὴ ἐν αὐτῷ) et tout est en lui ; la conception qu'il a de lui-même par une sorte de conscience, conscience qui est lui-même (ἡ κατανόησις αὐτοῦ αὐτὸ οἱονεὶ) consiste en un repos éternel et une pensée différente de la pensée de l'Intelligence. » Il est à souligner que ce n'est pas le seul passage des *Ennéades* où Plotin attribue à l'Un un sentiment, une vie, une auto-compréhension de soi. En effet, dans le traité qui nous intéresse, 39 (VI, 8), 7, 51-52, il affirme : « ce qui est comme son acte et sa vie ne se rapporte point à lui comme un attribut à un sujet » ; de même, en V, 3 (49), 15, 27-32, l'Un est dit se comprendre lui-même en se découvrant « puissance de toutes choses » : « Comment est-il Principe de toutes choses ? Est-ce parce qu'il les conserve en faisant de chacune une chose une ? C'est parce qu'il les fait exister. Comment donc ? Parce qu'il les possédait déjà. Mais on a dit dans ce cas qu'il serait multiple. Les possédait-il donc sans qu'elles y fussent à l'état distinct (ὡς μὴ διακεκριμένα) et ne sont-elles distinguées dans le second principe que par le fait du *logos* (τὰ δ'ἐν τῷ δευτέρῳ διεκέκριτο τῷ λόγῳ) ». De même encore, au traité 10 (V, 1), 7, la "conversion" du Principe vers lui-même est conçue comme une sorte d'auto-affection du Premier par à lui-même. C'est donc un point fondamental que de comprendre comment, chez Plotin, l'Un est une sorte de vie, de sentiment et de pensée.

2. VI, 8 (39), 13, 47-50.

3. V, 3 (49), 14, 7-8.

νοήσεως la dignité de l'amour [1], mais cet amour d'un Dieu qui se pense lui-même est l'attribut d'un Principe suprême qui meut *les autres êtres* par amour. Son amour est purement attractif *pour les autres êtres*, et la Pensée de la Pensée ne s'aime pas *elle-même*. Elle ne trouve pas son unité dans l'amour, comme c'est le cas du Principe plotinien, qui est ὑπερνόησις [2]. Si l'Un est une quasi-réflexivité au-delà de la pensée, cette dernière est « relation simple à lui-même », « Amour de soi » et « intuition simple de lui-même ». Le Premier n'est pas deux mais un, car l'Amour de soi est une unité absolue ne permettant aucune distinction entre l'amant et l'aimé. Le Dieu aristotélicien, quant à lui, ne produit pas une telle unité, car il y a toujours dualité entre la pensée et l'objet de la pensée. C'est pourquoi la doctrine aristotélicienne de l'attraction de l'amour ne vaut pas lorsqu'il s'agit de rendre compte de l'Un lui-même. Elle peut avoir son rôle à jouer en ce qui concerne la conversion des hypostases inférieures vers le supérieur, car il s'agit bien là de l'amour attractif qu'il exerce sur les êtres inférieurs, mais elle ne dit rien ni de l'Amour diffusif de l'Un comme source de la procession universelle, ni de sa Vie, qui est Amour. En conséquence, c'est parce que l'Amour du Premier pour lui-même est *supra*-noétique que Plotin ne prend pas en compte, lorsqu'il s'agit de lui, l'image du Moteur immobile d'Aristote qui meut toutes choses ὡς ἐρώμενον.

---

1. *Cf.* Aristote, *Métaph.* Λ, 7, 1072 b 3 : « la cause finale meut comme objet de l'amour » ; c'est donc en tant que Bien ou *objet* de désir que le Premier Moteur est le principe du mouvement de l'univers. *Cf.* aussi *Métaph.* Λ, 9, 1074 b 33-35 : « L'Intelligence suprême se pense donc elle-même, puisqu'elle est ce qu'il y a de plus excellent, et sa Pensée est pensée de pensée ».

Dans son ouvrage *Le Problème de l'être chez Aristote,* Paris, 1962, p. 365 *sq.*, P. Aubenque interprète ces passages comme suit : « Au livre Λ de la *Métaphysique*, [Aristote] enseigne que le Premier Moteur meut comme "désirable" (ὀρεκτόν), comme « objet d'amour » (ἐρώμενον). Ainsi comprend-on qu'il puisse « mouvoir sans être mû » [...]. W. Jaeger, étudiant les origines de la théorie du Premier Moteur et constatant qu'on n'en trouve pas trace dans le *De philosophia* a attiré justement l'attention sur un texte du Livre X des *Lois*, où Platon se demande comment expliquer le mouvement des astres » (parmi les hypothèses énoncées dans les *Lois*, la troisième est, en effet, la suivante : les astres se meuvent « par certaines autres forces tout à fait admirables »). « Le trait de génie d'Aristote, poursuit P. Aubenque, semble avoir été d'assimiler à une expérience familière – celle du désir et de l'amour – ces "forces admirables" dont parlait Platon. » Ainsi, le Moteur désirable est une cause finale, un principe explicatif du mouvement de l'univers, qui n'a que très peu, sinon rien du tout, à voir avec l'Amour de soi de l'Un.

2. *Cf.* VI, 8 (39), 16, 19-23 ; 27-50.

Dans un article paru en 1979[1], Maurice de Gandillac s'étonnait que Plotin, dans son exposé critique, ne fasse guère allusion à la doctrine de l'attraction par amour d'Aristote :

> Ne pourrait-on pas dire que lui-même [Plotin], en définissant l'Un comme "aimé, amour même et amour de soi" (VI, 8, 15, 1), reprend et développe une vision "érotique" dont Aristote n'avait retenu que la formulation abstraite ?

La réponse à cette question est cependant simple : Plotin *rejette* expressément toutes les composantes du retour sur soi noétique qui caractérisent le Dieu aristotélicien. Si le Premier Moteur du Stagirite meut les êtres « par amour », cette attraction de l'amour est, pourrait-on dire, indépendante du Dieu lui-même. S'il y a un désir du monde qui s'adresse à la Pensée de la Pensée aristotélicienne, cette dernière reste impassible, et l'amour est sans réciprocité. Le Dieu aimable d'Aristote garde son incommensurable distance[2], il se pense sans s'aimer, il n'appelle même pas à lui et il n'est pas, comme l'Un, le *donateur* de l'Amour. Ce qui ne veut nullement dire, nous aurons à y revenir, que l'Absolu plotinien s'abaisse vers ce qui vient après lui, ou qu'il « aime » sa production. Ceci veut seulement dire qu'en tant qu'il s'aime lui-même, il diffuse son Amour dans les êtres postérieurs, *via* la dynamique érotique de la procession. De même, si l'inférieur peut éprouver de l'amour pour le supérieur, c'est que la force attractive de l'amour a sa source en l'Un s'aimant lui-même. C'est aussi pourquoi nous pensons qu'en toute rigueur, et même au niveau de la conversion des hypostases, la doctrine de l'attraction par l'amour, telle qu'Aristote l'exprime, ne convient pas pour décrire le mouvement érotique des hypostases inférieures vers le supérieur. L'amour plotinien a son fondement ultime dans le Premier lui-même, alors que l'attraction par l'amour de la doctrine aristotélicienne ne vaut que comme hypothèse explicative du mouvement de l'Univers.

Pourtant, la quasi-réflexivité du Principe pose problème. Si l'Un n'est pas privé de sentiment, c'est que le mode de sa connaissance de soi est le total discernement qu'il a de lui-même, une intuition simple relative à lui-même. Il faut comprendre cette quasi-réflexivité comme étant au-delà de la

---

1. M. de Gandillac, « La *Métaphysique* d'Aristote », in *Études sur la* Métaphysique *d'Aristote*, Actes du VIe Symposium Aristotelicum (P. Aubenque éd.), Paris, 1979, p. 247-259.

2. Voir à ce propos P. Aubenque, *op. cit.*, p. 367-368.

pensée[1]. En ce sens on peut dire que Plotin ne retient de la Pensée de soi aristotélicienne que les aspects formels[2], car il ne s'agit nullement d'une unité produite par la connaissance orientée sur soi, comme c'est le cas chez Aristote, mais de cette unité absolue qui se manifeste par le fait que l'Un est tout entier "tourné" vers lui-même. Son intériorité *est* sa plénitude, et elle souligne l'absence en lui de tout désir et de tout besoin. Le Premier n'aspire à rien, ne cherche rien, ne possède rien, n'a besoin de rien[3]. Il est, dit Plotin, « immobile dans sa majesté »[4]. Cette éminence due à sa simplicité permet de comprendre que la Vie intérieure de l'Un est toujours simplicité et unité. Cette Vie a pour nom l'Amour *supra*-noétique, sachant que, comme l'écrit Maurice de Gandillac[5] :

> Dans le Principe premier, qui exclut par définition toute multiplicité et jusqu'à la conscience de soi, le désirant et le désiré sont identiques et se confondent avec la substance même du désir. Etant celui qui se fait être en étant ce qu'il est (sur un mode indicible et proprement "au-delà de l'être"), l'Un s'aime lui-même en tant qu'il inclut de façon radicale toute perfection pensable. De cet Acte-puissance éternel et ponctuel procèdent toutes les amours.

1. *Cf.* à ce propos J.-M. Narbonne, *Plotin : les deux matières, [Ennéade II, 4 (12)]*. Introduction, texte grec, traduction et commentaire, Paris, 1993. Dans cet ouvrage, l'auteur repère avec pertinence les passages où l'Un est dit supérieur au Noῦς en même temps que Plotin lui octroie « une sorte de voῦς » : « L'Un n'est pas un voῦς, dira désormais Plotin (en VI, 8 (39)), mais une sorte de voῦς, il est comme (οἷον) un voῦς (16, 15-16), ou encore, de manière plus sybilline, il est un voῦς qui n'est pas un voῦς (voῦν oὐ voῦν ὄντα, 18, 20-21) ; l'Un ne pense pas mais il a une sorte de pensée, ou plutôt une hyper-pensée (ὑπερνόησις, 16, 32 ; comparer V, 4 (7), 2, 18 ; VI, 9 (9), 6, 52-53 ; VI, 7 (38), 37, 15) ; l'Un n'a pas conscience de lui-même, mais l'on "savait" qu'il avait une sorte de conscience de soi (V, 4 (7), 2, 18 ; V, 1 (10), 7, 12) ; de même, il n'est pas éveillé mais il a une sorte d'éveil, de vie et d'activité (οἷον ἐγρήγορσις, VI, 8 (39), 16, 31 ; ζωὴ ἐν αὐτῷ, V, 4 (7), 2, 16 ; οἷον ζωὴ, VI, 8 (39), 7, 51 ; οἷον ἐνέργεια, 7, 47 ; 16, 35 ; 20, 9 *sq.* et *passim*) [...]. Et enfin, il a un quasi-être (τὸ οἷον εἶναι, 16, 20) ou une sorte d'essence (οἷον οὐσίαν) et d'existence (οἷον ὑπόστασις, 7, 47, 52 ; 13, 7, 53-57 ; 20, 11) et il est ainsi ce qu'il est sur-essentiellement (ὑπερόντως, 14, 42) », p. 31-32.

2. Encore faudrait-il ajouter que « le formel » n'a pas ici son sens strictement aristotélicien. Sur ce point, *cf.* G. Romeyer Dherbey, *Les Choses mêmes. La pensée du réel chez Aristote*, Lausanne, 1983, chap. V, § III-2, p. 201-208.

3. *Cf.* III, 9 (13), 9 ; V, 2 (11), 1.

4. VI, 7 (38), 39. Dans ce traité, intitulé par Porphyre : « De l'origine des idées », Plotin répond à la question d'Aristote en *Métaph.* Λ, 8, 1074 b 18 : « Si l'Intelligence ne pense rien qu'a-t-elle de vénérable ? » Pour Plotin, le caractère vénérable de l'Un consiste non dans la pensée, mais dans son immobilité. On se souvient aussi que Platon, dans le *Théétète* 189 e-190 a, ainsi que dans le *Sophiste* 263 c, considère la pensée comme un dialogue silencieux : l'être qui se recueille à l'intérieur de lui-même se scinde en deux.

5. M. de Gandillac, *La Sagesse de Plotin,* Paris, 1966, p. 116. On consultera l'ensemble du chapitre V : « L'enfant de la pauvreté », p. 109-127.

Nous devons à présent nous questionner sur l'adéquation de la Vie et de l'Amour en l'Un. En quoi l'Amour *supra*-noétique du Principe pour lui-même est-il l'expression de sa Vie et de son existence ? Comment cette prévalence de l'Amour est-elle le fondement de la procession issue d'une Vie qui surabonde de l'Origine et qui se communique aux êtres dérivés ?

CHAPITRE II

LA VIE DE L'UN EST AMOUR ET PUISSANCE

LA VIE DE L'UN EST AMOUR

Il peut paraître surprenant de parler de la Vie de l'Un. En effet, aux traités III, 8 (30), 10 et VI, 7 (38), 17, Plotin écrit que la vie ne peut être attribuée au Principe car elle est dans l'être[1]. D'autre part, accorder la vie à la seconde hypostase, c'est être en accord avec Aristote qui écrit en *Métaph.* Λ, 7, 1072 b 27 que l'Intellect est vivant. En écho à cette affirmation du Stagirite, Plotin déclare que, là-bas, « La vie idéale est l'acte de l'Intelligence »[2]. Ainsi, comme dans le cas du Dieu aristotélicien, le Νοῦς plotinien est son propre objet, il est donc naturel de lui associer la vie – non pas la vie biologique, mais la vie propre à la pensée, qui a en commun avec lui le mouvement et la plénitude : sa plénitude, c'est la perfection dans le tout et dans ses parties. Ainsi, en vertu de l'homogénéité du parfait, il n'y a rien en lui qui ne pense. Nous rencontrons donc la vie idéale et parfaite dans la seconde hypostase[3].

Cependant, lorsque Plotin dit que la vie ne peut être attribuée à l'Un, il entend par là la vie du Νοῦς qui, si parfaite soit-elle, a été engendrée par le Principe qui est « au-delà de l'être » et « au-delà de l'Intelligence ».

---

1. Il est à souligner que l'attribution de la vie à l'être suit de très près l'enseignement de Platon, qui écrivait en *Sophiste* 248 e : « Eh quoi, par Zeus ! Nous laisserons-nous si facilement convaincre que le mouvement, la vie, l'âme, la pensée, n'ont réellement point de place au sein de l'être universel, qu'il ne vit ni ne pense, et que, solennel et sacré, vide d'intellect, il reste là, planté, sans pouvoir bouger ? ».

2. VI, 9 (9), 9, 17.

3. Nous reviendrons plus en détail sur la vie du Νοῦς lorsque nous étudierons plus précisément la seconde hypostase dans la deuxième partie de ce travail, cf. *infra*, p. 105-119.

L'Absolu est donateur de vie[1]. Sa Vie est donc supérieure à celle de l'Intelligence ; il est « la source de la vie »[2], « l'engendreur (τὸ γεννῶν) »[3], celui qui « fait vivre les vivants en leur insufflant la vie (καὶ ζῆν τὰ ζῶντα, ἐμπνέον [...] ζωήν) »[4] ; il ne saurait donc être inanimé.

En fait, au traité V, 4 (7), 2, Plotin va jusqu'à lui octroyer expressément la vie : « La Vie est en lui » ; mais quelle sorte de vie ? Une Vie illimitée, infinie, véritable qui ne possède rien d'autre qu'elle seule[5]. La Vie de l'Un est une *archi-Vie*, c'est-à-dire qu'elle n'est ni au commencement ni au principe de la vie ontologique, puisqu'au contraire c'est celle du Νοῦς qui est le véritable archétype de toutes les formes de vie. L'archi-Vie du Premier est antérieure à la vie possédant une forme, fût-ce la forme de l'Être ; et cette archi-Vie est en vérité « une Vie qui est une puissance universelle »[6]. Elle est sans forme, car l'Un est sans forme, et primordiale, puisqu'en elle toute déterminition s'anéantit. C'est dire aussi que de cette archi-Vie on ne peut rien affirmer ni penser : si l'Amour en l'Origine est *supra*-noétique, sa Vie est elle-même impensable car elle est au-delà de l'être, au-delà de tout ce qui est délimité, déterminé, de tout ce qui a une forme ou un caractère particulier. C'est pourquoi, à la question « En quoi consiste cette Vie de l'Un ? », Plotin répond qu'elle est Amour :

> Lui, il se tourne pour ainsi dire au-dedans de lui-même, comme rempli d'amour pour lui-même [...], lui-même identique à ce qu'il aime[7].

Nous pouvons donc, dès à présent, établir une première équivalence entre la Vie et l'Amour de soi. Mais la Vie-Amour de l'Un s'exprime encore plus nettement dans la volonté que le Principe a de lui-même, volonté qui est auto-vouloir. En effet, Plotin ajoute immédiatement[8] :

> Cela signifie qu'il s'est porté lui-même à l'existence, si vraiment il est une activité qui demeure et que le plus haut objet d'Amour est semblable à l'Intelligence.

1. VI, 7 (38), 17, 11-12, *in fine*.
2. VI, 7 (38), 12, 23-24, *in fine*.
3. V, 4 (7), 1, 39.
4. VI, 7 (38), 23, 23-24.
5. En VI, 8 (39), 15, 28-29, Plotin, cherchant à exprimer ce qu'est l'Un, écrit que « nous sommes devenus cette Vie véritable, ou mieux, nous sommes entrés dans cette Vie qui n'a rien d'étranger, mais est seulement elle-même ».
6. VI, 7 (38), 17. Nous reviendrons sur la définition de la vie comme puissance universelle.
7. VI, 8 (39), 16, 12-14.
8. *Ibid.*, 14-16.

Remarquons ici que l'existence du Premier est posée par analogie avec l'Intelligence, mais à la différence de cette dernière, dont l'existence provient d'un autre, l'existence de l'Un ne provient que de lui-même :

> Il est impossible de le concevoir sans la volonté d'être par lui-même ce qu'il est. Il est concourant à lui-même, dans sa volonté d'être lui-même et dans une existence où il est ce qu'il veut, sa volonté et lui-même ne font qu'un [1] (ἡ θέλησις καὶ αὐτὸς ἕν).

La volonté de l'Un n'est donc pas un mouvement vers un objet extérieur, mais un Acte entièrement immobile. Pour concevoir l'identité entre sa volonté et son Acte, il faut prendre en compte le contexte du traité VI, 8 (39). Dans cette *Ennéade*, il ressort nettement qu'il s'agit pour Plotin de réfuter la thèse « audacieuse » du hasard au sujet du Premier [2]. En effet, si l'existence de l'Un est le fruit de son propre Acte, comme cela est nettement affirmé dans ce traité, alors il faut comprendre que, étant auto-générateur de son existence, il ne la reçoit pas d'un autre. Identifier son existence à son Acte, c'est par conséquent écarter définitivement les thèses du hasard et de la contrainte.

Mais l'Un n'est pas non plus le produit d'un autre, comme l'Intelligence par exemple, au contraire, il est le "résultat" de son propre Acte : il s'auto-engendre éternellement et son Acte éternel exclut la scission sujet/objet. En tant qu'Acte pur, il est supérieur à l'Intelligence et aux intelligibles, puisqu'il est simple et que, comme l'enseignait Platon [3], l'Un est « au-delà de l'être ». Ainsi, on peut dire que l'Acte de l'Un est un Acte pur dépourvu d'essence [4] : il est le Principe indépendant qui se donne à lui-

---

1. VI, 8 (39), 13, 28-31.
2. En ce qui concerne le vocabulaire de « l'audace » dans la philosophie de Plotin, voir l'ouvrage de N. Baladi, *La Pensée de Plotin*, Paris, 1970. Pour ce qui a plus précisément trait à la thèse « audacieuse » ici évoquée, *cf.* chap. 4, « Contre le discours téméraire : théologie et phénoménologie », p. 34-44. Sur ce même sujet, voir le commentaire de G. Leroux, *op. cit.,* p. 104-123.
3. Platon, *Rép.* VI, 509 b. Nous savons que dans ce passage la formule ἐπέκεινα τῆς οὐσίας s'applique au Bien ; Plotin la reprend cependant en l'attribuant à l'Un, et lui fait signifier, en contradiction avec son sens platonicien, le suprêmement inconnaissable, *cf.* VI, 8 (39), 16, 31-35.
4. *Cf.* VI, 8 (39), 20, 8-15 : « Il ne faut pas craindre non plus en effet de poser cette activité première sans essence, mais c'est cela même qu'on doit poser, pour ainsi dire, comme son existence. Si on pose une existence sans un acte, le principe sera incomplet et le plus achevé de tous les principes sera inachevé. Si on ajoute l'acte, on ne sauvera pas l'unité. Si donc l'acte est plus parfait que l'essence, et si c'est le Premier qui est le plus achevé, alors le premier est un acte », et au même paragraphe, quelques lignes plus bas (17-19) : « Un acte qui n'est pas subordonné à l'essence est purement et simplement libre, et c'est bien ainsi qu'il

même l'existence et qui conditionne tout ce qui existe. Autrement dit, le Premier est activité pure sans passivité, car il est ce qu'il doit être, non comme une substance (ὑποκείμενον), mais comme un Acte premier (ἐνέργεια πρώτη) sans essence[1]. N'ayant dès lors aucune passivité, il n'a aucune limitation[2], il est au-delà de toute détermination. Ainsi, nier l'essence en lui, c'est dire, par cette négation, son antériorité par rapport à la détermination. C'est pourquoi l'Un est une plénitude incompatible avec la servitude de l'essence, et cette plénitude s'exprime naturellement par celle de la Vie et de l'Amour *sans objet*. Ainsi, nous pouvons dire que l'Absolu se veut et s'aime dans l'unité produite par l'auto-vouloir[3].

La Vie du Principe est donc pré-essentielle, pré-substantielle et même pré-existentielle dans la mesure où celui-ci est au-delà de l'existence déterminée. Cette archi-Vie fusionne "avec" l'Amour que l'Un se porte à lui-même, elle est ainsi, en lui, *pure clarté* et *lumière* absolue :

> L'Un est comme rempli d'Amour pour lui-même et *pour sa pure lumière* [...] Cela signifie qu'il s'est porté lui-même à l'existence[4].

Si le Principe est transparence absolue à lui-même, c'est parce qu'il aime sa pure clarté, et aussi que sa lumière est tout autre que celle qui illumine le monde intelligible :

> Nous admettrons que l'Un est une *autre* lumière, avant la lumière qui rayonne sur l'intelligible, en restant immobile[5].

---

est lui-même à partir de lui-même ». Pour l'ensemble de la question de l'Acte pur de l'Un, *cf.* G. Leroux, *op. cit.*, p. 358-363 et 390-392.

1. VI, 8 (39), 18, 52.
2. VI, 7 (38), 17.
3. VI, 8 (39), 15.
4. VI, 8 (39), 16, 12-15. En l'Un, la lumière n'est pas un principe de *rapport* de la vue et du visible car la lumière ne constitue pas *l'objet de la vision*. Tout au contraire, la lumière est l'intime, le pur de l'Un en dehors de toute extériorité et de toute altérité. Si l'Un aime sa pure lumière, c'est qu'il n'y a, là encore, aucune différence entre l'Amour et la lumière en lui. De la même manière, c'est en s'arrachant à la détermination eidétique que le Νοῦς pourra s'immerger dans la lumière du Bien, en tant que Νοῦς aimant emporté par l'ivresse amoureuse (VI, 7 (38), 35, 19-33). L'incandescence de la vision du Νοῦς anoétique provoque son ivresse et son amour, en un renoncement à lui-même en tant que Νοῦς achevé. Pour une analyse détaillée de ce qui constitue le Νοῦς aimant, *cf.* la deuxième partie de notre travail, chapitre premier, second paragraphe : « Le Νοῦς aimant ». Cf. *infra*, p. 89-93.
5. V, 3 (49), 12, 40. R. Ferwerda, *La Signification des images et des métaphores dans la pensée de Plotin*, Groningen, 1965, p. 46-55, penche, dans son explication de l'utilisation de la lumière par Plotin, pour une simple métaphore, s'appuyant pour son explication sur la célèbre analogie de *Rép.* VI, 506 *sq.* Pour cet auteur, Plotin, comme Platon, se sert des métaphores pour essayer d'indiquer une signifiance métaphysique : la lumière est une métaphore,

La lumière de l'Un est supérieure à la lumière de l'Intelligible, parce qu'il y a en lui identité entre la clarté et l'Amour, parce que sa clarté n'est point distincte de son Amour, et qu'ainsi sa lumière n'est pas objet :

> Il prend pour ainsi dire appui sur lui-même, et il se contemple et son être c'est ce regard tourné sur lui-même [1].

Suivant la ligne directrice de la lumière, le regard du Premier pour lui-même achève le développement de son auto-production. De même que l'Amour de soi définissait son existence parfaite, de même le regard qu'il se porte à lui-même n'est pas une conversion vers soi, mais bien une *vision*. Être et regard ici sont confondus. C'est encore une fois l'au-delà de toute forme, l'informe, qui le caractérise. Lumière-regard-Amour ne sont ici qu'une seule et même chose : tout fusionne en l'Un. Mais le langage dissocie et fragmente son absolue simplicité métaphysique, et c'est pourquoi le discours tenu sur lui est scandé par ces « οἷον » qui marquent la limite de toute parole et indiquent la nécessité du passage au « comme si » quand il s'agit de l'Un.

On peut aussi se demander ce que signifie exactement ce retournement sur soi du Principe, cette conversion vers soi, et si elle est réellement une ἐπιστροφή [2] ? Cette question n'a pas manqué de susciter de nombreux commentaires ; Pierre Hadot y répond, pour sa part, en ces termes :

elle n'est jamais la nature véritable des êtres et des dieux. Nous verrons que nous ne partageons pas cet avis, et que la lumière est, chez Plotin, un véritable *principe métaphysique*. En ce qui concerne la compréhension de la lumière comme non métaphorique, *cf.* G. Leroux « La trace et les signes, aspects de la sémiotique de Plotin », in ΣΟΦΙΗΣ ΜΑΙΗΤΟΡΕΣ, « *Chercheurs de sagesse* ». *Hommage à Jean Pépin,* Paris, 1992, p. 245-261. Voir aussi W. Beierwaltes « Die Metaphysik des Lichtes in der Philosophie Plotins », *Zeitschrift für philosophische Forschung,* 15 (1961), 334-362.

1. VI, 8 (39), 16, 21. *Cf.* également, quant au vocabulaire du retour sur soi, I, 1 (53), 12, 27 ; I, 8 (51), 4, 19 ; 1, 6 (1), 5, 49.

2. Nous pourrions aussi dire que c'est parce que l'Un absolu ne supporte aucune détermination, parce qu'il se « tient » immobile à l'intérieur de lui-même qu'il ne peut en aucun cas différer de lui-même sous peine de destruction. Ce qu'implique l'Un absolu exige la négation de tout ce qui constitue les déterminations du Νοῦς, à savoir la division logique et la multiplication ontologique. C'est pourquoi, si en l'Un il n'y a aucune distinction possible, puisqu'il est l'absolument simple, si en lui tout est strictement équivalent, la lumière, le regard, la Vie, et si surtout tout culmine dans l'Amour que le Principe se porte à lui-même, alors la « conversion » du Premier vers lui-même exprime, plutôt qu'un mouvement, son indicible unité puisqu'elle se fait sans mouvement, l'Un étant absolument immobile, et sans que rien ne soit à voir puisque l'Un n'est pas à lui-même un objet. Mais cette conversion permet aussi de dire que ce qui caractérise la plus ou moins grande unité d'un être tient à la ferveur, à l'intensité du regard qu'il est capable de porter sur l'Un. L'unité d'un être ne dépend donc pas de sa structure propre, mais du *désir* qui le porte vers le Bien, de l'élan qui l'emporte vers

Le regard de l'Un et sa conversion vers soi sont ici liés (en V, 1 (10), 7, 5) comme ils le seront encore en VI, 8 (39), 16, 19-30, où regard sur soi, penchant vers soi, immobilité en soi sont identifiés et apparaissent comme des notions utilisées pour faire comprendre que l'Un "ne s'incline pas au-dehors"[1] [...]. Chez Plotin, cette doctrine qui affirme une conversion de l'Un vers lui-même reste très isolée. De toute manière, il ne faut voir dans cette notion que la description d'un état d'immobilité en soi[2].

Pour Pierre Hadot regard sur soi et conversion vers soi sont donc liés, et la conversion peut dès lors être interprétée comme une vision. Pourtant, la restriction apportée par l'interprète sur cette liaison : « faire comprendre que l'Un ne s'incline pas au-dehors » (selon l'expression même de Plotin dans ce traité) ne rend pas pleinement justice au méticuleux travail de Plotin pour rendre compte de la lumière comme fondement de sa métaphysique : le « regard » nous semble en effet devoir être relié au déploiement de la lumière, qui est l'expression primordiale vis-à-vis de l'expression ontologique, puisqu'elle provient de l'Un. Dans un autre ouvrage le commentateur fait du regard le thème récurrent de la métaphysique de Plotin, et écrit :

> Si la vie à tous ses degrés est regard, c'est que la présence pure, qui est son centre et sa source, est en quelque sorte regard absolu, transparence immédiate du Bien à lui-même[3].

L'Un, s'il est présence pure pour les autres êtres, est éminemment pure présence à lui-même. Cependant, ce qui semble encore plus important dans cette métaphysique du regard, c'est, comme Plotin le souligne lui-même lorsqu'il parle de la contemplation, que « par la contemplation [...] tout

le Principe. Ainsi, un être s'accomplit dans le désir qui le conduit dans la proximité du Premier, et l'unité est la marque de cet amour pour le Bien. L'unité d'un être signifie dès lors aussi sa plus ou moins grande subordination à la transcendance du Principe. C'est pourquoi, pour que les êtres dérivés puissent imiter la simplicité du Bien, l'Un doit être une sorte de modèle : il indique la manière dont un être peut lui ressembler, tout en conservant sa transcendance absolue et son altérité radicale ; il indique que l'unité se gagne, pour l'être engendré, par la conversion, par le regard amoureux que l'engendré dirige vers l'Un, par la plus grande intensité de son désir et de son amour (de même que le Principe s'aime lui-même, se contemple et aime sa propre lumière). C'est donc par l'amour que s'instaure une plus grande ressemblance au Principe, parce que seul l'Amour de soi de l'Un est, par nous, imitable.

1. VI, 8 (39), 16, 27.

2. P. Hadot, *Porphyre et Victorinus*, Paris, 1968, t. I, p. 321, n. 4. Tout le chapitre 8 peut être lu en rapport avec cette discussion.

3. P. Hadot, *Plotin ou la simplicité du regard*, Paris, 1963 (rééd. Les Études Augustiniennes, Paris, 1973), p. 84.

être conquiert son unité et assure sa fécondité »[1]. Dans le Premier néanmoins, la constitution de ce que l'on pourrait appeler improprement son "essence" (ou, pour le dire comme l'Alexandrin, son "être'), c'est le regard, sorte de contemplation supérieure où s'abolissent les distinctions et les distances propres à l'Intelligence. La contemplation de l'Un le fait être :

> L'Un se fait en quelque sorte, il se regarde en quelque sorte [...], et ces deux actes n'en font qu'un, une ὑπερνόησις qui est une ὑπερθεωρία, dans la simplicité d'un acte éternel, ἐνέργεια μένουσα [2].

La métaphore de la veille (ἐγρήγορσις) va permettre à Plotin d'expliquer comment ces deux actes n'en font qu'un : « Il [l'Acte de l'Un] est comme une veille qu'on ne peut distinguer du veilleur »[3]. En ce sens, elle est une veille qu'on peut dire *sui generis*, s'unissant indistinctement au Principe et se confondant avec la manière dont il veille : dans l'acte de veiller, il est absolument lui-même, c'est-à-dire ni sujet, ni objet, ni état, ni même objet pour lui-même. Comme tout ce qui est prédiqué de l'Un, cette veille *sui generis* est transcendante à l'être : elle est proprement ὑπερνόησις :

> La veille est au-delà de l'être, de l'Intelligence et de la vie rationnelle ; c'est cet au-delà qu'il est lui-même[4].

Pierre Hadot[5] a montré que la structure de l'être, de la vie et de la pensée se rapporte intrinsèquement à l'être en soi ; il est donc naturel que Plotin pose ici l'Un « au-delà » de l'être, de la vie rationnelle et de la pensée. Cette vigilance extrême de la veille exprime le caractère absolu du Principe et réaffirme son implacable transcendance ainsi que sa définitive unité : le Premier se fonde dans l'indétermination, l'indifférenciation et l'informe[6]. Ce vocabulaire de la transcendance est bien évidemment emprunté à Platon[7], mais dépasse le Bien ἐπέκεινα τῆς οὐσίας de la *République*, car l'Un est non seulement au-delà de l'essence, mais aussi au-delà de l'être

---

1. Cité par R. Arnou, ΠΡΑΞΙΣ et ΘΕΩΡΙΑ, in *Le Désir de Dieu dans la philosophie de Plotin*, Paris, 1921, p. 63.

2. R. Arnou, *op. cit.*, p. 69.

3. VI, 8 (39), 16, 31-32.

4. VI, 8 (39), 16, 33-35.

5. P. Hadot, « Être, vie, pensée chez Plotin et avant Plotin », in *Les Sources de Plotin*, Fondation Hardt, « Entretiens sur l'Antiquité classique », t. V, Vandœuvres-Genève, 1960, p. 105-141.

6. P. Hadot, *Porphyre et Victorinus, loc. cit.*, t. II, montre, aux p. 64-70 et 74-76, que les fragments I, II et IV du *Commentaire sur le Parménide* de Porphyre sont un écho de cette thèse récurrente dans les *Ennéades* de Plotin.

7. Platon, *Rép.* VI, 509 b.

(ἐπέκεινα ὄντος) et au-delà de l'Intelligence (ἐπέκεινα νοῦ) [1]. Toutes ces formules de la transcendance culminent dans l'expression encore plus marquante de VI, 8 (39), 16, 19-32, qui dit que l'Absolu est ὑπερνόησις.

L'ὑπερνόησις pose le Principe comme fondement au-delà de la pensée, c'est la raison pour laquelle la veille *supra*-noétique exprime ou figure l'extrême concentration de l'acte du Premier qui est ἐνέργεια primitive, acte immanent (μένουσα) se confondant avec l'Un lui-même. La veille est l'expression de l'acte sans essence de l'Un [2], comme le sont aussi « la Vie illimitée », le « regard indéterminé », ou encore la clarté qui est pure transparence. Mais sa Vie intérieure qui se dit à l'aide d'ὑπερ, d'ἐπέκεινα et d'οἷον, trouve son expression la plus achevée et la plus simple dans l'idée d'Amour de soi : l'archi-Vie, énergie primitive et infinie en l'Origine, *est* Amour car l'Amour condense en lui-même l'ὑπερνόησις, l'au-delà et le sans forme, l'indétermination et l'illimitation. L'Amour *supra*-noétique témoigne ainsi, *sans nul besoin d'un recours à l'οἷον*, de la pure et primitive simplicité de l'Un.

Si la Vie intérieure du Premier est l'Amour, ce dernier, quant à lui, ne s'identifie pas purement et simplement à l'énergie primitive. De fait, l'Amour est, plus encore que l'expression de la Vie de l'Un, la manifestation de sa puissance. Cette puissance de l'Amour s'exprime doublement dans les *Ennéades*, à la fois comme cause des êtres et comme Amour de soi du Principe. L'Absolu, dit Plotin, est « une puissance et une immense puissance », mais comment la *puissance de l'Amour* est-elle à la source de la procession ?

---

1. Dans son livre, *La Purification plotinienne*, Paris, 1955, J. Trouillard remarque de façon extrêmement pertinente que « Platon avait dit que le Bien est "au-delà de l'essence" (*Rép.* VI, 509 b), mais il avait ajouté "en dignité et en puissance". La seconde partie de l'affirmation atténuait peut-être la première. Plotin interprète au contraire "au-delà" au sens fort. "Au-delà de l'essence" (ἐπέκεινα οὐσίας) signifie pour lui "au-delà de l'être" (ἐπέκεινα ὄντος) (V, 5 (32), 6, 11) et "au-delà de l'Intelligence" (ἐπέκεινα νοῦ) (V, 4 (7), 2, 44), puisque ces termes sont maintenant au même niveau », p. 99.

Nous pensons que ce qu'ajoute le « en dignité et en puissance » platonicien c'est, probablement, une supériorité ontologique : le Bien ἐπέκεινα τῆς οὐσίας étant l'être véritable, τὸ ὄντως ὄν, il est, de ce fait, ce qu'il y a de plus haut dans la hiérarchie des êtres, mais il n'est pas *séparé* de l'être, comme l'est l'Un plotinien, c'est pourquoi il est *en droit* connaissable.

2. Ce vocabulaire de la veille et de l'acte est repris à Aristote, *Métaph.* Λ, 7, 1072 b 17, où l'auteur accorde à la Pensée la vie « la plus parfaite » et ajoute à son acte la jouissance. Aristote poursuit en affirmant que nous pouvons avoir une idée de cette vie parfaite du Principe par « la veille, la sensation, la pensée » qui, parce qu'elles sont des actes, « sont nos plus grandes jouissances ». Plotin, tout en reprenant ainsi le vocabulaire aristotélicien, fait cependant de la veille de l'Un une veille *supra*-noétique, et de l'Acte de l'Un un acte sans essence.

L'Amour comme puissance infinie de l'Un

Notre recherche sur la Vie intérieure de l'Un nous a amené à le situer dans une transcendance absolue et à le poser dans la distance de l'altérité absolue. Le Principe est supérieur à tout ce que l'on peut dire de lui, il est au-delà de tout ce que la pensée peut saisir, car il demeure inaccessible à la connaissance. De lui on ne peut avoir ni connaissance, ni représentation, car il est ineffable, impensable, non caractérisable, irreprésentable : il est le *Tout Autre* absolument. Tout discours tenu sur lui est un discours construit à partir de notre désir de lui[1], mais pourtant, notre désir pour le Principe trouve en lui de quoi le justifier. L'ineffabilité de l'Un s'estompe ainsi un instant pour laisser apparaître ce que ni notre raison, ni notre langage ne peuvent atteindre : l'Amour en lui. Du Principe nous ne pouvons donc saisir *que* l'Amour hénologique, et nous le faisons dans une intuition, un contact, un toucher, lui-même ineffable. L'Amour *supra*-noétique du Premier pour lui-même est ainsi par nous "reconnu", parce qu'en nous-mêmes son Amour agit. En effet, l'Un, en tant que puissance de toutes choses, ou toute puissance, produit toutes choses, il est :

> la puissance de toutes choses (δύναμις τῶν πάντων) ; si elle n'était pas, il n'y aurait pas d'univers, ni d'Intelligence, de vie première et universelle[2].

Il est encore la puissance suprême, ineffable[3], immense[4], invincible[5], la source de tous les biens et la puissance qui engendre les êtres[6]. C'est parce que sa puissance se communique, parce que son Amour est diffusif, que nous pouvons avoir de lui une intuition elle-même *supra*-intellectuelle.

D'autre part, parce que l'Un est le Principe de tous les êtres par la puissance qu'il a de produire toutes choses, nous pouvons dire qu'il est un principe ontologique, bien que lui-même soit au-delà de l'être qu'il produit. Il est la condition d'où tous les êtres dérivent sans être lui-même un être, étant « au-delà de l'être ». Il faut s'arrêter ici un instant sur le vocabulaire de la puissance employé par Plotin, afin de vérifier qu'il fait

---

1. *Cf.* II, 9 (33), 1, 18.
2. III, 8 (30), 10, 1-2.
3. *Cf.* V, 4 (7), 2.
4. *Cf.* IV, 8 (6), 6.
5. *Cf.* V, 3 (49), 16.
6. *Cf.* VI, 9 (9), 5, 36-37.

bien subir aux concepts aristotéliciens de puissance et d'acte une véritable transformation [1].

Nous avons vu précédemment que « l'acte est plus parfait que l'essence »[2] ; c'est pourquoi en l'Un, l'acte est sans essence[3]. Or, cet acte sans essence est profondément étranger à Aristote, pour qui l'Acte pur, qui est Dieu lui-même, est immédiatement essence[4]. De plus, comme nous l'avons déjà dit, c'est cet acte sans essence (ἄνευουσίας) qui permet à Plotin de dire que le Premier « se produit lui-même pour lui-même à partir de rien »[5]. Mais dire qu'il « s'est porté lui-même à l'existence »[6], c'est établir une équivalence entre cet acte premier sans essence et l'existence même de l'Un :

> Il ne faut pas craindre de poser un acte premier *sans essence*, mais il faut poser cet acte même, pour ainsi dire, comme son *existence* (ὑπόστασιν) [7].

A partir de là, l'équivalence entre la Puissance et l'Acte en l'Un ne fait plus difficulté pour Plotin :

> Ce qui est *en puissance* tient son être en acte d'un autre, tandis que *la puissance*, c'est ce dont elle a le pouvoir par elle-même qui est son acte [8].

C'est pourquoi nous ne devons pas poser dans le Premier « d'un côté une activité productrice [c'est-à-dire la puissance], de l'autre un acte, à savoir un acte qui serait encore à venir »[9]. Il y a donc en l'Un, comme le fait remarquer Jean-Marc Narbonne :

---

1. Pour une analyse détaillée du profond changement auquel sont soumises les notions de puissance et d'acte, *cf.* J.-M. Narbonne, *La Métaphysique de Plotin*, Paris, 1994, p. 26-57. *Cf.* aussi, du même auteur *Plotin, Traité 25 (II, 5)*. Introduction, traduction, commentaire et notes, Paris, 1998.

2. VI, 8 (39), 20, 14.

3. *Cf.* VI, 8 (39), 20, 17-18.

4. C'est ce qu'établit Aristote en *Métaph.* Λ, 7, 1072 a 24-26 : « Dieu est ce qui meut sans être mû, être éternel, substance en acte (ἐνέργεια οὖσα) », ainsi qu'en *Métaph.* Λ, 7, 1072 b 26-29 : « Et la vie aussi appartient à Dieu, car l'acte de l'intelligence est vie, et Dieu [qui est essence] *est cet acte même ;* et l'acte subsistant en soi (ἐνέργεια δὲ ἡ καθ'αὑτὴν) de Dieu est une vie parfaite et éternelle. Ainsi appelons-nous Dieu un vivant éternel parfait » (nous soulignons).

5. VI, 8 (39), 7, 53-54.

6. VI, 8 (39), 16, 29.

7. VI, 8 (39), 20, 9-11. C'est nous qui soulignons.

8. II, 5 (25), 2, 31-33 (nous soulignons). Ce traité est intitulé par Porphyre « Que veut dire "en puissance" et "en acte" ? ». *Cf.* aussi, J.-M. Narbonne, *op. cit.*

9. II, 5 (25), 1, 12-13.

une puissance auto-productrice-active-première, quasi désincarnée, "dé-substantialisée", qui est telle qu'elle se veut en-deçà de toute position d'existence, l'existence se présentant plutôt elle-même, selon Plotin, comme l'effet immédiat et obligé de cette puissance productrice première[1].

Mais avant de développer plus avant le thème de la puissance-acte chez Plotin, il faut nous questionner sur ce que signifie pour lui la puissance et en quoi ce concept diffère de la puissance aristotélicienne.

Chez Aristote, on le sait, la puissance est généralement associée à la virtualité. Cette virtualité est la condition propre de la matière qui est le substrat (ὑποκείμενον) indéterminé, étant toutes choses en puissance et aucune en acte, c'est-à-dire toutes choses *virtuellement*[2]. Ce n'est évidemment pas en ce sens que Plotin entend le terme de puissance, en effet, l'Un n'est pas puissant « dans le sens où l'on dit que la matière est en puissance »[3]. Tout au contraire, il définit ainsi la puissance du Principe :

> La puissance là-bas ne signifie pas le pouvoir des contraires, mais bien une puissance inébranlable et immobile, qui est la plus grande qui soit[4].

En quoi cette puissance est-elle la plus grande qui soit ? En ce sens, dit Plotin, qu'elle est *productrice*. Elle est d'abord puissance productrice première, car l'Un a le pouvoir de se produire lui-même.

> C'est pourquoi la puissance de l'Un, écrit Jean-Marc Narbonne[5], ne doit pas laisser supposer la présence d'une division entre l'actualité de l'Un, en tant que puissance active, et son actualité, en tant qu'être toujours déjà pleinement réalisé en acte.

Autrement dit, la puissance et l'acte ne sont pas séparés dans le Premier. Son acte, en tant qu'*acte déjà réalisé*, n'est rien d'autre que l'*effet*, si l'on peut s'exprimer ainsi, de sa propre puissance productrice entendue comme pure liberté : l'Un est « comme il veut être »[6], insiste Plotin.

---

1. J.-M. Narbonne, *La Métaphysique...*, *loc. cit.*, p. 33.
2. Aristote, *Métaph.* H, 1, 1042 a 27-28 : « J'appelle matière ce qui, n'étant pas un être déterminé en acte est, en puissance seulement, un être déterminé » (ὕλη δὲ λέγω ἣ μὴ τόδε τι οὖσα ἐνεργείᾳ δυνάμει ἐστὶ τόδε τι). Sur ce point, *cf.* G. Romeyer Dherbey, *op. cit.*, p. 208-217.
3. V, 3 (49), 15, 34.
4. VI, 8 (39), 21, 1-5.
5. J.-M. Narbonne, *La Métaphysique...*, *loc. cit.*, p. 32.
6. VI, 8 (39), 16, 22.

Cette puissance est, en outre, productrice dans la mesure où l'Un est le Premier principe, la Puissance de toutes choses. En ce sens, sa puissance est *efficace*. Là encore, Plotin se sépare d'Aristote, pour qui la puissance est toujours inférieure à l'acte, et chez qui le Premier Moteur, qui est Acte pur, exclut de lui toute puissance.

Enfin, la "puissance-active-productrice" du Principe est également infinie[1] :

> Sa puissance possède l'infinité, car il ne saurait être autre ni manquer de rien, puisque les êtres qui ne manquent de rien ne le doivent qu'à lui. [...] Le Premier principe possède l'infinité parce qu'il n'est pas multiple et parce que rien en lui ne saurait le limiter. Puisqu'il est un, il n'est ni mesurable ni dénombrable. Il n'est donc limité ni par autre chose, ni par lui-même, car dans cette perspective, il serait double. Il n'a point de figure, puisqu'il n'a ni parties, ni forme[2].

Cette succession de négations, cette "apharèse" niant en l'Un toute détermination quelle qu'elle soit, ainsi que toute forme, a pour objectif de libérer l'idée de puissance infinie pour caractériser le Premier. Mais là encore, Plotin *réforme ce concept d'infini* pour en faire "l'attribut" positif du Principe s'accordant avec sa perfection. En effet l'infini (ἄπειρον), dans la tradition philosophique grecque, s'oppose à l'idée de fini, d'achevé, de parfait (τέλειον)[3]. L'infini est, dans cette tradition, la marque de l'imperfection, de l'inachèvement[4]. Or, la puissance infinie de l'Absolu plotinien est, tout au contraire, la marque de son immensité, de sa perfection, de son pouvoir effectif. En tant que source de toute détermination, il est lui-même indéterminé ; en tant qu'il donne la forme, il est lui-même sans forme ; en

---

1. *Cf.* VI, 5 (23), 4, 13-14 : « Nous disons que la nature divine est infinie » ; IV, 3 (27), 8, 36 : « Dieu est une infinité de puissance » (τῇ δυνάμει τὸ ἄπειρον).

2. V, 5 (32), 10, 22-23 et 11, 1-5.

3. *Cf.* par exemple Aristote, *Phys.* III, 6, 206 b 34 et 207 a 8-9. G. Romeyer Dherbey remarque à juste titre que « l'infini ne sera pas, jusqu'à Plotin, un terme positif ; il est confondu avec l'illimité et l'indéterminé, qui sont des termes plutôt péjoratifs : l'*apeiron* n'est encore aucune chose, ou ne l'est plus », *op. cit.*, p. 13.

4. Il nous faut insister sur cet aspect de la philosophie plotinienne. L'Un plotinien est *infinie causalité*, énergie première, cause de la cause (VI, 8 (39), 18). Cet *infini de puissance* (VI, 9 (9), 6) est aussi un *infini d'indépendance*. Son infinité est celle d'un « être » inétendu, elle ne consiste pas en un inachèvement de la grandeur et du nombre, elle n'est pas un défaut d'ordre, alors que chez Platon l'infini est considéré comme marque d'irréalité et comme irrationnel, (cf. *Philèbe* 16 d-17 e). Ainsi, chez Plotin, au contraire de Platon, le passage de l'illimité (l'Un), à la limite (l'Intelligence et l'Âme), s'entend comme une dégradation de l'Un au multiple, la limite étant considérée à présent comme équivalente à la détermination, donc, si l'on peut dire, comme un défaut.

tant qu'il donne aux êtres leur limitation, il est lui-même *infini*. L'Un est donc le Principe de toute puissance communiquée en étant lui-même la puissance absolue, la puissance infinie qui d'elle-même se donne sans rien perdre d'elle-même, en restant absolument elle-même [1]. Cette puissance infinie permet à Plotin de dire que l'Un est partout :

> S'il n'est nulle part, il n'est advenu nulle part, et s'il est partout, tout ce qu'il est lui-même, il l'est également partout. De telle manière que cette omniprésence et cette totalité, il l'est lui-même, non qu'il s'y trouve, mais il est lui-même cette omniprésence et il donne aux autres êtres de se juxtaposer dans cette omniprésence [2].

En affirmant ici l'omniprésence du Premier, Plotin ne verse pas dans un panthéisme où l'Un et le Tout seraient confondus, mais, tout en maintenant fermement sa transcendance, comme il le fait dans d'autres traités [3], il identifie sa présence aux autres êtres avec le rayonnement de son infinie puissance. Ce qui ne veut nullement dire que, ce faisant, l'Alexandrin nie l'altérité absolue du Premier, affirmée avec force tout au long des *Ennéades* ; tout au contraire, Plotin s'oblige à la réitérer eu égard aux dérivés :

> [Les autres êtres] tendent vers celui qui est autre qu'eux et qui n'a en lui rien de ce qu'ils sont [4].

Si l'Un est actif en tout autre, c'est qu'il est différent de tout autre. Aussi pouvons-nous dire que l'omniprésence du Principe découle de son omnipuissance.

En exigeant que l'Origine soit au-delà et autre que ce qu'elle produit, Plotin nous oblige, en quelque sorte, à la concevoir comme puissance infinie qui produit tous les êtres sans rien perdre d'elle-même et sans rien donner d'elle-même, (de même que de son énergie primitive dérivent tous les êtres). Puissance et ἐνέργεια sont donc bien indissolublement liées en l'Un, non seulement quand on cherche à comprendre ce qu'est sa Vie elle-même, mais encore lorsqu'on réfléchit sur le "commencement" de la procession. Or, nous avons vu que l'ἐνέργεια en lui est identique à l'Amour de soi, nous pouvons donc dire de même que sa δύναμις, son infinie puissance, est égale à son Amour lui-même infini, puisque ἐνέργεια et δύναμις sont, en lui, confondues.

Mais il y a plus, car la réflexion philosophique sur le "commencement" implique deux données fondamentales et inséparables : la puissance infinie

---

1. *Cf.* V, 5 (32), 12.
2. VI, 8 (39), 16, 4-8 (traduction G. Leroux modifiée).
3. *Cf.* V, 5 (32), 12 ; V, 2 (11), 1.
4. VI, 7 (38), 42, 12-14, voir aussi V, 3 (49), 11-18.

de l'Un et son immobilité absolue qui, comme le dit Plotin, est supérieure au mouvement et au repos qui en découlent[1] :

> De lui viennent toutes choses, de lui vient le premier mouvement, qui n'est pas en lui ; de lui vient le repos, *dont il n'a pas besoin*, car il n'est ni en mouvement ni en repos[2].

C'est depuis sa « vénérable immobilité »[3] que le Premier exerce sa Puissance infinie, et si l'immobilité est vénérable c'est qu'elle est, ici encore, supérieure à la pensée :

> C'est l'essence qui pense, et c'est celui qui ne pense pas qui reste *vénérable dans son immobilité*[4].

Or, la puissance génératrice est signe de l'existence et de la perfection :

> Dès qu'un être arrive à son point de perfection, il a la puissance d'engendrer, il ne supporte pas de rester en lui-même[5].

L'Un étant la perfection même, il surabonde et sa surabondance produit de l'être différent de lui[6]. Sa puissance productrice infinie n'a ni limite ni empêchement : aucun obstacle extérieur, car rien n'est en-dehors du Principe, ni aucun obstacle intérieur, car en lui il n'y a nul souci d'empêcher l'être d'exister et de subsister, nulle jalousie qui l'effleure à l'égard de l'être. Au contraire, sa puissance se communique infiniment, et cette puissance est *Amour*. Demeurant transcendant à toutes choses, « il est capable de les produire et de leur permettre d'exister par elles-mêmes »[7].

La référence au *Timée* 29 e-30 a, est ici limpide. Cependant, il faut faire une distinction entre le récit de la création de l'univers dans le *Timée* et la façon dont les êtres dérivent de l'Un. Il est évident que, pour Plotin, la délibération et les calculs du Démiurge de Platon ne sauraient entrer en

---

1. Pour une analyse détaillée de la lecture plotinienne des cinq genres du *Sophiste* de Platon, voir D. Montet, *Archéologie et généalogie. Plotin et la théorie platonicienne des genres*, Grenoble, 1996. Bien que, dans cet ouvrage, l'auteur adopte un angle de lecture différent du nôtre (il s'agit de comprendre dans quelle torsion ou quelle fidélité Plotin s'inscrit quant aux genres platoniciens du *Sophiste*, eu égard à sa propre démarche métaphysique), nous pensons néanmoins pouvoir retrouver chez cet auteur la même ligne interprétative que la nôtre : celle qui considère l'Un comme une transcendance/immanence. On remarquera que l'indécision quant à ces notions provient, selon D. Montet, de l'inscription *généalogique* du Premier eu égard à ce qui vient après lui.

2. V, 5 (32), 10, 14-16 (traduction É. Bréhier légèrement modifiée. Nous soulignons).

3. VI, 7 (38), 39, 31.

4. VI, 7 (38), 39, 32-33. C'est nous qui soulignons.

5. V, 4 (7), 1, 26-28.

6. *Cf.* V, 2 (11), 1.

7. V, 5 (32), 12, 48-49.

ligne de compte : le Premier n'est pas un Dieu calculateur, pas plus qu'il n'est un Dieu artisan. Pour Platon, « le Dieu a voulu que toutes choses fussent bonnes : il a exclu, autant qu'il était en son pouvoir, toute imperfection »[1], c'est pourquoi le récit de la création de l'univers par le Démiurge implique délibération et volonté créatrice. Pour Plotin, il est impensable qu'en l'Un il y ait une intention volontaire, car alors le Principe ne serait plus simple, son unité serait dissoute par la délibération incluant la pensée. De plus, dans le *Timée*, Platon ajoute :

> Ayant donc réfléchi, il [le Dieu] s'est mis à l'ouvrage[2], puis, quand le Dieu eut réglé tout cela, il rentra dans son repos, dans l'état conforme à sa nature[3].

Mais nous savons maintenant que, selon Plotin, l'Absolu étant radicalement immuable, il est inconcevable qu'il se soit mis en mouvement pour produire quelque chose, car tout mouvement implique l'imperfection de celui qui se met en mouvement. Or :

> Comme il n'y a rien de pareil en l'Un, posons qu'il ne se meut pas, mais que si une chose vient après lui, elle ne peut venir à l'existence que s'il est éternellement tourné vers lui-même[4].

---

1. Platon, *Timée* 29 e.
2. *Ibid.*, 30 b.
3. *Ibid.*, 42 e.
4. V, 1 (10), 6, 16-19 (traduction É. Bréhier). De la même manière, au paragraphe 7 de ce même traité, Plotin écrit : « πῶς οὖν νοῦν γεννᾷ ; ἢ ὅτι τῇ ἐπιστροφῇ πρὸς αὐτὸ ἑώρα · ἡ δὲ ὅρασις αὕτη νοῦς : Comment engendre-t-il le Νοῦς ? Parce qu'il voit en se tournant vers lui-même et cette vision est Intelligence » (V, 1 (10), 7, 5-6). Faut-il admettre ici une forme de mouvement du Principe qui lui serait intérieur? Ce serait contraire à la constante détermination de l'Un comme immobile. P. Hadot (« Compte rendu de P. Henry et H.-R. Schwyzer, *Plotini Opera* », in *Revue de l'Histoire des Religions*, 164 (1963), 92-96) explique ainsi le terme ἐπιστροφή : « ce mouvement de l'Un et dans l'Un signifie la manière dont l'Un demeure en lui-même ». Dans ce passage donc, tout comme dans celui de V, 1 (10), 6, 18, le mouvement imputé à l'Un n'a rien à voir avec celui de l'Intelligence dans sa conversion au Principe ; bien au contraire, comme P. Hadot le souligne, le mouvement signifie ici le regard que porte l'Un sur lui-même, la pure transparence de l'Un à lui-même, la façon dont l'Un demeure en lui-même et ne se quitte jamais. C'est ce qu'un autre texte, V, 4 (7), 2, 21-23 exprime en ces termes : « C'est quand il reste dans son propre caractère qu'un produit naît de lui, c'est grâce à sa permanence qu'il y a un devenir (μένοντος οὖν αὐτοῦ ἐν τῷ οἰκείῳ ἤθει ἐξ αὐτοῦ μὲν τὸ γινόμενον γίνεται, μένοντος δὲ γίνεται) ». Aussi peut-on conclure, avec P. Hadot, que le repos de l'Un en lui-même et sa conversion vers lui-même ont la même signification : celle d'une sur-plénitude induite par le regard et l'Amour de soi qui « déborde » ou « surabonde », et que c'est en étant immobile, ou tourné vers lui-même, qu'il engendre.

Il n'y a donc en lui ni inclination, ni volonté, ni mouvement. Ce n'est qu'en vertu de sa puissance infinie de produire ajoutée à son ἐνέργεια première d'où dérivent toutes choses, qu'il y a des êtres autres que lui. Dans le Principe, il n'y a aucune action transitive, car son énergie propre est antérieure à l'intellection. De ce fait le Νοῦς n'est pas un *résultat* de son activité : l'Intelligence *dérive* du Premier, elle en est un dérivé immédiat tout en étant une hypostase distincte. Encore une fois, l'Intelligence dérive de l'Un non comme une *action voulue* mais comme un "débordement" de sa puissance infinie, comme par une naturelle fécondité du Premier. On comprend dès lors que Plotin rejette la métaphore artificialiste du *Timée*, tout en conservant cependant du dialogue platonicien la leçon que le Démiurge n'est point jaloux parce qu'il n'y a en lui nulle envie (φθόνος). Or, si Plotin maintient, à propos de l'Un, cette absence d'envie, c'est qu'elle est, pour lui, le signe d'une fécondité inépuisable :

> Comment l'absolument parfait et le premier des biens s'enfermerait-il en lui-même, comme s'il était jaloux de sa perfection ou impuissant, lui qui est la puissance de toutes choses ? [1].

C'est la perfection qui, en dernière analyse, est « cause » de la génération première, πρώτη οἷον γένεσις :

> Comme il est parfait, le Premier principe ne recherche rien, ne possède rien, n'a besoin de rien ; aussi a-t-il débordé pour ainsi dire (οἷον ὑπερερρύη), et sa surabondance (τὸ ὑπερπλῆρες αὐτοῦ) a produit un autre être [2].

Soulignons encore une fois l'οἷον qui accompagne la génération première ; c'est là le signe que cette génération ne peut être exprimée, par notre discours, littéralement, mais seulement analogiquement [3]. De même

---

1. V, 4 (7), 1, 34-36.
2. V, 2 (11), 1, 7-9.
3. Sur la question de l'analogie, *cf.* P. Aubenque, « Les origines néo-platoniciennes de la doctrine de l'analogie de l'être », in *Néoplatonisme. Mélanges offerts à Jean Trouillard,* cahiers de Fontenay, n° 19-20-21-22, 1981, p. 63-76, et J.-L. Chrétien, « L'analogie selon Plotin », *Les Études Philosophiques* (1989, 3-4), 305-318. Dans son article, P. Aubenque souligne que s'il peut y avoir, chez Plotin, une question de l'analogie, ce n'est pas à Aristote qu'il faut faire remonter cette question mais à Platon, puisque l'analogie plotinienne permet une pensée originale de la relation ἕν/πολλά : « cet usage vertical de l'analogie, écrit l'auteur, est totalement inconnu d'Aristote. L'analogie est toujours invoquée par lui pour autoriser un discours commun sur des domaines hétérogènes, mais elle n'implique aucune hiérarchie entre ces domaines » (p. 64). Pour P. Aubenque, il est en revanche clair que l'analogie plotinienne a pour source celle de *République* VI, 506 e et 508 c, où Platon considère que le soleil est l'analogue du Bien, qu'il en est le « rejeton » engendré à sa ressemblance. Ainsi « Platon institue, pour la première fois, un lien entre la structure

que le débordement, la surabondance de l'Un, elle aussi indexée par l'οἷον "analogique", indique seulement une manière de parler. Pas plus l'engendrement que la surabondance ne sont ici des termes adéquats pour signifier en propre l'effusion productrice [1] par laquelle une hypostase différente de l'Un et autre que lui surgit dans l'existence. Mais il est néanmoins certain que l'immobilité absolue et vénérable du Principe est la condition essentielle de sa puissance génératrice. C'est, en effet, à cette immobilité que le devenir doit son être :

> C'est quand il reste dans son caractère propre qu'une chose naît de lui ; c'est grâce à son immanence (μένοντος) qu'il y a un devenir [2].

L'immobilité et l'immanence de l'Un à lui-même signifient donc à la fois la tranquillité du Premier, son absence d'agitation, de besoin et de désir, et son active intériorité : rien ne l'entame, rien ne le traverse ; il est à lui-même transparence absolue. C'est pourquoi son immanence, son absolue et vénérable immobilité, se résument à son Amour de soi. L'immanence de l'Un traduit son Amour pour lui-même, et c'est cet

---

analogique (le soleil est au monde sensible ce que le Bien est au monde intelligible) et un rapport de dépendance (le soleil est le *rejeton* du Bien et celui-ci est son *père*) » (p. 72). La relation généalogique est donc, pour Plotin, une dynamique de type processionnel. Quant à savoir si cet enracinement théorique légitimant l'usage particulier de l'analogie est réellement dans la stricte orthodoxie du texte platonicien, nous renvoyons à l'ouvrage de D. Montet, *op. cit.,* notamment à la discussion de ce problème au chapitre II, « La paternité du Premier », p. 201-207. Précisons que, pour D. Montet, Plotin ne peut s'inscrire dans la stricte tradition platonicienne de *Rép.* VI car, « considéré du point de vue de la *République*, un tel propos n'est guère défendable. La pensée platonicienne n'instruit *jamais* le rapport au principe en terme de généalogie – analyse qui reviendra à la tradition néo-platonicienne ; jamais, pour Platon, la relation "généalogique" n'a une valeur théorique légitimant une dynamique de type « processif ». […]. Mais cette analogie de structure ne permet pas, pour autant, d'établir un lien entre l'un et l'autre de ces ordres, ni d'inférer un discours qui leur serait commun, ni d'en tirer la moindre conclusion quant à leurs relations » (p. 203). La même analyse s'impose pour L. Couloubaritsis, « Le caractère mythique de l'analogie en *République VI* », *Diotima*, 12 (1984), 71-80.

Pour Plotin il s'agit, en recourant à l'analogie, d'insister sur la ressemblance nécessaire du Noῦς avec l'Un, ressemblance qu'il indique en termes de procession, de filiation, de trace, de l'Un dans ses dérivés. Le traité 38 (VI, 7) développe les questions liées à la détermination d'une telle ressemblance, questions où s'engage le sens de la transcendance et de l'immanence du Premier. Cette question, ainsi que celle, fondamentale, de l'analogie platonicienne de *Rép.* VI, seront abordées dans la deuxième partie de notre recherche, plus particulièrement au sujet de la compréhension du terme ἀγαθοειδής, cf. *infra*, chap. IV « Lumière du Bien et beauté de l'Intelligence », p. 121-129.

1. Voir notamment V, 4 (7), 1 ; VI, 8 (39), 16.

2. V, 4 (7), 2, 22-23 : μένοντος οὖν αὐτοῦ ἐν τῷ οἰκείῳ ἤθει ἐξ αὐτοῦ μὲν τὸ γινόμενον γίνεται, μένοντος δὲ γίνεται.

Amour de soi qui *est* sa fécondité. L'Amour de soi signifie par conséquent qu'il n'a pas dispersé sa puissance active au-dehors, mais qu'il l'a ramassée en lui-même, car sa puissance active s'exprime en lui comme une ἐνέργεια μένουσα [1], comme un acte immanent qui le porte lui-même à l'existence, qui le rend transparent à lui-même puisque cette ἐνέργεια est comme une veille, ἐγρήγορσις, une pure clarté qu'il aime, une conversion immanente qui s'exprime par le regard qu'il porte sur lui-même. Ce regard, avons-nous dit, est vision [2], vision suprême qui n'implique ni futur, ni réflexion, et encore moins une volonté de choix et d'action. *Regard sans objet à regarder*, pure vision où fusionnent, dans l'indistinction et la pure clarté, la contemplation de soi et l'Amour de soi du Principe. Vision amoureuse de l'Un pour lui-même dont la puissance produira pourtant des objets, les premiers et les plus purs parmi les Intelligibles.

Vie-Puissance-Amour, cette triade de l'Un dit son absolue simplicité. Sa Vie et sa Puissance se résorbent dans son Amour de soi qui est sa plénitude incompréhensible : plénitude qui n'est pas celle de l'être, mais qui est au-delà de la plénitude de la seconde hypostase, puisqu'elle exprime l'absolue indépendance du Principe vis-à-vis des choses qui viennent après lui. Sa plénitude signifie encore son immanence ; elle concentre, dans l'unité du Principe qui est en même temps son propre Amour, toutes les forces d'expansion et de production de l'Un ; elle est le signe de son infinie puissance.

Mais que signifie, au juste, l'Amour de soi *diffusif* de l'Un, et comment peut-il être à la source de la procession ?

---

1. VI, 8 (39), 16, 15.
2. *Cf.* V, 1 (10), 7.

CHAPITRE III

L'AMOUR DIFFUSIF DE L'UN

L'AMOUR DIFFUSIF DE L'UN, SOURCE DE LA PROCESSION

La "procession" des hypostases, écrit Maurice de Gandillac, n'est que le rayonnement d'une lumière unique, la plénitude d'une contemplation qui déborde en fécondité[1].

Nous avons vu, au chapitre précédent, que Plotin refusait de réduire la causalité de l'Un à l'attraction involontaire d'une pensée de soi stérilement repliée sur elle-même. De même exclut-il tout ce qui rapprocherait cette causalité hénologique d'une création laborieuse comparable à celle des artisans. L'engendrement est, chez Plotin, un processus original, car il exprime, en-dehors de toute ontogénèse entendue au sens biologique du terme, la faculté de dérivation, de dépendance, d'autonomie. Il est non moins nécessaire, pourtant, de bien mettre en évidence l'originalité de la métaphysique plotinienne, afin d'écarter tout soupçon d'émanatisme et de panthéisme par la position de transcendance radicale du Principe. Etienne Gilson faisait remarquer, à ce propos, que :

> Dans une doctrine de l'Être, l'inférieur n'est qu'en vertu de l'être du supérieur. Dans une doctrine de l'Un, c'est au contraire un principe général que l'inférieur n'est qu'en vertu de ce que le supérieur n'est pas. En effet, le supérieur ne donne jamais que ce qu'il n'a pas, puisque, pour pouvoir donner cette chose, il faut qu'il soit au-dessus d'elle (VI, 7 (38), 17). C'est d'ailleurs précisément en ces termes que Plotin a posé le problème : "Comment l'Un a-t-il conféré

---

1. M. de Gandillac, *La Sagesse de Plotin, loc. cit.,* p. 61.

ce qu'il ne possédait pas?" (V, 3 (49), 15). Or, nous connaissons
déjà sa réponse : "C'est parce que rien n'est en l'Un, que tout vient
de lui et, pour que l'être soit, il faut que l'Un lui-même ne soit pas
être, mais ce qui l'engendre. L'être est donc comme son premier-né"
(V, 2 (11), 1)[1].

Nous voici donc parvenus au difficile problème de la génération à partir
du Premier. Jean-Louis Chrétien a résumé la problématique du don de l'Un
sous cette forme : « L'Un donne ce qu'il n'a pas »[2] ; quant à Plotin, il
réserve tout un chapitre de l'*Ennéade* V, 3 (49), le quinzième, à la
discussion de ce paradoxe : comment l'Un peut-il donner ce qu'il n'a pas ?
Pour comprendre ce paradoxe, il faut revenir à ce que Plotin dit du
Principe. Ce qu'il *n'a pas*, c'est la pensée, car il est ὑπερνόησις ; il n'a pas
non plus l'essence, car il est ἐπέκεινα οὐσίας ; il n'a pas davantage l'être,
car il est ἐπέκεινα ὄντος ; et il ne possède pas non plus l'Intelligence,
puisqu'il est ἐπέκεινα νοῦ. L'Un n'a en lui aucune détermination
ontologique, mais il n'a pas plus, en lui-même, de déterminations spatiale
et/ou locale. Ce qui veut dire qu'il n'a ni limite, puisqu'il est illimité
(ἄπειρον), ni lieu, puisqu'il n'est nulle part (ἄτοπον) ; il n'a pas non plus
en lui de détermination eidétique par la forme, étant lui-même sans-forme,
ἀνείδεον ; il n'a enfin ni mouvement ni repos, puisqu'il est au-delà de l'un
et de l'autre : ἐπέκεινα στάσιν καὶ κινήσεως. Ainsi Plotin ne cesse de dire
ce que l'Un n'est pas et n'a pas, soit à l'aide de préfixes superlatifs, soit en
recourant à l'α privatif, et plus souvent encore en utilisant abondamment
l'οἷον, le « pour ainsi dire » ou le « quasi », qui marque la limite du
langage lorsqu'on veut parler positivement du Premier.
Le Principe est absolument ineffable, indicible ; toute parole prononcée
à son propos est inadéquate, voire fausse :

> Ce qui est au-delà de la vérité qui est en toutes choses n'a pas de
> nom ; car ce nom serait autre chose que lui[3], ou encore : Vous nous
> voyez peiner dans l'incertitude de ce qu'il faut dire : c'est que nous
> parlons d'une chose ineffable (περὶ οὖ ῥητοῦ), et nous lui donnons
> des noms pour la désigner comme nous pouvons[4].

1. E. Gilson, *L'Être et l'Essence*, Paris, 1948, p. 42.
2. C'est le titre d'un article de J.-L. Chrétien repris in *La Voix nue. Phénoménologie de la promesse*, Paris, 1990, p. 259-274.
3. V, 3 (49), 13, 3-4.
4. V, 5 (32), 6, 23-25 (traduction É. Bréhier légèrement modifiée).

Même le nom de « Un » est inadéquat :

> Ce nom de Un ne contient peut-être rien que la négation du multiple
> [...]. On emploie sans doute le mot *un* pour commencer la recherche
> par le mot qui désigne le maximum de simplicité ; mais finalement
> il faut en nier même cet attribut, qui ne mérite pas plus que les
> autres de désigner une nature qui ne peut être saisie par l'ouïe, ni
> comprise par celui qui l'entend nommer[1].

De cette ineffabilité du Premier on a souvent conclu, tel Émile Bréhier[2], qu'il était le *Rien* absolu ou le *Néant* :

> Il faut, en tout cas, concevoir le néant de l'Un à la fois comme la
> source de toutes choses, et comme le point d'aboutissement de la
> vie intérieure[3].

De façon plus précise encore, Plotin nous exhorte à ne pas essayer « de le voir [*i. e.* : l'Un] à l'aide de ce qui n'est pas lui », mais à le saisir, tout au contraire, « intuitivement, tel qu'il est dans sa pureté sans mélange »[4]. Or, ce qu'il est, nous pouvons en avoir une idée. Nous avons vu que *l'Amour de soi* est ce qui l'exprime sans le recours à l'οἷον ni même à une quelconque apophase qui viendrait comme neutraliser le discours affirmatif que nous portons sur lui. Et ceci, parce que l'Un s'aime lui-même et se voit, parce que ce regard intérieur, que nous avons analysé plus haut, est « en quelque sorte son acte » premier et sans essence. Cet acte est sa Vie même, archi-Vie au-delà de la vie raisonnable de l'Intelligence, source de toute vie définie. Mais plus fondamentalement, le Principe est puissance infinie, puissance productrice qui se communique aux autres êtres. De même pour son Amour de soi : sa puissance infinie n'est tempérée par aucun οἷον, par aucune négation qui viendrait en neutraliser l'affirmation. C'est pourquoi nous pensons que l'Amour est, plus encore que sa Vie (toujours accompagnée de l'οἷον), la puissance même de l'Un. Cette puissance qui sourd de lui et se communique à ses dérivés, diffuse son Amour de soi. Celui-ci va se manifester, dans les dérivés, sous la forme d'une vie première et illimitée. Ainsi peut-on dire qu'à la racine de la procession, il y a l'Amour qui a semé la vie. En ce sens aussi, on comprend qu'il puisse y avoir *à la fois* continuité et discontinuité dans la procession. Continuité, car :

---

1. V, 5 (32), 6, 26-36 (traduction É. Bréhier modifiée).
2. É. Bréhier, « L'idée de Néant et le problème de l'origine radicale dans le néoplatonisme grec », *Revue de Métaphysique et de Morale* (1919), article repris in *Études de philosophie antique*, Paris, 1955, p. 248-283.
3. *Ibid.*, p. 259.
4. V, 5 (32), 10, 1-4.

toutes choses sont le Premier et ne sont pas le Premier; elles sont le Premier parce qu'elles en dérivent, elles ne sont pas le Premier parce que celui-ci reste en lui-même. C'est comme une grande vie [dans un être vivant] qui s'étend loin. Chaque partie successive est différente mais le tout est continu [1].

Nous reviendrons plus loin sur la signification de ce passage. Retenons pour l'instant qu'il y a adéquation entre la Vie, l'Amour et la Puissance de l'Un, et que cette adéquation est à la source de la procession et à l'origine de l'ontologie plotinienne. Ce que nous pouvons préciser, en revanche, dès maintenant, c'est que si le Principe donne ce qu'il n'*a* pas (car ce qui reçoit son effusion la reçoit forcément sous une forme qu'il n'a ni ne peut avoir en vertu de son indétermination fondamentale), il donne cependant ce qu'il *est*, car ce qu'il donne est une sur-effluence de lui-même, et ce qu'il est *inclut sur le mode éminent*, celui de l'ὑπερ ou de l'ἐπέκεινα, ce qu'il *n'a pas*. En effet, le Premier, répétons-le avec Plotin, n'est rien, n'a besoin de rien, ne désire rien, etc. Il *n'a* rien, parce qu'il *est* tout, et il est tout parce qu'il se possède lui-même. Or, en l'Un, l'être (εἶναι) se dit ὑφιστάναι; cet « indicible ὑφιστάναι », selon la belle expression de Maurice de Gandillac [2], recèle les deux aspects indissolubles d'une même perfection : Puissance-Acte se dit dans l'unité de cet ὑφιστάναι qui n'est autre que son Amour de soi. Car, comme nous l'avons vu, cet Amour de soi permet à Plotin d'affirmer l'auto-production éternelle du Principe. Le quasi-acte de l'Un est l'expression de son Amour de soi, et sa présence en chacun de nous (présence qui ne nie pas sa transcendance) est le rayonnement de sa puissance [3]. C'est par sa puissance que se marquent à la fois son absolue primauté, sa transcendance radicale et son omniprésence dans l'ordre de la procession. Cette "double" puissance, à la fois *intérieure* à lui-même et *diffusive* dans les dérivés, n'oblitère pourtant pas l'irréductible unité du Principe. Elle signifie au contraire la proximité de ce qui a procédé eu égard à l'Un, ainsi que son indéfectible écart. Si, de lui peut *pro-venir* le multiple, c'est que la relation ἕν/πολλά s'enracine dans une dynamique érotico-onto-logique où, d'un côté tout ce qui vient du Premier a part, d'une certaine façon, au Premier sans être le Premier, et où, de l'autre côté ce qui procède se fixe comme existant en s'écartant de ce dont il procède. Cette tension,

1. V, 2 (11), 2, 24-28.
2. M. de Gandillac, *op. cit.,* p. 224, note très justement que « le composé ὑφιστάναι, correspondant au latin *subsistere*, [a] la nuance, intraduisible en français, du parfait moyen : "Il a été et il subsiste par lui-même avant tout autre" (VI, 8 (39), 11, 32-33) ».
3. Nous reviendrons plus tard sur l'adéquation entre l'omniprésence et l'omnipuissance de l'Un, car ce thème est central et conduit, lui aussi, à un paradoxe : l'extrême présence du Principe en chaque être est en même temps l'expression de son extrême absence.

due au double mouvement de la procession/conversion, témoigne de la puissance de l'Un, puisque sans elle la procession ne serait pas possible, et puisque c'est en elle que la conversion trouve sa ressource et sa propre force. Amour diffusif et amour attractif sont donc, en quelque sorte, les deux "visages" de cette unique puissance, les deux mouvements qui s'impliquent strictement l'un l'autre : la dynamique érotique de la conversion s'enracinant au vif de celle de la procession, sans pour autant que soit confondus l'Origine dont tout procède et ce qui d'elle a procédé, sans pour autant que soit annihilée l'affirmation de sa transcendance radicale.

En ce sens, force est de remarquer aussi que seul le Bien peut donner ce qu'il n'a pas, et que, dès les premières hypostases dérivées, le Noῦς et l'Âme, et plus encore pour les êtres sensibles, chaque être ne peut donner *que* ce qu'il a. C'est pourquoi, si de l'Un au Noῦς on ne peut parler d'émanatisme[1], en revanche, de la seconde hypostase à la troisième, et de l'Âme au sensible on peut en toute rigueur en parler, puisque chaque hypostase, ainsi que chaque être, ne donne à l'inférieur que ce qu'il a, que ce qu'il possède lui-même. Donc du Principe au Noῦς il ne peut y avoir passage, ou donation de la nature infinie dans le fini ; mais de l'Intelligence à l'Âme, il y a bien donation, sur le mode de l'amoindrissement, certes, de sa substance à l'Âme. Si toutes choses, selon Plotin, sont en l'Un, c'est en tant qu'il est leur Principe, et que celui-ci peut être toutes choses parce que, littéralement, il n'en est aucune. Le Premier ne se diffuse pas dans le fini tel qu'il est, c'est pourquoi la thèse selon laquelle toutes choses sont en lui signifie qu'elles en *dérivent* ; mais, parce que, d'un autre côté, il reste en lui-même, on peut tout aussi bien affirmer la thèse contraire et dire que toutes choses ne sont pas le Premier[2].

Bref, l'Un qui donne est au-delà de ses dons : pour produire, il doit être non seulement supérieur à ce qu'il donne, mais encore *hétérogène* à ce qu'il produit[3]. La procession plotinienne, du moins son premier-né, le Noῦς,

---

1. Voir à ce propos J.-L. Chrétien, *op. cit.*, p. 268, qui écrit : « Emanatiste, l'univers de Plotin l'est bien : mais à condition qu'on ajoute aussitôt que *seul* l'est l'univers, et toute communication du Bien qui a lieu en lui ».

2. *Cf.* V, 2 (11), 2.

3. *Cf.* III, 8 (30), 10 ; V, 2 (11), 1 ; VI, 8 (39), 19. J.-L. Chrétien précise le sens de la notion plotinienne de transcendance à partir de l'enjeu de la donation : « L'accent peut être mis sur le don, et sur la générosité radicale de ce principe, qui naît de son absolu dénuement, principe qui donne tout et n'a rien en lui-même [...]. Mais on peut mettre aussi l'accent sur le fait que le don est toujours inférieur au donateur, qui ne peut jamais se donner lui-même, mais toujours seulement donner autre chose que lui-même, *donner à l'autre que lui-même d'être à soi-même*. Il n'y a de don que par la réception, et cette réception de soi par soi est un écart irréparable qui nous fait nous distinguer de lui. La générosité du don passe alors à l'arrière plan, et ce qui l'emporte est l'affirmation de la transcendance du principe » (*op. cit.*, p. 265, c'est

n'est pas une génération du semblable par le semblable : l'Un en tant que cause est irréductible à son effet, l'Intelligence.

A partir de la seconde hypostase, c'est un autre mode de génération qui est décrit, un mode qui *imite* la production de l'Un, en ce sens qu'à partir du Noῦς chaque niveau de réalité est en déficience par rapport au précédent. La puissance infinie et radicalement immanente du Principe produit un être différent de lui, dont la puissance, ici celle de l'Intelligence, ira en s'affaiblissant. Mais du Noῦς à l'Âme il n'y a pas de véritable altérité, il y a amoindrissement, peut-être même dégradation, de la puissance, mais il n'y a pas *hétérogénéité*. Donc, entre l'Un comme cause et le Noῦς comme effet, l'hétérogénéité du Principe par rapport à son effet est entière ; en revanche, du Noῦς comme cause à l'Âme comme effet on ne trouve nulle trace d'hétérogénéité, et l'Âme comme produit dérivé de l'Intelligence est semblable à son principe.

Jean-Louis Chrétien radicalise à l'extrême la thèse selon laquelle l'Un donne ce qu'il n'a pas ; il en arrive à cette conclusion que, non seulement le Bien donne ce qu'il n'a pas, mais encore qu'« il donne ce qu'il n'a pas en *se refusant* lui-même. C'est pourquoi il n'y a d'hénologie *que* négative »[1]. C'est, pour le coup, *renverser* la théorie plotinienne qui rejette expressément tout créationisme conscient, qui refuse, dans le processus de la génération, tout volontarisme de l'Un, toute délibération dans la production par l'Un de l'hypostase du Noῦς. Or, renverser cette théorie en expliquant la génération de l'Intelligence par *un autre type de volontarisme* – celui, *négatif*, du *refus* du Principe lui-même à son premier-né – c'est, pensons-nous, oublier l'autre versant de cette génération, celui de la Présence et de l'immanence du Premier dans ses dérivés. A dire vrai, le discours négatif tenu par Plotin sur le Principe n'exprime pas le *refus* de l'Un, mais l'impossibilité, *pour nous*, de dire ce qu'il est ; et si le discours échoue dans sa tension vers l'Absolu, il est une autre voie, que Plotin indique en maints passages des *Ennéades* : celle de l'union contemplative avec le Premier. Cette autre voie indique et même exprime en toute rigueur la parenté réelle qu'il y a entre l'Un et les êtres inférieurs, surtout lorsqu'il s'agit de l'âme en quête de son Principe :

nous qui soulignons). C'est, selon nous, dans l'ambivalence de ces deux accentuations possibles que se situe tout l'enjeu de la procession/conversion, car la transcendance absolue du Bien n'empêche pas, et c'est là toute la complexité et la singularité de la pensée plotinienne, l'attraction amoureuse du Principe. La radicale transcendance de l'Un est à l'origine du multiple, lui donne la possibilité de se constituer comme Noῦς et anime le Noῦς d'un amour infini dans lequel il puise sa ressemblance avec le Principe et sa ressource.

1. J.-L. Chrétien, *op. cit.*, p. 274 (nous soulignons).

Si ce qu'elle cherche lui est *étranger*, à quoi bon cette quête ? Mais s'il y a une *unité d'origine* entre ce qu'elle cherche et ce qu'elle est, c'est bon de le faire et il est possible d'y atteindre [1].

Ainsi, s'il y a bien une déficience du vocabulaire ontologique dans une perspective hénologique, il n'y a pas à proprement parler d'hénologie seulement négative, car il n'existe pas de discontinuité métaphysique radicale, même si le Premier est *altérité absolue* eu égard à ses dérivés. La continuité de l'Un aux êtres dérivés s'effectue, comme nous aurons à le montrer [2], par ce que la puissance d'engendrement produit dans les êtres dérivés, sous les auspices de la vie illimitée qui sourd de l'Origine et qui n'est autre que la manifestation "extériorisée" de son Amour de soi. Certes, cet Amour ne se diffuse pas tel quel dans les dérivés, mais les êtres inférieurs en gardent une *trace*, et c'est cette trace de l'Amour de soi de l'Un qui assure la *continuité* entre le Premier et les êtres qui viennent après lui – trace qui n'efface ni n'oblitère la *discontinuité ontologique réelle* existant entre l'Un, qui est absolument au-delà de l'être, et les êtres dérivés. C'est pourquoi nous ne pouvons souscrire à la thèse énoncée par Jean-Louis Chrétien lorsqu'il écrit :

> La générosité de ce don jaillissant du dénuement *ne doit pas être trop vite identifiée à celle de l'amour* [3].

Il est en effet clair, aux yeux des lecteurs, que la perspective dans laquelle s'inscrit cette mise en garde de Jean-Louis Chrétien est celle d'une identification de l'Un plotinien et du Dieu chrétien. Si le Dieu chrétien est amour, alors l'Un plotinien ne l'est pas ; mais c'est oublier que l'Amour de soi du Principe, qui n'a, faut-il le rappeler, rien de commun avec l'amour du Dieu chrétien, est le fondement même de son absolue simplicité.

Jean-Louis Chrétien, pour asseoir cette opposition, écrit : « L'amour du Dieu chrétien est une donation véritable » [4], entendons que l'amour infini du Dieu chrétien se donne à ses créatures par l'intermédiaire du don véritable qu'il fait aux hommes : son fils, le Dieu fait homme. L'amour du Dieu chrétien manifeste donc, par l'intermédiaire de son don véritable, un *attachement* du Dieu à ses créatures, un abaissement du Dieu vers ce qui lui est inférieur, le Dieu chrétien *aime* ses créatures.

---

1. V, 1 (10), 1, 33-35 (nous soulignons).
2. *Cf.* la deuxième partie de notre travail, « Le Νοῦς : Être-Vie-Pensée », notamment le premier chapitre intitulé « Le problème de la dérivation du Νοῦς à partir de l'Un », cf. *infra*, p. 77-82.
3. J.-L. Chrétien, *op. cit.*, p. 259 (nous soulignons).
4. *Ibid.*, p. 273.

Naturellement, il n'y a rien de tel chez Plotin. L'Amour de soi de l'Un représente son extrême simplicité, et c'est cette simplicité que l'on retrouve dans les dérivés sous la forme d'un *désir d'unité* qui est en même temps amour pour le Principe. L'amour pour le Premier, s'il est bien le moteur de l'union contemplative, n'est cependant pas *insufflé* par l'Un aux êtres dérivés. L'Amour qu'il se porte à lui-même se *diffuse* dans les dérivés, sans qu'il y ait besoin d'une volonté ou d'une sollicitude de sa part vis-à-vis de ses dérivés. Son Amour de soi, parce qu'il est diffusif, se retrouve dans les dérivés sous forme de « trace ». Cette « trace » est ce qui, dans les hypostases qui le suivent, active leur désir de se rendre aussi semblables à l'Un que possible. Si la coupure entre le Premier et ses dérivés était réellement radicale, comme le suggère Jean-Louis Chrétien [1], alors il n'y aurait d'autre connaissance, pour les dérivés, que la connaissance de la diversité aberrante de l'extériorité. Les êtres dérivés, et notamment le Noῦς premier-né de l'Un, seraient, puisque la proximité à l'infiniment simple manquerait, dans l'incapacité d'accéder à l'intériorité qui est en même temps le seul moyen possible de faire retour à l'Origine. Le discours apophantique négatif, ou *apophatique,* n'est donc nullement le signe qu'il n'y a « d'hénologie *que* négative », puisque l'Amour de soi de l'Un est *l'affirmation* métaphysique du Principe originaire. On peut même soutenir, à l'inverse, que, parce qu'elle est d'une force extrême, la "prédication" de l'Amour de soi n'implique aucune dualité : l'Amour de l'Un pour lui-même ne nous donne aucune possibilité de le penser et laisse intact « l'abîme métaphysique de l'origine radicale », comme l'écrit fort bien Pierre Hadot [2].

C'est cet Amour diffusif qui dévoile l'Un comme présence dans les dérivés ; et c'est à partir de l'amour existant dans les dérivés pour leur Principe que les êtres inférieurs peuvent remonter jusqu'à lui [3]. L'Amour de soi concentre donc dans le Premier l'ensemble de la dynamique érotique qui affecte tous les êtres et les fait aspirer au Bien : « Le désir qui porte à lui

---

1. *Ibid.,* p. 273.

2. P. Hadot, *Porphyre et Victorinus, loc. cit.,* t. I, p. 16-22. Il est vrai que le contexte qui motive cette formule est celui de « l'identité entre la volonté et la substance », en tant que marque de l'affirmation de l'auto-engendrement de l'Un. Néanmoins, dans le contexte de l'Amour de soi de l'Un on peut affirmer, sans trahir l'auteur, que cet « abîme métaphysique de l'origine radicale » est tout aussi manifeste, même si l'Amour de soi de l'Un s'avère être diffusif, car justement, il n'est *que* diffusif et non infusé par le Principe dans ses dérivés.

3. Nous aurons à montrer que cette remontée au Principe se fait par ce qui en nous est « ressemblant au Bien » (VI, 7 (38)) ; c'est-à-dire par l'amour qui anime notre désir du Bien. Mais c'est aussi cette « ressemblance » avec le Bien qui, dans l'ordre de la procession, nous hausse jusqu'à une certaine « compréhension » du Principe.

est lui-même désirable en tant que bien »[1]. Dans son ouvrage, John Michaël Rist[2] souligne avec raison que cet aspect diffusif de l'amour universel culmine dans l'Amour du Premier pour lui-même, à proportion précisément de la présence qui s'établit dans la contemplation et dans l'union. L'Amour de soi du Principe devient, pour cet auteur, en quelque sorte, cause des êtres et présence à la procession universelle. Or, si en l'Un,

son mode d'union à lui-même ne saurait exister autrement que par l'unité et l'identité de celui qui s'unit à ce à quoi il s'unit[3],

et si cette union exprime le souci de Plotin pour une unité qui ne soit pas inerte mais qui résulte de l'Amour, cette unification de l'être doit, dans les dérivés, résulter bien plus encore de leur amour pour leur générateur. C'est donc l'Amour de soi du Principe qui se manifeste dans les êtres comme amour et désir du Bien, et c'est cet Amour qui constitue le *fondement et la réalité de tout désir et donc de tout être*. Cet Amour de soi est ainsi, ultimement, le point d'ancrage et le fondement des êtres engendrés.

L'Amour de l'Un pour lui-même est, de plus, signe de son omniprésence : il est d'abord omniprésent à lui-même puisque, comme nous l'avons vu, Plotin indique[4] que cette présence à soi du Premier consiste en son propre regard et en son propre Amour ; mais il est aussi présent aux êtres autres que lui par le rayonnement de sa puissance[5]. La transcendance de l'Absolu est réelle, mais sa puissance est infinie, de sorte que le fondement de sa présence dans ses dérivés n'est autre que le fondement de sa différence. Pour comprendre un peu mieux ce point, il faut remarquer que tant que sa puissance se concentre en lui, elle reste inébranlable et immobile, mais lorsque cette puissance en vient à se diffuser, en sortant pour ainsi dire de lui, elle ne conserve pas les caractères qu'elle a en étant sa puissance immanente. Il faut donc comprendre aussi que, si l'Un se diffuse sur le mode de l'altérité et non du semblable ou de l'identique, ce n'est pas à cause d'une déficience, mais en vertu de l'axiome présent dans toutes les *Ennéades* qui stipule expressément que tout être parfait en produit nécessairement un autre *moins parfait que lui-même*[6]. La puissance infinie de l'Un est une puissance d'engendrement dont la manifestation est le rayonnement de son énergie dans les dérivés, énergie qui est son archi-Vie et donc son Amour, mais selon le schéma de l'altérité.

1. I, 6 (1), 7, 3.
2. J. M. Rist, *Eros and Psyche*, *loc. cit.*, p. 82.
3. VI, 8 (39), 15, 3 (traduction G. Leroux).
4. *Cf.* VI, 8 (39), 16.
5. *Cf.* V, 2 (11), 1 ; V, 5 (32), 12.
6. *Cf.* par exemple IV, 8 (6), 5 ; V, 4 (7), 1 ; V, 1 (10), 6 ; V, 3 (49), 15.

En conséquence, dans le Principe, Puissance-Vie-Amour sont, comme nous espérons l'avoir montré, strictement identiques, puisque ces termes indiquent la plénitude sur-essentielle et parfaitement simple de l'Un. Mais comme le Parfait ne peut que produire une réalité de rang inférieur[1], il nous reste à montrer comment et pourquoi des êtres multiples dérivent de lui, pourquoi il ne reste pas en lui-même dans sa transcendance absolue et comment il peut être à l'origine des choses qui viennent après lui.

UN « VIEUX PROBLÈME REBATTU » : COMMENT LE MULTIPLE PROVIENT-IL DE L'UN ?

La question de savoir comment de la simplicité absolue peut surgir la multiplicité n'est pas nouvelle :

> C'est, dit Plotin, le vieux problème si rebattu (θρυλλούμενον) de savoir comment a débordé (ἐξερρύη) cette multitude que nous apercevons dans les êtres et que nous jugeons devoir ramener à lui[2].

Une première remarque s'impose, il s'agit ici de l'origine du multiple considérée *au niveau des êtres éternels.* :

> Que le devenir au sein du temps ne fasse pas difficulté alors que nous traitons de réalités éternelles; si l'on dit "genèse", c'est pour exprimer le lien causal et le rang (αἰτίας καὶ τάξεως [...] ἀποδώσειν)[3].

Il s'agit donc d'une dépendance *ontologique*, qui s'exprime en termes de succession temporelle. Joseph Moreau l'a clairement remarqué :

> La dialectique négative suivant laquelle l'Un demeure inaccessible à la connaissance n'interdit pas le discours ontologique : elle en fixe seulement les conditions et la portée. En exigeant que l'Un soit au-delà de l'essence et de la non-essence, elle nous oblige à le concevoir comme la puissance infinie qui produit tous les êtres, et tout en maintenant qu'il est au-delà de l'*énergeia*, au-delà de l'intelligence et de la volonté, qui sont les activités les plus hautes que nous puissions saisir, elle nous autorise à voir en lui une sorte

---

1. « L'être parfait engendre un être moindre que lui », V, 1 (10), 6, 36.
2. V, 1 (10), 6, 3-8.
3. V, 1 (10), 6, 19-22. J. Trouillard, *La Procession plotinienne*, Paris, 1955, p. 74, commente : « Notre monde est suspendu à la procession de l'intelligible et un commencement de l'intelligible n'a pas de sens. La procession n'est pas une chiquenaude initiale, mais la relativité radicale de l'être entier. Elle n'est pas le premier des événements, mais la vérité des vérités ».

d'activité (οἷον ἐνέργεια [1]), qui est à vrai dire l'énergie primitive (ἐνέργειαν τὴν πρώτην [2]) d'où dérivent tous les êtres [3].

Pour résumer la thèse de l'auteur, nous pouvons dire que, puisque la puissance de l'Un est une puissance productrice, et non une puissance à réaliser, l'Absolu ne s'actualise pas dans ses productions; il est l'Acte antérieur à toute actualisation [4]. C'est donc à partir de la δύναμις et de l'ἐνέργεια propres au Principe que nous devons aborder le problème de la génération du Νοῦς. Nous aurons à montrer que, à travers ces notions de puissance et d'acte, acte qui est aussi vie, c'est la Plénitude-Amour de l'Un demeurant en lui-même immuable qui se diffuse et engendre l'Intelligence.

Le Principe suprême demeure en lui-même immobile, mais de la perfection, de la puissance et de l'énergie qui sont en lui, provient une énergie engendrée qui, dérivant d'une si grande puissance et même de la plus grande qui soit, va jusqu'à l'être (τὸ εἶναι) et à l'essence. Mais puisque lui-même est au-delà de l'être et de l'essence [5], qu'en est-il de cette énergie engendrée? Plotin lui-même répond :

> Il y a deux sortes d'actes : l'acte de l'essence et l'acte qui résulte de l'essence; l'acte de l'essence, c'est l'objet lui-même en acte, l'acte qui résulte de l'essence, c'est l'acte qui en suit nécessairement mais qui est différent de l'objet lui-même [6].

Or, nous avons vu que l'Acte de l'Un est égal à sa Vie ou à son existence; c'est un Acte sans essence, un Acte pur. Nous avons analysé aussi comment, en VI, 8 (39), 20, 10-11, cet Acte n'est pas simplement « ajouté » à l'existence de l'Un, car alors il n'y aurait plus d'unité dans le Principe, mais doit, au contraire, lui être identifié. L'auto-engendrement éternel coïncide avec l'Un lui-même. Donc l'Acte éternel et pur par lequel le Principe s'engendre lui-même éternellement *est* son existence même, autonome et auto-déterminée. Cet Acte implique nécessairement un agir pur et absolu ne dépendant d'aucun sujet.

---

1. VI, 8 (39), 16, 25-26.
2. VI, 8 (39), 20, 9-10.
3. J. Moreau, *Plotin ou la gloire de la philosophie antique*, Paris, 1970, p. 88.
4. *Cf.* III, 8 (30), 10.
5. V, 4 (7), 2, 34-39 : « Le Premier demeure dans l'état qui lui est propre; mais en même temps, de la perfection et de l'énergie qui lui sont immanents, vient une énergie engendrée qui, dérivant d'une si grande puissance, de la puissance suprême, va jusqu'à l'être et l'essence [...]. Car le Premier est au-delà de l'essence (ἐκεῖνο γὰρ ἐπέκεινα οὐσίας) ».
6. *Ibid.*, 29-31 : καὶ ἡ μὲν τῆς οὐσίας αὐτό ἐστιν ἐνέργεια ἕκαστον, ἡ δὲ ἀπ'ἐκείνης, ἣν δεῖ παντὶ ἕπεσθαι ἐξ ἀνάγκης ἑτέραν οὖσαν αὐτοῦ (traduction É. Bréhier).

Pourtant, conformément à la « doctrine des deux actes »[1], nous pensons que la « surabondance » de l'Un s'explique par l'« acte engendré » issu de son Acte pur, de l'Acte auto-constituant qui est à l'origine de la procession. Il n'y a donc aucune nécessité contraignante à l'origine de l'essence, mais une spontanéité généreuse, un « acte engendré », que Plotin appelle au traité VI, 8 (39), *la liberté de l'Un*[2]. Christian Rutten a bien montré comment Plotin distingue radicalement « l'acte de l'essence » et « l'acte qui résulte de l'essence »[3] ; par cette distinction, Plotin affirme que « l'acte engendré » n'est pas l'activité propre au Principe :

> Cet acte, écrit Christian Rutten, n'établit pas une relation réciproque entre générateur et terme engendré. Ainsi, tout en étant "puissance productrice de toutes choses", le Premier n'a pas de relation à autre chose qu'à soi[4].

De cette façon est sauvegardée l'absolue transcendance de l'Origine, en même temps qu'est confirmée la thèse selon laquelle l'Un est le principe dynamique de son produit[5].

Si donc « l'acte engendré » dérive « de la puissance suprême »[6], il n'est pas l'Un lui-même. Car si l'acte engendré ne se sépare pas de l'acte de l'essence, il en est cependant séparé par l'altérité[7]. Il faut dès lors comprendre que la « surabondance » du Premier est cet acte engendré qui sourd de lui, sans être lui-même son Acte pur ; et que cet acte engendré est "quelque

1. *Cf.* Chr. Rutten, « La doctrine des deux actes dans la philosophie de Plotin », *Revue philosophique*, 146 (1956), 100-106.

2. Rappelons que la liberté de l'Un se définit, dans ce traité 39, par la maîtrise de soi et l'affranchissement par rapport à ce qui vient après, l'inférieur. Mais dans tous les contextes des *Ennéades*, la liberté signifie le non-asservissement et la souveraineté (par exemple en II, 2 (14), 2). L'Un qui est παρ' αὐτοῦ est donc absolument libre, puisqu'il se possède et, pourrait-on dire, s'appartient à lui-même. C'est cette appartenance de l'être à soi qui est le fondement de la souveraineté.

3. Chr. Rutten, *op. cit.*, p. 106.

4. *Ibid.*, p. 106.

5. *Cf.* V, 3 (49), 15.

6. V, 4 (7), 2.

7. *Cf.* V, 1 (10), 6, 52-53 : « L'être engendré est nécessairement avec lui, *n'étant plus séparé de lui que parce qu'il est autre que lui* » (nous soulignons). Bien que dans ce contexte il s'agisse de l'être engendré, le raisonnement vaut pour l'acte de l'essence et l'acte dérivé de l'essence : ce qui sépare ces deux actes, c'est justement leur différence, comme Plotin le dit au traité V, 4 (7), 2, 28-31 déjà cité. D'ailleurs, au même traité, Plotin, pour expliquer comment de l'acte de l'essence peut être engendré un autre acte qui dérive de lui mais qui *n'est pas* lui, prend l'exemple du feu : « dans le feu il y a une chaleur qui constitue son essence, et une autre chaleur qui vient de la première, lorsqu'il exerce l'activité inhérente à son essence, tout en demeurant en lui-même », 2, 31-34.

chose" d'illimité : la vie, qui n'est pas l'archi-Vie du Principe mais qui en dérive, entendons qui est déjà différente de son Acte pur. L'Un qui a « surabondé » a engendré une chose indéterminée, que Plotin appelle parfois « la matière intelligible »[1], et parfois « la vie qui est une puissance universelle »[2]. C'est cette vie, cet acte engendré qui s'écarte de l'Absolu mais qui n'est pas encore le Νοῦς, qui va constituer la seconde hypostase au moment où "la chose engendrée" se retournera vers son Principe, animée du désir vague du Bien. Ainsi, à la source de la procession, il y a cette vie illimitée, acte engendré de l'Acte pur de l'Un, qui éprouve un désir indéterminé pour le Bien non encore connu. Mais il y a aussi l'amour qui est anticipation de la connaissance, vision sans objet (ὄψις οὔπω ἰδοῦσα), vague représentation (φάντασμά τι) et esquisse (τύπον)[3]. Ce n'est que par la conversion que la procession s'achève et que l'Intelligence naît, car sans la conversion, l'acte engendré, la vie indéterminée qui sourd du Premier, ne se déterminerait pas, et il n'y aurait pas autre chose que lui.

On comprend dès lors mieux comment le Principe peut donner ce qu'il n'a pas. Il n'a pas, ne possède pas, cet acte engendré puisqu'il est Acte pur ; mais l'acte engendré dérive pourtant bien de lui, de son agir pur[4]. L'acte engendré est la puissance infinie et indéterminée qui permettra à la multiplicité de se constituer en plénitude[5]. C'est l'acte engendré qui est la

---

1. II, 4 (12), 15.
2. VI, 7 (38), 17.
3. V, 3 (49), 11, 5-8.
4. C'est ce qu'affirme Plotin en parlant de la matière intelligible : « Le principe de la matière intelligible, c'est l'altérité et le mouvement premiers ; c'est pourquoi on appelle altérité ce mouvement, car mouvement et altérité sont nés ensemble. Le mouvement et l'altérité qui viennent de l'Un (ἀπὸ τοῦ πρώτου) sont indéfinis et ont besoin de lui pour être déterminés ; ils sont définis quand ils se tournent vers lui. » (II, 4 (12), 5, 29-32). Ou encore : « Le mouvement et l'altérité sont choses indéfinies et, *venant du Premier*, ils ont aussi besoin de lui pour se définir ; ils se définissent par leur conversion vers lui ; avant cette conversion, la matière ou altérité est indéfinie ; elle n'est pas bonne et elle est privée de la lumière du Bien. » (II, 4 (12), 5, 33-35, nous soulignons).
5. Insistons encore : s'il y a bien chez Plotin une problématique de l'Un et du multiple, et si la question de savoir comment de l'Un peut provenir le multiple est cruciale, c'est parce que la multiplicité n'est en aucune manière une division ou une participation du Principe. L'Un est au-delà de ce qu'il donne, transcendant vis-à-vis de ce qui vient après lui : il y a du multiple parce que l'Un permet à l'énergie dérivée d'actualiser ce dont elle est seulement en puissance. Le Premier est indifférencié, simple, et ne se prête nullement à la détermination. Plotin le dit de façon exemplaire en V, 1 (10), lorsqu'il parle de la conversion du Principe vers lui-même. Celle-ci ne doit pas être entendue comme un mouvement venant affecter l'immobilité du Premier et le soumettre à un processus de différenciation. Dans l'Acte pur de l'Un se trouvent scellés l'identité et le repos originaires inhérents au Principe. Au-delà de

puissance contenant en elle-même la multiplicité sur un mode éminent, et c'est lui encore qui est puissance de toutes choses, puissance infinie et suprême, vie illimitée et universelle. L'Acte pur du Parfait, l'ἐνέργεια μένουσα, représente sa Puissance comme puissance de lui-même et immanence à lui-même ; l'acte engendré de cet Acte pur représente la puissance dérivée de la puissance immanente au Principe, puissance issue de sa surabondance et qui est puissance de toutes choses. D'un côté, pourrait-on dire, il y a l'Un indéterminé, pure intériorité, mouvement vers soi et existence en fonction de soi, Acte pur qui se soustrait, ou plutôt qui est réfractaire à l'appréhension du langage eidético-noétique. De l'autre côté, il y a l'acte engendré, la puissance de toutes choses, ce qui le manifeste comme Présence immanente aux êtres dérivés. Cette Présence du Principe dans les dérivés est en même temps une absence, puisque ce qui se trouve au fondement des êtres engendrés n'est pas l'Un lui-même mais, justement, seulement son acte engendré qui est autre que lui. Dans les dérivés, ce qui est supérieur à la pensée, à savoir la vie et l'amour, n'est que la *trace* (ἴχνος) du Premier, trace qui n'est pas le Parfait lui-même, mais qui le signifie, qui est comme sa présence dans les profondeurs de l'être. La trace n'est donc pas la *coïncidence* avec l'Un, mais ce qui, dans l'être, est au plus près de lui. Cette trace est la puissance qui se communique, du Principe aux êtres postérieurs, par l'acte engendré de son Acte pur. Mais, manifestée par la trace, qui constitue ce qui en l'être est non noétique, la puissance érotique-dérivée-active porte l'être jusqu'à l'union contemplative.

Sur le plan ontologique donc, la puissance infinie de l'Un et la vie illimitée (qui est son acte engendré) sont requises par le langage afin d'exprimer que le Principe lui-même enveloppe et embrasse toutes choses. L'extrême fécondité de l'Absolu s'exprime ainsi dans le procès de l'ontologie, mais ne l'exprime pas pour autant lui-même. Ce qui le manifeste, c'est son Acte existant éternellement dans la pureté de sa perfection. En ce sens, l'Acte pur de l'Un est absolument originaire. Mais la primauté ontologique du Premier est manifestée par son acte engendré, car c'est une nécessité vitale et non logique qui explique la production par effusion de surabondance[1]. Cependant, dans le même temps que l'acte engendré diffuse, par sa puissance infinie, la vie illimitée et universelle qui sourd de l'Origine et qui est puissance de toutes choses, il enveloppe aussi l'érotique, dans la mesure où la puissance indéterminée porte en elle-même le *désir* (ἔφεσις) du Bien. C'est, en effet, parce que l'acte engendré est *autre*

toute détermination statique ou dynamique, l'Un surabonde, et cette énergie dérivée, née de son effusion et de sa profusion, se tourne vers lui pour en être fécondée.

1. *Cf.* V, 2 (11), 1.

que l'Acte pur de l'Un qu'il peut y avoir *désir* du Principe : la conception plotinienne de l'Amour-de-soi principiel se retrouve, au niveau de l'acte engendré, comme désir-amour pour le Bien. Le "don" de l'Un qui donne ce qu'il n'a pas est celui de cet acte dérivé, qu'il n'a pas et qui n'est pas son Acte, qui est même, comme nous l'avons vu, *autre* que lui et qui pourtant vient de lui. C'est par ce don que le Premier diffuse son Amour de lui-même dans les êtres engendrés, Amour qui prend la forme du désir et de l'amour *pour* le Bien. Pour le dire encore autrement, l'Amour de soi du Principe est, en lui, *intransitif*, alors que l'amour et le désir qui meuvent les êtres dérivés sont, quant à eux, *transitifs*, et ont pour objet l'Un-Bien. C'est le sens qu'il convient de donner au sixième paragraphe du traité V, 1 (10) : dans ce chapitre, Plotin souligne l'immédiateté de la relation entre l'Intelligence et son Principe ; rien ne les sépare, l'une vient après l'autre, ils sont seuls face à face. Il attribue aussi à l'inférieur, dans ce même paragraphe, le désir et l'amour à l'égard du supérieur, désir et amour qui viennent de l'Un sans être le Désir et l'Amour qu'il éprouve pour lui-même. De plus, le désir et l'amour existent toujours nécessairement, ajoute Plotin, entre l'engendré et l'engendreur ; il note enfin avec insistance que le rapport est étroit entre les deux hypostases supérieures, puisque le Premier est « le meilleur », et que « l'Intelligence est nécessairement avec l'Un (σύνεστιν αὐτῷ), *séparée de lui par le seul fait de leur altérité* »[1].

Ce regard vers le haut, le désir et l'amour, exprime la conversion de l'inférieur vers le supérieur ; la conversion est ainsi destinée à compenser, sans l'annuler, l'écart que creuse la procession. Cet écart n'est évidemment pas spatial, il est une différence intelligible et en même temps une différence ontologique. Or, cet acte engendré n'est pas, à proprement parler, une "émanation" de l'Un. Cet acte « ne s'écoule point hors de sa source »[2], il ne se sépare pas de l'acte de l'essence, il est « uni à ce dont il provient »[3]. Comment donc comprendre cet acte engendré de l'Acte pur ? Plotin ne cesse de le répéter, la production de l'Un exclut toute action *ad extra*. Le Principe ne sort pas de lui-même pour produire les êtres dérivés de lui. Il n'est rien non plus de ce qu'il engendre, et pourtant l'absolu transcendant ou la suprême simplicité qu'est le Principe, est immanent, par sa puissance, à toutes choses. Pour dire cette transcendance-immanence, Plotin a recours à

---

1. V, 1 (10), 6, 52-53 (nous soulignons). Au même traité, chapitre 3, lignes 21-22, on peut relever une expression analogue à propos de l'Intelligence et de l'Âme : οὐδὲν γὰρ μεταξὺ ἢ τὸ ἑτέροις εἶναι : « il n'y a rien entre elles, sauf le fait qu'elles ne sont pas un seul et même être ».
2. Voir, par exemple, V, 1 (10), 3, 8-12 ; IV, 5 (29), 7, 4.
3. VI, 7 (38), 40, 6-7.

des *images*, à des *métaphores*. La plus explicite de toutes est certainement celle de la source évoquée au traité 30 (III, 8) :

> Et qu'est-il [l'Un] donc alors ? La puissance de toutes choses (δύναμις πάντων). Si elle n'existait pas, la totalité des choses n'existerait pas et l'Intelligence ne serait pas la vie première et la vie totale (οὐδ᾽ ἂν νοῦς ζωὴ ἡ πρώτη καὶ πᾶσα). Car ce qui est au-dessus de la vie est cause de la vie. En effet, l'activité de la vie qui est la totalité des choses n'est pas première (οὐ γὰρ ἡ τῆς ζωῆς ἐνέργεια [...] πρώτη), mais elle s'écoule en quelque sorte d'une source (ἀλλ᾽ ὥσπερ προχυθεῖσα αὐτὴ οἷον ἐκ πηγῆς). Il faut te repré-senter une source qui n'a pas d'autre principe, mais qui se donne elle-même à tous les fleuves, sans pourtant se perdre dans ces fleuves, mais qui demeure elle-même dans le silence (ἀλλὰ μένουσαν αὐτὴν ἡσύχως). Et les fleuves qui sortent d'elle coulent ensemble un moment encore réunis avant que chacun ne s'en aille dans une direction différente, déjà en quelque sorte chacun sait où son flot l'entraînera[1].

La source, l'Un d'où jaillit l'acte de vie, est bien l'expression de cet acte *de* l'essence que Plotin entend fermement différencier de l'acte qui *dérive* de l'essence. La source, qui nomme métaphoriquement l'acte de "l'essence", acte purement immanent à l'Un lui-même, ἐνέργεια μένουσα, n'engendre rien d'elle-même, puisqu'elle « demeure en elle-même dans le silence » et ne provient d'aucun principe : « Il faut te représenter une source qui n'a pas d'autre principe [sous-entendu : qu'elle-même] ». Comme l'a remarqué Joseph Moreau[2], si le Premier est comparé à une source, il s'agit là d'« une source absolue » qui ne perd rien de ce qu'elle donne. Il n'y a donc pas, à proprement parler, d'émanatisme plotinien, comme nous le faisions remarquer précédemment. L'Un est transcendance absolue et parfaite immobilité. Pas d'émanatisme donc, car le Principe ne transmet pas sa "substance" infinie dans le fini. Il n'y a pas d'émanatisme non plus au sens stoïcien du terme, mais il y a un *immanentisme,* dans la mesure où la source produit une puissance active qui lui reste unie tout en étant autre. L'acte de vie, qui est acte dérivé de l'acte de "l'essence", c'est-à-dire de la « source », manifeste son Principe sans être identique, ni même semblable, à lui[3]. La

---

1. III, 8 (30), 10, 1-10.
2. J. Moreau, *op. cit.*, p. 93-94.
3. Dans un autre traité, VI, 7 (38), Plotin souligne aussi la transcendance du Principe quant à la vie, ici la vie du Νοῦς : « Si la vie est dans le Νοῦς, le donateur a sans doute donné la vie mais il est lui-même plus noble et plus beau que la vie. Le Νοῦς a donc reçu la vie et il n'a pas besoin d'un donateur qui soit lui-même multiple et varié. Et la vie est une certaine *trace* du Bien, *mais elle n'est pas la Vie du Bien* » (c'est nous qui soulignons), 17, 11-14. Le donateur

vie illimitée qui jaillit de la source au-delà de la vie est donc bien un *effet*, mais cet effet est différent de la cause qui le transcende, cause qui lui reste hétérogène. L'acte de vie qui jaillit de la source-Acte-pur doit bien s'entendre comme l'effet dérivé de l'énergie interne, de l'ἐνέργεια μένουσα du Premier. En ce sens, la vie illimitée jaillissant de la source est un acte engendré. Ainsi, les images du débordement (ὑπερερρύη), qui traduisent une surabondance (ὑπερπλῆρες), sont-elles signes d'une perfection (τελειότης) sans être l'*émanation* de cette perfection.   εἰδολον

Cet acte second, ou acte dérivé, ou énergie dérivée, est une image de l'ἐνέργεια μένουσα, et c'est de cet acte dérivé que provient l'hypostase inférieure, elle-même image du Parfait[1], mais différente de lui. La seconde hypostase, le Νοῦς premier-né de l'Un a, comme lui, une existence par elle-même. Pourtant, dépendante d'un autre que d'elle-même, l'existence par soi de l'Intelligence n'est en rien comparable à l'auto-position d'existence du Premier, c'est ce que nous verrons plus tard. Pour le moment, revenons encore à la métaphore de la source. Plotin nous dit que la vie qui jaillit de la source-Un va constituer le fleuve-Νοῦς, fleuve au départ unique, mais d'où proviendra le fleuve-Âme. De cette façon, l'Un est à la fois présent et absent à ses dérivés : présent, car l'acte engendré manifeste sa perfection comme le fait un reflet, une image ; absent car ce qui se constitue à partir de l'acte engendré n'a rien, ne possède rien de ce qui constitue le Principe lui-même.

Ainsi, images et métaphores (par exemple, outre celle de la source, celle de l'arbre qui nourrit toutes les branches « sans se gaspiller en elles »[2], ou celle du centre de la sphère[3]) ont-elles pour finalité de nous faire

---

de la vie est plus noble et plus beau que la vie qu'il donne, et Plotin, s'il va jusqu'à dire que l'Un ne pense pas, ne dit jamais qu'il est privé de vie. Ici, il indique que la Vie de l'Un n'est ni multiple ni variée comme l'est celle de l'Intelligence. C'est donc qu'à l'endroit du Principe il convient de penser une détermination plus originelle de la ζωή, dont la vie de l'Intelligence n'est qu'une trace. L'au-delà de la vie de l'Intelligence ne peut être, comme nous avons tenté de l'établir, qu'une *archi-Vie* d'où dérive la vie indéterminée, qui n'est ni la Vie du Premier ni celle du Νοῦς, mais qui est la matière intelligible, la puissance infinie, la vie illimitée, acte dérivé de l'Acte pur de l'Un qui constitue sa Vie même.

1. Dans la deuxième partie de notre travail, qui portera sur le Νοῦς, nous aurons à nous pencher sur la difficile question de la seconde hypostase « image de l'Un », cf. *infra*, p. 77-87.

2. III, 8 (30), 10, 10-14.

3. *Cf.* VI, 9 (9), 8. Bien que cette image soit originale chez Plotin et parcoure l'ensemble des *Ennéades*, elle ne nous semble pas différer, quant à sa signification symbolique, des autres images qu'il emploie pour exprimer à la fois la transcendance et l'immanence de l'Un à ses dérivés. C'est pourquoi nous n'en donnons pas, comme d'autres commentateurs, une analyse détaillée, mais nous contentons de la citer comme une image parmi d'autres traitant du même thème. Pour une analyse détaillée de l'image de la sphère, *cf.* par exemple, P. Hadot, *Plotin. Traité 9, VI, 9,* Introduction, traduction, commentaire et notes, Paris, 1994,

comprendre à quel point l'Absolu demeure transcendant à ses dérivés, contrairement au principe actif et divin que les stoïciens considéraient comme immanent au monde [1].

Ce qui est immanent dans les dérivés, c'est l'image du Principe, ou la trace qui leur est transmise par l'énergie dérivée venant de lui mais qui n'est pas lui – puisqu'elle est précisément une image. Le critère de l'absolue puissance de l'Un est ainsi d'être une cause qui ne "passe" pas dans ses effets, qui ne sait même pas qu'elle a des effets :

> [De l'Un] nous disons qu'il est "cause", ce n'est pas à lui que nous attribuons un prédicat, mais à nous-mêmes, car c'est nous qui avons en nous quelque chose qui vient de lui, alors que lui "est" en lui-même [2].

On ne saurait être plus clair sur ce point. Cependant, parmi toutes les métaphores utilisées par Plotin pour rendre compte de la genèse de l'univers par l'Un, ou plutôt par son acte engendré (c'est pourquoi l'univers est distinct du Principe et radicalement autre), il en est une qui nous semble être plus qu'une simple métaphore, c'est *celle de la lumière* [3].

Nous avons analysé comment l'Un est à lui-même son propre fondement, comment ce fondement s'explicite par le regard qu'il se porte à lui-même, et comment son existence consiste dans ce regard :

> Quant à lui, se transportant en quelque sorte en ses profondeurs, il s'aime et aime la pure clarté qui le constitue [4].

Regard-lumière-Amour-Vie sont confondus dans le Principe. Or, cette « illumination transcendante de l'Un » [5] est ce qui se communique réellement aux dérivés, les faisant eux-mêmes, à l'instar du Premier lui-même

---

p. 182-194 ; P.A Meijer, *Plotinus on the Good or the One (Enneads VI, 9). An analytical Commentary,* Amsterdam, 1992, p. 228-245 ; P. Henry, « Une comparaison chez Aristote, Alexandre et Plotin », in *Les sources de Plotin,* Fondation Hardt, « Entretiens sur l'Antiquité classique », t. V, Vandœuvres-Genève, 1960, p. 427-445.

1. Voir à ce propos les belles pages de P. Hadot, *Porphyre et Victorinus, op. cit.,* t. I, p. 225-243, où l'auteur montre que la nature-ἕξις est, pour les stoïciens, l'autre nom de Dieu lui-même, qui est l'*hegemonikon* du monde, c'est-à-dire son principe directeur et immanent.

2. VI, 9 (9), 3, 49-53.

3. « La lumière, écrit G. Leroux, ne peut être considérée purement et simplement comme une image ; elle ne possède pas d'au-delà et ne saurait être interprétée comme la représentation d'un autre. Elle n'appartient à aucune sémiotique, puisqu'elle ne s'inscrit pas comme le concept d'un renvoi de la différence à son origine, mais comme *une expression de l'identité qui traverse la métaphysique.* Dans sa *continuité,* elle exprime l'objet de la métaphysique, elle est cet objet même » (nous soulignons) ; G. Leroux, « La trace et les signes, aspects de la sémiotique de Plotin », *loc. cit.,* p. 247.

4. VI, 8 (39), 16, 12-14.

5. L'expression est de J. Moreau, *op. cit.,* p. 98.

« Amour, objet aimé et Amour de soi », des êtres aimant leur principe, s'aimant eux-mêmes et étant eux-mêmes « objet aimé » pour ce qui vient après eux. La lumière est ainsi inhérente à l'acte de conversion, elle est manifestation de l'Amour de l'Un pour lui-même et, en ce sens, modèle pour les Intelligibles. Mais elle est aussi représentative du mode d'auto-constitution des hypostases dérivées. La lumière, qui est le signe de l'amour que les dérivés se portent à eux-mêmes et à leur principe immédia-tement supérieur, est cette illumination que les dérivés reçoivent et transmettent ; illumination qui suscite le regard contemplateur, qui oblige à la contemplation, laquelle est toujours, chez Plotin, le suprême agir[1].

L'Amour de l'Un *est* cette lumière même qui vient irradier et rendre beaux les engendrés, qui suscite et provoque leur amour, les obligeant à imiter, autant que faire se peut, le Principe qui ne leur est connu que par cette énergie dérivée dont l'éclat les illumine, et qui les pousse à aimer la source de cette lumière. Dans l'Intelligible, la lumière ne se heurte à aucun obstacle[2], l'amour y est ce qui unit les hypostases entre elles aussi bien qu'en elles-mêmes et à leur Principe. La trace de l'Un dans les dérivés est faite de lumière et d'amour ; lumière et Amour qui, en lui, ne sont nul-lement séparés, mais qui, dans les êtres postérieurs ne sont plus qu'images de cette lumière et de cet Amour de soi du Premier, images transmises par son énergie dérivée qui porte en elle ce surcroît de sens qui, seul, peut combler la visée de l'absolue plénitude[3].

---

1. Tout le traité III, 8 (30), intitulé par Porphyre « De la contemplation », est consacré à montrer que la contemplation est *productrice*. En effet, elle est une activité qui se retrouve à tous les degrés de l'ontologie, mais différemment suivant les niveaux d'être. A ce propos, M. I. Santa Cruz De Prunes écrit : « La contemplation se vérifie en chaque degré de la réalité […]. La structure ontologique et le mode de contemplation sont deux aspects indissolubles à chaque niveau de l'émanation », *La Genèse du monde sensible dans la philosophie de Plotin*, Paris, 1979, p. 20.
2. Dans le sensible, au contraire, la matière peut être un obstacle à la lumière du Bien. Au traité VI, 7 (38), 42, 21-28, Plotin évoque la « chaîne d'or » dont parle Macrobe (*In Somn. Scip.*, I, 14, 15) qui relie tous les êtres, du Dieu suprême jusqu'à la matière, par la continuité d'une Vie unique et *d'une seule lumière* qui se diffuse à travers tous les degrés de la hiérarchie des êtres. Cité par P. Hadot, *Plotin. Traité 38*, VI, 7. Introduction, traduction, commentaire et notes, Paris, 1988, p. 367.
3. En ce sens on peut dire que la vie engendrée de l'Un porte en elle la lumière pure, alors que le système des formes achevées dans l'Intelligence implique la réfraction de la lumière, son morcellement. Cependant, c'est bien une seule et même lumière qui rayonne, et c'est dans la reconnaissance de cette identité qu'il peut y avoir « ivresse amoureuse » et union avec le Bien. Dans le jeu de l'indétermination/détermination de la lumière pure et de la lumi-nosité des formes s'explicite, pour Plotin, une proximité avec le Principe qui ne se résout jamais en identité. La lumière signifie une ressemblance, par la trace, et un amour, par le

Il y a donc bien, à la source de la procession, discontinuité de l'Un aux hypostases dérivées, puisqu'il n'est rien de ce qu'il donne, puisqu'il est au-delà de ses dons, qu'il est l'absolue transcendance et l'absolue altérité, et reste en lui-même dans sa vénérable immobilité. Mais en même temps, il y a continuité du Principe à ses engendrés, dans la mesure où son énergie dérivée est comme son image, comme une trace assurant le processus dynamique qui est en même temps érotique et qui se transmet aux êtres inférieurs moyennant la conversion de ceux-ci vers le supérieur.

Nous avons ainsi établi que l'archi-Vie de l'Un et sa Puissance se fondent identiquement dans l'Amour qu'il a pour lui-même. Cet Amour est à l'origine de la procession. Les images et les métaphores qu'emploie Plotin pour expliquer la génération du multiple à partir du Principe attestent toutes que sa puissance infinie est une puissance communiquée se manifestant comme acte engendré de l'Acte éternel immanent à soi-même. Cette énergie dérivée n'est qu'un reflet dégradé, une image amoindrie de l'Amour de soi principiel, qui est l'Acte de l'Un et son existence. Aussi, la puissance communiquée aux dérivés est-elle porteuse de son Érôs : Érôs généreux, car il n'est pas jaloux et laisse les autres êtres exister ; érôs diffusif, car c'est l'Amour qui est à l'origine de la procession, comme il est le moteur de la conversion et le centre constitutif des hypostases.

En l'Un l'Amour domine, puisqu'il est le *supra*-noétique par excellence, et qu'il se pose et se crée éternellement dans un Acte immanent à lui-même et revenant éternellement sur lui-même. C'est pourquoi, dans le Principe, Amour-Vie-Puissance constituent une triade en laquelle chaque terme est équivalent aux autres et où chaque terme signifie tous les autres.

Pour ce qui concerne l'hypostase du Νοῦς, nous verrons que la triade constitutive est Être-Vie-Pensée. Nous montrerons que cette triade constitutive de l'Intellect pensant est gouvernée par le noétique, bien évidemment, mais surtout que la partie non-pensante du Νοῦς, l'Intellect-aimant[1], est supérieure à l'Intelligence qui pense les Intelligibles et qui se pense elle-même. L'Intellect-aimant donne à la seconde hypostase sa tonalité, si l'on peut dire, dominante, et c'est par cette partie non intellectuelle mais purement aimante que le Νοῦς peut être dit « ressemblant au Bien »[2], ἀγαθοειδής.

---

désir de demeurer auprès du Bien, sans être jamais l'expression d'une identité avec le Bien qui exténuerait toute transcendance du Principe.

1. Nous reprenons l'expression de P. Hadot, *traité 38, loc. cit.*, qui appelle cette partie non encore noétique du Νοῦς « l'Intellect-naissant-aimant ».

2. VI, 7 (38), 21, 1-6.

Deuxième partie

LE NOÛS : ÊTRE – VIE – PENSÉE

LA DIFFUSION DE L'ERÔS HÉNOLOGIQUE « CAUSE » DU NOÛS

LE PROBLÈME DE LA DÉRIVATION DU Noῦç À PARTIR DE L'UN

Nous avons vu au chapitre précédent comment s'explique la dérivation de toutes choses, et notamment du Noῦç, à partir de l'Un, et comment, en empruntant le vocabulaire aristotélicien de l'acte premier et de l'acte second tout en lui faisant subir de conséquentes modifications[1], Plotin parle, en ce qui concerne le Parfait lui-même, d'un acte dérivé de son Acte pur[2]. C'est

---

1. En ce qui concerne la théorie plotinienne des deux actes comme « habile transposition » et « subtil gauchissement » de la théorie aristotélicienne de l'efficience, *cf.* Chr. Rutten, *op. cit.*, p. 101. Il faut noter cependant que, quant aux sources dont est issue la théorie des deux actes chez Plotin, l'interprétation de Chr. Rutten reste sujette à discussion. En effet, pour M. Atkinson, la façon dont Plotin lie entre elles l'activité immanente et l'essence serait « parfaitement non aristotélicienne », cf. *Plotinus : Enneads V, 1. On the three Principal Hypostases.* A Commentary with Tranlation by Michael Atkinson, Oxford, 1983, p. 57; tandis que pour P. Hadot, la doctrine des deux actes aurait sa source dans la « distinction stoïcienne entre la qualité substantielle et les effets extérieurs qui résultent d'elle », cf. *Porphyre et Victorinus, loc. cit.,* t. I., p. 229. Il ne nous appartient pas, dans le cadre de ce travail, d'entrer dans une discussion approfondie des sources de Plotin quant à la doctrine des deux actes; il nous suffira de retenir que l'acte immanent est la condition nécessaire de l'apparaître de l'acte dérivé, comme Plotin y insiste en de multiples occurrences : V, 4 (7), 2, 27-33; II, 9 (33), 8, 22 *sq.*; IV, 3 (27), 10, 31 *sq.*; V, 1 (10), 3, 8-9; III, 5 (50), 3, 3 *sq.*; IV, 5 (29), 7, 17 *sq.*; V, 2 (11), 1, 16 *sq.*; V, 3 (49), 7, 19 *sq.*; VI, 2 (43), 22, 26 *sq.*

2. L'Intelligence est, en effet, l'acte d'un Acte antérieur qui est celui de l'Un (*cf.* V, 4 (7), 2, 36-37; VI, 7 (38), 21, 2-6), comme l'Âme est l'acte de l'actualisation préalable de l'Intelligence (*cf.* V, 1 (10), 3, 8-9; V, 2 (11), 1, 16-17).

ce qu'il nous faut cerner au plus près, si nous voulons comprendre comment apparaît la multiplicité des choses.

Dans le même temps qu'il s'attache à maintenir ouvert l'écart qui sépare l'Un de ses dérivés, Plotin maintient néanmoins l'hypothèse de la continuité ; nous en avons déduit qu'entre le Principe et ses dérivés il n'y a pas de rupture radicale, mais un jeu incessant entre continuité et discontinuité. Cette "indétermination" théorique est particulièrement nette dans la description de la genèse du Noῦς à partir de l'Absolu, mais il est néanmoins clair que ce qui tisse la continuité dans l'ordre de la procession, c'est la vie, puisqu'aussi bien elle est :

> l'acte du Bien, ou plutôt un acte dérivé du Bien, [et] l'Intelligence est cet acte même quand il a reçu une limite [1],

ou encore :

> la vie qui a reçu une limite, c'est l'Intelligence [2].

Cependant, lorsqu'on parcourt ce traité 38 (VI, 7), on s'aperçoit que la vie n'est pas uniquement attribuée à l'Intelligence achevée, mais qu'elle est aussi au fondement de l'Intellect pré-noétique, qu'elle est même identique au Noῦς anoétique : c'est la vie pré-intellective qui donnera, une fois limitée, celle propre de l'hypostase achevée. Autrement dit, la vie de l'Intelligence hypostatique achève un autre mouvement : celui de la vie que nous pouvons appeler *proto-vie* dans la mesure où elle est sans forme et indéterminée. Cette *proto-vie* naît elle-même de la surabondance de l'Un, elle est un acte dérivé de son Acte pur, Acte que nous avons, à la suite de Plotin, identifié à la Vie de l'Un en tant qu'*archi-Vie*. Cette vie pré-intellective, ou proto-vie, se situe donc entre l'archi-Vie de l'Un et la vie déployée dans l'Intelligence, qui est l'archétype de toutes les formes de vie. La proto-vie, en tant qu'acte dérivé de l'Un, est intermédiaire entre le Premier et le Noῦς, et est à penser, d'après Plotin lui-même, comme l'altérité et le mouvement premiers issus du Principe. C'est donc sous les modalités du mouvement et de l'altérité que l'acte dérivé de l'Acte pur, la proto-vie née de la surabondance de l'archi-Vie, est à analyser.

Disons immédiatement que le mouvement et l'altérité de l'acte dérivé ne contaminent nullement le Premier, lequel reste immobile à l'intérieur de lui-même et identique à lui-même. La transcendance du Parfait n'est donc aucunement menacée par le mouvement et l'altérité qui dérivent de lui. En revanche, parce qu'il s'agit d'un acte *dérivé*, la vie pré-noétique, en tant que

---

1. VI, 7 (38), 21, 4-6.
2. *Ibid.*, 17, 25.

mouvement qui s'écarte de l'Un, est au plus près de l'archi-Vie du Bien : en tant que proto-vie, c'est-à-dire vie indéterminée et illimitée, ignorante de sa limite, elle est la vie la plus semblable à la Vie du Principe. Ce n'est que lorsque le mouvement s'achève, par la conversion vers le Bien, en hypostase constituée (*i. e.* : le Noῦς), que la vie se différencie, et devient, par sa forme et sa limite, tout autre radicalement que la Vie du Bien ; ce n'est qu'alors qu'elle devient elle-même principe et origine de la vie ontologique, *archétype* de toutes les formes de vie. C'est pourquoi, lorsque Plotin affirme que « la vie est l'ἐνέργεια du Bien ou plutôt l'ἐνέργεια qui dérive du Bien »[1], il faut entendre que la vie qui vient après le Principe est effectivement l'acte *dérivé* de son Acte pur, alors que cet Acte pur *est* lui-même la Vie de l'Un en tant qu'archi-Vie. L'univocité qui définit la Vie comme Acte du Principe, comme ἐνέργεια, amène donc Plotin à se corriger immédiatement et à déterminer la vie comme acte second *dérivé* du Principe. Cela nous permet de comprendre que, dans la mesure où l'acte second est toujours une image de l'Acte premier, c'est-à-dire de *l'Acte du Premier*, la Vie est l'Acte premier du Principe en même temps qu'elle est vie de l'acte qui en dérive. Or, si l'Un est le principe de cette proto-vie c'est, comme le dit Pierre Hadot, parce que :

> le fait que cette *energeia* [dérivée] soit originellement infinie et informe laisse entrevoir que, finalement, la vraie ressemblance avec le Bien sans forme est l'absence de forme[2].

Ainsi, la vie indéterminée et indistincte, qui est l'acte dérivé de l'Un, est ce qui témoigne de la plus grande proximité avec le Bien. Mais la ζωή est aussi ce qui témoigne de la continuité du Premier à l'Intelligence achevée ; la discontinuité apparaissant, quant à elle, avec l'οὐσία et la νόησις. Transcendant, le Principe l'est absolument du point de vue de l'essence et de la pensée propres à la seconde hypostase ; mais immanent, il l'est tout autant, si l'on considère que la vie maintient ouverte la possibilité d'une « ressemblance » avec le Bien. C'est pourquoi le mouvement de la proto-vie, en tant qu'acte dérivé, est la marque de la surabondance et de la générosité de l'Un, mais aussi la trace de son Amour dans les engendrés ; et c'est aussi pourquoi la vie pré-noétique signifie la puissance manifestée et communiquée de la Puissance de l'Un identique à son Amour. C'est donc par l'amour que le Principe est immanent à ce qui le suit, et cet amour est vie.

La dérivation du Noῦς à partir de l'Un, parce qu'elle advient par la ζωή, témoigne donc en faveur d'une continuité-discontinuité qui se joue, certes,

---

1. *Ibid.*, 21, 4-5 : τἀγαθοῦ [...] μᾶλλον δὲ ἐκ τἀγαθοῦ ἐνέργειαν.
2. P. Hadot, *traité 38, loc. cit.*, p. 288.

dans le mouvement et l'altérité eu égard au Principe, mais qui, parce qu'elle est proto- vie issue de l'archi-Vie du Parfait, est comme sa *trace*.

Cependant, si la continuité est ainsi parfaitement avérée, il ne nous semble pas qu'elle doive être comprise comme *émanation*.

En effet, nous avons déjà insisté sur le fait que, de l'Un aux êtres dérivés, il ne saurait être question d'un *processus d'émanation*, même si les métaphores du feu et de la chaleur, de la neige et du froid, ou des objets odorants [1] semblent impliquer un phénomène physique du même type que celui de l'émanation. Par ces métaphores, Plotin tente de montrer que tout être, tant qu'il demeure, produit, de son essence, une réalité subordonnée et dépendant de sa puissance, une image de l'archétype qu'il est. Ainsi, l'exemple du feu sert à indiquer comment le Principe produit en demeurant en lui-même, sans mouvement, puisque la chaleur du feu se dédouble, pour ainsi dire, en celle qui est avec le feu et celle que le feu fournit. Autrement dit, le feu n'est pas sans effet, mais son effet n'est pas lui :

> Dans le feu il y a une chaleur qui constitue son essence, et une autre chaleur qui vient de la première, lorsqu'il exerce l'activité inhérente à son essence tout en demeurant lui-même [2].

De la même manière la "métaphore" de la lumière [3], d'une part, explicite comment depuis son rayonnement originel le Noῦς et l'Âme sont produits, et, d'autre part, indique qu'il s'agit là d'un jaillissement spontané et nécessaire de la vie ou de la puissance à partir du Principe (sans que la source en soit, pour autant, amoindrie). L'image, récurrente dans les *Ennéades* [4], du soleil qui produit la lumière en témoigne. Or, nous devons retenir que la lumière est ἐνέργεια dérivée, manifestation du Premier d'où dérive la réalité, et qu'elle est aussi étroitement reliée à la vie [5] : l'illumination

---

1. *Cf.* V, 1 (10), 6.
2. V, 4 (7), 2, 31-34.
3. Nous avons montré que la lumière est en fait, chez Plotin, plus qu'une métaphore ; qu'elle est un véritable principe métaphysique.
4. Nous trouvons cette image en I, 7 (54), 1 ; V, 3 (49), 12 ; V, 5 (32), 8 ; V, 6 (24), 4 ; VI, 8 (39), 18 ; VI, 9 (9), 9, entre autres. Pour un relevé exhaustif des images de la lumière dans les *Ennéades* de Plotin, *cf.* R. Ferwerda, *op. cit.*, p. 46-61.
5. Dans le traité 29 (IV, 5), Plotin écrit, dans le contexte d'une discussion sur la lumière : « Mais il y a dans le corps lumineux une activité interne qui est comme sa vie et qui est plus grande et en quelque sorte le principe et la source de l'activité [qui en dérive] ; or l'activité qui vient après les limites du corps, qui est une image de celle immanente, est une activité seconde qui n'est pas séparée de la première » (7, 13-17). Ici, l'acte immanent témoigne d'une sorte de vie interne qui est la condition de l'acte dérivé à venir. Cette vie intérieure peut se comprendre comme le reflet du rapport dynamique qui unit la puissance à l'acte immanent au sein d'une même hypostase en acte. Ceci est encore confirmé par ce qui est dit de

transcendante de l'Origine absolue est source de vie pour les engendrés. Or, l'Un est donateur de vie par son acte dérivé, qui est lumière et vie ; de cette façon il se rend présent à ses dérivés, mais cette présence connote en elle-même son absence, puisqu'il est supérieur à ses dons, puisqu'il est altérité absolue par rapport aux êtres postérieurs. Pour comprendre, néanmoins, comment de l'Un absolument transcendant peut dériver une lumière, ἐνέργεια engendrée de son ἐνέργεια μένουσα, donnant aux êtres dérivés la possibilité de se maintenir dans sa proximité, il est nécessaire de rappeler un passage de l'*Ennéade* IV, 3 (27), 17, 12-14, où Plotin montre que la lumière est une genèse sans mouvement dont la transmission est à la fois infinie et instantanée :

> Imaginons un centre et autour de ce centre un cercle lumineux qui en rayonne, puis autour de ce cercle, un autre cercle de lumière, mais lumière née de la lumière » (φῶς ἐκ φωτός).

Le centre est ici, de manière évidente, l'Un. De lui rayonne, en un premier cercle qui est l'ἐνέργεια engendrée de son Acte pur, la lumière de laquelle, en un second cercle qui est le Noῦς, naît la lumière propre de l'Intelligence, « lumière née de la lumière »[1]. Cette lumière propre au Noῦς est décrite comme « la vie et l'énergie qui sont propres à l'Intelligence », et dans cette vie et cette énergie

> consiste la lumière originaire qui éclaire primitivement par elle-même, éclat tourné vers soi, tout à la fois éclairant et éclairé, véritable intelligible qui pense aussi bien qu'il est pensé, qui est vu par soi-même sans avoir besoin de rien d'autre, en sorte qu'il se voit d'une manière absolue, car ce qu'il voit c'est lui-même[2].

---

l'Intelligence et du rapport existant entre l'acte qui lui est immanent et l'acte qui en dérive : « Si quelque chose vient d'elle, c'est encore qu'elle agit en elle-même et sur elle-même. Il lui faut d'abord agir en soi-même pour pouvoir agir sur autre chose ou pour qu'il advienne d'elle quelque chose d'autre pareille à elle ; c'est parce que le feu est d'abord feu en lui-même et exerce l'acte qui est propre à son essence de feu, que sa trace peut agir en autre chose » (V, 3 (49), 7, 20-25).

1. En VI, 4 (22), 7, 23-36, Plotin corrige ce qu'a de trop "matérialiste" cette image du centre d'où rayonne la lumière de l'Un, lumière qui n'est pas la source, mais qui provient de la source. En supprimant, dans ce passage du traité 22, le centre d'où provient la lumière, il insiste par là même sur le fait que l'engendrement des dérivés n'est nullement une *émanation*, pas davantage que l'énergie engendrée, qui est la lumière, n'est une émanation de l'Acte pur de l'Un. Ce qui reste dans ce passage de VI, 4 (22), 7, c'est l'affirmation de l'omniprésence du Principe, toujours corrigée par l'affirmation répétée de sa totale séparation d'avec les hypostases dérivées et même d'avec sa lumière en tant qu'énergie engendrée.

2. V, 3 (49), 8, 38-42.

Le Noῦς recueille en lui-même l'énergie dérivée de l'Origine, il en fait sa lumière propre, qui le constitue en plénitude. De la même façon que pour le Premier – pour lequel la vision qu'il a de lui-même est son existence propre – pour l'Intelligence aussi, la vision qu'elle a d'elle-même est pure transparence à soi-même. Mais à la différence de ce qui se passe en l'Un, où il n'y a nulle trace d'altérité, il y a dans le Noῦς une unification de l'être et de la pensée, née de la réflexivité, de la concentration de celui-ci en lui-même, par laquelle le sujet connaissant se superpose exactement à son objet et devient toute vision. Cette concentration de l'Intelligence en elle-même est à l'image de l'Un qui reste en lui-même, mais *à l'image seulement*, car elle est une *multiplicité unifiée* alors que l'Un est *un*. Avant d'examiner plus avant la vie propre et intime de cette hypostase, il nous faut analyser d'abord le passage de l'Un à l'Être, afin de comprendre comment se constitue l'hypostase séparée du Noῦς.

L'UNITÉ ET L'AMOUR DU NOῦς

Si la genèse est due à la procession (πρόοδος), cette dernière n'est pas due à l'Un seul, mais aussi à la conversion de l'énergie dérivée vers son Principe. Procession et conversion s'identifient donc dans l'acte qui constitue en plénitude l'hypostase dérivée et séparée du Noῦς. A ce propos, Jean Trouillard écrit :

> Tout ordre dérivé tire de son générateur son pouvoir de conversion et, de cette conversion, intériorité et productivité [...]. L'Un agit immédiatement à tous les degrés, il produit tous les ordres radicalement et du dedans, il *éveille* des initiatives conjointes à sa propre spontanéité. Cette coopération ne s'exerce pas seulement pour chaque plan dans l'émission de son reflet. Chaque ordre participe véritablement à l'efficacité du Bien dans sa propre genèse [...]. La création revient donc à une sorte d'irradiation par laquelle l'illuminé, dans la mesure où il a su s'offrir, s'exposer à la source de la lumière, se trouve doué d'un pouvoir d'achèvement de soi-même [1].

Cette conversion signifie aussi, comme nous allons le voir tout de suite, une constitution dans l'unité et l'amour.

---

1. J. Trouillard, *La procession Plotinienne*, Paris, 1955, p. 80-81. C'est nous qui soulignons.

Plotin nomme l'acte engendré de l'Un : « La vie qui est une puissance universelle »[1], et il précise clairement que cette ἐνέργεια dérivée, qui est une vie illimitée, reste auprès du Bien sans être encore le Noûς :

> La vie est l'acte du Bien, ou plutôt un *acte dérivé* du Bien ; l'Intelligence est cet acte même quand il a reçu une limite[2].

L'illimitation de la vie, acte engendré du Bien, est en effet évidemment sans forme ; elle est indétermination, infini de puissance, et cette vie indéfinie est, pourrait-on dire, *enceinte* de la multiplicité qui viendra d'elle, dans le mouvement de conversion qui la délimite et l'informe[3]. Le Principe engendre donc, par son acte dérivé, la *puissance indéfinie du multiple*[4]. Cette vie illimitée, qui vient de l'Un sans être l'Un, est d'abord un mouvement aveugle d'éloignement, d'altérité. La proto-vie qui sort de l'Origine absolue et s'en éloigne se convertit ensuite vers elle et, par ce mouvement, se délimite dans la constitution plénière de l'Intelligence. L'infinité de la vie, son absence de forme, est donc la source de toute limite et de toute délimitation. Cette proto-vie est infinité absolue et première : elle est ce par rapport à quoi toute forme, toute délimitation, est postérieure

1. VI, 7 (38), 17, 32-33. Il est vrai que l'indétermination qui sourd de l'Un est appelée en II, 4 (12), 15 : « la matière de l'intelligible » ; nous en discuterons plus loin, puisque cette « matière intelligible », ou « de l'intelligible » est constitutive du Noûς-hypostase.

2. VI, 7 (38), 21, 4-6.

3. En ce sens, le double mouvement de l'Intelligence, mouvement d'écart vis-à-vis de l'Un qui produit la vie illimitée et indéfinie du Noûς aimant, et mouvement de retour vers l'Un qui produit le Noûς comme hypostase achevée déployant la vie dans les formes, atteste qu'il y a bien continuité ontologique entre les deux moments de l'Intelligence. Plotin confirme ce point au traité VI, 7 (38) : « L'Intelligence est donc devenue l'Intelligence en se remplissant des formes et elle a été l'Intelligence lorsqu'elle a achevé de se remplir des formes, et c'est dans le même moment qu'elle a été achevée et qu'elle a vu. Son Principe a donc été ce qu'elle était avant d'être remplie par les formes. Son autre principe a été le Principe qui, comme de l'extérieur la remplissait, celui grâce à qui, en se remplissant des formes, elle a, en quelque sorte, reçu sa forme particulière. » (16, 32-35).

4. Aussi pouvons-nous dire que la puissance qui dérive de l'Un est supérieure à l'acte « parce qu'elle est puissance infinie de tous les actes possibles » (P. Hadot, *Porphyre et Victorinus, loc. cit.,* p. 230). Elle est la puissance qui transcende la multiplicité de ses manifestations, elle est toujours *en excédent* par rapport à ce qui est, et se préserve toujours intacte eu égard à ce qui est acte achevé. C'est ainsi qu'au traité II, 5 (25), Plotin peut dire que la puissance « est un acte dont cette puissance a le pouvoir par elle-même », et que l'acte est comme un « effet » qui possède sa cause en lui-même, comme l'Un est un Acte dont la cause lui est immanente puisqu'il est le « produit de son propre Acte » (VI, 8 (39), 16, 17). Ainsi, c'est la puissance qui, dans les dérivés, se détermine elle-même, qui est au-dessus de l'acte et supérieure à lui, et qui, dérivant de l'Un, le manifeste dans tout l'ordre de la procession jusqu'aux êtres sensibles. La puissance permet dès lors de comprendre comment se structure la métaphysique plotinienne.

et dérivée[1]. Mais ce qui est encore plus fondamental, dans ce traité 38 (VI, 7), est que Plotin indique qu'il y a deux états de l'Intelligence : un premier état où le Noῦς n'est pas encore à proprement parler lui-même, où il est ἀόριστος et ἄμορφον, et c'est lui qui s'élance vers le Bien dans un acte d'amour[2]; et un second état où il est vraiment l'hypostase achevée et accomplie de l'être, de la vie déterminée, de la pensée.

Le premier état du Noῦς est d'une importance décisive, car il nous offre la possibilité de comprendre comment l'Amour de soi de l'Un se diffuse et se manifeste sous forme de trace dans les dérivés. Nous pensons, suivant en cela la magistrale interprétation de Pierre Hadot[3], que l'énergie dérivée, qui n'est autre, comme nous l'avons vu, que la vie illimitée qui sourd de l'Un, la proto-vie, *est* le Noῦς en ce premier état. Cette interprétation est par ailleurs confirmée par Plotin lui-même :

> L'Un [...] étant parfait, pour ainsi dire (οἷον) surabonde (ὑπερερρύη), et cette surabondance produit quelque chose de différent de lui. Ce qui est engendré se tourne vers lui (εἰς αὐτὸ), est fécondé, et tournant son regard vers lui, devient le Noῦς [4].

La proto-vie, ἐνέργεια dérivée de l'Un et première manifestation du Noῦς est, écrit Plotin[5], *indéterminée* ; elle est une trace de l'Un sans être son archi-Vie. Or, l'infinité de la vie de l'Intelligence dans son état initial lui vient du Principe, de son indétermination et de son infinité propres, et elle n'a pas encore reçue de forme. De plus, cette infinité de la vie a un sens précis puisque :

> certes, s'il y avait quelque objet de désir dont tu ne puisses saisir ni la figure ni la forme, ce serait bien là ce qui provoquerait le désir et l'amour au plus haut point (ἐρασμιώτατον), et l'amour que l'on éprouverait pour lui serait sans mesure. Car alors l'amour n'a pas de limites, si l'Aimé lui-même n'a pas de limites. Infini serait donc l'amour pour un tel Aimé![6]

---

1. « De la perfection qui est en l'Un et de l'activité qui lui est associée, l'activité engendrée reçoit l'existence », lisons-nous au traité V, 4 (7), 2, 36-37 ; ou encore, au traité VI, 7 (38), 21, 2-6 : « Cette Intelligence, cette vie sont semblables au Bien et on les désire aussi dans la mesure où elles sont semblables au Bien. Et si je les appelle semblables au Bien, c'est parce que la vie est l'activité du Bien, ou plutôt l'activité qui dérive du Bien, et que l'Intelligence est cette même activité après qu'elle a été délimitée ».

2. *Cf.* VI, 7 (38), 35, *in fine.*

3. P. Hadot, *Traité 38, loc. cit.*

4. V, 2 (11), 1, 7-11.

5. VI, 7 (38), 17, 15.

6. VI, 7 (38), 32, 23-28 (traduction P. Hadot).

Si donc la vie illimitée, le Noûς à l'état naissant, éprouve le désir infini du Bien lui-même infini et sans forme, c'est que la vie reçoit du Bien la puissance infinie de l'Amour. Cet amour pour l'Un arrête la dispersion de l'énergie dérivée, et fait se tourner vers l'Origine absolue la proto-vie, elle s'approche alors du Bien comme «un regard qui ne voit plus»[1]. La force communiquée à l'énergie dérivée lui confère donc, par amour, la puissance de se retourner vers son générateur. Or, s'il y a en l'Intellect naissant une telle intensité de l'amour provoqué par l'Un infini, c'est que cette infinité de l'amour, qui n'est pas l'infinité de l'Amour absolu du Bien, confère néanmoins au dérivé une infinité de puissance et de force. L'Amour de soi du Premier se diffuse dans l'énergie engendrée qu'est la proto-vie, et cet Amour, constitutif de ce qui est engendré par le Premier, devient la force et la puissance de l'Intellect naissant[2]. Nous avons vu qu'en l'Un Vie-Amour-Puissance étaient des termes strictement équivalents ; dans l'énergie dérivée il est donc normal que l'amour et la puissance soient contenus dans la vie indéterminée qui sourd de l'Origine, mais l'Amour de soi du Premier devient *autre* dans l'engendré, il devient amour et désir infinis *pour* le Bien. C'est donc la force et la puissance de cet amour pour le Principe qui arrêtent l'expansion de l'énergie dérivée et qui la poussent à se retourner vers le Bien, à en être fécondée par le regard qu'elle porte vers lui. La proto-vie est donc aussi *altérité première* par rapport à l'Un, altérité engendrée par son immense puissance :

1. V, 3 (49), 11, 4-5.
2. D'un autre point de vue on peut dire que la fécondité, ou la générosité de l'Un s'épanche dans la vie pré-noétique et s'interprète selon deux registres de la puissance : cette puissance peut s'entendre comme celle qui est donnée à l'Intelligence d'engendrer les formes, c'est la puissance enceinte du multiple ; mais aussi, quant à la dérivation originelle, comme puissance érotique. C'est cette puissance érotique qui permet la conversion vers l'Origine absolue et qui garde trace de l'Amour de l'Un dans la continuité de la vie. On retrouve là encore le doublet transcendance/immanence, puisque l'Un est radicalement au-delà de la possibilité eidétique que contient la puissance qui dérive de lui, mais il est immanent à ses dérivés, puisque l'ἔρως contenu dans la puissance dérivée est la trace de l'Un, ce qui, dans les dérivés, conserve une ressemblance avec le Bien. Que la puissance manifeste la générosité du Bien, c'est ce qui est aussi exprimé en II, 4 (12), 15, 19 : «L'illimité [dans les intelligibles] est engendré par l'infinité de l'Un, soit par sa puissance infinie, soit par son éternité sans fin (ἐκ τῆς τοῦ ἑνὸς ἀπειρίας ἢ δυνάμεως ἢ τοῦ ἀεί)» ; VI, 7 (38), 15, 23 : «Ce qu'il [le Noûς] a engendré provient de la puissance du Bien (ἀγαθοῦ ἐκ δυνάμεως)» ; *ibid.*, 18, 5-6 : «La vie vient du Bien dans l'Intelligence car elle s'est formée à partir de l'énergie qui dérive du Bien (ἐκ γὰρ τῆς παρ'ἐκείνου ἐνεργείας ὑπέστη)». P. Hadot résume ainsi ce point, dans son commentaire du *traité 38, loc. cit.*, p. 140 : «La vie est l'image la moins imparfaite de l'Un parce qu'elle est un mouvement qui garde en lui-même l'infinité de puissance».

Le terme antérieur [l'Un] reste à la place qui lui est propre, mais son conséquent [la vie illimitée] est le produit d'une puissance ineffable qui était en lui ; il ne doit pas immobiliser cette puissance et, comme par jalousie, en borner les effets [...]. L'immensité de cette puissance envoie ses dons à toutes choses et ne peut rien laisser sans une part d'elle-même[1].

Le don que fait l'Un aux dérivés, et qu'il n'a pas pour lui-même, c'est donc d'être *objet aimé*. Nous avons vu que Plotin décrivait la Vie intérieure de l'Un comme Amour : « Il est à la fois objet aimé, Amour et Amour de soi » (καὶ ἐράσμιον καὶ ἔρως ὁ αὐτὸς καὶ αὐτοῦ ἔρως)[2] ; nous avons aussi montré au chapitre précédent que si l'Absolu est ici dit « objet aimé », il ne l'est pas pour lui-même mais pour les êtres dérivés, car : « Le Premier n'aspire à rien (οὐδενὸς ἐφίεται), [...] que pourrait désirer ce qui est au sommet ? »[3] ; et qu'il ne se désire pas non plus lui-même, car il se possède : seul ce qui n'est pas absolument un tend à lui-même, et seul ce qui n'est pas absolument le Bien aspire au Bien, alors que le Bien « n'a pas autre chose qui soit son bien »[4]. Le Principe est donc finalement ce que tout être désire, d'un désir et d'un amour infinis, et ce sont ce désir et cet amour infinis qu'il donne en étant lui-même au-delà du désir, car il n'est pas pour lui-même objet aimé. En lui, l'Amour (Ἔρως) et l'Amour de soi (αὐτοῦ ἔρως) sont identiques : « L'Un se transportant en quelque sorte en lui-même, pour ainsi dire s'aime » (ὁ δ'εἰς τὸ εἴσω οἷον φέρεται αὐτοῦ οἷον ἑαυτὸν ἀγαπήσας)[5]. Ce qui se communique dès lors de lui à ses dérivés, c'est d'être l'*objet de leur amour*, c'est le désir, qui n'est pas en lui mais qui est ce qui se diffuse de lui à ses engendrés, sous forme d'acte dérivé de son Acte pur - Amour de soi. Ainsi peut-on concevoir que l'énergie dérivée de l'Un puisse manifester « la puissance productrice de toutes choses », car elle seule a le pouvoir d'être trace du Principe *dans l'altérité* ; même si, comme l'indique Plotin, elle ne se sépare pas du Premier, elle en est malgré tout éloignée par l'altérité qui lui est inhérente : « Rien ne les sépare que leur différence » (οὐδὲν γὰρ μεταξὺ ἢ τὸ ἑτέροις εἶναι)[6]. L'altérité agissant dans la proto-vie qui sourd de l'Origine est le désir en tant qu'amour infini pour le Principe : de l'Un Amour de soi à l'engendré amour infini pour le

---

1. IV, 8 (6), 6, 7-16 (traduction É. Bréhier modifiée). En IV, 3 (27), 17, la procession est expliquée par le schème de l'irradiation de la lumière, de même qu'en II, 9 (33), 3 et IV, 8 (6), 3.
2. VI, 8 (39), 15, 1.
3. III, 9 (13), 9, 4-5.
4. V, 6 (24), 5, 11-12.
5. *Cf.* VI, 8 (39), 16, 12-13.
6. V, 1 (10), 3, 21-22.

Premier, il y a bien ainsi continuité, mais aussi discontinuité, car l'altérité de l'acte engendré préserve le Premier de toute relation à autre chose qu'à lui-même[1]. Ainsi comprenons-nous que la proto-vie, énergie dérivée de l'Absolu, puisse être « puissance de toutes choses » : cette puissance illimitée, infinie, qui donne aux êtres l'existence, est l'amour que les êtres éprouvent pour le Principe, le désir qui les meut vers l'Un objet d'amour. C'est pourquoi Plotin enseigne aussi que « la vie est une puissance universelle »[2], car la vie est ici synonyme d'amour et de désir, et ce désir de l'Origine, cet amour qui a pour objet le Principe suprême, est universel : « Tout être engendré désire et aime celui qui l'a engendré »[3]. *Mais la réciproque n'est pas vraie* : l'Un n'est en rien comparable à un dieu généreux qui créerait le monde par bonté ou amour[4], car alors l'amour signifierait un attachement de l'Un à l'inférieur, à autre chose qu'à lui-même. S'il y a, certes, un dynamisme érotique à la source de la procession, dynamisme dont le principe est l'Un Amour de soi, dans l'inférieur, ce dynamisme se renverse en amour pour le générateur. En effet, l'amour infini qui a l'Un pour objet est identique à la puissance immense et à la force infinie qui proviennent de l'Origine, identique à « la vie qui est une puissance illimitée et universelle ».

Or, cette puissance infinie et immense se manifeste *doublement* en l'Intelligence : d'une part comme amour indéterminé pour le Bien, et d'autre part comme *amitié* entre les intelligibles. Nous devons donc entreprendre maintenant l'analyse de cette double manifestation en elle.

---

1. VI, 8 (39), 17, 25-27.
2. VI, 7 (38), 17, 14-15.
3. V, 1 (10), 6, 50-51.
4. Même si, comme le note J. Trouillard : « La générosité ne peut manquer à la simplicité qui est surabondante. Plus on comprend que l'expansion parfaite n'entraîne aucun appauvrissement, aucun gain, aucune dépendance en l'unité qui s'exprime, plus il devient difficile de la refuser à sa plénitude », *La Purification plotinienne, loc. cit.,* p. 6. C'est donc la perfection même du Principe qui est la cause du surgissement de la multiplicité. Mais de cette perfection productrice il faut retrancher tout agir et tout dessein, toute volonté et même toute générosité, si l'on entend par générosité la bienveillance d'un Dieu pour sa création. La générosité de l'Un est seulement le signe d'une spontanéité pure qui produit par effusion de surabondance. *Cf.* aussi J.-L. Chrétien, *op. cit.*, p. 266-269 : pour cet auteur, non seulement « l'idée de générosité fait problème », mais encore « il est obscur de dire que l'Un n'a pas voulu jalousement garder le bien pour lui, puisqu'il n'a rien et que le bien qu'il donne n'est pas celui qu'il est » (p. 266).

Chapitre II

LES DEUX ÉTATS DU NOÛS

L'Intellect aimant [1]

Le premier état du Νοῦς est, avons-nous vu, identique à la proto-vie, qui est l'acte engendré de l'Un. Plotin le décrit comme suit :

Quand le Νοῦς tend vers lui [*i. e.* : l'Un], il n'est pas encore le Νοῦς mais une vision qui n'a pas d'objet [...] [A l'état naissant] le Νοῦς a en lui un désir indéterminé pour quelque chose dont il possède une vague impression [...], avant [d'être le Νοῦς] il était seulement désir et regard sans forme à voir » (ἀτύπωτος ὄψις) [2].

Cette description est importante dans la mesure où elle indique que le désir dirigé vers l'Un est inné et immanent au Νοῦς non encore intellectuel. Que ce désir, lui-même indéterminé, n'ait pas à proprement parler d'objet, mais soit seulement désir « d'une vague impression », c'est ce que Plotin lui-même souligne. On doit donc admettre qu'il est antérieur à la connaissance, comme l'est son regard antérieur à la vision *de quelque chose*, regard qui ne voit pas n'ayant aucune forme à voir. De fait, le Νοῦς à l'état naissant n'a *rien à voir*, car le Principe, pure lumière au-delà de la lumière, est sans forme. Le regard de l'Intellect anoétique ne dédouble pas sa vision primale en voyant et en vu. Il y a, dans cette vie pré-intellective engendrée, une unité primitive qui n'est pas la simplicité de l'Un, puisqu'elle est

---

1. Nous empruntons cette désignation à P. Hadot, *Plotin. Traité 9*, VI, 9. Introduction, traduction, commentaire et notes, Paris, 1994, traité dans lequel le traducteur, aux premières pages de l'introduction, qualifie la vie illimitée qui sourd de l'Un « d'Intellect naissant et aimant », p. 15-53.

2. V, 3 (49), 11, 4-12.

puissance de toutes choses, mais qui refuse cependant au Noῦς à l'état naissant la dualité du sujet et de l'objet[1]. Ici la vision est pure, sans objet identifiable, parce qu'il n'y a pas de forme à voir, parce que l'Intellect à l'état naissant *n'a pas besoin de voir* : le désir qui meut l'Intelligence pré-intellectuel est désir de l'Un, qui n'est pas connu, juste pressenti, et dont il n'y a qu'une « impression vague » (c'est-à-dire nulle connaissance). Le Premier, dont on ne peut avoir ni connaissance, ni science, consiste donc seulement dans le sentiment très vague d'une présence dont on ne peut rien dire. Le désir inné de l'Un, le désir et l'amour qui portent le Noῦς non encore intelligent vers la source dont il provient, caractérisent ainsi son indétermination. Si Plotin conjugue ici le regard et le désir, c'est que, comme au traité 50 (III, 5), il entend indiquer qu'il y a un lien étroit entre vision et amour[2] : le désir inné et indéterminé du Noῦς se confond avec son regard amoureux sans objet car il y a, avant toute pensée et toute connaissance, identité du voir et du désir, identité entre une vision d'où est exclue toute connotation noétique et un désir qui est désir d'union amoureuse *supra*-noétique avec le Principe[3]. Désir indéterminé, donc, car toute détermination du désir est *a priori* impossible, puisque l'Un est absolue indétermination.

C'est pourquoi le désir et le regard *anoétiques* propres à l'état informe de l'Intellect naissant s'expérimentent seulement comme un contact : « C'est comme un toucher qui n'a rien d'intellectuel » (οἷον ἐπαφή οὐδὲν νοερὸν ἔχει)[4]. Ainsi, dès l'origine de la dérivation processionnelle,

1. C'est pourquoi nous pouvons dire que le Noῦς à l'état naissant, encore informe et indéterminé, est l'image la plus parfaite de l'Un.

2. Bien qu'au traité 50 (III, 5) il s'agisse de l'âme (qui, dans son ascension vers le Bien devient une pure vision, un œil pur qui est identifié à la lumière), cet « œil de l'âme » dont parle Platon en *République* 533 d et *Sophiste* 254 a devient, chez Plotin, l'amour lui-même. Ce qui veut dire que la vision de l'âme est essentiellement regard amoureux porté vers le Bien. *Cf.* P. Hadot, *Plotin. Traité 50*, III, 5. Introduction, traduction, commentaire et notes, Paris, 1990. Tout ce traité, intitulé par Porphyre « De l'amour », est une discussion sur les contradictions qui paraissent exister entre les différents textes de Platon sur le thème de l'amour.

3. Le Noῦς naissant est aussi lumière pure, première ἐνέργεια dérivant de l'Un au plus proche de l'indétermination et de l'indifférenciation du Premier. En ce sens, la lumière pure du Noῦς naissant exclut *de facto* la dualité du sujet voyant et de l'objet vu. La vision du Noῦς naissant-aimant ne vise *que* la lumière, laquelle est alors expérimentée comme le plus intime de lui-même, comme sa modalité la plus originaire. Pourtant, parce qu'il ne tient cette pure lumière que de l'Un, celle-ci exprime à la fois sa proximité avec l'Origine absolue et l'amour que le Noῦς naissant-aimant porte à son Principe, car la lumière que l'Intellect naissant aime n'est autre que l'image reflétée selon l'énergie dérivée de la pure clarté que l'Un aime en lui-même.

4. VI, 7 (38), 39, 19-20.

l'amour est proprement un désir qui anticipe la pensée, un désir qui précède l'Intelligence :

> Lorsque le Νοῦς regarde vers le Bien [...] il n'est pas encore l'Intelligence et sa vision n'est pas une pensée intellectuelle ; il ne faut donc pas dire qu'il le voit, mais plutôt qu'il vit orienté vers lui, suspendu à lui et tourné vers lui[1].

Dans son état naissant, l'Intellect qui est la vie illimitée, l'ἐνέργεια dérivée immédiatement du Bien[2], est, par conséquent, sans forme, comme l'est le Bien lui-même. En son état natif, le Νοῦς est infini et ivre d'amour infini, identique à cette proto-vie engendrée par l'Un infini[3]. C'est ainsi d'un Amour fondamental que procède cette ἐνέργεια dérivée : amour qui est la première altérité puisqu'il est devenu, au niveau du Νοῦς pré-intellectuel, désir infini et indéterminé pour le Bien. Cette ἐνέργεια, totalement indéterminée[4] est la vie qui est la puissance totale (δύναμις πάντων)[5] ; elle est la trace (ἴχνος) de l'Un avant toute détermination ; elle est, lorsqu'elle regarde vers l'Origine, la puissance de toutes choses (δύναμις πάντων)[6]. Trace de l'Un, cette puissance de toutes choses s'exprime par le désir, par l'amour que l'Intellect naissant éprouve pour le Bien. Le Bien est ce qui donne l'amour[7], mais l'amour qu'il donne n'est pas l'Amour de soi de l'Un pour lui-même, il est *l'intensité* du désir et de l'amour *pour* le Bien, provoqué par lui. C'est qu'en effet, ajoute Plotin, ce qui est sans mesure, sans forme, sans limite, provoque un amour infini :

> Car là-haut se trouve la joie véritable, là-haut se trouve celui qui est le plus digne d'être aimé, celui qui est *l'objet* du désir le plus intense[8].

A ce Νοῦς pré-intellectuel appartient la puissance de l'amour, « puissance, dit Plotin, grâce à laquelle il entre en contact avec ce qui est au-delà de lui-même par une sorte de toucher réceptif »[9].

Cette puissance, homologue à celle de la vie illimitée engendrée par l'Un et à celle de l'amour, va donc permettre à l'Intelligence constituée de se transcender elle-même, de transcender la pensée qui lui est inhérente,

---

1. VI, 7 (38), 16, 10-13.
2. *Cf.* V, 7 (18), 21, 1-6.
3. *Cf.* VI, 7 (38), 32, 24-29.
4. *Cf.* VI, 7 (38), 17, 18.
5. *Cf.* VI, 7 (38), 17, 33.
6. *Cf.* VI, 7 (38), 17, 33.
7. *Cf.* VI, 7 (38), 22, 17.
8. VI, 7 (38), 30, 30-33 (traduction P. Hadot, nous soulignons).
9. VI, 7 (38), 35, 19-21 (traduction. P. Hadot).

laquelle est une puissance dérivée de la puissance première comprise comme amour infini :

> Mais lorsqu'il voit le Bien, c'est par la puissance grâce à laquelle, *par la suite*, il pourra exercer l'acte de penser[1].

Qu'on ne se méprenne pas pourtant : dans la seconde hypostase, puissance anoétique et puissance rationnelle ne sont pas séparées, car :

> c'est seulement le discours d'enseignement qui présente ces choses comme si elles étaient dans le devenir. En fait, le Noῦς possède toujours l'acte de penser et toujours aussi l'acte qui n'est pas acte de penser, mais acte de voir le Bien d'une autre manière que le penser[2].

On ne peut donc pas répondre séparément à l'exigence de l'ἔρως et à celle de l'Intelligence, les deux sont étroitement liées. Et c'est en un même geste, pourrait-on dire, que le Noῦς pré-intellectuel et le Noῦς noétique sont engendrés, sans qu'il y ait, aux yeux de Plotin, de désaccord entre eux ni de saut logique. Par la puissance de l'amour, le Noῦς a commencé par être une « vision pure », puis « voyant quelque chose, il est devenu "sensé" et il est devenu une chose une »[3].

Le premier état par lequel le Noῦς pré-intellectuel se manifeste comme amour indéterminé pour le Principe, est donc une puissance plus grande que la puissance par laquelle le Noῦς engendre la multiplicité-une qui le constitue, puisque, par cette puissance méta-noétique, il se transcende lui-même dans l'amour. La puissance de l'amour qui donne à la proto-vie dérivée la force de se tourner vers le Bien apparaît ainsi comme un désir d'union avec le Principe, et le mouvement originaire par lequel le Noῦς informe sort de l'Un apparaît comme la manifestation de l'amour diffusif du Principe, en tant qu'énergie engendrée et différente de ce Principe[4]. Cet amour diffusif de l'Un, est la puissance du Noῦς non noétique, et cette puissance le porte vers l'Origine absolue d'un amour infini, d'un désir immense et sans objet parce que sans forme. Mais c'est aussi parce qu'il est, en tant qu'énergie dérivée du Premier, lui aussi sans forme et sans détermination que l'Intellect pré-noétique est supérieur au Noῦς noétique,

1. VI, 7 (38), 35, 32-33 (traduction P. Hadot, nous soulignons).
2. VI, 7 (38), 35, 28-30 (traduction P. Hadot légèrement modifiée).
3. VI, 7 (38), 35, 18-21.
4. La vie illimitée et infinie du Noῦς naissant est la trace de l'Un et la marque de son absolue souveraineté. Elle est ce par quoi l'hypostase du Noῦς peut remonter jusqu'au Bien, parce que la trace et la marque du Bien dans les dérivés fusionnent dans la signifiance de l'ἔρως.

car en lui l'amour domine [1]. Nous avons vu au chapitre précédent que, parce qu'il est le *supra*-noétique par excellence, l'Amour hypernoétique de l'Un est sa Vie intime. De même à présent, le Noῦς non noétique est transcendant au Noῦς noétique, parce que la puissance infinie de l'amour coïncide avec la vie illimitée et indéterminée qui sourd de l'Un, et est identique à l'Intellect à l'état naissant et aimant. Si la constitution du Noῦς imite effectivement le Bien, ce n'est dès lors pas lorsqu'il engendre les formes; c'est plutôt lorsqu'il est lui-même sans forme, désir vague et indéterminé, vision pure n'ayant rien à voir, amour infini pour le Parfait qui le pousse, par la force de la puissance érotique, à se convertir vers lui et à en être fécondé.

L'INTELLECT PENSANT

Plotin appelle l'énergie dérivée de l'Un, la proto-vie, soit « la vie illimitée qui est une puissance universelle » [2], soit « la matière intelligible » [3]; nous allons voir, à présent, qu'il l'appelle aussi la « dyade indéfinie » [4]. L'analyse de la vie illimitée comme puissance universelle nous a amené à conclure que cette puissance qui infiniment et universellement se communique est amour, et que l'amour explique le désir de conversion au Principe. Ainsi, l'Intellect aimant, qui est l'état premier et, pour ainsi dire, inchoatif de l'hypostase séparée qu'est le Noῦς, est cette partie de l'Intelligence demeurant toujours unie à l'Un. Par cette partie aimante, « ivre d'amour » et anoétique, la procession garde sa puissance, même à l'intérieur de l'hypostase achevée. La nouvelle mention de la proto-vie comme « dyade indéfinie » va nous permettre de préciser encore davantage ce qui sourd de l'Origine, et comment cette puissance reste intacte malgré l'information qu'elle reçoit. Auparavant il nous faut indiquer cependant que si l'expression « dyade indéfinie » provient de certains dialogues tardifs de Platon, probablement du *Parménide* [5], elle fait

1. C'est d'ailleurs ce que Plotin note au traité 38 (VI, 7), lorsqu'il remarque que l'état d'ivresse amoureuse du Noῦς anoétique est bien meilleur que l'état de grave sobriété du Noῦς intellectuel : « L'état du Noῦς ivre d'amour, s'épanouissant dans la jouissance, à cause de l'état de satiété dans lequel il se trouve [...], est bien meilleur qu'une gravité plus décente » (35, 25-29).
2. VI, 7 (38), 17, 15.
3. II, 4 (12), 4; 5; 17.
4. V, 1 (10), 5; 7; VI, 7 (38), 8.
5. *Cf.* Platon, *Parménide* 142 e-143 a : « Si de l'Un doit sortir l'être, celui-ci ne le peut qu'en étant indéfiniment dualité ».

plus sûrement encore référence à la doctrine non écrite de Platon[1]. Or, si Plotin affirme, après Platon, la puissance informante et déterminante de l'Un[2], force est de reconnaître que le détail de la doctrine platonicienne de la constitution des nombres et des rapports précis de l'Un aux Nombres idéaux, ainsi que de la participation de ceux-ci à l'Un, ne retient guère l'attention de Plotin. Ce que ce dernier retient, en revanche, de la théorie platonicienne sur les nombres, se simplifie et se réduit à l'affirmation de la dyade et de la naissance de l'être à partir de l'Un et de la dyade. De fait, chez Plotin, le premier produit de cette dyade est d'emblée une multiplicité :

> C'est pourquoi l'on dit que "les idées et les nombres sont faits de la Dyade indéfinie et de l'Un", et les idées et les nombres, c'est l'Intelligence. L'Intelligence n'est donc pas simple mais multiple[3].

Ainsi, s'il reste, chez Plotin, quelque chose de duel dans l'indéterminé issu de l'Un, c'est dans la mesure où l'on peut reconnaître au sein de cette hypostase naissante une dualité entre le sujet et l'objet de pensée :

> Elle [l'Intelligence] est elle-même objet de pensée et aussi pensante, la voilà donc déjà double (ἔστι μὲν οὖν καὶ αὐτὸς νοητόν, ἀλλὰ καὶ νοῶν. διὸ δύο ἤδη)[4].

Par ailleurs, Plotin identifie, comme il ressort de V, 1 (10), 5, 6-8, la dyade indéfinie avec la matière intelligible, qui est aussi l'altérité :

> L'Un est, en effet, antérieur à la dyade, mais la dyade est postérieure et, ayant été engendrée par l'Un, elle le possède comme ce qui détermine, alors qu'elle, par elle-même, est indéterminée. »

C'est pourquoi, explique Plotin quelques lignes plus loin : « la dyade indéfinie est en quelque sorte conçue comme le substrat [de l'Intelligence] »[5]. Ainsi, la dyade indéfinie est le substrat destiné à recevoir les formes, c'est-à-dire qu'elle est identique à la matière intelligible dont parle le traité 12 (II, 4)[6]. Nous comprenons à présent pourquoi Plotin parle tantôt

---

1. *Cf.* M.-D. Richard, *L'Enseignement oral de Platon*, Paris, 1986, qui écrit : « Tandis que l'Un est une puissance déterminante et informante, la Dyade indéfinie est la matière première et illimitée sur laquelle l'Un exerce son action », p. 225.

2. II, 4 (12), 5, 31-34 : « Le mouvement et l'altérité qui viennent du Premier sont aussi indéfinis, et ils ont besoin de lui pour être définis ».

3. V, 4 (7), 2, 9-10 (traduction É. Bréhier).

4. V, 4 (7), 2, 10-11 (traduction É. Bréhier).

5. V, 1 (10), 5, 14-15.

6. En ce qui concerne cette assimilation de la dyade indéfinie et de la matière intelligible comme substrat des formes, *cf.* P. Aubenque, « La matière de l'intelligible », in *Revue philosophique* (1982-2), 307-320. Pour une étude complète et détaillée de ce traité 12, voir

de la vie illimitée, tantôt de la matière intelligible ou de la dyade indéfinie : c'est que l'indéterminé qui sort de l'Un n'a pas le même rôle ontologique suivant l'une ou l'autre de ces expressions.

Nous avons ainsi analysé le rôle attribué à la vie illimitée et indéterminée par rapport à l'Intellect aimant, et nous avons souligné que cet Intellect aimant confère au Noῦς une partie transcendante à la pensée, partie par laquelle l'Intelligence en tant que désir et amour du Bien, reste à proximité de l'Un et reçoit de lui son infinie puissance, elle-même identique à l'amour infini pour le Bien. Maintenant, Plotin explique *aussi* la genèse des formes dans le Noῦς : il indique que la matière intelligible, à savoir cet indéterminé qui sourd de l'Un sans être identique à lui [1], joue *aussi* le rôle indispensable de substrat pour la constitution des formes. De ce point de vue, ce qui prédomine, c'est la constitution de l'Intellect pensant et l'émergence de la multiplicité des formes. Ainsi, que la matière intelligible soit d'abord indéterminée, c'est simplement une nécessité du principe que Plotin expose au traité III, 4 (15), selon lequel tout ce qui est produit est d'abord produit sans forme (ἀμόρφωτον) et doit se convertir à son producteur pour être informé [2]. De ce fait, la matière intelligible, substrat de l'hypostase du Noῦς, émerge d'abord comme indéterminée avant d'être fécondée, et ainsi délimitée, par l'Un [3]. Si, de la proto-vie engendrée par le Principe, on pouvait dire qu'elle est toutes choses en puissance, de la matière intelligible on peut maintenant dire qu'elle est intellection en puissance. Nous prendrons comme garant de cette interprétation un passage de V, 4 (7), 2 où Plotin précise, après avoir une fois de plus affirmé que pour pouvoir engendrer l'Intelligence l'Un doit être au-delà d'elle :

> Mais la pensée, qui voit l'Intelligible [ici l'Un] et qui se tourne vers lui, et qui, en quelque sorte, reçoit son achèvement de lui, *est elle-même indéterminée comme la vision*, mais est définie par l'Intelligible [l'Un]. C'est pourquoi l'on dit que de la dyade indéfinie et

J.-M. Narbonne, *Plotin, les deux matières, [Ennéade II, 4 (12)]*. Introduction, texte grec, traduction et commentaire, Paris, 1993.

1. Plotin insiste sur la production de l'Un, qui n'est pas l'Un : « Cette illimitation de la matière intelligible n'est pas dans l'Un, mais il la produit (οὐκ οὔσης ἐν ἐκείνῳ ἀπειρίας ἀλλὰ ποιοῦντος) », II, 4 (12), 15, 17-20.

2. Cf. III, 4 (15), 1, 8-10 : « ἀμόρφωτον ἐγεννᾶτο, εἰδοποιεῖτο δὲ τῷ ἐπιστρέφεσθαι πρὸς τὸ γεννῆσαν ».

3. On pourrait presque dire que l'action de l'Un est double : d'une part, il produit, il laisse advenir à partir de lui la matière intelligible, d'autre part, il "provoque" la conversion vers lui et permet donc à la matière intelligible de se déterminer comme formes intelligibles. La matière intelligible, par la force du désir, ne peut se soustraire au pouvoir de détermination du Principe.

de l'Un dérivent les nombres et les Idées, car c'est là l'Intelligence. C'est pourquoi l'Intelligence n'est pas simple, mais multiple, elle manifeste une composition, intelligible il est vrai, et elle voit déjà plusieurs choses [1].

Remarquons que dans ce traité 7 (V, 4), l'Un est appelé Intelligible (νοητόν). Émile Bréhier indique, dans une note [2] à sa traduction de ce traité, que :

> dans cette phrase, le mot Intelligible désigne le Bien, en tant qu'il est l'objet transcendant de l'aspiration de l'Intelligence ; dans les traités suivants, ce mot désigne presque uniquement l'objet immanent de la connaissance intellectuelle ».

En fait, il est à retenir que l'Intelligence est informée *d'une certaine manière* par l'Un et *d'une autre* par elle-même [3]. Parce qu'elle est incapable d'appréhender l'Un dans son absolue unité, elle le morcelle, comme Plotin l'explique en VI, 7 (38), 15 :

> Mais de l'"Un" qu'est le Bien vient pour le Νοῦς le "Plusieurs". Car la puissance qu'il avait reçue, il n'a pas pu la retenir : il l'a donc fragmentée et, cette puissance, il l'a faite "Plusieurs", elle qui était "une", afin de pouvoir la supporter partie par partie [4].

L'Intelligence qui, à ce moment de sa génération, n'est encore que « vision indéterminée » produit elle-même cette multiplicité en voulant embrasser l'Un dans sa simplicité. Ainsi, les formes, le nombre, la multiplicité interne de la seconde hypostase, sont les voies par lesquelles le Principe est appréhendé par le Νοῦς et par lesquelles il l'informe. Ne pouvant penser le Premier comme un, l'Intelligence le pense comme multiple, et cette relative impuissance du Νοῦς fait que l'Un advient en lui comme une multiplicité qu'il n'est pas. La puissance indéterminée qui vient du Principe, et qui est ici dyade indéfinie ou « matière intelligible »,

---

1. V, 4 (7), 2, 3-10 (nous soulignons).

2. *Cf.* É. Bréhier, *Ennéade* V, 4, p. 81, n. 1.

3. Rappelons encore une fois que pour Plotin l'écart, ou la séparation, par rapport au Principe implique d'emblée la multiplicité sans que l'Un lui-même soit passible de division ou de différenciation, puisqu'il est absolument transcendant à ses dérivés, puisqu'il est au-delà de ce qu'il donne, comme nous l'a appris le traité 38 (VI, 7). Néanmoins la dépendance de l'Intelligence eu égard à l'Un lui permet, d'une part d'actualiser ce qu'elle est seulement en puissance (c'est ainsi que l'Un lui donne limite et forme), et d'autre part de faire en sorte de se déterminer elle-même par la constitution des formes qu'elle contient. C'est donc ici le mouvement de conversion vers le Principe qui s'avère déterminant pour l'Intelligence, conversion qui définit la structure du Νοῦς à l'image de l'Un.

4. VI, 7(38), 15, 20-22 (traduction P. Hadot).

est une pensée qui n'en est pas encore une. La définition et la détermination de cette pensée inchoative, c'est-à-dire de cette vision indéterminée, est d'être le substrat matériel que viendra féconder la forme; ainsi, l'Intelligence s'identifiant à l'objet visé qui n'est autre qu'elle-même (car en pensant l'Un, ce qu'elle pense vraiment c'est elle-même[1]) devient elle-même intelligible. De fait, ce que l'Intelligence voit, en tournant son regard vers le Premier, ce qu'elle pense, c'est l'Un-multiplié, c'est-à-dire une transposition du Principe hyper-noétique au niveau ontologico-noétique. Le Noῦς tient du Parfait son pouvoir d'engendrer la multiplicité; plus clairement encore, Plotin dit que « la multiplicité lui vient de l'Un », mais cette puissance-multiple, cette *matière intelligible*, n'est pas encore définie, elle est indétermination, puissance de toutes choses sans en être aucune, elle est proto-vie. Or, l'indétermination ne peut être le dernier mot de l'Intelligence, car l'indétermination *doit* se déterminer, l'Être doit arriver à l'être comme forme et comme limite, c'est-à-dire comme réalité eidétique. Avant donc d'être effectivement informée et parachevée, prise dans son caractère inchoatif qui est celui de la matière intelligible[2], cette même hypostase ne peut qu'émerger d'abord comme non-forme, absence de détermination et de limite. Dans le processus d'achèvement du Noῦς, l'indétermination de la matière intelligible est donc requise comme support de la forme et de la limite. C'est aussi, nous semble-t-il, l'interprétation de John Michael Rist lorsqu'il écrit que :

> La contemplation de l'Un par le Noῦς en tant que matière intelligible est la cause de *l'existence* de la seconde hypostase proprement dite, alors que la contemplation des Formes par le Noῦς est tout simplement la description de l'essence de cette hypostase[3].

Il nous reste donc à montrer comment, dans l'hypostase achevée du Noῦς, se manifeste cette structure; comment, en tant qu'hypostase réalisée, la matière intelligible assure aux formes un substrat[4] en lequel elles se réalisent et se différencient; et surtout comment la vie assure, dans la triade

1. En pensant l'Un, l'Intelligence le transpose en elle-même. En le pensant, elle pense en réalité tous les êtres, et cette pensée n'est que pensée d'elle-même. Le vrai intelligible, objet de la vision ou de la pensée du Noῦς, est donc le Noῦς lui-même.

2. *Cf.* V, 1 (10), 5 et II, 4 (12), 5.

3. J. M. Rist, « The Indefinite Dyad and Intelligible Matter in Plotinus », *Classical Quarterly,* 56 (1962), 99-107.

4. *Cf.* II, 4 (12), 4, 2-7 : « Si les formes sont plusieurs, il faut qu'il y ait quelque chose de commun en elles, et aussi quelque chose de propre par quoi elles se différencient. Ce propre et cette différence qui les séparent, c'est la structure intime de chacune. Mais toute structuration suppose un structuré porteur de la différence. Il y a donc une matière qui reçoit la structure et est toujours un substrat (καὶ ἀεὶ τὸ ὑποκείμενον) ».

être-vie-pensée[1] qui est la structure propre du Noῦς, la perfection de la deuxième hypostase.

Le Noῦς est, avons-nous dit, le premier accomplissement de la procession. Aussi longtemps qu'on ne considère que l'énergie dérivée de l'Un, antérieure à la procession proprement dite et à la conversion puisqu'elle est « surabondance » de l'Un, cette proto-vie n'est ni Noῦς ni οὐσία. Elle ne devient, par suite, être et essence que lorsqu'il y a conversion. Aussi pouvons-nous dire que la procession n'a lieu, d'une certaine façon, que parce qu'il y a conversion, dans l'acte d'achèvement qui constitue l'effet dérivé de l'Un en une hypostase existante et séparée[2]. Or, ce qui constitue l'existence séparée de la seconde hypostase, c'est la matière intelligible lorsqu'elle se tourne vers son Principe et qu'elle se détermine ainsi comme être et pensée :

> Cet effet [la matière intelligible] s'est retourné vers le Principe et en a été comblé. Tournant son regard vers lui, il devient l'Intelligence, son arrêt et sa conversion vers lui l'ont produit comme être, son regard tourné vers lui comme Intelligence. Du fait donc de son arrêt et de sa conversion vers lui pour le voir, l'effet devient à la fois Intelligence et être[3].

On le voit, procession et conversion sont indissociablement liées pour permettre cette genèse intemporelle du Noῦς. La conversion permet à l'altérité indéterminée qui dérive de l'Un de s'auto-constituer comme être-Intelligence, et la matière intelligible qui sourd du Premier ne se déploie pas sans qu'il y ait, corrélativement, regard et vision vers la source originaire. Mais, parce que la conversion n'est jamais retour réalisé en l'Origine, l'être se constitue ; et, parce que la vision n'est jamais vision de l'Absolu, il y a constitution de l'Intelligence, c'est-à-dire d'un Un-multiple, de « l'Un-qui-est »[4]. Nous avons montré qu'il y a constitution de cette multiplicité

---

1. Pour une analyse détaillée de la triade être-vie-pensée, qui forme le Noῦς plotinien, et de ses sources, voir l'article de P. Hadot, « Être, vie, pensée chez Plotin et avant Plotin », in *Les Sources de Plotin,* Fondation Hardt, « Entretiens sur l'Antiquité classique », t. V, Vandœuvres-Genève, 1960, p. 105-141.

2. En effet, sans la conversion qui vient achever le processus de la procession, il n'y aurait rien d'autre que l'infinité amorphe de la proto-vie, dérivée de l'Un mais qui n'est pas lui, parce qu'elle n'est rien en acte bien qu'elle soit tout en puissance. La conversion permet donc l'émergence d'une modalité ontologique distincte, d'une hypostase différente et séparée par l'altérité.

3. V, 2 (11), 1, 8-13.

4. L'Intelligence est ainsi l'apparition de la première multiplicité. Elle est « l'Un-qui-est » (V, 1 (10), 8, 23-27) dit Plotin, rappelant ainsi la seconde hypothèse du *Parménide* de Platon. Pour une étude détaillée de l'interprétation plotinienne des hypothèses du *Parménide*

par impuissance de l'Intelligence à contempler l'Un dans son absolue simplicité : ce qu'elle voit est une diversité unifiée, la totalité des êtres, c'est-à-dire des intelligibles. Une telle multiplicité n'est évidemment pas un objet extérieur à l'Intelligence, mais elle lui est, au contraire, intimement intérieure. C'est pourquoi il faut que l'Intelligence se dirige en elle-même pour actualiser sa propre force agissante. Elle doit penser, sans quoi elle ne serait pas Intelligence, et, à défaut d'un objet différent d'elle, puisque le Premier est à proprement parler *impensable*, elle se pense elle-même, exerçant son activité sur elle-même et en elle-même[1]. Ainsi, la pensée est constitutive de l'être même de l'Intelligence, et non de quelque chose qui viendrait s'y ajouter. L'être de l'Intelligence c'est *son acte de penser* :

> La pensée n'est pas en l'Intelligence une acquisition ; elle pense par elle-même tout ce qu'elle pense et elle possède par elle-même tout ce qu'elle possède. Et parce qu'elle pense d'elle-même et par elle-même, elle est cela même qu'elle pense[2]

L'unité de l'être et de la pensée constitue donc la seconde hypostase. Cette dernière, parvenue à la perfection de l'acte s'identifie avec les intelligibles, avec les êtres contenus en elle-même. Or, l'être véritable, c'est l'Intelligence, car elle seule *est* véritablement[3]. Elle est donc identique aux êtres qu'elle pense :

> Il est évident qu'au niveau de l'Intelligence elle-même, sujet et objet sont un [...] *dans l'être*, et par le fait que l'acte de penser est identique à l'acte d'être[4].

L'acte d'intellection du Noῦς est, par ce fait même, le plus pur, le plus vrai, le premier[5]. La coïncidence, en lui, de l'être et de la pensée est

---

de Platon, voir J. Trouillard, « Le *Parménide* de Platon et son interprétation néoplatonicienne », in *Études Néoplatoniciennes*, Neuchâtel, 1973, p. 9-26.

1. *Cf.* V, 3 (49), 7, 18 *sq.*
2. V, 9 (5), 5, 4-7.
3. *Cf.* V, 3 (49), 13, 28-31 ; et. aussi V, 1 (10), 4, 21-25 : « L'Intelligence est toutes choses ». Elle a en elle toutes les choses qui restent immobiles et à la même place ; elle est *seulement*, et ce mot *elle est* lui convient toujours (καὶ ἔστι μόνον, καὶ τὸ "ἔστιν" ἀεί) ; à nul moment elle n'est à venir, car même à ce moment, elle est ; jamais non plus elle n'est dans le passé, car en cette région rien ne passe, tous les êtres y sont éternellement présents, ils restent identiques car ils s'aiment eux-mêmes dans cet état (ἀγαπῶντα ἑαυτὰ οὕτως ἔχοντα) » (nous soulignons).
4. III, 8 (30), 8, 6-8.
5. *Cf.* V, 3 (49), 5, 36-37.

identifiée à une vision directe et intuitive de lui-même, car pour se connaître il n'a nul besoin d'un procédé intellectuel :

> L'Intelligence et l'acte d'intellection ne font qu'un. Elle voit tout entière par elle-même tout entière ; elle ne voit pas une partie d'elle-même au moyen d'une autre partie [1].

La vision que l'Intelligence a d'elle-même est donc une vision *noético-intuitive*. En elle, la coïncidence entre son objet, l'intelligible, et elle-même fait qu'elle n'a nul besoin de sortir d'elle-même pour se connaître et se voir :

> C'est parce que l'Intelligence est devenue multiple [...] qu'elle connaît et qu'elle voit son objet ; c'est alors qu'elle est devenue une *vue qui voit* (ἰδοῦσα ὄψις). C'est maintenant qu'elle est intelligente, quand elle contient son objet, comme il convient à l'Intelligence ; auparavant c'était un désir seulement et une vue non impressionnée (ἔφεσις μόνον καὶ ἀτύπωτος ὄψις) [2].

Ainsi pouvons-nous dire que la conversion, qui est regard, a réalisé l'altérité, la matière intelligible dérivée de l'Un, en Intelligence. Cette conversion a permis à cette dernière de se constituer comme οὐσία et ἑστία [3], comme essence et foyer unifiant de tous les êtres. La matière intelligible a reçu, dans son altérité, la diversité des intelligibles ; elle est donc bien le substrat de la multiplicité intelligible, mais en même temps, en se tournant vers elle-même, en se voyant elle-même sans qu'il y ait en elle-même ni distance ni altérité entre elle et son objet, l'Intelligence se connaît pleinement. Sa conversion vers elle-même (ἐπιστροφή) [4], est la connaissance qu'elle a d'elle-même. La constitution de l'être à partir de la matière intelligible qui est, pourrait-on dire, une première conversion, n'est dès lors pas séparable de la conversion de l'Intelligence vers elle-même ; en se pensant elle-même, elle pense *en même temps* l'intelligible :

> La trace (ἴχνος) de l'Un fait naître l'essence, et l'être n'est que la trace de l'Un. Et si l'on disait que le mot *être* (εἶναι) dérive de celui de Un (ἕν), on atteindrait sans doute la vérité. Car ce qu'on appelle l'être premier a, pour ainsi dire, procédé (προσβεβηκὸς) d'abord à quelque distance de l'Un, mais n'a pas consenti à aller plus loin ;

---

1. V, 3 (49), 6, 7-8 (traduction É. Bréhier).
2. V, 3 (49), 11, 10-12.
3. *Cf.* V, 5 (32), 5, 14-19. Plotin emprunte à Platon (cf. *Cratyle* 401 c) l'association οὐσία / ἑστία.
4. *Cf.* V, 3 (49), 6, 40.

s'étant retourné vers le dedans, il est devenu ainsi l'essence et le foyer de tous les êtres[1].

ou encore :

L'être de l'Intelligence est son acte, et il n'y a rien à quoi tende cet acte; l'Intelligence reste en elle-même. En se pensant, elle exerce son activité en elle-même et sur elle-même[2].

Mais, si la constitution de l'être et de la pensée est la description, pourrait-on dire, de la structure de l'Intelligence, il nous faut maintenant en pénétrer sa nature. La nature du Noῦς, c'est la vie qui est en lui. En effet, nous pouvons comprendre la vie de cette hypostase comme la nécessaire médiation entre l'οὐσία et la νόησις : la vie est ce qui unit l'être et la pensée, ce qui assure l'identité du Noῦς et de l'"Ον. En ce sens, sa vie est vie véritable qui permet de comprendre l'union de l'être et de la pensée en elle, car l'être est ce qui jouit de la vie authentique, tandis que la pensée exprime sa vie propre. C'est pourquoi la vie de cet engendré de l'Un est ce qui détermine l'être authentique et la pensée effective. La vie, en elle, est ce qui maintient unis l'être et la pensée, mais elle est aussi ce qui la maintient dans la proximité du Premier, ce qui, en elle, le signifie et en est la trace. La vie est donc à la fois la vie propre du Noῦς *et* une image, un reflet du Principe en lui ; elle est l'expression de la manière dont l'être se constitue à partir du Premier *et* de la façon dont l'Intelligence est image et trace de l'Un.

Parce que l'Intelligence est dans la proximité du Bien, qu'elle est désir orienté vers lui, elle tente, autant que faire se peut, de se constituer en image du Premier, et cette constitution d'elle-même à l'image du Principe fait qu'elle ne se manque jamais à elle-même, qu'elle est pour elle-même la plénitude de l'être et de la vie. L'Intelligence n'est donc pas seulement la coïncidence de l'objet et du sujet unis dans son auto-contemplation, elle est encore une contemplation pleine de vie, une *theôria* vivante parce qu'elle se pense elle-même. Elle est ainsi *le vivant en soi*, la vie première et l'Intelligence première. Pour rendre compte de sa vie, nous devons, par conséquent, revenir une fois encore à la vie illimitée, à la proto-vie comme acte dérivé de l'Un. En effet, Plotin définit ainsi la vie :

La vie est l'acte du Bien, ou plutôt un acte dérivé du Bien ; l'Intelligence *est cet acte même* quand il a reçu une limite[3].

1. V, 5 (32), 5, 14-19.
2. V, 3 (49), 7, 18.
3. VI, 7 (38), 21, 4-6 (nous soulignons). *Cf.* aussi V, 3 (49), 8, 38 : « La vie, en l'Intelligence, est un acte. » ; V, 4 (7), 2, 44-46 : « Car l'être n'est point un cadavre privé de vie et de

Nous avons déjà longuement expliqué en quoi cette vie illimitée et indéterminée, qui est l'acte engendré de l'Un, est la manifestation du Noûς pré-intellectuel ou aimant. Maintenant, cette proto-vie qui sourd du Premier va nous permettre de comprendre comment le Noûς est libre et autonome bien qu'il reçoive sa liberté et son autonomie de l'Un. Ici, la vie joue un rôle particulier par rapport à la dyade être-pensée qui est l'unité de l'intelligible et de l'Intelligence : elle est entendue par Plotin comme le mouvement d'auto-détermination dont l'être-Intelligence est le terme.

Au moment, donc, où la vie se diffuse comme acte engendré de l'Un, elle n'est pas encore le Noûς, elle est indétermination, illimitation, infini ; puis la vie se convertit vers son générateur, et cette conversion n'est encore qu'une vision indistincte, puisque sans forme à voir ; enfin, l'achèvement de la conversion correspond à la constitution même de l'Intelligence : « La vie qui a reçu une limite, c'est l'Intelligence (ὁρισθεῖσα γὰρ ζωὴ νοῦς) » [1]. La vie représente dès lors le mouvement même par lequel la seconde hypostase s'auto-détermine et l'être s'auto-actualise. Plus encore, elle est le mouvement par lequel la matière intelligible se donne à elle-même forme et détermination en se tournant vers son Principe. Ainsi l'être et la pensée, dont l'unité constitue l'Intelligence, apparaissent comme le *produit* de l'auto-détermination de la vie. C'est donc bien à partir de la vie comme acte de l'Intelligence que les formes naîtront, mais il peut sembler encore paradoxal que le Bien, qui est lui-même sans mesure et sans forme, soit ce qui mesure et ce qui donne la forme [2]. Force est ici de revenir encore une fois, si nous voulons réduire le paradoxe, sur les deux "états" du Noûς. En effet, ce n'est pas quand l'Intellect aimant est en contact immédiat avec le Bien qu'il *pense* l'Un comme plusieurs, qu'il le fragmente à l'intérieur de lui-même en ne pouvant le *penser* tout entier en même temps. Ce n'est pas ce premier état du Noûς qui crée le système des formes, car, à ce moment, l'Intellect aimant n'est pas vision d'objet mais *vie auprès du*

---

pensée. L'être est identique à l'Intelligence. » ; VI, 9 (9), 9, 17 : « La vie idéale est l'acte de l'Intelligence. » ; IV, 7 (2), 9, 10-13 : « Il faut une nature primitivement vivante [l'Intelligence] qui doit être impérissable et éternelle, parce qu'elle est principe de vie pour le reste des vivants » ; et aussi VI, 7 (38), 13 ; 16 ; 17 ; 21 ; V, 2 (11), 1 ; II, 4 (12), 5 ; 15, entre autres.

1. VI, 7 (38), 17, 25.

2. Insistons encore sur le fait que l'Un, bien qu'il soit « au-delà », donne lui-même mesure et forme, puisque c'est dans la volonté d'être aussi semblable au Bien que possible que l'Intelligence se détermine comme vie, Noûς et εἴδη. Même si la trace de l'Un dans l'Intelligence est multiforme, elle atteste néanmoins la dépendance du Noûς eu égard à l'Un pour sa détermination, et elle laisse intacte l'absolue transcendance du Principe par rapport à ce qu'il "produit". Ce n'est que dans l'*unité*-multiple de l'Intelligence que s'inscrit la trace de l'Un comme image de son unité.

Bien, *vie suspendue* à lui. L'Intellect aimant n'est, comme nous l'avons montré, ni regard ni vision, mais *vie dans la proximité* du Bien. La vie du Noûç à l'état naissant et aimant est donc tout entière *vie auprès* du Bien, dans la mesure où son désir et son amour pour ce dernier provoque en lui le désir de coïncider avec l'Origine sans jamais toutefois y parvenir totalement.

Mais le *mouvement*, qui est la vie se convertissant vers son Principe, fait passer l'Intelligence de son état inchoatif à l'état de perfection. C'est, explique Plotin, un mouvement circulaire, c'est-à-dire un mouvement complètement achevé revenant sans cesse et se fermant sur lui-même. Lorsque l'Intelligence est totalement achevé, elle *voit un objet* : les formes. Celui-ci naît de la volonté de voir et, si elle finit par voir un objet, ce n'est pas le Bien mais *elle-même* qu'elle voit, c'est-à-dire les formes qui sont en elle et qui sont nées, précisément, de son désir et de son mouvement pour voir le Principe. Ainsi, la vie, en cherchant à voir l'Un, se limite en produisant à l'intérieur d'elle-même ce *reflet* du Premier que sont les formes. Cependant sa limite lui vient effectivement de lui, car c'est sa lumière qui rend possible la réalisation de la totalité des formes et donc du Noûç. Le désir que la vie éprouve de voir l'Absolu est, par suite, à l'origine d'un objet déterminé, d'une forme qui le reflète mais qui ne l'est pas, d'une forme qui est seulement *ressemblance avec le Bien*. Désir-lumière-ressemblance sont donc une fois de plus requis pour marquer la continuité de la puissance venue du Premier sans l'être, et c'est ce réquisit qui assure à la procession la dynamique érotique unissant, sans combler ni leur altérité ni leur distance, les hypostases entre elles. Pour préciser davantage comment le Noûç « ne se sépare pas de lui [*i. e.* : l'Un] tout en n'étant pas identique à lui »[1], il nous reste à entreprendre l'analyse de la vie intime de l'Intelligence.

_____

1. V, 3 (49), 12, 45.

Chapitre III

L'ERÔS COMME VIE INTIME DU NOÛS

La vie est le bien propre du Noῦς

Nous savons que, lorsque le Noῦς veut penser l'Un transcendant et simple, il devient multiple; mais que, lorsqu'il se maintient comme regard non voyant, indéfectiblement fixé vers l'indicible perfection du Bien, alors il est Intellect aimant, immédiatement contemplateur d'une simplicité qui dépasse toute réflexion. C'est pourquoi nous l'avons séparé en deux états distincts. Le premier état, l'Intellect naissant et aimant, est tout entier *désir et amour infinis* pour l'Un, tout entier ouverture à l'infinie générosité diffusive du Bien, tout entier ouverture à *l'infini de l'amour*. Cette puissance érotique assure la continuité processionnelle; c'est encore elle, mais amoindrie, que nous allons retrouver dans le Noῦς achevé comme étant sa vie intime.

Lorsque nous avons analysé la Vie intérieure de l'Un, nous avons signalé que tout ce qui se dit, sur le mode positif, de lui, était en fait toujours accompagné de la clausule οἷον, marquant par là toute la distance qui sépare le Principe lui-même de ce que le discours peut en dire. Cette restriction de l'οἷον permet d'exclure toute espèce de pensée à l'intérieur du Premier. Ainsi, lorsqu'on veut parler de l'Un, advient une reduplication inévitable, et peut-être nécessaire, des attributs propres à l'Intelligence. Mais, si le Principe est, du fait de ce redoublement, une quasi-Intelligence, un quasi-être, une quasi-existence et une quasi-essence, ou encore une lumière au-delà de la lumière et différente de la lumière du Noῦς, une Vie au-delà de la vie de l'Intelligence, une Beauté supérieure à la beauté de l'Intelligence, c'est que l'Un « est », sous un mode sublimé, tout ce que l'Intelligence *est* réellement et en acte. Car, rappelons-le, pour pouvoir donner, il ne doit pas avoir lui-même ce qu'il donne : le donateur est supérieur à ses dons, radicalement *autre* que ses dons. Aucune communauté de nature n'est, de ce fait, possible entre le Principe et le reste des choses, car « il n'est pas nécessaire que celui qui donne possède ce qu'il donne »[1] ; lui-même sans forme (ἀνείδεον), il donne par là même une forme à la seconde hypostase[2]. Pourtant, l'engendré est néanmoins *semblable* à son générateur :

L'Intelligence est une *image* (εἰκόνα) de l'Un ; engendrée par lui, elle doit en conserver les principaux traits et être à son égard une *ressemblance* (ὁμοιότητα), comme la lumière est celle du soleil[3].

Pierre Hadot[4] a remarqué que ce principe général de ressemblance semblait contrevenir à l'exigence de transcendance absolue du Premier. Mais il se justifie chez Plotin, d'une part, par la doctrine des deux actes et, d'autre part, par les deux états du Noῦς : un premier état transcendant et anoétique où le Noῦς *vit* auprès de l'Un, et un second état de mouvement où la vie, comme acte de l'Intelligence, s'auto-produit et s'auto-constitue en Noῦς achevé. Ces deux aspects de la même réalité, il faut y insister, ne signifient nullement qu'il y ait deux hypostases distinctes, mais indiquent seulement que, par sa partie transcendante, l'Intelligence peut atteindre à la contemplation et à l'union avec l'Un. En effet, l'Intellect aimant est cette partie la plus pure et la plus originaire qui porte en elle le désir et l'amour du Bien, elle est proprement ἀνόητον et, par là même, toujours déjà en

1. VI, 7 (38), 17, 3-4 et 15, 19-20.
2. *Cf.* VI, 7 (38), 17, 36.
3. V, 1 (10), 7, 1-4 (nous soulignons).
4. P. Hadot, *Porphyre et Victorinus, loc. cit.*, t. II, p. 484. L'auteur remarque pourtant, dans son commentaire au *traité 38, loc. cit.*, p. 256-294, que Plotin tente ici d'argumenter la « ressemblance » du Noῦς avec le Bien en se livrant à l'exégèse de *République* VI, 509 a, où Platon écrit : « On a raison de croire que la science et la vérité sont l'une et l'autre semblables au Bien (ἀγαθοειδῆ), mais on aurait tort de croire que l'une ou l'autre soit le Bien ». La question de savoir comment ce qui n'est pas simple peut ressembler à ce qui l'est emprunte, chez Plotin, le cadre de la formulation platonicienne tout en lui faisant subir une certaine torsion puisque, là où Platon instaure la vérité comme lien originaire du Noῦς et des εἴδη, Plotin intercale la *vie* qui dérive du Bien comme la lumière émane du soleil. C'est donc la vie qui constitue le lien par lequel le Noῦς et les εἴδη « ressemblent » au Bien. Cependant, parce que la vie du Noῦς se subdivise en vie du Noῦς naissant et vie du Noῦς achevé, l'analogie platonicienne du Bien et du soleil (*Rép.* VI, 509 b) prend, chez l'Alexandrin, une dimension nouvelle : la vie en l'Intellect naissant, parce qu'elle est lumière pure, est dérivation à partir du Bien, alors que la vie parfaite du Noῦς achevé est la lumière du soleil, la vie idéale dont procèdera toute vie. Mais la vie du Noῦς naissant *comme* celle du Noῦς achevé, parce qu'elles proviennent toutes les deux du Bien, ressemblent au Bien. Pour une lecture analytique détaillée de cette exégèse plotinienne de *Rép.* VI, *cf.* D. Montet, *op. cit.*, p. 207-214.

contact avec l'Origine. La supériorité de l'anoétique sur le noétique se manifeste ici par le fait qu'il revient au Noῦς pré-intellectuel, toujours en contact avec le Bien, de recevoir de l'Un la puissance de l'amour, puissance indéterminée et infinie, maintenant la continuité processionnelle malgré la discontinuité nécessaire des hypostases entre elles.

Cette puissance érotique se "transmet" donc *via* la transcendance de la pensée; mais il faut aussitôt ajouter que la *discontinuité* demeure également nécessaire, même si elle est toujours requestionnée par Plotin, et même si elle *doit* être toujours nécessairement reconsidérée puisque l'engendré porte irrémédiablement la marque, l'empreinte, la trace de son générateur. En fait, cette empreinte est, dans la hiérarchie ontologique, double : à la fois vie et amour; et c'est ainsi qu'elle constitue la *meilleure image de l'unité* absolument simple puisque, la Vie de l'Un est Amour. Aussi, s'il ne doit rien être de ce qu'il engendre, et si l'engendré porte toujours la trace, par la *ressemblance* au Bien, du générateur, alors ce qui est *à la fois* discontinuité et continuité est vie et amour, vie et amour *ressemblant* à la Vie et à l'Amour de soi de l'Un, sans être sa Vie et son Amour. Par la vie et l'amour le Principe est d'une certaine façon inhérent au dérivé. Et si, insistons encore, ce n'est pas lui qui représente la plénitude de l'être, mais l'Intelligence, il représente, en revanche, pour la seconde hypostase la plénitude de la Vie et de l'Amour *sans objet*.

Comment comprendre dès lors cette plénitude de l'Intelligence? Il y a d'abord une plénitude intérieure à elle-même. C'est sa vie comme *archétype*, comme vie idéale. Le Noῦς, en tant qu'unité du monde intelligible, est vie universelle, harmonie parfaite de ses parties, dont chacune est totale bien que différente de toutes les autres. Sa vie recèle donc en elle-même du Même et de l'Autre. Du Même, car l'identité est essentielle à la constitution du Noῦς comme système de formes éternelles en acte; de l'Autre, car l'altérité est tout aussi essentielle, puisque c'est elle qui lui assure son caractère propre de totalité :

> L'activité de pensée [du Noῦς] est la totalité du mouvement qui réalise la totalité de l'essence, et la totalité de l'essence est la totalité de la pensée embrassant la totalité de la vie : après "l'autre", toujours "l'autre" et tout ce qui, du Noῦς, est "même" est aussi "autre", et, pour celui qui divise, "l'autre", toujours, réapparaît[1].

---

1. VI, 7 (38), 13, 40-44 (traduction P. Hadot légèrement modifiée).

Mais le Noῦς lui-même a toujours un chemin qui est le "même" à travers des réalités qui ne sont pas les "mêmes", parce que lui-même ne change pas [1].

On le voit, l'acte et l'activité du Noῦς exigent aussi bien l'altérité que l'identité. L'altérité, car il renferme la « variété du multiple » des formes, l'identité, car cette variété multiple n'est toujours qu'une seule forme [2]. Il est donc bien Un-multiple, car il enferme en lui-même la multiplicité des formes, différentes entre elles et différentes d'avec lui, en même temps qu'il est lui-même l'unité et la totalité de cette multiplicité [3]. La vie de l'Intelligence, sa vie intime et intérieure, vie de l'unité multiple et plurielle qu'elle est, est décrite par Plotin comme *amitié*. Le Noῦς est « ami avec lui-même » [4], et cette amitié est caractéristique de sa vie :

> La totalité de sa vie et de sa pensée vit et pense dans l'unité, elle fait que chaque partie soit le tout, et que le tout soit *ami* avec lui-même, de telle sorte que jamais une partie ne se sépare du tout et qu'elle devient "autre" seulement en s'isolant des autres parties [5]

De même en Ennéade VI, 7 (38), Plotin insiste également sur l'amitié qui règne dans le tout du Noῦς :

> Cette division intérieure au Noῦς ne se situe pas dans les réalités qui seraient confondues entre elles, bien qu'elles soient toutes en un. Mais cette division est précisément ce qu'on a appelé l'*amitié* dans le tout [...]. L'amitié vraie, c'est que la totalité soit "une" et ne se sépare plus jamais [6].

L'altérité et la distinction des formes entre elles permet par conséquent, mais ne permet *que*, l'amitié, et cette amitié est véritable dans la mesure où elle unit les formes entre elles, où elle fait de la vie de l'Intelligence une harmonie parfaite de toutes ses parties. Ainsi, il n'y a pas de séparation au sens strict en elle, mais une unité dans la multiplicité, dont l'amitié est la forme la plus accomplie. L'amitié est donc ce qui lie entre elles toutes les

---

1. VI, 7 (38), 13, 51-53 (traduction P. Hadot légèrement modifiée).
2. *Cf.* VI, 7 (38), 13 et 33.
3. La vie du Noῦς, en tant que vie dérivée du Bien, tisse le lien qui unit le Noῦς et les formes ; elle exprime l'*identité* du Noῦς et des εἴδη.
4. III, 2 (47), 1. Dans ce traité intitulé par Porphyre « De la Providence », Plotin oppose l'amitié pure du monde intelligible à l'amitié mélangée de haine dans le monde sensible (III, 2 (47), 2, 4-5). De même, au traité VI, 7 (38), 14, 20-21, il précise que « l'amitié dans le tout [n'est pas] l'amitié qui se trouve dans le tout d'ici-bas, car cette amitié imite seulement la première, étant une amitié entre les choses séparées les unes des autres ».
5. III, 2 (47), 1, 30-32.
6. VI, 7 (38), 14, 20-23 (traduction P. Hadot légèrement modifiée).

parties du Noῦς, parties qui ne sont au préalable ni identiques ni confondues, bien qu'elles soient toutes rassemblées dans l'unité. En fait, la différenciation intérieure à cette hypostase est l'organisation que toute vie se donne à elle-même "de l'intérieur" en s'auto-constituant. C'est cette organisation comme réalité organique du Noῦς qui est requise afin que le rapport de la partie au tout, du Même à l'Autre, soit en même temps un rapport à soi, une intériorité et une amitié avec soi.

Mais il y a plus, car la description de la vie intérieure de l'Intelligence comme *amitié* répond à l'injonction, pour elle, de conserver les principaux traits de son engendreur. L'amitié qui règne en elle est une *image* de l'Amour de soi du Premier; une image, c'est-à-dire non de l'identique, non du même, non une copie de l'Un, mais une *imitation* intelligente, une *ressemblance* avec le Principe, toujours défectueuse, toujours amoindrie par rapport à lui. Parce qu'il y a en lui du Même et de l'Autre, il ne peut y avoir d'amour véritable à l'intérieur du Noῦς, puisque l'amour sous-entend toujours fusion et union, donc toujours du même que soi et de l'identique. Mais l'amitié qui règne entre les intelligibles, exprimant la profonde *harmonie* du tout et de ses parties, est ce que le Noῦς peut faire de mieux pour rappeler l'unité absolue d'où il provient. L'amitié qui lui est intérieure exprime ainsi, en une *trace* et en un *reflet*, l'Amour indicible et ineffable de l'Un pour lui-même. Pourtant, cette identité de l'Intelligence et de l'intelligible qui s'exprime par l'amitié qui règne dans la seconde hypostase et qui est sa vie intérieure, ne peut elle-même se comprendre qu'à partir de celle-ci comme pensée de soi. En effet, sa pensée intérieure est la connexion entre le noétique et l'ontologique, et vise à exprimer l'indifférenciation du Bien ou de l'Un inexprimable.

Ceci peut s'expliquer de la façon suivante : le Noῦς est, comme nous l'avons vu, dualité fonctionnelle de l'être et de l'Intelligence, dualité dont le lien est la vie. La vie, quant à elle, est son mouvement interne, à la fois subjectif et objectif. Mais l'Intelligence est, de plus, l'acte d'une identité à la fois donnée et à faire, elle est l'expression d'une unité qui tente de se récupérer. Or, cette unité se réalise par le mode de pensée propre au Noῦς, qui n'est pas pensée discursive mais *intuitive*, et qui répond, de ce fait, à l'exigence et à l'initiative radicale qui le constitue en tant qu'Intelligence. De surcroît, cette hypostase, pour se voir et se connaître elle-même, n'a pas à sortir d'elle-même car l'objet de sa contemplation lui est immédiatement présent; c'est donc ainsi que l'Intelligence, comme pensée qui se pense elle-même, est auto-constituante et vivante, dans la mesure où, en elle, règne cette lucidité qui n'est autre que la conscience claire et pleinement éveillée qu'elle a d'elle-même – conscience qui s'exprime aussi bien par l'amitié entre les intelligibles, s'il est vrai que cette amitié manifeste la parfaite coïncidence de l'Intelligence avec elle-même. Pourtant Plotin écrit, d'autre part, que « penser, c'est se mouvoir vers le Bien et le désirer »[1] ; comment, dès lors, concilier ce désir avec l'autarcie parfaite de l'Intelligence exprimée par l'amitié qui règne en elle ? Comment répondre de la ressemblance du Noῦς avec le Bien autrement que par l'acte de penser qui est en même temps désir du Principe ?

Déjà l'Alexandrin nous met en garde : « Les êtres premiers et bienheureux n'aspirent pas à un avenir »[2]. Le Noῦς est donc αὐτάρχης parce qu'il se suffit à lui-même, parce qu'il a éternellement ce qu'il lui faut[3]. L'éternité signifie ici l'absence du manque et de l'indigence qui sont la marque des êtres devenus dans le temps[4] ; elle constitue « la manière d'être et le caractère » du Noῦς car, ajoute Plotin, αἰὼν γὰρ ἀπὸ τοῦ ἀεὶ ὄντος[5]. Or, si l'Intelligence est à l'image de l'Un, parce qu'elle est indivisible *l'éternité*, comme vie de l'Intelligence, en est le meilleur signe : l'éternité est vie véritable, car elle constitue le sens indéfectible de l'être et du penser. Cependant, l'éternité éclaire sous un angle nouveau le rapport entre l'Un et son dérivé :

> Par là, Platon, non seulement ramène l'éternité à l'unité qu'elle est en elle-même, mais encore maintient la vie de l'être véritable, vie immuable, auprès de l'Un ; voilà bien ce que nous cherchons, car ce qui demeure ainsi [auprès de l'Un] possède l'éternité (τὸ οὕτω μένον αἰὼν εἶναι)[6].

L'éternité exprime donc bien la proximité au Premier de ce qui le suit immédiatement, la dépendance de l'être eu égard au Principe ; elle est la marque de ce qui ne s'est pas éloigné de l'Un et qui, dans cette proximité même, l'indique et le signifie. Elle constitue ainsi *à la fois* une détermination de la vie propre à l'Intelligence *et* une image, un reflet du Premier en elle. Ce statut d'image du Bien constitue la dimension fondamentale de

---

1. V, 6 (24), 5 ; VI, 2 (43), 17.
2. III, 7 (45), 4, 33-34.
3. Cf. *ibid.*
4. *Cf.* III, 7 (45), 3, 15-17 : « Il [le Noῦς] voit tout cela [la composition des formes] et alors il voit l'éternité, une vie qui persiste dans son identité, qui est toujours présente à elle-même dans sa totalité ». L'éternité exprime donc, en l'Intelligence, la puissance féconde qui s'offre à voir sous les multiples facettes des εἴδη : « Certes il y a une nature unique qui accompagne tous les êtres intelligibles, ou bien qui leur est unie, ou bien qui apparaît en eux ; certes tous les êtres intelligibles forment une nature unique ; mais cette nature unique a des puissances multiples et elle est plusieurs choses », *ibid.*, 3, 8-10.
5. III, 7 (45), 4, 42-43 : « Car éternité (αἰὼν) vient des mots qui signifient : étant toujours (ἀεὶ ὄντος) ».
6. III, 7 (45), 6, 6-8.

l'éternité, et c'est pourquoi nous pouvons dire que l'éternité est l'image de l'Amour de l'Un pour lui-même. En effet, elle est la *trace* de l'Un, car le Premier est dit « s'aimant lui-même » [1]. Or, l'Amour de soi de l'Un est l'expression de sa parfaite « maîtrise de soi », de son autarcie absolue ; il signifie donc l'origine du Principe selon lui-même puisqu'il le préserve, dans son rapport absolu à lui-même, de toute détermination par un autre. L'Amour de soi de l'Un n'implique l'amour d'aucun autre ; plus encore, cet Amour est exprimé par son regard sur lui-même, regard qui est *causa sui*, pouvoir absolu sur soi, regard où se condense la "limite", si l'on peut dire, de son existence. Mais cette auto-vision du Principe, qui n'est associée à aucune genèse, le maintient aussi dans son absolue transcendance puisqu'elle signifie aussi que « l'Un ne s'incline pas au-dehors » [2]. La puissance de l'Amour, qui dans le Premier est l'affirmation de l'Amour de soi, permet donc d'affirmer qu'il y a un Acte pur faisant de l'Un le maître de sa manière d'être.

De la même façon, la puissance de l'ordre de l'Intelligence est celle « de l'être qui tient de lui-même *éternellement* son être-tel » [3] et qui, par conséquent, possède toujours de lui-même ce qu'il doit posséder. L'éternité manifeste donc, dans l'ordre de l'Intelligence également, une *double* puissance : celle d'être absolument autarcique et celle d'être indépendante du monde sensible, c'est-à-dire de n'être pas tournée vers le devenir mais vers soi-même et vers le Bien [4]. La pensée de soi du Noûç est dès lors bien l'image affaiblie et déficiente de l'Amour de soi de l'Un. Image affaiblie et déficiente car, si la pensée de soi du dérivé se suffit, certes, à elle-même, l'Intelligence a néanmoins *besoin* d'elle-même, elle a *besoin* de se penser elle-même, et cela rend manifeste, à la racine même de la pensée, une indigence par rapport à soi :

> Le principe de second rang se suffit à lui-même, mais il a *besoin* de lui-même ; il a donc besoin de se penser lui-même, car un être qui a besoin de lui-même n'est satisfait que par lui-même tout entier et que s'il réunit tout ce qui le compose. Ainsi il s'unit à lui-même et sa pensée se tourne vers elle-même [5].

Pour sa part, l'Un n'a *pas besoin* de lui-même, car il se possède *immédiatement*, il est donc *hypernoèsis*, car en lui il n'y a nulle multiplicité à penser, nul besoin de conquérir l'unité qu'il *est*. Si le Premier « se veut

---

1. *Cf.* VI, 8 (39), 16.
2. VI, 8 (39), 16, 27.
3. II, 5 (25), 3, 30 (nous soulignons).
4. *Cf.* V, 3 (49), 16.
5. V, 3 (49), 13, 17-19 (traduction É. Bréhier légèrement modifiée, nous soulignons).

lui-même » [1], cette volonté ne manifeste aucune *intentionnalité*, mais seulement une *pure liberté* ; liberté, insistons-y, qui n'est pas liberté des contraires, mais liberté pré-ontologique, liberté unidimensionnelle, unidirectionnelle, et qui n'est, en définitive, que l'expression de la pure présence du Principe à lui-même, sans altérité ni différence. Ce qui signifie que si « l'Un se veut lui-même », il n'a cependant nul besoin de lui-même, étant toujours et immédiatement présent à lui-même.

Le Noûς, quant à lui, doit intégrer en lui-même ses différentes parties pour être tout entier avec lui-même, et il doit diriger sur lui-même l'effort de sa pensée. Ainsi, par la pensée, il se complète, il devient Un-multiple et la conscience qu'il a de lui-même est une unité de composition puisqu'il a « la conscience et le sentiment d'une multiplicité » [2]. Se possédant ainsi elle-même, l'Intelligence *imite* l'immobilité absolue de l'Un en lui-même ; elle est, de ce fait, une plénitude. Mais elle *imite* seulement l'immobilité hénologique, car la pensée ne peut jamais s'interrompre :

> L'Intelligence produit toujours une chose après une autre, en parcourant en quelque sorte sa course universelle, et en la parcourant en elle-même [...]. Mais l'Intelligence est partout ; sa course est donc aussi un repos [...]. Elle est variée, cette plaine de la vérité [3], afin d'offrir carrière à parcourir ; si elle n'était totalement et toujours variée, l'Intelligence s'arrêterait dans la mesure même où il n'y aurait plus de variété. Et si elle s'arrêtait, elle ne penserait plus ; en sorte qu'une fois immobile, elle aurait fini de penser ; et s'il en était ainsi, elle ne serait plus Intelligence. Elle est donc acte de pensée ; le mouvement universel remplit l'essence universelle, et l'essence universelle est une pensée universelle embrassant la vie universelle [4].

Pour être Intelligence, le Noûς *ne doit pas* reproduire l'immobilité de l'Un, sinon, précise Plotin, il n'y aurait pas d'Intelligence. Le *repos* de l'Intelligence est donc l'image *nécessairement* déficiente de l'immobilité

1. Comme il est dit en VI, 8 (39), 9, 45-46 et en VI, 8 (39), 15, 10.
2. V, 3 (49), 13, 21-22.
3. Dans ce passage du traité 38 (VI, 7), Plotin fait allusion au mythe du *Phèdre* de Platon, mythe qui conte comment les âmes se bousculent lors de leur révolution céleste pour apercevoir « la plaine de la vérité » (248 b 6), car c'est dans ces pâturages que l'âme peut se nourrir de vérité.
4. VI, 7 (38), 13, 28-42. Il faut remarquer que la pensée de l'Intelligence réunit le Mouvement et le Repos, conformément à l'enseignement de Platon (cf. *Sophiste* 248 e). Déjà l'analyse de la structure de l'Intelligence nous avait révélé, toujours selon l'exégèse du *Sophiste*, l'union du Même et de l'Autre. Dans ce passage, Plotin veut montrer que la vie propre de l'Intelligence est la pensée, et que le mouvement même de la pensée est l'éternité.

de l'Un, car la vie qui effectue l'identité entre l'être et la pensée, est essentiellement mouvement. Si l'acte de l'Intelligence est la vie, celle-ci sera toujours en mouvement, puisque elle n'est autre que son mouvement intérieur, mouvement circulaire qui l'achève comme pensée. De fait si, en l'Intelligence, sujet et objet sont unis, ils ne se confondent pourtant pas en une unité parfaite puisque, à chaque fois, elle parcourt ses objets de pensée un à un, et qu'à chaque fois nécessairement la pensée lui donne la connaissance et la vérité de ce qu'elle est. Par là elle s'unifie, se réalise, s'achève et est en repos [1].

La pensée, qui est νόησις et non διανόησις, intuition claire et lucide de soi-même, est donc la vie du Noῦç. Cette pensée instaure dans l'Intelligence un régime d'intériorité que Plotin nomme aussi conscience de soi, et qui caractérise la pensée authentique. Mais, dans la mesure où la pensée est aussi désir d'une parfaite coïncidence avec elle-même, jamais réalisée cependant, puisque le Noῦç est Un-multiple, l'unité de l'Intelligence que représente la pensée de soi-même n'est qu'une image déficiente, une *trace* de l'Un, sans être jamais identique à la pure présence à soi-même que représente l'unité absolue du Premier.

La pensée est aussi désir, disions-nous, et le désir est antérieur à la pensée, ainsi que le précise Plotin : « Le désir engendre la pensée et la fait exister avec lui » [2]. Il y a donc un désir pré-noétique qui devient, en quelque sorte, consubstantiel à la pensée elle-même en tant qu'elle est la manifestation du Noῦç pleinement réalisé. Or, ce désir lié à la pensée lorsqu'elle contemple les formes, n'est autre que le désir du Bien. En effet, Plotin dit explicitement que « penser, c'est se mouvoir vers le Bien et le désirer » [3]. Comment, dès lors, interpréter le désir inhérent à la pensée qui se pense elle-même et qui est la pensée de l'Intelligence ? Est à l'œuvre ici un dédoublement du désir interne à l'Intelligence, un dédoublement constitutif du

---

1. N'allons pourtant pas croire que cette succession impliquerait une quelconque temporalité, avec un « avant » et un « après ». Il nous faut insister : l'éternité, comme vie de l'Intelligence, se caractérise par une absence totale de succession et de durée, comme l'indique fort bien le traité 45 (III, 7). En effet, ce traité s'ouvre sur la distinction absolue de l'éternité et du temps : « Nous disons que l'éternité et le temps diffèrent l'une de l'autre » (*ibid.,* 1, 1), et ils diffèrent comme le repos diffère du mouvement, ou le stable du passager. Plus essentiellement, l'éternité est autre que le temps dans la mesure où elle est conçue par Plotin comme affranchie de toute extension et de toute durée (*adiastatos*). Voir à ce propos mon ouvrage : *Plotin. Ennéade III, 7 [45]. De l'éternité et du temps.* Traduction et commentaire, Paris, 1999. Se reporter aussi à l'article de D. O'Brien, « Temps et éternité dans la philosophie grecque », in *Mythes et Représentations du Temps,* Recueil préparé par Dorian Tiffeneau, p. 59-85, notamment p. 67-70.

2. V, 6 (24), 5, 9-10.

3. V, 6 (24), 5, 8-9.

mouvement même par lequel elle s'auto-constitue : d'une part, le désir du Bien ; d'autre part, le désir propre à l'Intelligence d'être soi, c'est-à-dire semblable à l'Un par l'unité de la multiplicité qu'elle réalise. Pourtant ce désir d'être soi n'est pas séparable du mouvement par lequel elle contemple les formes qu'elle a en elle-même, car si l'Intelligence désire s'unifier en contemplant ces formes, c'est parce qu'elles présentent une trace du Bien, parce qu'elles ont « une ressemblance avec le Bien » (ἀγαθοειδής). Or, cette « ressemblance » vient de ce que les formes sont issues de la puissance du Premier, puissance dont nous avons vu que l'Intelligence, incapable de la contenir en elle-même telle qu'elle la reçoit du Bien, la multiplie et la fragmente « afin de pouvoir la supporter ainsi partie par partie »[1]. Maintenant, comment interprèterons-nous la « ressemblance avec le Bien » dans les formes, étant donné que le Bien lui-même est sans forme ? Cette ressemblance réside, selon nous, dans ce que les formes conservent de leur origine ; et ce qu'elles conservent de leur origine est une trace, un reflet, de la puissance, de l'énergie dérivée, de la proto-vie infinie et indéterminée qui sourd de l'Un. Cette énergie dérivée, Plotin l'appelle la vie illimitée et universelle ; les formes ont donc une « ressemblance avec le Bien » dans la mesure où elle sont *vivantes*. De la puissance du Principe provient, dans le Noῦς, la puissance d'engendrer les formes :

> Il a donc reçu du Bien la puissance d'engendrer et de se rassasier de ses propres enfants, le Bien lui donnant ce que lui-même, le Bien, ne possédait pas[2].

Le Bien est donateur de vie, mais lui-même est au-delà de la vie de la seconde hypostase ; il est cependant une *archi-Vie*, puisqu'il ne sierait pas au Principe d'être inanimé, et c'est en ce sens que l'*Ennéade* V, 4 (7), 2 attribue la Vie à l'Un. Or, nous avons établi que la Vie en lui consiste en l'Amour qu'il se porte à lui-même[3]. La proto-vie dérivée de lui, vie illimitée et universelle, qui est en même temps l'amour diffusif de l'Un, sans qu'il sorte de lui-même ni ne s'amoindrisse lui-même, est la puissance dont le Noῦς s'empare, qu'il réfracte et qui le constitue comme Intelligence achevée[4]. En l'Intelligence, la vie illimitée et indéterminée devient « vie multiple, vie totale, vie première, vie unique »[5], et en elle les formes sont

1. VI, 7 (38), 15, 20-22.
2. VI, 7 (38), 15, 18-20 (traduction P. Hadot).
3. *Cf.* notre première partie, où nous avons analysé ce traité VI, 8 (39), 15, qui fait référence à l'Amour de l'Un comme Vie intime du Premier.
4. On peut dire aussi que le Noῦς et les εἴδη éprouvent leur unité en tant qu'ils sont des modalités de la proto-vie dérivant du Bien, et qu'en cela ils ressemblent au Bien.
5. VI, 7 (38), 15, 1-2.

« vies pures qui sont toutes ensemble et dans lesquelles il n'y a rien qui ne vive et qui ne vive purement »[1]. La vie-amour dérivée de l'Origine se manifestant comme puissance est donc « la ressemblance avec le Bien », à la fois du Noῦς et des intelligibles, ressemblance qui est là aussi une déficience, car la vie de l'Intelligence est une vie déterminée, et l'amour diffusif du Principe devient, pour les intelligibles qui ont une « ressemblance avec le Bien », *amitié* entre les intelligibles et harmonie parfaite. On comprend dès lors que la pensée de soi de la seconde hypostase puisse être en même temps désir d'être soi, car ce n'est qu'en désirant le Bien que le Noῦς reçoit sa « plénitude » (πλήρωσις) et « comme son achèvement » (ἡ οἷον τελείωσις). Cette ressemblance au Bien que l'Intelligence désire confère au multiple le caractère absolu de l'être et en fait une chose déterminée. Le désir du Bien amène donc la vie illimitée et indéterminée à se convertir vers lui et à se déterminer. Aussi le Noῦς est-il vraiment vivant et pensant : il vit de cette proto-vie indéterminée, donnée par l'Un, et pense grâce à cette puissance intellective qui lui vient du Bien tout en n'étant pas sa puissance propre.

Si l'Intelligence et l'intelligible coïncident dans leur acte, c'est ainsi parce qu'ils proviennent d'une même puissance et qu'ils se constituent simultanément. L'énergie dérivée du Principe n'est, en effet, pas seulement proto-vie illimitée et universelle, mais aussi puissance intellective et désir de voir. Dans le Noῦς s'achève ainsi l'acte de voir, qui est aussi acte de penser : parce que l'Intelligence ne peut posséder l'Un dans sa vision, elle le pense en elle-même dans la multiplicité des formes, et ce qu'elle pense, ce qu'elle contemple, a une « ressemblance avec le Bien ». La pensée est donc bien l'œuvre du désir, désir de voir l'Un sans y parvenir (c'est pourquoi ce désir s'achève dans l'acte de penser), mais aussi désir de posséder l'Un sans y parvenir (c'est pourquoi ce désir s'achève dans la multiplicité des formes).

Cependant il y a un moment, dans la genèse éternelle du Noῦς, où celui-ci n'est pas encore Intelligence et où il vit près du Bien. Cet état informe du Noῦς est le désir à l'état pur, l'amour pré-intellectuel qu'il éprouve, en son indifférenciation, pour le Bien. Dans cet état inchoatif, il est *plus que* ressemblant au Bien, il est *semblable* à lui, il vit suspendu au Bien sans contempler ni penser. Or, nous savons que chez Plotin la contemplation est une action[2]. Nous savons aussi que le Noῦς se constitue comme tel quand il contemple le Bien, et que le résultat de cette contemplation est la production de l'Intelligence en tant que seconde hypostase.

---

1. *Ibid.*, 2-7.
2. Voir à ce propos le traité III, 8 (30) : « De la contemplation ».

Notre analyse a aussi montré que l'Un, en tant qu'il est ὑπερνόησις est en même temps au-delà de l'être et au-delà de la contemplation, car ce que l'Intelligence contemple n'est pas le Premier, mais la puissance qui vient de lui et qui l'engendre comme être et pensée. Il est donc remarquable que l'Un, dans son absolue simplicité, soit au-delà de la contemplation : ce n'est pas parce qu'il contemple qu'il « produit » l'Intelligence, bien au contraire, il n'y a pas de production à proprement parler à partir de lui, car la production est réservée, justement, aux êtres qui contemplent[1]. Cependant, provenant du Principe, il y a une énergie dérivée qui est une vie illimitée et indéterminée, proto-vie qui n'est autre que l'amour diffusif de l'Un.

A son état naissant donc, le Νοῦς est en contact avec cette énergie dérivée, il vit de la vie illimitée et universelle, il vit auprès du Bien ; et vivant auprès de lui, à l'état pré-noétique, pré-ontologique, pré-eidétique, il aime le Bien et lui est uni autant que faire se peut, c'est-à-dire qu'il n'est pas encore séparé de lui mais qu'il est lui-même identique à la vie-amour diffusée par le Bien, dérivée de lui, effet second de son Acte pur-Amour de soi. Ainsi, à son état naissant, le Νοῦς n'est ni vision, ni désir, mais amour du Bien. Le désir naît de ce que le regard informe du Νοῦς s'explicite en désir de voir l'Origine – lui qui est à l'origine une vie orientée vers lui. C'est le désir de voir le Bien qui fragmente la puissance issue du Premier, qui la révèle multiple dans les formes. « Le désir a engendré la pensée »[2] veut alors dire que le désir et le mouvement engendré par lui constituent l'Intelligence comme être et pensée. Mais ce qui lie dans l'Intelligence l'être et la pensée, qui sont sa limite et sa forme, et ce qui la constitue comme réalité eidétique, *c'est la vie*. La vie est, à l'intérieur du Νοῦς, la ressemblance avec le Bien, car elle est la vie engendrée par lui et « incarnée », si l'on peut dire, dans l'être et dans la pensée[3]. C'est aussi

---

1. L'Intelligence ne provient pas d'une contemplation de l'Un, mais de sa surabondance, de sa « générosité », de l'excès de sa perfection, *cf.* V, 2 (11), 1, 7-9.

2. V, 6 (24), 5, 9.

3. La vie est donc ce qui articule le Νοῦς aux εἴδη mais aussi, et plus fondamentalement, ce qui témoigne de la vie dérivée du Bien, puisqu'elle peut s'excéder au-delà d'elle-même, par le Νοῦς aimant, et se maintenir ainsi au plus près du Bien, dans la proximité du Principe. Le Νοῦς aimant, enivré d'amour pour le Principe, reste uni à lui par une sorte de « toucher » ; le Νοῦς achevé désire le Bien et, ce faisant, ce sont les formes qui se déterminent en lui. La vie est donc ce qui permet au Νοῦς la ressemblance avec le Bien, à la fois comme vie du Νοῦς connaissant et comme vie du Νοῦς aimant. Et si la vie est ce qui fonde la ressemblance avec le Bien, c'est qu'elle est son énergie ; c'est pourquoi nous pouvons dire que Νοῦς achevé et Νοῦς naissant sont deux modalités de la *même vie* et expriment tous deux l'énergie du Bien : « Qu'est-ce donc, ce qui, étant une seule et même chose dans toutes les réalités dont nous parlons, fait que chacune d'elles est un bien ? Osons donc le dire : cette Intelligence, cette vie sont *semblables au Bien* et on les désigne aussi dans la mesure où elles sont *semblables au*

pourquoi l'Intelligence est plénitude : à la fois achevée et fécondée par la puissance du Bien. Mais le désir qui engendre la pensée est issu, quant à lui, de l'amour informe du Noῦç anoétique, de l'amour sans objet qu'il éprouve pour le Bien. Pour le Noῦç inchoatif, le désir prend naissance dans cette surplénitude de vivre de la vie illimitée et universelle qui sourd de l'Un et qui n'est autre que la puissance diffusive de son Amour pour lui-même. En somme, l'amour du Noῦç pré-noétique est directement puisé à la source de la générosité diffusive du Bien ; sa puissance est celle-là même, infinie et indéterminée, qui surabonde de l'Un. Cette puissance érotique intacte du Noῦç καθαρός communique à l'Intelligence sa puissance d'engendrer. Le désir propre à l'Intelligence est par conséquent un désir immanent, un désir qui est toujours déjà comblé du fait qu'elle contemple éternellement en elle-même les formes ressemblantes au Bien. Mais en même temps, c'est un désir de s'unir au Principe qu'elle éprouve car, par sa partie transcendante, le Noῦç pur, elle a part à l'amour véritable du Bien, à l'amour pur situé au-delà du désir qui prend l'Un comme objet d'amour, puisque l'amour de sa partie transcendante est toujours déjà union avec le Bien. Cette union veut donc dire, pour elle, amour ouvert à l'infini de l'amour ; c'est pourquoi, en ce sens aussi, nous atteignons, par le Noῦç pur, à l'intimité même de l'hypostase seconde :

> Quand nous atteignons l'Intelligence pure, [...], nous voyons qu'il [l'Un] est l'intimité même de l'Intelligence, celui qui a fait don à l'Intelligence de l'essence et de tous les principes [1].

L'INFINI DANS LE NOῦς, TRAIT DE L'UN

Mais la vie du Noῦç est aussi altérité car, « si nulle altérité ne l'éveillait à la vie, l'Intelligence ne serait pas un acte » [2]. Or, cet *éveil* n'est en rien

---

Bien. Et si je les appelle *semblables au Bien* c'est parce que la vie est l'énergie du Bien ou plutôt l'énergie qui dérive du Bien et que l'Intelligence est cette *même* énergie après qu'elle a été délimitée » (VI, 7 (38), 21, 1-6).

1. V, 3 (49), 14, 14-15 (traduction É. Bréhier).

2. VI, 7 (38), 13, 11-12. Remarquons aussi que la ressemblance avec le Bien implique immédiatement l'altérité, l'écart par rapport à l'Un. Pour cette raison, ressembler au Premier veut aussi immédiatement dire que le Premier *n'est pas ce qui lui ressemble*. Le mouvement de la vie est, pour le Noῦç, facteur d'altérité ; il éveille l'Intelligence à *sa* vie, et la rend ainsi capable de la différenciation des formes qu'elle contient, puisqu'elle est le vivant total : « étant le même total et l'autre total, il n'y a rien de ce qui est autre qui lui échappe » (VI, 7 (38), 13, 24). Le mouvement de la vie implique nécessairement, dans l'Intelligence, le jeu de l'identité et de la différence, et c'est ce mouvement qui est son éveil : « Dans son mouvement,

comparable à la *veille* de l'Un. En effet, celle-ci est au-delà de l'être[1] et exprime le caractère absolu de son Acte. L'éveil, en revanche, est la conscience qu'a le Noῦς d'être l'unité d'une multiplicité, car sa conscience est une suffisance qui n'est jamais qu'unité de composition[2]. Par là, la vie-acte de l'Intelligence essaie de rassembler sous l'unité l'altérité qui la compose. Elle est *un trait de l'Un sans être la veille du Principe,* car celle-ci exprime métaphoriquement la suprême indifférenciation de l'Origine : d'un côté, la veille affirme l'absolue transcendance principielle, qui déborde infiniment l'ontologie de l'Intelligence, alors que de l'autre, le Noῦς pensant et s'éveillant à la vie qui est la sienne se découvre, se connaît, s'unifie. On voit que cet éveil, cette conscience de soi, montre à sa manière toute la distance qui sépare la seconde hypostase de son Principe.

A certains égards donc, le Noῦς « conserve les principaux traits de l'Un »[3] et il en est une image et une ressemblance, tout à la fois différent de lui et pourtant non séparé puisque « il n'y a pas de coupure » entre l'Un et l'Intelligence qui en dérive. Nous savons maintenant que la continuité est assurée par la vie qui, d'illimitée qu'elle était en tant qu'effet second de l'Acte de l'Un, se limite comme vie véritable, première, totale, multiple et unique[4] ; nous avons analysé le processus qui permet à la vie de donner aux formes et à l'Intelligence « la ressemblance avec le Bien » et surtout nous avons montré comment la puissance érotique qui sourd de l'Un se retrouve dans la vie intérieure du Noῦς, d'une part, sous la forme de l'amitié entre les intelligibles et, d'autre part, au niveau de la pensée de soi de l'Intelligence, sous la forme du désir comme tendance vers l'Un et de l'amour véritable pour le Bien au niveau du Noῦς καθαρός. La puissance d'engendrement de l'Intelligence provient de cette puissance érotique : sous la force de son amour pré-intellectuel elle tente d'appréhender l'infinité du Principe, mais, ne pouvant accueillir en elle cette puissance infinie, elle *produit*, par la force de ce désir et de cet amour, les formes multiples. Il y a donc dans l'Intelligence de l'*infini*, et cette infinité est bonne dans la mesure où elle est le *trait* qui la maintient unie dans la différence avec l'Un.

le Noῦς se meut, il est vrai, toujours de la même manière et dans l'identité et la similitude (Νοῦς τε κινούμενος κινεῖται μὲν ὡσαύτως καὶ κατὰ ταὐτὰ καὶ ὅμοια ἀεί) [...]. S'il n'y a en lui aucun changement, si aucune altérité ne l'éveille à la vie, il ne saurait pas non plus être un acte (εἰ γὰρ μηδεμίαν ἔχει ἐξαλλαγὴν μηδέ τις ἐξεγείρει αὐτὸ εἰς τὸ ζῆν ἑτερότης οὐδ'ἂν ἐνέργεια εἴη) » (VI, 7 (38), 13, 5-12).
    1. La veille de l'Un est, écrit Plotin, ὑπερνόησις (VI, 8 (39), 16, 33-35).
    2. *Cf.* III, 9 (13), 3.
    3. V, 1 (10), 7, 3.
    4. *Cf.* VI, 7 (38), 15.

En effet, Plotin enseigne qu'il y a de « l'infini dans le Noῦς » [1], de même qu'il ajoute que :

> Cette totalité [le monde intelligible] est une puissance totale qui va à l'infini, qui s'exerce à l'infini ; et il est si grand que ses parties mêmes sont infinies [2].

Il insiste encore sur l'infini présent dans l'Intelligence en citant les mots mêmes du *Parménide* de Platon [3] : « l'essence se morcèle à l'infini » [4]. Mais, si l'infinité de l'Un se comprend pour sa part en un sens positif, puisque :

> Il faut entendre qu'il [*i. e.* : l'Un] est infini […] par l'incompréhensibilité de sa puissance, qui ne saurait tenir dans des bornes [5],

l'infinité du Noῦς reste, quant à elle, contenue dans des limites, car l'Intelligence a la limite que lui a donnée l'Un. Son infinité correspond donc à sa pensée, pensée totale qui est le terme du mouvement qui produit successivement la pensée de toutes choses. Se penser soi-même c'est, pour l'Intelligence, penser toutes choses ; il y a donc bien en elle de l'infinité et, conseille Plotin, « il ne faut pas craindre l'infinité que notre thèse introduit dans le monde intelligible » [6], car ainsi la pensée ne s'arrête jamais. L'arrêt de la pensée signifierait proprement la mort de l'Intelligence, aussi la pensée est-elle le mouvement même de la vie, mouvement infini qui permet au Noῦς de coïncider avec lui-même dans son infinité. Ce mouvement infini de la vie contenue dans les limites de l'hypostase dérivée est, une fois encore, l'image déficiente de la vie illimitée et indéterminée, sans borne, de la proto-vie qui sourd de l'Un. Cette vie infinie de l'Intelligence qui se meut en mouvement circulaire, mouvement propre à la pensée et qui lui donne son unité, est limitée par le Bien. La vie de l'Intelligence est, par conséquent, la puissance infinie du Bien contenue par elle et reflétée par la multiplicité des formes. La diversité des formes dans l'unité de l'Intelligible manifeste ainsi la puissance infinie sous forme d'une diversité infinie des intelligibles que le Noῦς pense infiniment. Aussi pouvons-nous dire que l'infini dans l'Intelligible est une *trace* de l'infini du Bien, une trace de cette *infinité positive* qu'est le Bien en tant qu'indétermination par plénitude et infini de puissance [7].

---

1. VI, 7 (38), 14, 11.
2. V, 8 (31), 9, 24-26 (traduction É. Bréhier légèrement modifiée).
3. *Cf.* Platon, *Parménide* 144 b.
4. VI, 2 (43), 22, 13-14.
5. VI, 9 (9), 6, 10-11.
6. V, 7 (18), 1, 25-26.
7. V, 4 (7), 2, 36-37.

Chapitre iv

LUMIÈRE DU BIEN ET BEAUTÉ DE L'INTELLIGENCE

Lumière du Bien et lumière de l'Intelligence :
la question de la Beauté

Sans cesse Plotin nous rappelle, tout au long des *Ennéades*, que « le Bien est lumière pure qui donne à l'Intelligence le pouvoir d'être ce qu'elle est » [1] :

> Il est raisonnable d'admettre que l'acte qui "émane" en quelque sorte de l'Un est comme une lumière qui émane du soleil ; toute la nature intelligible est une lumière ; debout, au sommet de l'Intelligible et au-dessus de lui, règne l'Un qui ne pousse pas hors de lui la lumière qui rayonne [2] ; L'Un est, avant la lumière, une autre lumière qui rayonne sur l'Intelligible en restant immobile [3].

Le Bien est donc à la fois ce qui fait naître les formes dans l'Intelligence et ce qui donne à cette dernière la lumière pour les voir [4]. Le Noῦς, avons-nous dit, a « une ressemblance avec le Bien », en ce qu'il est vivant, qu'il se pose et se détermine à partir de cette ἐνέργεια dérivée du Bien qui est la vie illimitée et universelle [5]. Celle-ci est d'abord sans forme et infinie avant de

---

1. V, 6 (24), 4, 21-22.
2. V, 3 (49), 12, 40-44.
3. *Ibid.*, 44-45 (traduction É. Bréhier légèrement modifiée). Pour la lumière du Bien, voir aussi V, 3 (49), 17 ; V, 5 (32), 7 ; VI, 4 (22), 7 et 8 ; VI, 7 (38), 36 ; VI, 8 (39), 15.
4. *Cf.* VI, 7 (38), 16, 21-31.
5. A ce propos, D. Montet, *op. cit.,* p. 157, fait remarquer que la question de la ressemblance avec le Bien s'éclaire si l'on entend par là que « le Bien rend ce qui dépend de lui

devenir vie de l'Intelligence, c'est-à-dire vie délimitée et informée, vie première et archétype de toute vie inférieure ; nous pouvons donc en inférer que la vraie ressemblance avec le Bien sans forme réside dans l'absence de forme. La lumière va nous permettre de préciser comment, dans cette réalité eidétique qu'est le Noῦς, la ressemblance avec le Bien ne peut être que ce qui, en lui, est informe [1]. Au départ, la vie dérivée de l'Un est lumière, et c'est elle qui s'incarne dans les formes intelligibles, tout en conservant pourtant quelque chose de son absence de forme originelle. La vie illimitée et infinie, appelée « la lumière du Noῦς », n'est donc que le reflet de l'archi-Vie ineffable de l'Un. Il y a là un mystère de la vie, impénétrable à la pensée, irréductible à la connaissance, mystère qui est le secret même du Premier, et dont on perçoit un reflet dans l'Intelligence. Si Plotin l'appelle « lumière », c'est que notre langage, toujours inadéquat lorsqu'il s'agit du Principe, exprime, par ce terme, la ressemblance la plus pure et la plus proche que conserve le Noῦς avec l'indicible incorporéité et simplicité du Premier. Si le Noῦς est l'*archétype* de toute vie, vie multi-présente tout en étant une même unité, il est *de surcroît* une lumière également répartie, une seule et même lumière qui est partout, toujours identique à elle-même [2]. La

"agathoïde" (I, 7 (54), 1, 16), il engendre un être qui a le caractère du Bien (V, 3 (49), 16, 18-19), son "énergie" selon les termes du traité 38 ».

1. *Cf.* V, 5 (32), 7, 16-35 : « La vision de l'Intelligence atteint, elle aussi, les objets éclairés grâce à une lumière différente d'eux ; elle voit réellement en eux cette lumière. Quand son attention se dirige vers la nature des objets éclairés, elle la voit *moins bien*. Mais si elle laisse ces objets pour regarder la lumière grâce à laquelle elle les voit, elle voit alors *la lumière et son principe*. Mais comme l'Intelligence ne doit pas voir cette lumière comme un être qui serait hors d'elle, il faut revenir à la comparaison de l'œil. Lui non plus, ce n'est pas toujours une lumière extérieure et étrangère qu'il connaît ; avant elle, il a parfois une vision instantanée d'une lumière plus brillante qui lui est propre ; par exemple la nuit, dans l'obscurité, elle jaillit de lui et s'étend devant lui ; mais encore, s'il abaisse les paupières pour ne rien voir, il émet pourtant de la lumière ; les autres objets de sa vision sont des objets lumineux, mais ne sont pas la lumière. De même l'Intelligence, mettant un voile sur les autres objets et *se recueillant dans son intimité*, ne voit plus aucun objet ; *mais elle contemple alors une lumière qui n'est point en autre chose mais qui lui est apparue subtilement pure, existant en elle-même.* »(c'est nous qui soulignons). Même si l'Intelligence contient en elle-même la puissance de la lumière, elle ne la tient pourtant pas d'elle-même mais de l'Un qui rayonne et l'éclaire dans sa proximité ; la lumière de l'Un est, dans l'Intelligence, sa marque et sa trace parce que l'Intelligence est « agathoïde ».

2. *Cf.* VI, 4 (22), 7, 23-48. Les traités VI, 4 (22) et VI, 5 (23) envisagent la question de la présence, dans le sensible, de l'Intelligible. L'Intelligible en se manifestant dans la diversité du sensible reste néanmoins un et identique à lui-même. La question de la participation du sensible à l'Intelligible doit donc se résoudre dans l'affirmation de cette vérité qu'une seule et même chose puisse être présente partout sans se diviser. Cette « seule et même chose » étant la vie de l'Intelligence, archétype de toutes vies, comme la proto-vie dérivée de l'Un est tout entière présente dans le Noῦς, comme vie délimitée et informée de l'Intelligence. Il est

lumière, ou la vie, constitue donc, dans la métaphysique plotinienne, le principe fondamental de la continuité dans la procession, le principe de ce qui se transmet un et identique dans la multiplicité et la diversité des êtres, de ce qui reste indivisible et finalement sans forme dans la diversité des vies "incarnées" et limitées. Or, on ne peut, dans le cadre de cette métaphysique, recevoir la vie que si simultanément s'opère une conversion vers le Principe engendreur, conversion dictée par le désir et par l'amour. Ainsi, si conversion il y a, c'est que le désir et l'amour sont aiguillonnés par la *beauté*. La beauté est, elle aussi, une et indivise ; elle est ce que Plotin appelle « la grâce », et cette grâce n'est autre que *l'illumination par la vie*[1]. Il y a donc une étroite connexion entre la lumière, la vie, l'amour et la beauté ; c'est elle qu'il nous faut à présent élucider, et en premier lieu pour le Noῦç.

> Le beau, dit Plotin, est dans l'Intelligible[2]. Mais quelle est cette beauté qui réside dans l'Intelligible ? Cette question, Plotin lui-même la pose au traité 1 (I, 6)[3]. Si, dans ce traité, la conception de la beauté comme harmonie n'est pas écartée, elle trouve cependant son fondement dans un principe transcendant : la beauté des formes intelligibles, des essences parfaitement transparentes qui sont dans le Noῦç, réside dans la lumière qui éclaire toutes les formes :
> Car tout y est transparent [...], et chacun est ainsi parfaitement diaphane à chacun, dans son intimité même et dans tout ce qu'il est : il est lumière pour la lumière, [...] l'éclat de tous est infini, [...] [là-bas] le beau y est pure beauté, car il ne peut être porté par ce qui n'est pas beau[4].

Dans la seconde hypostase brille donc une splendeur infinie, et cette lumière vient d'un principe transcendant à l'Intelligence même qui contemple. La lumière intelligible est ainsi un rayonnement issu du Principe absolu, auquel on peut comparer la brillante lumière que le soleil

---

intéressant de noter ici, que pour faire comprendre comment la vie ne se divise pas, mais reste une et infinie, Plotin a recours, une fois encore, à "l'analogie" de la lumière.

1. *Cf.* VI, 7 (38), 22, 1-7 : « C'est pourquoi c'est seulement lorsque quelqu'un voit cette lumière qu'il est attiré vers la vie du Noῦç : il est envahi alors par le désir de cette lumière qui court sur eux et en éprouve de la joie ; de la même manière ici-bas, lorsqu'il s'agit des corps, l'amour ne s'adresse pas aux corps eux-mêmes qui en sont le support, mais à la beauté qui s'y reflète. Car chacune des réalités dont nous parlons n'est que ce qu'elle est en elle-même. Mais elle devient objet de désir, lorsque le Bien la fait chatoyer, en lui donnant en quelque sorte les grâces, et en infusant les amours à ceux qui la désirent ».
2. I, 6 (1), 9, 43.
3. Cf. *ibid.*, 1, 49-54.
4. V, 8 (31), 4, 3-15.

répand autour de lui[1]. Cette comparaison, qui vient de Platon[2], semble être empruntée au monde sensible, mais il est caractéristique de l'ontologie platonicienne de *renverser* ce rapport et de considérer que le soleil, source de la lumière visible, est le rejeton (ἔκγονον) du Bien, qu'il est engendré dans un rapport d'analogie (ὃν τἀγαθὸν ἐγέννησεν ἀνάλογον ἑαυτῷ). Or, pour Plotin, la pure lumière est au-delà des essences, c'est la clarté du Principe dans laquelle les intelligibles se découvrent à l'Intelligence. Le principe de la beauté (ἀρχὴ κάλλους)[3] est ce que le Noῦς veut apercevoir quand il voit la beauté des formes : les intelligibles sont vus dans la lumière du Bien et c'est ce qui les rend beaux. Mais l'Intelligence veut, en plus, voir ce qui rend la vision possible, atteindre la source même, le principe de la lumière :

> Mais si elle [l'Intelligence] se détourne des objets vus et dirige son regard vers ce moyennant quoi elle voit, elle voit alors la lumière et son principe[4].

Cette source de lumière, c'est l'Un, et c'est de cette exigence suprême que les intelligibles tirent leur réalité et aussi leur beauté[5]. Le Bien est présent originairement (πάλαι παρὸν) à l'Intelligence et il est l'objet d'un désir inné (ἔφεσιν σύμφυτον) qui n'a nul besoin d'être rappelé à la conscience[6]. Nous retrouvons ici la différence entre le Noῦς καθαρός et le

---

1. V, 1 (10), 6, 28-30. Voir aussi le traité V, 5 (32), 8.

2. La comparaison est empruntée à *République* VI, 508 b-c. Pour cette analogie platonicienne du Bien dans *République*, voir l'étude de L. Couloubaritsis, « Le caractère mythique de l'analogie du Bien dans *République* VI », in *Diotima*, 12 (1984), 71-80. Dans cet article l'auteur développe la thèse que « Platon comprend le rapport entre le Bien et le soleil d'une façon non pas réelle, mais plutôt mythique » (p. 72). En effet, s'il y a bien un rapport analogique et même une ressemblance de fonction entre le Bien et le soleil, néanmoins, souligne L. Couloubaritsis, Platon n'envisage la génération du soleil par le Bien *que* dans le cadre d'un « mythe rationnel » où « l'unité mythique » du Bien et du soleil est postulée plutôt qu'analysée. Dès lors, plus que d'une relation de type généalogique, il s'agit plutôt, dans ce passage de *Rép.* VI, d'une *analogie de structure* permettant de comprendre que « l'invisible » entretient avec le Bien une relation analogue à celle qui unit « le visible » au soleil. Le Bien confère ainsi l'unité au monde intelligible, en même temps qu'il est « la condition même de la vérité dans la connaissance ». Voir également J. Fr. Mattéi, *Platon et le miroir du mythe, loc. cit.*, p. 127-132.

3. VI, 7 (38), 32, 33.

4. V, 5 (32), 7, 19-21.

5. *Cf.* Platon, *Rép.* VI, 509 b : « C'est par l'effet du Bien qu'aux objets de la connaissance non seulement il revient d'être connus, mais c'est aussi l'être et la réalité qui de lui leur survient. » ; et aussi *Rép.* VII, 517 c, où l'Idée de Bien est dite πάντων […] ὀρθῶν τε καὶ καλῶν αἰτία.

6. *Cf.* V, 5 (32), 12, 1-10.

Noῦς noético-ontologique : par le Noῦς καθαρός, le Premier est originai-rement présent à l'Intelligence, et par l'amour de ce Noῦς pré-intellectuel, qui est vie auprès du Principe, le désir est consubstantiel à la pensée. Si le Noῦς est conscient et si, par la conscience, il acquiert l'unité dans la multi-plicité, le désir, quant à lui, est pré-conscient, il est antérieur à la pensée. Ainsi, les intelligibles, dont la splendeur est infinie, ne revêtent leur éclat de beauté qu'au regard d'une Intelligence ouverte à l'illumination suprême du Bien[1]. La lumière du Bien est donc identique à la proto-vie informe, elle "s'ajoute" aux intelligibles et leur donne l'éclat de la beauté. Nous avons déjà signalé qu'il y a identité entre la vie et « la ressemblance avec le Bien », il y a donc tout naturellement identité aussi entre la ressemblance avec le Premier et la lumière. Plotin dit d'ailleurs[2] que la lumière du Bien brille sur l'Intelligence dans la mesure où elle est vie, et que cette lumière est sur l'Intelligence comme la grâce de la vie sur un visage[3]. La vie est donc la *trace* du Bien dans l'Intelligence, elle est sa lumière même, sa présence au sein de la vie délimitée du Noῦς. C'est par cette lumière que l'Intelligence est attirée et s'ouvre à l'illumination du Bien, à l'"ivresse amoureuse »[4]. L'Intelligence voit alors la lumière du Bien non en tant que Noῦς-pensant, mais comme Intellect-aimant, car c'est par sa partie transcendante à la pensée qu'elle « voit » la lumière du Bien et devient elle-même cette lumière :

> L'Intelligence, mettant un voile sur l'intelligible et se recueillant dans son intimité [nous comprenons dans le Noῦς καθαρός] [...] contemple alors une lumière qui n'est point en autre chose [*i. e.* : la lumière du Bien], mais qui lui est apparue subitement, seule, pure, existant en elle-même[5].

La suite du traité 32 (V, 5) décrit en ces termes cette union amoureuse de l'Intelligence avec la lumière du Bien :

---

1. Il convient d'insister encore sur cette apparente indécision de la transcendance ou de l'immanence du Principe : si les formes contenues dans l'Intelligence sont illuminées par la lumière rayonnante issue du Bien, elles donnent à voir *à la fois* la beauté de leur diversité *et* la splendeur dans laquelle elles chatoient. Or, le Principe d'une telle splendeur s'appréhende dans la trace que l'Intelligence possède de lui, dans la beauté des formes. Avec constance, Plotin impose donc au Bien une transcendance radicale, qui peut néanmoins être saisie *dans* l'immanence, pour les dérivés, de la *trace* de cette transcendance.

2. *Cf.* VI, 7 (38), 22, 21-36.

3. Cf. *ibid.*, 22, 24-36.

4. *Cf.* VI, 7 (38), 35.

5. V, 5 (32), 7, 32-35 (traduction É. Bréhier légèrement modifiée).

Parce qu'elle est Intelligence, elle le contemple [le Bien] et le contemple par cette partie qui en elle n'est pas intelligente[1].

Pour accéder à cette contemplation unitive, pour ne plus être qu'Intelligence aimante, l'Intelligence doit se fermer à la contemplation des intelligibles dont la ressemblance avec le Bien consiste dans la vie qu'ils ont reçue de lui, et dans la splendeur infinie qu'ils reflètent. Elle doit s'élever au-delà de cette beauté de l'être pour contempler le donateur de la vie et de la beauté, lui-même antérieur à la vie et à la beauté de l'Intelligence, initiateur d'un désir plus ancien, qui est désir du Bien[2]. Au-delà de

---

1. *Ibid.*, 8, 24-26.
2. Cf. *ibid.*, 12, 11-13. Dans son article « L'analogie selon Plotin », in *Les Études Philosophiques* (1989-3/4), 305-318, J.-L. Chrétien analyse ainsi l'antériorité du Bien sur le beau : « La beauté première, à laquelle rien ne manque, source et modèle de toute autre beauté est celle du Noῦς, identique pour Plotin au monde intelligible (V, 8, 8 ; VI, 7, 31). Le premier principe lui-même est au-delà de la beauté. Dès son premier traité, où pourtant la position de la question n'a pas une fermeté aussi grande que par la suite, Plotin situe le Bien au-delà du beau identique à l'intelligible : du Bien, le beau est, littéralement, « problème » (*probeblèmenon*), ce qu'il place en avant de soi et devant soi, comme si la beauté séparait encore (I, 6, 9). Ce qui est avant l'intelligible ne veut pas même être beau (V, 8, 8). Le Bien est plus ancien que le beau et antérieur à lui (V, 5, 12). Regarder vers l'Un, c'est regarder au-dessus et au-delà du beau (VI, 9, 11). Mais si la beauté proprement dite est convertible avec l'esprit et l'être, si le Noῦς est le terme et la source de l'analogie du beau, elle provient de l'Un qui ne l'est pas et ne l'a pas, à aucun titre et sous aucun mode. La beauté première est l'être premier, elle n'est pas le premier, absolument parlant. L'analogie du beau conduit à la plénitude de la beauté, qui seule peut se renoncer pour le désert de l'Un. Elle ne mène pas à l'Un, mais au seul lieu depuis lequel il est possible de franchir vers lui la faille du don » (p. 313-314). Quant aux textes qui attribuent à l'Un une « beauté au-dessus de la beauté » ou une « beauté qui rend beau », J.-L. Chrétien les écarte délibérément en affirmant que : « Toute pensée d'un néant fondateur, qui donne ce qu'il n'a pas et n'est pas ce qu'il donne, a ses apories, ses ambiguïtés et ses tentations. Celles de Plotin n'y échappe pas […]. L'*epekeina* ou le *huper* plotinien [*n.b.* : le texte de l'article porte ici fautivement « platonicien »] oscille toujours entre éminence et néant. Une pensée de l'éminence ferait du premier *l'analogum princeps* de la beauté, mais, malgré certaines formules, elle est interdite par les thèses les plus constantes de la métaphysique de Plotin » (*ibid.*, p. 314). Pourtant, s'il est vrai que l'Un n'est pas « *l'analogum princeps* », il est cependant ce de quoi le Noῦς produit une image : être à l'image de l'Un, c'est aussi être beau, d'une beauté déhiscente, parce qu'eidétique, par rapport à la beauté informe de l'Un. L'Intelligence a en elle la trace de l'Un, n'est *qu'*à l'image de l'Un, ne subsiste et n'existe *que* dans et par cette image. La trace ou le reflet de l'Un dans ses dérivés se dit de multiples façons (la beauté n'étant que l'une d'entre elles), qui, maladroitement, tentent de saisir le Principe dans son ineffabilité. La beauté n'est ici encore qu'un autre nom pour dire la tension vers l'Un, le désir de l'Intelligence à son endroit. Et ce désir, cet amour ne valent que par l'Un, donateur de ce qu'il n'est pas et n'a pas, parce qu'issus de lui et maintenant la continuité avec le Principe par la trace. J.-L. Chrétien préfère mettre l'accent sur la radicale transcendance et la séparation infranchissable qui existent

la beauté, et Principe de la beauté, la "Beauté" du Bien est sans forme, elle est Beauté totale, Beauté de l'infini qui n'a ni mesure ni figure [1] : le beau est dérivé de l'Un et, pour l'Intelligible, en provient, tout comme la lumière et la vie sont dérivées du Principe [2].

LA BEAUTÉ DU SANS FORME

Le Bien apparaissait déjà à l'Intellect aimant comme le sans forme, l'indéfinissable, l'infini objet de son amour infini [3]. A présent, si l'Intelligence cherche à s'ouvrir à l'irradiation du Bien en dépassant la contemplation de la beauté des formes qu'elle contient, c'est que : « La nature du Bien s'est réfugiée dans la nature sans forme d'où procède la forme primordiale » [4].

Cette transposition est justifiée, chez Plotin, dans la mesure où la nature du sans forme équivaut à la Beauté sans forme de l'Un. De même, l'amour du sans forme est digne d'un amour infini de la part du Noῦς aimant. Mais, si le Bien donne la beauté à l'Intelligence, c'est, d'une part, parce que lui-même est transcendant à la beauté, parce qu'il est Beauté sans forme, et, d'autre part, parce que l'Intelligence est devenue belle en se retournant vers son Principe, en recevant de lui beauté et proportion. Cependant, nous avons vu aussi que ce qui est sans forme provoque le désir le plus intense, de même ce qui est beauté sans forme fait chatoyer l'Intelligible et pousse le Noῦς à rechercher l'origine de cette beauté et à voir la lumière qui irradie d'une splendeur infinie les formes contenues en lui. La lumière, la beauté, la vie peuvent donc s'identifier, dans le désir infini de l'Intelligence pour le Bien, par l'intermédiaire du sans forme : c'est parce que le Principe est sans forme, sans mesure, sans limite, que l'amour est lui-même sans forme, sans mesure, sans limite. Le Noῦς aimant désire et aime le Premier d'un amour d'une force infinie, et ici l'infinité principielle, qui est tout aussi bien la vie illimitée que la beauté

entre l'Un et ses dérivés. Il ne nous semble pas que, par là, l'auteur rende raison de l'inlassable travail de Plotin pour dire tout ensemble la transcendance-immanence du Principe.

1. *Cf.* VI, 7 (38), 32 et 33.

2. Plotin, tout comme Platon dans le *Parménide* 137 e, place le Beau après le Bien.

3. *Cf.* VI, 7 (38), 32, 23-27.

4. VI, 7 (38), 28, 27-29. Ici, Plotin se souvient du texte du *Philèbe* 64 b-65 a, qui dit : « L'essence du bon vient se réfugier dans celle du beau, car la mesure et la proportion (μετριότης καὶ συμμετρία) doivent partout constituer la beauté et la vertu des choses ». Pour un commentaire détaillé de ce passage de Plotin en parallèle avec celui de Platon, voir P. Hadot, *Traité 38, loc. cit.*, p. 307-319.

sans forme ou la lumière pure au-delà de la lumière, apparaît comme une énergie infinie dont la puissance attractive n'est autre que l'amour pour le Bien. Cet infini de l'amour, cette proto-vie (énergie infinie et illimitée) dérivée de l'Un, se retrouve dans l'infinité de l'Intelligence aimante ivre d'amour à cause de sa proximité avec l'Origine, et la réunion de l'infini et de l'amour se trouve aussi dans la beauté, puisque c'est elle qui provoque l'amour. Si le Bien provoque un tel amour, c'est parce que la lumière qui rayonne sur l'Intelligible pousse l'Intelligence à dépasser cette splendeur infinie pour s'ouvrir à l'infini de l'amour, à l'infinie générosité du Bien, afin de contempler sa Beauté informe [1].

C'est donc en s'orientant vers l'Un que la vie de l'Intelligence est aimable, parfaite et lucide. Cette vie est alors réellement une image de celle du Bien en tant qu'elle imite, autant que faire se peut, cette Vie ineffable. Or, la trace du Premier dans la seconde hypostase est exprimée par le désir antérieur à la pensée et l'engendrant : le désir de l'Intelligence est une trace de la Vie de l'Un, car c'est en s'aimant elle-même comme Intelligence et en se transcendant comme Noῦς καθαρός, qu'elle est réellement l'image, déficiente certes, l'imitation, assurément affaiblie, de la Vie de l'Un en tant qu'Amour de soi [2].

Nous avons vu qu'au niveau du Principe, l'Amour de soi est hyper-noèsis, et que cet Amour est identique à l'Un, qu'il est sa Vie même. Nous avons dit aussi que ce qui est dérivé de son Acte pur est un amour diffusif se manifestant comme vie illimitée ; c'est donc bien à partir de cette proto-vie que se constitue l'ontologie plotinienne. L'Intelligence est, en effet, en elle-même double : elle est d'une part anoétique, c'est l'Intelligence naissante-aimante, et d'autre part onto-noétique, c'est le Noῦς. Or, si le Noῦς a une intuition simple de lui-même, si donc l'Intelligence est noé-tique et non dianoétique, c'est que la conscience qu'elle a d'elle-même est unificatrice, et que, possédant en elle-même les formes belles et aimables, elle s'aime en étant pour elle-même son propre bien. Cependant, *cet amour auto-suffisant ne saurait rendre compte de la procession de l'Âme.* Il faut, par suite, que la puissance dérivée de l'Un, par laquelle le Noῦς transcen-dant demeure uni au Bien, garde encore intacte toute sa puissance proces-sionnelle. Il faut que l'Intelligence, qui est l'être générateur de l'Âme,

---

1. En ce sens, l'Un est au fondement de la beauté : « Si donc on le voit, lui qui fournit la beauté à toutes choses, mais qui la donne en restant en lui-même et qui ne reçoit rien en lui, si on reste dans cette contemplation en jouissant de lui, quelle beauté manquera encore ? Car c'est lui la véritable et première Beauté, qui rend beaux ses propres amants et les rend dignes d'être aimés » (I, 6 (1), 7, 25-30).

2. *Cf.* V, 3 (49), 16, 23-42.

produise à l'exemple du Principe et *en vertu de sa puissance infinie*. Comme le Premier, elle n'engendrera ni par réflexion, ni par volonté arbitraire, mais par *acte d'amour* : c'est encore en contemplant l'Un qu'elle laissera s'écouler hors d'elle un engendré, l'Âme, semblable à elle et unie à elle.

C'est donc maintenant à partir du Noῦς que nous devons ressaisir *la puissance érotique* qui préside à l'engendrement des dérivés.

Troisième partie

L'ÂME : NATURE – VIE – LOGOS

CHAPITRE PREMIER

LA PRODUCTION DE L'ÂME PAR LE NOÛS

L'ÂME COMME REJETON DU Νοῦς

Rares sont les textes des *Ennéades* qui décrivent la procession de l'Âme à partir de l'hypostase précédente. Le plus explicite est sans doute le traité V, 1 (10), intitulé par Porphyre « Des trois hypostases principielles ». Aux paragraphes 3, 6, 7 et 8 de ce traité Plotin donne, en effet, des indications à propos de la nature de l'Âme intelligible et de sa procession à partir du Νοῦς. L'Âme, précise-t-il[1], est une image (εἰκών) de l'Intelligence. L'εἰκών implique ici, comme dans le cas du rapport du Νοῦς avec le Bien, mais en ménageant cependant une certaine différence, l'idée d'une relation immédiate impliquant à la fois similitude et dissimilitude. Similitude, car il est dit, au paragraphe 7 du traité 10, que l'Âme, de la *même manière* que l'Intelligence par rapport au Premier, *doit être indéfinie avant d'être finie* et doit, en quelque sorte, être informée par son générateur :

> Or, il n'était pas possible *dans ce cas non plus* que ce qui est engendré [par l'Intelligence] soit supérieur, mais étant une image il devait être moindre que lui, et de la même manière *indéfini*, mais défini et comme informé par son générateur[2].

Il y a donc, au départ de la génération de l'Âme, une indétermination qui "s'écoule", pour ainsi dire, du Νοῦς, comme il y avait, à la source de la

---

1. *Cf.* V, 1 (10), 3, 7.
2. *Ibid.*, 7, 38-41, c'est nous qui soulignons. Bien que dans ce passage Plotin emploie le terme d'εἴδωλον, celui-ci ne nous a pas semblé contrevenir à l'idée de *relation* impliquée par le terme d'εἰκών. Voir à ce propos M. Lassègue, « Note sur la signification de la notion d'image chez Plotin », *Revue de l'enseignement philosophique,* 33 (1983), 4-12.

production de l'Intelligence, une indétermination qui surabondait de l'Un. Aussi peut-on formuler ce principe valant pour toute la procession : chaque produit *doit d'abord* émerger comme indéterminé avant d'être fécondé, lors de sa conversion vers le générateur, par son producteur. Nous avons vu que, dans le cas de la seconde hypostase, cette indétermination appelée dyade indéfinie ou matière intelligible, permettait à Plotin d'expliquer la constitution des formes, des εἴδη, la matière intelligible servant alors de substrat et de continuum pour les formes intelligibles[1]. Maintenant, en quoi l'indétermination de l'Âme, en son état premier, est-elle nécessaire à sa constitution comme hypostase séparée, et qu'est-ce qui se détermine en elle à partir de cette indétermination dérivée du Noῦς ?

Dans la même *Ennéade* V, 1 (10), Plotin écrit explicitement que cette indétermination est matière[2] : l'Âme est la matière de l'Intelligence ; de plus, le texte insiste sur la beauté, l'intelligence et la simplicité de cette matière. C'est que celle-ci, en tant que matière est comme le Noῦς lui-même, οἷον δὴ ὁ νοῦς. L'Âme indéterminée est donc informée par le Noῦς lorsqu'elle se tourne vers lui, le regarde et le contemple ; sa production par l'Intelligence ne fait, par suite, pas difficulté puisque :

> Etant semblable à l'Un, l'Intelligence produit comme lui, en épendant sa multiple puissance. Ce que l'Intelligence produit est une image d'elle-même[3].

Nous allons dès lors retrouver dans l'Âme le contenu de l'Intelligence : elle va se convertir vers son générateur et s'achever comme hypostase en étant fécondée par lui. Mais cette conversion fait d'elle « le *logos* de l'Intelligence »[4], et nous rencontrons ainsi une nouvelle fois le double mouvement de la procession-conversion. Ce qui procède est un indéterminé que le moment constitutif de la conversion achève comme hypostase, puisqu'en effet, l'écart qui s'établit par la procession entre ce qui sourd de l'Intelligence et l'Intelligence elle-même est comme comblé par la contemplation du générateur de la part de cet indéterminé. L'indétermination s'épanchant du Noῦς n'est autre que « sa multiple puissance » (δύναμιν πολλήν)[5], elle est donc, par conséquent, *déjà* multiple, alors qu'une puissance, une énergie dérivée et indéterminée, une proto-vie *non-multiple* diffusait de l'Un. Cette énergie indéterminée est multiple du fait de la

---

1. Pour la difficile question de la matière intelligible, voir l'ouvrage extrêmement documenté de J.-M. Narbonne, *Plotin, les deux matières, op. cit.*, notamment p. 47-124.

2. *Cf.* V, 1 (10), 3, 20-23.

3. V, 2 (11), 1, 14-15.

4. V, 1 (10), 3, 8.

5. V, 2 (11), 1, 14-15.

volonté qu'a l'Intelligence de *penser* l'indétermination primitive et originaire qui dérive du Premier. De l'Un absolument un et simple ne provient donc pas, à proprement parler, le multiple, mais bien plutôt une indétermination diffusive qui *devient* multiple quand l'Intelligence veut la penser. C'est pourquoi l'indétermination première est appelée matière *intelligible*, car elle constitue de fait la puissance intellective de la seconde hypostase : pensant cette infinie puissance, l'Intelligence pense *du même coup* les formes intelligibles ; mais ce n'est qu'à partir de cette proto-vie, de cette puissance-une, de cette « matière intelligible », que les formes peuvent naître dans l'Intelligence qui les pense, car la matière intelligible est le substrat des εἴδη intelligibles [1]. Joseph Moreau a fermement souligné ce point :

> La vision intellectuelle, si elle aspire à contempler le Principe, ne peut le saisir lui-même dans son unité absolue. L'Un se réfracte sous son regard ; elle n'aperçoit qu'une diversité unifiée, la hiérarchie des intelligibles ; celle-ci est la réfraction de l'Un dans la diversité, *dans la matière intelligible, équivalente à la puissance intellective dérivée de l'Un*, et qui s'est retournée vers lui. C'est ainsi que l'Univers Intelligible se constitue au-dedans de l'Intellect, mais par l'illumination transcendante de l'Un, *ou par l'effort de la puissance intellective* pour ressaisir son propre principe, pour résorber en elle sa source [2].

---

1. Il faut revenir sur le fait que le Noῦς n'est pas, à proprement parler, *matière de l'Un*, *puisque l'Un ne relève pas de la dimension eidétique*. Si le Noῦς était la *matière* de l'Un, il faudrait considérer ce dernier comme ce qui donne forme à cette matière et donc comme étant lui-même forme, ce qui est proprement impensable. C'est ce que Plotin affirme sans ambages : « L'Un est sans forme ; c'est ainsi qu'il peut produire la forme. S'il était lui-même une forme, l'Intelligence ne serait que son *logos* (εἰ δ'ἦν ἐκεῖνος εἶδος, ὁ νοῦς ἦν ἂν λόγος) » (VI, 7 (38), 17, 41-42). Nous reviendrons plus loin sur l'analyse du Noῦς comme *logos*, ou non, de l'Un. Pour l'instant remarquons que, sans être matière du Principe, le Noῦς suppose pourtant la dimension de la matière intelligible pour se constituer comme système des formes. Mais, c'est en un même *geste* qu'adviennent la procession de la matière intelligible *et* la constitution des formes dans l'Intelligence, par sa conversion vers le Principe. Cette double détermination du Noῦς le constitue à la fois comme matière et forme, et l'Un n'engendre pas le Noῦς en lui donnant forme dans une matière qui lui serait, en quelque sorte, préexistante. Il lui donne matière en tant que le Noῦς, par sa conversion, s'achève comme forme. Matière et forme apparaissent ensemble au niveau de la seconde hypostase, et sont indéfectiblement liées dans le Noῦς. Ce n'est pas le cas de l'Âme qui est, au sens plein, *matière de l'Intelligence*.

2. J. Moreau, *Plotin ou la gloire de la philosophie antique, loc. cit.*, p. 98. Nous soulignons.

Si donc l'Intelligence est Un-multiple, ἕν πολλά, c'est que sa pensée est *intuitive*, qu'elle se contemple, se pense comme une unité; ce faisant, il n'y a aucune médiation dans l'appréhension intuitive qu'elle a d'elle-même : sujet contemplant et objet contemplé ne font qu'un. Cette unité est essentielle pour le Νοῦς, car être et penser sont, en lui, identiques; c'est pourquoi, comme nous l'avons montré, sa pensée est tout aussi bien la vision noético-intuitive qu'il a de lui-même. Or, il faut y insister, si le Νοῦς est ainsi Un-multiple, s'il est capable d'unifier sa multiplicité par l'acte de penser, c'est parce que la puissance dérivée qu'il reçoit de l'Un n'est pas elle-même multiple. Comme le rappelle Plotin[1], cette puissance est une « unité indéterminée » qui se déterminera sous le regard de l'Intelligence cherchant à embrasser l'unité ineffable et proprement impensable de l'Un. Mais de plus, cette « unité indéterminée » revêt, en tant que matière intelligible, la signification de l'altérité et du substrat pour les formes contenues dans l'Intelligence[2]. Il faut retenir de toute cette analyse, que Plotin pose l'unité du Νοῦς, en tant qu'unité-multiple, comme *déjà donnée* par « l'unité indéterminée » provenant de l'Un. Cette « unité indéterminée » est, pour l'Intelligence, la possibilité de se donner limite et forme, c'est-à-dire de recevoir l'existence :

> C'est pourquoi l'Un n'est aucune des choses qu'on trouve dans l'Intelligence, mais toutes ces choses viennent de lui. C'est pourquoi aussi ces choses sont des essences; car elles sont déjà définies et chacune possède en quelque sorte une forme. L'être ne doit pas être en suspens, pour ainsi dire, dans l'indétermination, mais bien fixé par une limite et un repos; or, le repos pour les intelligibles est définition et forme, et c'est pourquoi ils reçoivent l'existence[3].

Le Νοῦς est ainsi à la fois indétermination et limite, dans la mesure où l'être dérivé de l'Un doit d'emblée (ἤδη) être défini, déterminé, se donner immédiatement comme εἶδος, c'est-à-dire comme forme. En tant que dérivée du Principe, l'Intelligence est « l'unité indéterminée »; en tant qu'elle est toujours déjà et immédiatement la somme de ses déterminations, elle est, comme limite et forme, Un-multiple; et en tant qu'elle est pensée qui se pense elle-même, sa pensée est noético-intuitive et non discursive. Plotin peut ainsi concevoir l'Intelligence comme étant à la fois

---

1. *Cf.* V, 1 (10), 4, 38 ; III, 8 (3), 8, 32 et 11, 15.

2. Pour une analyse détaillée de « l'unité indéterminée » comme substrat des formes intelligibles, *cf.* Th. A. Szlezàk, *Platon und Aristoteles in der Nuslehre Plotins*, Bâle-Stuttgart, 1979, surtout, pour ce qui concerne notre analyse, p. 85 *sq.*

3. V, 1 (10), 7, 21-26.

indétermination et toujours déjà déterminée, *car il n'y a pas, au sein de la seconde hypostase, de devenir, ni de succession temporelle dans l'acte qui rapporte à l'unité une multiplicité de formes* : ainsi pouvons-nous comprendre son indétermination active. L'Intelligence est la plénitude de l'être ; elle est éternité, et cette éternité n'est rien d'autre que « vie qui persiste dans son identité »[1] ; « vie totale et infinie »[2], « acte d'une vie permanente qui se dirige elle-même vers l'Un et qui reste près de l'Un »[3].

Mais revenons à l'Âme. En son état natif, elle n'est que l'indétermination du Noῦς qui surabonde. Or cette indétermination n'est pas une « unité indéterminée », mais elle est la « multiple puissance » de l'Intelligence. Ce qui constitue donc la *matière* de l'Âme n'est autre que la « multiple puissance » de l'Intelligence, et cette « multiple puissance », puisqu'elle provient de la seconde hypostase, ne peut être que belle, intelligente et simple (ἁπλῆ), comme le Noῦς lui-même :

> L'Âme étant la matière de l'Intelligence, elle est belle, intelligente et simple comme l'Intelligence elle-même[4].

D'un autre côté, la genèse de l'Âme par la seconde hypostase a lieu parce que cette dernière exerce son activité au-dedans d'elle-même :

> En se pensant, l'Intelligence exerce son activité en elle-même et sur elle-même. Et si quelque chose vient d'elle, c'est encore parce qu'elle demeure en elle-même dirigée vers elle-même[5].

L'Intelligence produit donc en se pensant elle-même, parce qu'elle agit sans sortir d'elle-même[6]. Il en va ainsi parce que Plotin instaure une ressemblance entre le mode de production du Noῦς par l'Un et la production de l'Âme par le Noῦς :

> Etant semblable à l'Un, l'Intelligence produit comme lui en épandant sa multiple puissance ; ce qu'elle produit est une image d'elle-même ; elle s'épanche, comme l'Un qui est avant elle s'est épanché. Cet acte qui procède de l'essence, est l'Âme ; et dans cette génération, l'Intelligence reste en elle-même (ὁ νοῦς μένοντος), de

---

1. III, 7 (45), 3, 16.
2. *Ibid.,* 5, 25-26.
3. *Ibid.,* 6, 10-11.
4. V, 1 (10), 3, 20-23. L'Âme est dite matière de l'Intelligence car, contrairement au Noῦς par rapport à l'Un, elle *reçoit* d'elle sa forme. L'Âme est la matière qui s'ajoute à l'Intelligence pour en recueillir la forme ; en ce sens elle est dans un rapport de dépendance vis-à-vis du Noῦς, différent de celui qu'entretient l'Intelligence eu égard à l'Un.
5. V, 3 (49), 7, 19-23.
6. *Cf.* VI, 7 (38), 13, 28.

même que l'Un qui est avant elle reste en lui-même en engendrant l'Intelligence[1].

L'Intelligence produit de façon analogue à l'Un, par débordement d'elle-même, en épanchant sa « multiple puissance » Ceci signifie que, pas davantage pour le Noῦς que pour le Principe, la production de l'inférieur n'est volontaire et réfléchie ; et que tous deux produisent ce qui vient après eux en restant en eux-mêmes, en restant immobile pour l'Un, en repos pour l'Intelligence[2]. Mais une question s'impose : nous avons dit que l'Âme est une *image* de l'Intelligence, que faut-il entendre exactement par là ?

Plotin, pour expliquer la production de la seconde hypostase à partir de l'Un, a eu recours à la doctrine des deux actes : de l'énergie immanente au Principe dérive une énergie seconde, *image* de l'énergie primitive, et de cette énergie dérivée provient l'Intelligence en acte. De la même façon, il reprend la théorie de la doctrine des deux actes pour expliquer la venue à l'être de l'Âme. En effet, sans sortir de lui-même, et du seul fait de la perfection de son intellection (on serait tenté de dire : sans y penser), le Noῦς produit une *image*, une intellection dérivée et seconde, imitation imparfaite de sa pensée noético-intuitive parfaite[3]. Plotin insiste d'ailleurs sur cette dérivation seconde d'un acte premier et parfait, exprimant en ces termes ce rapport d'engendrement des hypostases :

> Tous les êtres tant qu'ils demeurent en eux-mêmes produisent nécessairement de leur propre essence et autour d'eux une réalité qui tend vers l'extérieur et dépend de leur puissance intérieure, cette réalité est comme une *image* du principe dont elle dérive[4].

Ainsi, la même doctrine des deux actes qui avait assurée l'explication de la genèse du Noῦς, assure maintenant celle de la genèse de l'Âme. C'est à partir de l'acte immanent au Noῦς, c'est-à-dire à partir de la pensée, que, moyennant la conversion vers le principe, l'Âme aura une existence par elle-même. Insistons pourtant sur le fait que l'acte purement immanent de

---

1. V, 2 (11), 1, 14-18 (traduction É. Bréhier modifiée).

2. Nous verrons que pour l'Âme, la production de l'inférieur a lieu parce qu'elle est incapable de demeurer en elle-même : elle n'est ni immuable, comme l'Un, ni en repos, comme l'Intelligence, mais est une « puissance agitée ».

3. Il y a pourtant une différence entre le mode de « production » par l'Un de l'Intelligence, et la production de l'Âme par cette dernière. En effet, nous avons signalé qu'il n'y avait pas de contemplation pour le Principe, et donc, à proprement parler, pas de *production* de l'inférieur. En revanche, l'Intelligence produit l'Âme en se *contemplant* elle-même. Il y a donc bien, à son niveau, adéquation entre *theôria* et *poiesis*, *cf.* V, 3 (49), 7, 19-23 ; VI, 7 (38), 13, 28.

4. V, 1 (10), 7, 37-40. *Cf.* aussi V, 4 (7), 1 ; VI, 8 (39), 6.

l'Intelligence n'est pas, comme c'était d'ailleurs aussi le cas pour l'Acte pur de l'Un, une relation *ad externa*, car elle n'engendre, à proprement parler, rien d'elle-même. Autrement dit, l'acte dérivé, la pensée imparfaite qui est l'énergie seconde du Noῦς, *n'est pas son activité propre*. On comprend dès lors que cette énergie dérivée, indéterminée parce qu'imparfaite et affaiblie par rapport à l'acte parfait de l'Intelligence, soit effectivement l'indé-termination qui sourd de la seconde hypostase et à partir de laquelle l'Âme va s'actualiser. Mais on comprend aussi que cette indétermination soit une puissance multiple, car l'acte pur ou premier de l'Intelligence est, non pas pensée d'une seule chose, mais pensée de tous les êtres qui sont en elle. Cette pensée de l'Intelligible, qui est pensée de la multiplicité des formes, engendre une énergie dérivée, une pensée seconde constituant comme le reflet ou l'image déficiente de l'intellection parfaite. C'est pourquoi l'énergie dérivée est « puissance multiple » : elle est une multiplicité indé-terminée, puisque le Noῦς est une vision noético-intuitive, qui se réalisera dans l'hypostase de l'Âme. Une telle multiplicité indéterminée est cela même qui constitue la matière de l'Âme :

> Or, tout d'abord, il faut dire qu'on ne doit pas mépriser partout ce qui est indéfini, ni ce qui par son propre concept serait informe, s'il est en mesure de s'offrir aux choses qui le précèdent et aux meilleurs des êtres. Telle est aussi, par nature, l'Âme à l'égard de l'Intelligence et de la raison, étant informée par elles et conduite vers une forme meilleure [1].

C'est donc dans l'exacte mesure où l'Âme est capable de s'offrir à l'action informante du Noῦς qu'elle est dite matière : elle l'est en tant que multiplicité indéterminée, en tant qu'effet dérivé de l'Intelligence qui se retourne vers son générateur pour en être fécondée (c'est là le mouvement de la conversion). Ainsi, de même qu'il n'y avait rien entre l'Un et le Noῦς pour les séparer, sauf, ajoute Plotin, leur *différence* ; de même entre l'Intel-ligence et l'Âme il n'y a rien qui les sépare, « que leur différence d'essence » [2]. L'inférieur, l'Âme, n'est séparé du supérieur, le Noῦς, *que*, mais c'est là une séparation radicale, *par l'altérité* (οὐδὲν γὰρ μεταξὺ ἢ τὸ ἑτέροις εἶναι). Nous allons par conséquent analyser maintenant cette altérité.

---

1. II, 4 (12), 3, 1-5.
2. V, 1 (10), 3, 21-22.

L'ALTÉRITÉ PROPRE DE L'ÂME

Le traité 10 (V, 1) nous met, ici encore, sur la voie : « l'Âme est le *logos* de l'Intelligence »[1], et c'est en se convertissant vers son principe pour en être fécondée que la vision fait d'elle un *logos*. Si, dans son mouvement de conversion, l'Âme se rapporte au Νοῦς, comme ce dernier s'était rapporté à l'Un, ce que l'Âme contemple n'est cependant que l'énergie dérivée de l'Intelligence, une puissance multiple reflétant l'activité propre à la seconde hypostase, et que l'Âme cherche à unifier. Elle est donc bien dérivée de l'Intelligence et comme elle, elle est capable de *penser*, mais sa pensée est affaiblie, c'est une pensée empruntée, de second rang[2], semblable à « la parole exprimée [qui] est l'image de la parole intérieure à l'Âme »[3]. Or, si l'Âme est comme l'expression de la pensée, et l'Intelligence comme son intériorité silencieuse, c'est parce qu'elle est elle-même l'énergie dérivée du Νοῦς. Ce qui signifie que l'Âme, puisqu'elle est de même nature que l'Intelligence, est νοερά ; mais elle est cependant inférieure à son principe parce que son intelligence consiste en raisonnements et que sa perfection lui vient de l'Intelligence en acte. De plus, il est essentiel de noter que le perfectionnement de l'Âme par l'hypostase qui la précède est une *actualisation* : l'Âme intellective passe de la puissance à l'acte, alors que l'Intelligence elle est toujours en acte :

L'hypostase de l'Âme vient de l'Intelligence et son *logos* est en acte (ἐν ἐνεργείᾳ) quand l'Intelligence est l'objet de son regard[4].

1. V, 1 (10), 9, 3, 8.
2. Cf. *ibid.*, 12-13.
3. *Ibid.*, 3, 7-8. Citons ce texte dans sa totalité : « Bien qu'elle [l'Âme] soit telle que l'a montrée notre discours, elle est une image de l'Intelligence ; comme la parole exprimée est image de la parole intérieure à l'Âme, ainsi elle est le *logos* de l'Intelligence et l'activité selon laquelle l'Intelligence émet la vie et fait subsister les autres êtres (χαίπερ γὰρ οὖσα χρῆμα οἷον ἔδειξεν ὁ λόγος, εἰκών τίς ἐστι νοῦ· οἷον λόγος ὁ ἐν προφορᾷ λόγου τοῦ ἐν ψυχῇ, οὕτω τοι καὶ αὐτὴ λόγος νοῦ καὶ ἡ πᾶσα ἐνέργεια καὶ ἣν προΐεται ζωὴν εἰς ἄλλου ὑπόστασιν) » (*ibid.*, 6-9). La distinction entre λόγος ἐνδιάθετος, la pensée intérieure, et le λόγος προφορικός, la pensée exprimée, est reprise des stoïciens, elle distingue l'intériorité de l'extériorité. Plotin utilise cette distinction stoïcienne et s'en sert comme d'une analogie de rapport : de même qu'il y a un rapport entre la pensée intérieure et son expression vocale, de même il y a un rapport entre l'Intelligence et l'Âme. La distinction intériorité/extériorité est ici prégnante puisque l'Âme exprime l'Intelligence, en est une image, est son *logos*. C'est donc toujours dans la même logique processionnelle que doit se comprendre l'analogie *logos* intérieur/*logos* proféré.
4. *Ibid.*, 15-16.

Plotin précise bien que c'est l'Âme qui pense et qui agit, à l'intérieur d'elle-même, quand elle regarde l'Intelligence ; cependant, la production de l'Âme introduit dans le monde intelligible la dissonance du pâtir[1], car passer à l'acte sous l'influence d'un être en acte, comme elle le fait, c'est pâtir. Et, même si l'Alexandrin insiste sur la distinction réelle entre le pâtir de l'Âme, qui provoque un agir spirituel, et le pâtir de la sensation, qui est pur πάθος, il y a là néanmoins introduction d'une puissance qui *doit* passer à l'acte. Or, nous avons vu que le Noῦς est, quant à lui, toujours en acte ; il faut donc conclure que, parce que l'Âme est matière vis-à-vis de son engendreur, elle lui est redevable de ses contenus et est affectée par lui. Ainsi est-elle *passible*. L'Âme est dépendante du Noῦς, elle est, dit Plotin, dans le même rapport que celui de la fille à son père :

> L'Intelligence est comme un père qui la nourrit mais qui ne l'a pas engendrée dans un état parfait si on la compare à elle[2]

On peut mettre ce passage en relation avec cet autre :

> Les êtres imparfaits sont postérieurs aux êtres premiers qui sont parfaits et en acte ; ils reçoivent la perfection de leurs générateurs comme de pères qui élèvent jusqu'à l'âge adulte leurs enfants, nés imparfaits ; ils sont *matière* par rapport à leur premier créateur, et cette matière, étant informée, s'achève en un être complet. Si donc l'Âme est passible, il faut bien qu'il y ait aussi quelque chose d'impassible [à savoir le Noῦς][3].

La réalité intelligible impassible, c'est-à-dire toujours en acte, est donc le Noῦς. Comment comprendre, dès lors, que l'Âme, étant un être divin et

---

1. L'ordre de la procession implique toujours un amoindrissement de l'unité : si de l'Un au Noῦς, c'est l'unité indicible du Premier qui se perd, du Noῦς à l'Âme, c'est celle du multiple qui s'éparpille. Plus la procession s'avance, plus grande est la complexité de ce qui est engendré eu égard à la simplicité de l'engendreur. Ce qui dérive institue donc, de ce fait, une médiation entre la simplicité de ce dont il procède et lui-même, entre unité et multiplicité. C'est pourquoi l'Âme ajoute au monde intelligible le pâtir ; elle complexifie encore, dans l'ordre processionnel, la modalité du rapport entre l'inférieur et le supérieur : « Tout ce qui est simple Intelligence est un être *impassible* qui est éternellement là-bas, menant une vie purement intellectuelle parmi les êtres intelligibles car il n'a ni tendance ni désir. Mais l'être qui s'adjoint le désir, parce qu'il vient après l'Intelligence, s'avance davantage par cette addition », IV, 7 (2), 13, 4-7.
2. V, 1 (10), 9, 13-15.
3. V, 9 (5), 4, 8-13 (traduction J. M. Narbonne, nous soulignons). Tout ce traité 5 (V, 9) est constitué par une série d'analyses de la nature du monde intelligible. Plotin tente de montrer « qu'au-delà de l'Âme qui règne sur le sensible se trouve, mais séparé d'elle, le Noῦς ». Pour un commentaire de ce traité, *cf.* J.-M. Narbonne, *op. cit.,* p. 51-60.

même le dernier des êtres divins[1], puisse cependant être dite passible ? Un autre passage du traité 5 (V, 9) nous permet de mieux cerner cette nature passible de l'Âme :

> Les êtres intelligibles ne sont pas des empreintes d'autres êtres, mais des *archétypes primitifs*, et ils sont l'essence même de l'Intelligence. [...]. L'Intelligence est donc les êtres réels eux-mêmes, elle ne les pense pas tels qu'ils sont ailleurs[2].

L'Intelligence, parce qu'elle ne sort pas d'elle-même pour penser les êtres intelligibles, possède ainsi d'elle-même et en elle-même l'éternité et l'impassibilité ; ce qui veut dire qu'elle est toujours et éternellement en acte et jamais en puissance. L'Âme, quant à elle, parce qu'elle ne possède pas en elle-même les « êtres réels », parce qu'elle les reçoit de l'Intelligence sous la forme d'une énergie dérivée, d'une indétermination multiple, n'est, vis-à-vis de son principe, qu'en puissance. La multiplicité qu'elle est n'est pas, comme c'est le cas pour le Noῦς, immédiatement, éternellement et directement unifiée par l'acte de penser – acte de penser qui, répétons-le, lui est éternellement intérieur et qui fait qu'il existe *ipso facto* en acte. L'Âme, au contraire, recevant la multiplicité de l'Intelligence sous forme d'indétermination multiple, en fera ses contenus ; mais cette multiplicité est acquise, et l'Âme doit parcourir ses objets peu à peu parce qu'ils sont hors de sa portée. Devant se parcourir (διεξοδεύειν) elle-même pour connaître sa propre réalité, elle accuse de ce fait un écart de soi à soi. Cette non immédiateté avec elle-même, qui introduit en elle une altérité incessante, et non, comme pour le Noῦς, une altérité surmontée et unifiée par son acte éternel et immédiat, n'est autre que la temporalité[3].

L'Intelligence est, avons-nous dit, en acte, parce qu'elle est toujours déjà éternellement la totalité des formes qu'elle contient ; c'est pourquoi

---

1. V, 1 (10), 7, 48.
2. V, 9 (5), 5, 22-27 (traduction É. Bréhier légèrement modifiée, nous soulignons). Voir aussi cet autre passage très éclairant de V, 9 (5), 7, 8-11 : « Car l'Intelligence est à l'intérieur, elle qui est les choses premières, étant éternellement en relation avec elle-même et étant acte pur elle ne perçoit pas ses objets comme si elle devait les acquérir ou comme si elle devait les parcourir successivement, parce qu'ils ne seraient pas à portée de la main (προχεχειρισμένα) : car ce sont là des *états* propres à l'Âme » (nous soulignons).
3. Nous y reviendrons en détail. Disons pourtant dès maintenant que cette temporalité n'est pas celle du sensible, car si l'Âme est un être dans le temps, elle n'est pas dans l'espace. Le temps est la vie de l'Âme, comme l'éternité est la vie de l'Intelligence. Ainsi, dit Plotin : « N'allons pas prendre le temps en-dehors de l'Âme, pas plus que l'éternité en dehors de l'Être. Il n'accompagne pas l'Âme, il ne lui est pas postérieur, mais il se manifeste en elle, il est en elle-même et il lui est uni comme l'éternité à l'Être intelligible » (III, 7 (45), 11, 59-62).

elle est Un-multiple, ἕν πολλά[1]. L'Âme est, en revanche, en puissance parce que son unité n'est pas donnée, même si, par le double mouvement de la procession-conversion, son unité est ordonnée et prévue. Elle doit donc, en tant qu'image de l'Intelligence, construire à l'intérieur d'elle-même l'unité qu'elle perçoit dans le Noῦς ; elle doit s'efforcer d'unifier en elle-même l'indétermination-multiple qu'elle reçoit de lui. Cette unification est un acte de penser, mais un acte qui fait la synthèse de ce qu'elle reçoit et qui implique bien dès lors la temporalité, car en l'Âme sujet pensant et objet pensé ne sont plus, comme dans le cas de l'hypostase supérieure, indissolublement liés. L'Âme est bien "une", mais elle n'est pas ἕν πολλά, comme le Noῦς : elle est une unité et une multiplicité, elle est une et multiple, ἕν καὶ πολλά[2]. La temporalité explique ainsi qu'elle soit un être inachevé et imparfait, tout en étant pourtant un être intelligible de nature divine. Toutefois, cette imperfection n'existe que par comparaison avec la perfection de l'Intelligence, de même que la perfection de cette dernière est elle-même inférieure à celle de l'Un.

La nature divine de l'Âme s'exprime finalement sous la forme d'une unité et d'une multiplicité dont l'acte de penser, différent de celui du Noῦς, dépend strictement de ce dernier. C'est ce qui explique que Plotin puisse affirmer que « l'Âme est le logos de l'Intelligence » : ceci signifie précisément que l'Âme a une appréhension d'elle-même discursive et que sa pensée n'est pas noétique, comme l'est celle de l'Intelligence, mais dianoétique.

---

1. *Cf.* V, 1 (10), 8, 26 ; V, 4 (7), 1, 21.
2. V, 1 (10), 8, 26. W. Beierwaltes remarque, dans son ouvrage *Plotin. Über Ewigkeit und Zeit (Enneade* III, 7), Francfort/Main, 1967, que le temps comme vie de l'Âme est à mettre en rapport avec sa nature discursive : « la succession et la séparation réciproque de ce qui doit être pensé dans le temps provoque en l'Âme cet écart entre la pensée et ce qui est à penser, tandis que dans le Noῦς cette distinction du pensant et du pensé est toujours déjà par avance comblée par l'unité de la pensée et du pensé, de la pensée et de l'être au sein du Noῦς lui-même. La nécessité de penser discursivement, c'est-à-dire de lier dans la succession du temps les formes de la pensée en une série causale, rend l'âme apte au questionnement, à l'aporie, à la recherche et au progrès dans la pensée, alors que le Noῦς qui est intemporel embrasse tout immédiatement d'un seul "regard", si bien que pour lui, la connaissance n'est plus possible et nécessaire, puisqu'il la possède toujours déjà » (p. 68) ; cité par J.-M. Narbonne, *loc. cit.,* p. 58.

CHAPITRE II

LA DOUBLE NATURE DE L'ÂME

L'ÂME RATIONNELLE

A vrai dire, notre analyse de la genèse de l'Âme par le Νοῦς est encore inachevée. Il nous faut, en effet, prendre modèle sur celle que nous avions donnée à propos de la genèse de la seconde hypostase. Nous avions distingué deux états du Νοῦς : un état pré-intellectuel où le Νοῦς-naissant-aimant est encore en contact avec l'Un (Νοῦς καθαρός ou transcendant), et un état d'achèvement où il est une hypostase constituée dont la pensée est contemplation des intelligibles qui lui sont intérieurs (Νοῦς pensant reposant en lui-même, dont l'acte lui est immanent). Il nous faut maintenant distinguer de même dans l'Âme plusieurs niveaux, sinon plusieurs états :

> Engendrée par l'Intelligence (Νοῦ δὲ γέννημα), l'Âme est un *logos* et une hypostase qui s'exprime dans la pensée discursive (τὸ διανοούμενον). Elle est ce qui se meut autour de l'Intelligence, un reflet du Νοῦς et une trace qui en dérive (νοῦ φῶς καὶ ἴχνος ἐξηρτημένον ἐκείνου); d'un côté, elle est rattachée à lui, et par là elle est comblée, jouit de lui, participe à lui et parvient à l'intellection; d'un autre côté, elle est en contact avec ce qui vient après elle, ou plutôt elle engendre, elle aussi, des êtres qui seront nécessairement inférieurs à l'Âme. De ceux-là, nous parlerons plus tard; *ici s'arrête la série des êtres divins* [1].

---

1. V, 1 (10), 7, 42-48 (nous soulignons).

Plusieurs choses sont à noter dans ce passage. D'abord, il y est dit qu'un niveau de l'Âme reste toujours en contact avec l'Intelligence d'où elle provient. Cette Âme supérieure qui reste liée à son origine est purement contemplative ; elle est, dit Plotin, immobile dans sa contemplation :

> Le sommet de l'Âme, sa partie rationnelle, demeure toujours en haut dans le monde intelligible, toujours fécondé et illuminé par ce qui est en haut [1].

La partie rationnelle (λογιστικόν) de l'Âme est donc tournée vers l'Intelligence, en un état de plénitude et d'illumination éternelle ; parce qu'elle a son principe dans le Νοῦς, son activité primitive est une intellection, et parce qu'elle a son origine dans l'Intelligible, elle est éternelle. Il y a donc en l'Âme, comme il y a dans l'Intelligence, un niveau pur, celui de la contemplation. Pour le Νοῦς, le niveau de la pure contemplation est celui de sa partie transcendante, qui est toujours en contact avec l'Un, vit de la vie diffusive du Principe, et donne à l'hypostase la puissance de s'unifier, d'être en acte Un-multiple. De plus, parce que la lumière qui illumine le Νοῦς provient de l'Un, donc de la source même de la lumière, l'Intelligence est illuminée par lOrigine absolue jusqu'au fond de son essence (πεφωτι μένον ἐν τῇ αὐτοῦ οὐσίᾳ) en laquelle resplendissent les intelligibles. Elle se connaît et se pense ainsi immédiatement en étant immanente à elle-même, et l'amitié qui règne entre les intelligibles reflète l'amour que sa partie supérieure porte au Bien. Le Νοῦς est donc contemplation vivante, car la contemplation du Principe et la contemplation de soi-même ne sont pas séparées : la contemplation de la seconde hypostase est à la fois contemplation de soi-même et désir, amour du Premier. C'est pourquoi le Νοῦς est vie première, vie idéale, archétype de toute vie, en tant que reflet de l'archi-Vie de l'Un ; et cette vie du Νοῦς n'est pas autre chose que la puissance érotique par laquelle la seconde hypostase se constitue uniment comme Être-Vie-Pensée.

De même, maintenant, pour l'Âme : sa partie la plus haute reste en contact avec le Νοῦς et en est éclairée ; elle exprime ainsi la perfection de sa nature comme intellection. Mais c'est déjà là une déficience par rapport à l'Intelligence, dont la perfection s'exprime par la contemplation première du Principe et dont l'intellection marque elle-même un défaut eu égard à la « vision » aimante et désirante du Νοῦς καθαρός qui vit de la vie même

---

1. III, 8 (30), 5, 10-11 : « Τὸ πρῶτον τὸ λογιστικὸν οὖν αὐτῆς ἄνω πρὸς τὸ ἄνω ἀεὶ πληρούμενον καὶ ἐλλαμπόμενον μένει ἐκεῖ ». Nous adoptons ici la correction de Müller, τὸ πρῶτον τὸ λογιστικὸν, qui nous semble plus conforme à ce que Plotin cherche à montrer, à savoir que l'Âme imite l'Intelligence par *sa partie rationnelle*.

qui provient du Bien. Toutefois, parce que l'Âme doit sa naissance à la contemplation, elle est Âme en acte quand elle regarde vers son principe; c'est alors qu'éclairée par un reflet de l'Intelligible la faisant sortir de son état de puissance, elle atteint son état d'achèvement :

> Cette illumination a donné à l'Âme une vie plus claire […], elle fait que l'Âme se retourne vers soi, elle l'empêche de se dissiper, elle lui fait aimer l'éclat qui est en l'Intelligence [1].

La conversion de l'Âme vers son principe est donc, comme c'était le cas auparavant, produite par le désir et l'amour que l'inférieur éprouve pour le supérieur. Ce désir et cet amour sont diffusifs de l'hypostase supérieure, ils dérivent du Noῦς en même temps que l'indétermination multiple; ils lui sont inhérents, car la puissance qui se propage de l'Intelligence à l'Âme est une puissance vitale, c'est-à-dire aussi bien une puissance érotique. La vie est donc toujours simultanément amour et désir. A partir de cette vie multiple, de cette puissance-multiple-indéterminée, la dynamique érotique opère sous la forme du désir inné que l'Âme éprouve pour son générateur. Avant de contempler l'Intelligence, elle n'est qu'un *logos* obscur, un désir indéterminé qui, pour devenir acte, pour se constituer comme désir réalisé, comme amour de soi, doit se porter vers le Noῦς, doit se convertir au principe :

> Mais le *logos* de l'Âme est obscur; en effet, comme image (εἴδωλον) de l'Intelligence, elle doit regarder vers elle, comme l'Intelligence elle-même doit regarder vers le Bien afin d'être Intelligence. Elle le voit sans en être séparée, car elle vient après lui et qu'il n'y a rien entre eux, comme il n'y a aucun intermédiaire entre l'Âme et l'Intelligence. Tout être engendré désire et aime l'être qui l'a engendré, surtout lorsque le générateur et l'engendré sont seuls. Et lorsque le générateur est la chose la meilleure qu'il y ait, l'engendré est nécessairement avec lui car il n'y a d'autre séparation que leur altérité [2].

---

1. V, 3 (49), 8, 30-32. Si, dans ce passage, l'Âme se retourne vers elle-même, c'est que Plotin distingue le mouvement vers l'extérieur, qui est propre à l'âme sensitive, et le mouvement qui reste intérieur et qui est propre aux intelligibles et donc, du même coup, à l'Âme intelligible. Mais il s'agit néanmoins ici d'une conversion vers le principe, puisque Plotin prend la peine d'indiquer, quelques lignes plus haut, que « dans le monde intelligible, la vision n'a pas d'organe étranger; elle se fait par elle-même, *parce qu'elle ne regarde pas au-dehors*. Elle voit une lumière par une autre lumière, et non par un organe étranger à elle. C'est une lumière qui voit une autre lumière, *de cette lumière, la lumière se voit elle-même* (αὐτὸ ἄρα αὐτὸ ὁρᾷ) » (21-23). C'est nous qui soulignons.
2. V, 1 (10), 6, 46-53.

Dans le cas de l'Intelligence, il y avait coïncidence entre la vision et le désir de voir[1] ; de la même façon, pour l'Âme, il y a coïncidence entre le fait de se porter vers ce qui est avant elle, le Νοῦς, et le fait d'être éclairée par lui. C'est pourquoi « être éclairée » signifie pour l'Âme passer de la puissance à l'acte. De plus, elle est, dans son rapport avec le Νοῦς, comme la vue avec l'objet visible ; or l'Âme est une vue indéterminée qui, avant de voir, est disposée à voir, désir de voir :

> L'Âme est comme la vue et l'Intelligence comme l'objet visible ; indéterminée avant d'avoir vu l'Intelligence, l'Âme a une disposition naturelle à penser [nous comprenons : à voir] et elle est à l'Intelligence comme la matière à la forme[2].

Comme dans le cas du Νοῦς naissant, l'Âme en son état natif, c'est-à-dire en son état indéterminé, est donc tout désir. Son désir de voir fait d'elle une matière informée par l'Intelligence, une Âme en acte. Mais, comme dans le cas de la seconde hypostase, le désir de voir qui s'achève en vision en acte, ne peut contenir ce qu'il désirait voir : l'infinie puissance qui sourd de l'Un se morcèle et devient multiplicité des formes dans l'Intelligence-hypostase, comme la multiplicité indéterminée qui sourd du Νοῦς devient le reflet des intelligibles dans l'Âme en acte. Ainsi, ce que celle-ci recueille en elle-même n'est qu'une « image » de ce qu'elle voit dans l'Intelligence. C'est pourquoi l'Âme, par son désir et son amour pour son générateur reste, dans sa partie supérieure, dans la proximité et dans le contact du Νοῦς[3].

Or, la pensée de l'Âme, son intellection, n'est pas identique à celle du Νοῦς ; elle est certes, pour elle, ce qu'il y a en elle de plus parfait, mais, vis-à-vis de l'Intelligence, c'est une pensée seconde et dérivée. L'Âme se tourne, en effet, vers le Νοῦς pour apercevoir les objets de sa pensée, les intelligibles, alors que celui-ci les possède en lui-même. Par conséquent elle est bien le *logos* de l'Intelligence, mais un *logos* qui reflète l'Intelligence comme le *logos* proféré reflète la pensée et le langage intérieur[4]. L'Âme est, comparativement au Νοῦς, une pensée affaiblie, de second rang ; elle est dianoétique alors que la pensée du Νοῦς est noétique. Bien qu'elle exerce une fonction noétique, puisqu'elle est νοερά, elle ne pense pas, comme l'Intelligence, d'une manière originelle et essentielle ; elle se pense elle-même en restant suspendue à l'Intelligence, en recevant d'elle ses objets d'intellection. L'Âme a donc une activité de pensée qui ne se connaît

---

1. *Cf.* V, 6 (24), 5.
2. III, 9 (13), 5 (traduction É. Bréhier légèrement modifiée).
3. De la même façon, on s'en souvient, l'Intelligence, par sa partie supérieure, reste dans la proximité du Bien, et même en contact avec le Bien d'où elle provient.
4. *Cf.* V, 1 (10), 3, 12-13.

pas elle-même mais qui connaît quelque chose d'autre, les intelligibles, et c'est pourquoi elle est dia-noétique[1]. Sa pensée est indigente dans la mesure où elle désire ce qui est au-dessus d'elle; elle est projet d'une complétude qu'elle ne peut jamais réaliser, car elle ne possède rien par elle-même, puisque ce sont les intelligibles qui constituent sa pensée. C'est pourquoi sa pensée est imparfaite et empruntée, c'est une pensée désirante qui n'est et ne peut jamais être comblée. L'Intelligence, elle, est éternellement comblée dans son désir parce qu'elle contemple l'Un, c'est-à-dire elle-même :

> Ce qui est seulement Intelligence demeure impassible (ἀπαθὴς) et mène dans l'intelligible une vie de pure intellection (ζωὴν μόνον νοερὰν); il n'y a en elle ni tendance ni désir (ὁρμὴ οὐδ'ὄρεξις) [2].

L'Âme, venant après la seconde hypostase, cherche à s'approprier les intelligibles, mais elle ne peut le faire que d'une façon médiate, par ce qui lui vient du Νοῦς. Ce qu'elle s'approprie est un reflet de l'Intelligence, une multiplicité indéterminée qui devient, de par sa propre intellection une Unité *et* une multiplicité, ἕν καὶ πολλά. Elle est donc d'un niveau ontologico-noétique inférieur à celui de son générateur, elle est δία-νοῦ, pensée seconde. Elle reste cependant apparentée au Νοῦς puisqu'elle vient de lui, mais elle lui est inférieure et a « une puissance et une énergie qui viennent immédiatement après le Νοῦς » (δύναμις καὶ ἐνέργεια δευτέρα μετὰ νοῦν ἐστι ψυχή)[3]. C'est pourquoi nous pouvons dire que l'Âme *a* ce que l'Intelligence *est* : pour s'approprier ce qu'*est* l'Intelligence, elle doit faire un détour et devenir *dia-noétique*, elle doit être pensée discursive, et c'est là son essence même[4]. L'Âme est donc une *certaine* intelligence qui, comme

---

1. L'Âme est *dianoétique* car en elle sujet et objet ne sont plus intrinsèquement liés comme dans l'Intelligence. En l'Âme sujet et objet *tendent vers* l'unité sans former véritablement unité et sans être non plus deux choses différentes (III, 8 (30), 6, 15-18). C'est pourquoi, à la différence de l'Intelligence, pour laquelle l'objet de la pensée est immédiatement présent, l'Âme doit, en quelque sorte, se dédoubler pour pouvoir penser son objet qui ne lui est pourtant pas extérieur. Elle doit se « l'approprier » (οἰκειώσει, *ibid.,* 8, 7). Mais, une fois qu'elle s'est approprié le contenu de son *logos*, l'objet de sa pensée, elle doit en outre le « proférer », le mettre à la portée de sa main, le « manipuler » (προχειρίζεται, *ibid.,* 6, 22), afin de le posséder vraiment et de le comprendre. Et elle ne peut comprendre ce qu'elle possède que moyennant cette « projection ». C'est en tant qu'elle se dédouble, pour comprendre le contenu de son *logos* et, par là même, se comprendre elle-même, que l'Âme est intelligente; mais d'une intelligence discursive, d'une intelligence qui a en elle-même l'objet de sa pensée en tant qu'objet différent du sujet qui contemple ou pense. Voir à ce propos les analyses de M. I. Santa Cruz De Prunes, *op. cit.,* p. 34-49.
2. IV, 7 (2), 13, 2-4.
3. IV, 4 (28), 16, 18-19.
4. *Cf.* VI, 2 (43), 6, 13-20.

le dit Plotin[1], possède une connaissance d'elle-même sur le mode discursif et non, comme c'est le cas pour le Νοῦς, sur le mode intuitif.

Ajoutons enfin à cette analyse de l'Âme comme réalité supérieure et éternelle, que son essence même est l'intellection; en retenant cependant qu'elle ne pense que lorsqu'elle dirige son regard vers l'Intelligence. Sous la motion de son désir et de son amour pour l'hypostase supérieure, elle reste ainsi éternellement en contact avec son principe puisque ce dernier lui est présent sans qu'il y ait d'autre intermédiaire que leur différence. C'est pourquoi, tant que son désir maintient l'Âme dans la proximité de l'Intelligence, elle est « belle, intelligente et simple comme l'Intelligence elle-même »[2], mais à un moindre degré cependant. D'autre part, nous savons que l'Âme est soumise à l'Intelligence, puisque c'est elle qui la rend plus divine en lui donnant la pensée. Mais, parce que la pensée de l'Âme est dianoétique, son *logos* ne peut être que discursif, ce qui fait dire à Plotin qu'elle ne peut voir son objet « qu'en pensant discursivement »[3]. Ceci veut dire que le *logos* de l'Âme voit bien les choses qui lui sont apparentées et « qu'il peut adapter aux *traces* du monde intelligible qui sont en lui »[4]; mais justement, parce que l'Âme n'a en elle que des traces, son statut ontologique est celui de l'image et du reflet. Ce statut ontologique d'image s'explique par le fait que l'Âme, lorsqu'elle tente de saisir l'unité essentielle de l'Intelligence, lorsqu'elle la contemple, n'en saisit pourtant que la multiplicité. Sa contemplation étant d'un niveau ontologico-noétique inférieur à celle de son générateur, elle reflète donc en elle, au lieu de l'Un-multiple qui caractérise essentiellement l'Intelligence, l'Un *et* plusieurs qui est sa caractéristique essentielle propre[5]. Or, nous venons de voir que Plotin affirme pourtant que cet engendré possède, *comme* l'Intelligence mais à un degré moindre, la simplicité; c'est donc que ce qui prédomine en l'Âme supérieure est une *certaine* unité, et que cette prédominance de l'unité s'explique par le désir qu'elle éprouve pour le Νοῦς. En effet, tant

---

1. *Cf.* V, 3 (49), 6, 22-28.
2. V, 1 (10), 3, 23-24.
3. III, 8 (30), 6, 24.
4. V, 3 (49), 6, 22-28.
5. Lorsqu'elle essaie de contempler le Νοῦς l'Âme devient multiple, car elle ne peut saisir l'unité essentielle du Νοῦς, ce qui fait qu'il est ἕν πολλά. Elle ne peut saisir cette unité que sur un plan noétique inférieur à celui de l'Intelligence, en la pensant comme ἕν καὶ πολλά, Un *et* multiple; or, si l'Âme ne se dédoublait pas, ne se diversifiait pas, il lui serait impossible de la penser (VI, 2 (43), 6, 13-20). C'est pourquoi, bien que l'Âme soit, elle aussi à son niveau, la totalité de l'intelligible, elle l'est cependant d'une manière plus floue (ἀμυδρότερον, IV, 6 (41), 3, 14) que l'Intelligence, puisqu'elle ne peut connaître le Νοῦς qu'en passant par la connaissance d'elle-même.

que son désir reste lié à l'Intelligence, l'Âme ne s'éparpille pas, elle reste sous l'influence directe que celle-ci exerce sur elle, et l'emprise de son amour et de son désir pour l'Intelligence *constituent* son intériorité. En cela, elle est toujours fécondée et illuminée par ce qui est en haut, elle reste et demeure éternellement près du Noῦς. C'est pourquoi elle est aussi une essence intelligible[1] qui appartient au monde intelligible[2] et qui est donc de nature divine[3]. Mais, parce que l'intelligence qu'elle reçoit n'est que d'emprunt, parce qu'elle est plus éloignée que l'Intelligence de la source de la lumière qu'est l'Un, elle n'est éclairée qu'en surface, lorsqu'elle reste près de son principe[4]. Aussi son désir ne se maintient-il pas comme pur désir de l'Intelligence ; à son amour pour elle, qui lui donne une certaine unité, va s'ajouter un autre désir, né de son imperfection natale, qui est le *désir de devenir* :

> Mais ce qui a reçu *en plus le désir* et qui vient à la suite du Noῦς, grâce à cette *addition du désir* va pour ainsi dire de l'avant (οἷον πρόεισιν), veut toujours plus, a le *désir d'organiser* (κοσμεῖν) selon ce qu'il aperçoit dans l'Intelligence ; ainsi l'Âme est comme engrossée (ὥσπερ κυοῦν) par les objets de sa vision et ressent la douleur d'engendrer ; elle a hâte de produire et de réaliser une organisation (ποιεῖν σπεύδει καὶ δημιουργεῖ)[5].

La partie inférieure de l'Âme est donc organisatrice, elle est poussée par un désir qui la rend insatisfaite, qui ne la laisse pas, comme l'Âme supérieure, dans le contentement et la satisfaction de la contemplation éternelle, mais qui, au contraire, la rend inquiète, pleine des douleurs de l'enfantement, toujours dans le manque de ce qu'elle désire.

L'ÂME COMME PUISSANCE ORGANISATRICE

Nous avons vu jusqu'à présent que le mouvement de conversion d'une hypostase inférieure vers son générateur – mouvement qui n'est autre que celui par lequel une hypostase s'achève, se "réalise" si l'on peut dire – ne peut être détaché du mouvement même de son regard, regard qui va de bas

---

1. *Cf.* III, 6 (26), 6, 1.
2. *Cf.* III, 3 (48), 5, 17-18.
3. *Cf.* IV, 7 (2), 9 et 10.
4. *Cf.* V, 6 (24), 4, 16-24 : « On peut comparer le Premier à la lumière, celui qui vient après lui au soleil, et le troisième à la lune qui reçoit sa lumière du soleil. l'Âme a une intelligence d'emprunt qui l'éclaire à la surface, lorsqu'elle est intelligente ».
5. IV, 7 (2), 13, 2-8 (nous soulignons).

en haut et qui est l'expression du désir et de l'amour qu'éprouve l'hypo-stase inférieure pour son engendreur. Ce regard signifie aussi bien l'état de dépendance de l'engendré vis-à-vis de son générateur, que l'immanence à la pensée du désir consubstantiel au Noῦς et à l'Âme supérieure; car la pensée, pour ces deux hypostases, est ce qui, en elles, est le plus parfait. Nous avons établi, en outre, que ce qui exprime le mieux cet amour et ce désir, lorsqu'ils sont désir et amour du Bien, c'est l'union au Principe; en ce sens, le désir et l'amour sont, pour elles, supérieurs à la pensée.

La supériorité de l'amour sur la pensée explique que, de l'Un à l'Âme supérieure, l'Amour de soi du Premier, ou Amour hyper-noètique, est agissant, et qu'il se manifeste comme une immense puissance, une proto-vie, une énergie dérivée de l'Acte pur du Premier. Nous avons longuement analysé le fait que l'énergie seconde, la « vie universelle et illimitée » exprime l'amour diffusif de l'Un, son infinie générosité, et nous avons aussi montré que, dans l'hypostase de l'Intelligence, l'amour indéterminé que sa partie pré-noétique éprouve pour lOrigine absolue est supérieur à l'amitié qui règne entre les intelligibles, puisque cette dernière n'est que l'expression limitée et définie de l'infini de l'amour. Pour la seconde hypo-stase encore, il nous est apparu que la contemplation de soi qu'exerce l'Intelligence sur elle-même engendrait une sorte d'amour de soi, dans la mesure où, se contemplant elle-même, c'est d'une certaine façon l'Un lui-même qu'elle contemple puisqu'elle possède une « ressemblance avec le Bien ». Au fond, l'amour que l'Intelligence se porte à elle-même, et qui exprime la satiété et la plénitude de la seconde hypostase, est encore désir et amour de l'Absolu, mais médiatisés, pourrait-on dire, par « la ressemblance avec le Bien », ressemblance que l'Intelligence découvre dans la contempla-tion des formes qui lui sont intérieures et dans sa propre unité. Or, cet amour de soi de la seconde hypostase n'est possible que parce qu'en elle une partie reste transcendante à la pensée et la maintient dans la vision unitive que cette partie, à savoir le Noῦς à l'état naissant et aimant, a du Bien.

De même pour l'Âme : le désir et l'amour qu'elle éprouve pour l'Intel-ligence la maintiennent dans la contemplation du Noῦς et font que cette partie d'elle-même qui est intellection est en même temps ce qui, en elle, est le plus parfait et le plus divin. Mais elle ne peut contempler l'Un lui-même, elle n'en a qu'une vision seconde en contemplant l'harmonie parfaite de l'Intelligence et l'amitié qui règne entre les intelligibles. Pourtant, voulant être semblable au Noῦς, son désir la porte à vouloir posséder les intelligibles, à réaliser en elle-même cette harmonie parfaite qu'elle contemple et qui est la vie de l'Intelligence; mais elle échoue partiellement, car, déjà, la puissance érotique qui vient du Principe s'est affaiblie dans le Noῦς. Si en effet, dans l'Intelligence, la puissance érotique de l'Un est tout entière présente en ce qui, en cette hypostase, est supérieur à la pensée, l'Âme, quant à elle, ne contemple que l'hypostase achevée de l'Intelligence, c'est-à-dire la pensée parfaite, et c'est pourquoi elle n'est elle-même, dans ce qu'elle a de plus parfait, qu'intellection. Ainsi, dans l'Âme, la puissance érotique de l'Un ne peut se faire sentir que sous la forme de quelque chose de déjà défini et limité, que sous la forme d'une réalité eidétique achevée, parfaite, harmonieuse, qui devient pour cet engendré le désirable. De cette façon, le désir et l'amour de l'Âme transportent, en quelque sorte, en elle les intelligibles qui sont lumineux dans le Noῦç, et qui, parce qu'ils ne sont que reflets et images, ne sont plus que transparents dans l'Âme. La "métaphore" de la lumière que Plotin emploie pour les trois hypostases est, en ce sens, extrêmement parlante :

> On peut comparer le Premier à la lumière, ce qui vient après lui au soleil, et le troisième [l'Âme] à la lune *qui reçoit sa lumière du soleil* [1].

Si la lumière que reçoit l'Âme ne lui vient *que par l'intermédiaire* du soleil, c'est-à-dire de l'Intelligence, nous devons en conclure que, comme réalité intelligible, elle reçoit la puissance érotique diffusive de l'Un sous une forme affaiblie et amoindrie que ne vient pas compenser, comme c'était le cas pour l'hypostase supérieure, la proximité et le contact d'une partie transcendante avec le Bien. C'est parce que l'Âme reçoit la puissance érotique venant de l'Origine absolue de manière affaiblie et amoindrie, puisqu'elle la reçoit *de* l'Intelligence, que se produit en elle, un *changement de la direction du regard*. En effet, au lieu de maintenir son regard en direction de l'hypostase supérieure, comme le font le Noῦç et l'Âme supérieure, le regard de l'Âme inférieure va se diriger *de haut en bas*, et c'est alors, à proprement parler, un *regard créateur*. En effet, puisque, dans l'Âme inférieure, le désir et l'amour ne peuvent pas rester en repos, cette dernière ne peut plus, à l'opposé de la supérieure qui reste suspendue à l'Intelligence et vit dans la proximité de l'objet de son amour, jouir éternellement de ce qui attise son désir et son amour. Le désir de l'Âme inférieure va s'éprouver comme *manque*, et ce manque change la direction du regard et du désir. La satisfaction du désir, au lieu d'être tournée vers l'intérieur, de se muer en un amour de soi qui est en même temps amour du supérieur qu'on a en soi-même, va *s'extérioriser* ; et ce mouvement vers l'extérieur fait de l'Âme inférieure un être de souci, d'inquiétude, d'insatisfaction. Au lieu d'un désir éternellement comblé advient un désir dans le temps, car c'est en prodiguant vers l'extérieur son unité interne que l'Âme *engendre* le temps, lequel est pour elle :

---

1. V, 6 (24), 4, 16-18 (traduction É. Bréhier légèrement modifiée, nous soulignons).

L'altérité qui ne consiste pas à achever son devenir pour persister dans un autre état, mais qui est altérité incessante (ἀεὶ ἑτερότης)[1].

Pour le dire autrement, le temps surgit lorsque le désir de l'Âme, en sa partie inférieure, n'est plus comblé par une contemplation transcendante, lorsqu'elle devient le projet d'une complétude à jamais irréalisable, projet qui la maintient dans le manque et l'inassouvissement[2].

Le regard vers le haut, ou le désir et l'amour qui se portent vers la réalité supérieure, qualifie la conversion au principe, et désir et amour compensent l'écart et la distance que la procession instaure. C'est donc bien le désir et l'amour qui portent la puissance communiquée à partir de l'Un, puissance dérivée de l'Amour de soi du Premier en tant qu'amour diffusif. Mais la procession instaure aussi une différence intelligible qui est en même temps une différence ontologique : l'Un est hypernoétique, le Noῦς est noétique, l'Âme est dianoétique. Pourtant, la puissance érotique diffusée à partir de l'Origine absolue et qui se retrouve, amoindrie certes mais non exténuée, dans les hypostases inférieures, assure la continuité entre les hypostases.

Pour ce qui concerne maintenant la partie inférieure de l'Âme, elle est aussi traversée par cette puissance érotique, et son désir manifeste l'érôs qui agit en elle, même si, comme nous allons le voir, cet érôs s'exprime par une action qui n'est plus tournée vers le supérieur. Avec l'admission en l'Âme d'une partie inférieure, Plotin attribue donc à celle-ci un rôle d'intermédiaire entre l'Intelligible et le sensible. En effet, si l'Âme supérieure reste toujours auprès de l'Intelligence, c'est que la partie rationnelle (λογιστικόν), reflet du Noῦς, confère à l'Âme un degré axiologique absolument éminent par rapport à sa partie inférieure ; mais Plotin indique clairement que la tâche de l'Âme n'est pas simplement de penser :

C'est la tâche de l'Âme rationnelle de penser, mais pas seulement de penser. Car qu'est-ce qui la distinguerait alors de l'Intelligence ? Mais en ajoutant autre chose à sa fonction d'être rationnelle, elle n'est pas restée intelligence. Elle a une tâche spécifique comme chaque partie de l'intelligible. En regardant la réalité antérieure, elle pense, en se regardant elle-même, elle se conserve, en inclinant [son regard] sur ce

1. VI, 3 (27), 22, 43-44.
2. L'altérité propre de l'Âme s'inscrit bien ainsi dans le temps, alors que dans l'éternité réside l'unité de l'Intelligence et de l'Âme supérieure, cf. IV, 4 (28), 15, 5-9 : καὶ γὰρ αὖ ἐν μὲν τῷ αἰῶνι τὴν ταὐτότητα, ἐν δὲ τῷ χρόνῳ τὴν ἑτερότητα <δεῖ> τίθεσθαι). Le temps est le mouvement incessant de l'Âme, la marque de sa vie mobile et de son acte sans fin.

qui la suit, elle ordonne, gouverne et commande ; car il n'était pas possible que tout reste dans l'intelligible[1].

Avant de nous attacher au problème de l'Âme inférieure dans son rapport avec le devenir sensible, il faut donc examiner la nature de la relation entre l'Âme supérieure et celle inférieure. Plotin considère que l'inférieure procède de la supérieure[2], mais comment entendre cette procession à l'intérieur même de l'Âme conçue comme entité intelligible ? L'Alexandrin précise, au traité 30 (III, 8), que :

> L'autre partie de l'Âme [l'Âme inférieure] procède éternellement, *seconde vie* issue de la première vie[3].

Entendons ici que la « vie première » est celle de l'Âme supérieure qui reçoit de l'Intelligence la vie, puisque :

> L'Âme a reçu la puissance pour vivre, car une vie débordante est venue jusqu'à elle[4].

L'Âme supérieure a donc une vie qui est son acte propre et dont l'énergie dérivée constitue la vie de la partie inférieure. Il y a ainsi, intérieure à l'Âme, une sorte d'énergie seconde, d'énergie dérivée provenant

---

1. IV, 8 (6), 3, 21-28. Il n'y a pas deux Âmes qui seraient deux réalités distinctes, mais une seule Âme pourvue de deux fonctions. L'une est supérieure, l'autre est l'image de la première et l'imite afin de produire des êtres vivants (*cf.* II, 1 (40), 5, 5-10 ; V, 9 (5), 6, 10 *sq.* ; V, 2 (11), 1, 17 ; IV, 8 (6), 7, 20 *sq.*). Bien que Plotin distingue parfois en l'Âme trois parties (comme c'est le cas dans le passage cité, qui est conforme au schéma platonicien), en fait, il ne considère véritablement que deux parties, comme nous pouvons aisément nous en rendre compte lorsque nous prenons en compte les analyses psychologiques auxquelles il se consacre dans les *Ennéades*. A cet égard, un texte est particulièrement significatif : « En s'avançant elle [il s'agit de l'Âme inférieure] laisse donc *la première partie d'elle-même*, celle qui est *la plus haute*, rester là où elle l'a laissée », III, 8 (30), 5, 15-16 (nous soulignons). Le contexte de ce passage est celui d'un exposé expliquant comment, de l'Âme supérieure, l'Âme inférieure a procédé. Le vocabulaire employé par Plotin, τὸ ἑαυτῆς πρόσθεν (la partie la plus haute), indique clairement qu'il s'agit d'une seule et même Âme avec *deux* parties distinctes, correspondant à deux fonctions différentes au sein de cette même Âme. Nous ne pouvons donc pas souscrire à l'analyse de A. Rich lorsqu'il écrit, dans son article « Body and Soul in Philosophy of Plotinus », *Journal of the History of Philosophy* (1963-1), p. 2 : « *Though Plotinus talks in terms of a higher and lower soul, he believes, in fact, that the soul has three main phases, the purely intellectual, which is concerned only with the divine and the suprasensible, the discursive aspect, characteristic of the rational human being, and the irrational phase, corresponding to the "moral" soul of Plato's* Timaeus *and to the* ἄλογος ψυχή *of Aristotle* », cité par M. I. Santa Cruz De Prunes, *op. cit.*, p. 36.

2. *Cf.* III, 8 (30), 5, 10-17.

3. *Ibid.*, 12-13.

4. VI, 7 (38), 31, 2-4.

de cet acte de l'Âme qui est vie première eu égard à son effet; c'est là la vie de l'inférieure. Mais qu'est exactement cette vie seconde dérivée de la partie supérieure, donc d'une vie plus parfaite? Plotin écrit que cette vie seconde est un « pouvoir de vivifier », pouvoir qui est celui d'une vie et d'un acte sans fin; mais, pour que ce pouvoir, cette δύναμις, puisse se manifester, l'Âme inférieure doit se tourner vers la supérieure et la contempler. Or, la partie inférieure tournée vers la supérieure, voit la totalité des intelligibles, non tels qu'ils sont dans l'Intelligence, mais selon la manière dont l'Âme supérieure les possède, c'est-à-dire comme une multiplicité vague et ob-scure[1]. Il est donc nécessaire qu'il y ait en l'Âme une partie inférieure, afin que le déploiement de la force productrice, de la puissance vivifiante, puisse s'accomplir. C'est là la « fonction organisatrice » de l'Âme infé-rieure. Et cette nécessité est soulignée par Plotin lui-même[2] : l'Âme doit manifester ses puissances en les actualisant, si l'on peut dire, à travers sa production; car si elle restait tout entière un pur intelligible, si, dans sa contemplation de l'Intelligence ne procédait pas une partie inférieure, alors elle ignorerait les puissances qu'elle possède. Pour qu'elle connaisse ce qu'elle possède, il lui est nécessaire de se dédoubler; pour atteindre à la connaissance de ses propres contenus, il faut que les puissances qui sont en elle se manifestent et sortent d'elle, il faut, en un mot, que tout en restant dans la contemplation éternelle du Νοῦς une partie d'elle-même s'en écarte, s'en éloigne, et c'est la partie inférieure. L'Âme inférieure est donc l'expres-sion des puissances contenues dans l'Âme, une Âme dont la venue à l'être exprime, en retour, la raison de son avènement ontologique par la fonction spécifique de sa partie inférieure.

Par son essence et son aspect rationnel, la partie supérieure est donc constituée par un désir (ἔφεσις) d'intelligence et de contemplation motivé par l'amour que l'Âme éprouve pour l'Intelligence, amour qui lui vient du supérieur et qui s'exprime en désir d'union avec son générateur. Mais par sa partie inférieure, qui rend raison de sa venue à l'être, l'Âme a pour fonction d'exprimer l'Intelligence, d'en être le *logos*. La partie inférieure est ainsi comme un *logos* extérieur et expansif non immanent à l'Âme. Ce *logos* est ce qui permet l'expansion de l'être, parce qu'il est l'ἔρως de l'Âme, comme nous le verrons tout à l'heure.

---

1. *Cf.* IV, 6 (41), 3, 14.
2. En IV, 8 (6), 5, 32-33 : « Si l'Âme ne se dédoublait pas, elle ignorerait les forces qu'elle possède, si elles ne se manifestaient et ne sortaient d'elle » (οὐκ ἰόντα τὴν τε ψυχὴν αὐτὴν ἔλαθεν ἂν ἃ εἶχεν οὐκ ἐκφανέντα οὐδὲ πρόοδον λαβόντα).

Il nous faut retenir pour l'instant que ce ne sont pas seulement la naissance et l'activité essentielle de l'Âme qui sont déterminées par son union avec l'Intelligence, mais encore sa fonction organisatrice de gouvernement de l'univers sensible, soit l'Âme inférieure elle-même. Or, Plotin donne un nom à cette Âme inférieure, il l'appelle « Nature » ou encore « Âme universelle » :

> La Nature (φύσις) est une image de la sagesse, dernière partie de l'Âme, elle ne contient que le dernier *logos* qui se reflète en elle[1].

La « Nature » trouve donc sa place tout en bas du monde intelligible, c'est ce qui lui confère son statut d'Âme mitoyenne entre le monde intelligible et le monde sensible dont elle a pour tâche l'organisation. Ce qu'elle donne au sensible, comme nous le verrons, n'est qu'une trace (ἴχνος) d'elle-même[2] elle est, précise Plotin :

> une Âme, produit d'une Âme antérieure animée d'une vie plus puissante qu'elle[3].

La fonction organisatice de la partie inférieure, ou de la « Nature », est donc de donner vie et forme à la matière sensible, à ce substrat obscur et indéterminé qu'est cette matière[4]. Mais l'Âme universelle est encore intelligible ; elle agit cependant, et se déploie, ou plutôt déploie sa puissance vivifiante au-dehors. L'Âme inférieure est en propre l'activité génératrice de l'Âme supérieure : en effet, le désir d'union et d'unification

---

1. IV, 4 (28), 13, 3-5 (nous soulignons).
2. *Cf.* IV, 4 (28), 20, 15-16.
3. III, 8 (30), 4, 15-16.
4. En ce qui concerne l'obscurité de la matière qui vient après l'Âme, Plotin écrit : « Cette obscurité est éclairée et il y a comme une forme qui flotte sur ce fond, qui est l'obscurité complète et l'obscurité première ; ce fond ténébreux est ordonné par l'Âme selon la raison (ἐκοσμεῖτο κατὰ λόγον) ; l'Âme dans sa totalité possède en elle la puissance d'ordonner les ténèbres suivant ces raisons ; de même les raisons séminales façonnent et informent les animaux qui sont comme des petits mondes (οἷα καὶ οἱ ἐν σπέρμασι λόγοι πλάττουσι καὶ μορφοῦσι τὰ ζῷα οἷον μικρούς τινας κόσμους) », IV, 3 (27), 10, 10-13. L'Âme est donc donatrice de formes pour la matière en tant qu'elle communique à cette matière un λόγος σπερματικός, notion stoïcienne reprise par Plotin pour rendre compte de la façon dont l'Âme inférieure informe la matière sensible. Mais ce qui est surtout important à retenir ici, c'est que le *logos* constitue, pour l'Âme inférieure, l'expression de la vie dans son inépuisable générosité : la vie est ce qui a permis à l'Intelligence de naître de l'infinie générosité de l'Un et de se tenir dans sa proximité et sa dépendance, comme l'Âme naît elle aussi de la vie profusive du Νοῦς et se maintient dans son orbe tout en informant la matière obscure selon le don des *logoi* qui sont l'expression de la richesse de l'Intelligence. Nous aurons à y revenir.

laisse la partie antérieure unie à l'Intelligence dans l'éternité de sa contemplation, mais celle postérieure s'adjoint un désir qui se manifeste comme élan d'action (ὄρεξις), désir qui la déploie et lui donne sa fonction spécifique. Ce désir est un désir de création manifesté par le regard de haut en bas ; il ne sépare pas, néanmoins, l'Âme inférieure de la supérieure, puisqu'elle va déployer dans le sensible les intelligibles qu'elle contemple dans la partie supérieure. Or, pour que ce déploiement ait lieu, pour que l'Âme inférieure puisse organiser le sensible, il faut que la vie qui l'anime, vie dérivée de la vie de l'Âme supérieure, porte la marque d'un désir insatisfait, celle du désir agité, du souci et de l'inquiétude. Ce désir propre de l'Âme inférieure est sa δύναμις : puissance agitée qui est puissance de production du temps[1] : dans sa contemplation du modèle éternel contenu dans l'Âme supérieure, l'Âme inférieure *se temporalise* pour pouvoir exprimer et actualiser sa vision. Sa vie est donc un acte, et le temps, qui est cette vie, appartient à sa puissance[2]. En se déployant vers la multiplicité, en se temporalisant, elle devient elle-même multiple, mais sa puissance agitée ne cesse pas pour autant d'être vie, car son activité spontanée est orientée vers une organisation temporelle, vers une forme inférieure d'organisation.

Or, sans ce temps qui est la vie de l'Âme inférieure, il n'y aurait pas possibilité, pour elle, d'organiser le sensible. Plotin, en caractérisant le temps comme vie de l'Âme inférieure, ne cesse d'affirmer que celui-ci est l'ἐνέργεια de cette Âme : elle a engendré le temps et le *contient* en elle-même avec sa propre ἐνέργεια[3]. L'entrée de l'Âme inférieure dans le temps n'est dès lors que le mouvement processionnel s'écartant de l'Intelligence et s'inclinant vers ce qui vient après elle pour lui transmettre la vie, une vie qui est μίμησις ἐνεργείας de ce qu'elle-même possède[4].

Le temps apparaît ainsi comme *le dernier échelon intelligible*[5], il est la vie de l'Âme inférieure et sa propre *dunamis*, en tant que puissance vivifiante, il permet le passage entre l'Intelligible et le sensible *sans qu'il y ait de rupture ontologique*. Le temps, vie de l'Âme inférieure, est une vie accomplissant une activité incessante et procèdant à travers des changements uniformes et semblables les uns aux autres[6]. C'est pourquoi l'acte de l'Âme inférieure n'est jamais achevé : il n'achève jamais son devenir pour

1. *Cf.* III, 7 (45), 11, 15-20.
2. Cf. *ibid.*, 49.
3. Cf. *ibid.*, 35-38.
4. Cf. *ibid.*, 30-34.
5. *Cf.* A. Pigler, *Plotin. Ennéade III, 7 [45]*, *loc. cit.*
6. Cf. *ibid.*, 12, 1-4.

la constituer en hypostase séparée. C'est pourquoi aussi elle n'est pas une autre hypostase mais une partie de l'Âme-hypostase intelligible et divine. En contemplant l'Intelligible qui est dans l'Âme supérieure, elle engendre une image, l'image de l'unité éternelle qu'est la continuité temporelle, car le temps possède « la continuité de l'ἐνέργεια »[1]. En se temporalisant, l'Âme inférieure se rend semblable à l'Âme supérieure, qui n'est pourtant pas temporelle ; en imitant l'éternité, elle produit quelque chose de différent, un moyen de penser au modèle[2]. Ainsi le temps introduit-il dans l'être l'inquiétude, le désir et l'activité distante de son objet. Vie et puissance de l'Âme inférieure, il n'accompagne pas l'Âme, il ne lui est pas postérieur, mais se manifeste *en elle*, est en elle et lui est uni comme l'éternité est unie à l'Intelligence et à l'Âme supérieure. En se temporalisant l'Âme inférieure actualise ainsi la ressemblance à l'éternité *dans l'altérité* ; cette ressemblance dans l'altérité maintient l'engendrement du temps dans le schéma processionnel et lui donne son statut ontologique. On conçoit donc que, parce que l'Âme a la mobilité du temps, c'est-à-dire une vie qui se déploie et s'extériorise, le passage de l'Intelligible au sensible ne nécessite plus, comme chez Platon, l'explication artificialiste par l'action du Démiurge : en tant que vie de l'Âme inférieure et ἐνέργεια même de l'Âme produisant le sensible, *le temps fait partie des intelligibles*. Or, si la vie de l'Âme inférieure est la temporalité, *une temporalité non spatiale et qui est encore de l'ordre du monde intelligible*, les contenus que cette Âme inférieure va déployer dans le sensible subiront eux aussi un changement[3]. Ce changement s'exprime, chez Plotin, par le *logos* propre de l'Âme inférieure, puisque cette partie de l'Âme déploie dans la temporalité

1. Cf. *ibid.,* 3.
2. *Cf.* M. Lassègue « Le temps, image de l'éternité chez Plotin », *Revue philosophique* (1982-2), 405-418 ; P. Aubenque « Plotin et le dépassement de l'ontologie grecque classique », in *Le Néoplatonisme,* Paris, 1972, p. 101-109, et du même auteur « Plotin philosophe de la temporalité », *Diotima,* 4 (1976), 78-86.
3. Dans son ouvrage *Archéologie et généalogie, loc. cit.,* D. Montet analyse ainsi le changement qu'opère l'Âme eu égard aux νοητά contenus dans l'Intelligence : « l'analyse se complique à l'endroit de la ψυχή : tout se passe alors comme si la procession de l'Âme impliquait une *autonomisation* des formes et, partant, une mutation du concept de λόγος. Les formes, éléments du système intelligible, deviennent *archétypes* dans l'usage qu'en fait l'Âme, tout entière occupée à donner forme au sensible, à lui imposer, autant qu'elle le peut, l'ordre venu de l'intelligible. Le λόγος, système des principes de l'intelligible (les γένη) ou ordre des νοητά (les εἴδη) dans la seconde hypostase, signifie, au niveau de l'Âme, les modalités selon lesquelles les εἴδη *informent* le sensible et lui confèrent ordre, autant que faire se peut. Plotin s'en autorise fréquemment pour définir l'Âme comme la somme des λόγοι » (souligné par l'auteur, p. 219).

sensible le contenu de son *logos*. Mais son *logos* contient en lui-même les formes rationnelles qui deviendront visibles dans le sensible ; c'est pourquoi il représente le dernier *logos* du monde intelligible, un *logos* affaibli et dispersé, un *logos* qui a en lui moins d'unité du fait que la vie de l'Âme inférieure est le temps, un *logos* enfin qui ne peut renvoyer dans le sensible que le reflet lointain de ce que l'Âme supérieure contemple, un reflet lointain du Noῦς archétypal qui est tout et qui contient tout.

CHAPITRE III

LE *LOGOS* DE L'ÂME INFÉRIEURE

L'ÂME : δύναμις ET ἐνέργεια, UN BREF RAPPEL

Nous n'entreprendrons pas, dans cette partie de notre travail, de cerner au plus près la signification du terme de *logos* dans l'ensemble des *Ennéades*. Nous renvoyons pour cela à des travaux extrêmement précis, tels ceux de Arthur Hilary Armstrong et de John Michael Rist[1]. Nous essaierons, en revanche, de comprendre quelle est la spécificité du *logos* de l'Âme inférieure et comment par son *logos* elle informe la matière sensible.

Au traité 28 (IV, 4), 18-19, Plotin déclare que l'Âme « a une puissance et une énergie dérivées du Νοῦς ». Nous savons que la puissance du Νοῦς, qui lui vient de l'Un, s'apparente à sa vie, vie première et idéale qui n'est elle-même que l'actualisation en lui de la vie illimitée et universelle de la proto-vie qui sourd du Principe. Nous pouvons donc, à bon droit, penser que la puissance que l'Âme accueille, et qui lui vient de son principe, est la vie qui dérive de l'acte du Νοῦς et qui est actualisée par l'Âme comme étant sa vie propre. Rappelons cependant qu'en vertu du principe métaphysique qui régit la procession des hypostases, ce qui vient après quelque chose est toujours inférieur eu égard à ce dont il procède. La vie de l'Âme, bien que

---

1. *Cf.* A. H. Armstrong, *The Architecture of the Intelligible Universe in the Philosophy of Plotinus*, Cambridge, 1940, notamment p. 102-124. J. M. Rist, *Plotinus : The Road to the Reality*, Cambridge, 1967, notamment p. 84-102. Pour l'interprétation du *logos* plotinien voir aussi les travaux de M. I. Santa Cruz De Prunes, *La Genèse du monde sensible dans la philosophie de Plotin*, Paris 1979, notamment p. 70-88 ; J. Lacrosse, *L'Amour chez Plotin, Érôs Hénologique, Érôs Noétique, Érôs Psychique,* Bruxelles, 1994, chap. III, p. 105-127 ; L. Couloubaritsis, « Le *logos* hénologique chez Plotin », in ΣΟΦΙΗΣ ΜΑΙΗΤΟΡΕΣ. « *Chercheurs de sagesse* ». *Hommage à Jean Pépin*, Paris, 1992, p. 111-120.

venant du Νοῦς, est donc inférieure à la vie de celui-ci ; ce qui signifie qu'elle a moins d'unité que cette vie, laquelle est elle-même sans commune mesure avec la Vie intime de l'Un. En acte donc, la vie de l'Âme a moins d'unité que la vie de l'Intelligence, dans la mesure même où la vie de la seconde hypostase est coïncidence de l'être et de la pensée, et est donc unité[1]. La vie de l'Âme, quant à elle, est unité *et* multiplicité, car elle ne parvient jamais tout à fait à réaliser sous l'unité la multiplicité qui est en elle. Mais, du point de vue de la *dunamis,* l'Âme reçoit de son générateur la puissance de la vie infinie, laquelle se communique de l'Un au Νοῦς et de celui-ci à l'Âme. C'est ainsi *la même puissance vitale* qui traverse les hypostases, même si, par un acte qui est propre à chacune, elles ne la réalisent pas avec la même unité ni avec la même perfection. Le Νοῦς accueille la vie illimitée et universelle, puissance infinie et énergie dérivée du Principe, sous la forme d'une vie tout à la fois unique et multiple, vie de l'Intelligence *et* vie des intelligibles. En actualisant la proto-vie illimitée et universelle, qui sourd de l'Origine, le Νοῦς est devenu la première vie, la vie idéale, l'archétype de toute vie et cela, par la *forme* qu'il donne à la proto-vie qui surabonde du Premier. La vie informée de la seconde hypostase est *première* dans la mesure même où c'est d'elle que proviendront les vies concrètes et incarnées visibles dans le monde sensible. Mais, comme le Νοῦς ne peut lui-même informer la matière sensible, comme il ne peut gouverner sans intermédiaire le monde sensible car en lui la multiplicité des formes n'est pas déployée, il est nécessaire qu'il y ait, entre lui et le monde sensible, un intermédiaire, et cet intermédiaire est l'Âme. Or, c'est l'Intelligence elle-même qui engendre son intermédiaire car, à l'image de l'Un, elle « déborde » et, de cette surabondance, procède une autre hypostase. Cet engendrement confirme, une fois encore, que pour Plotin, et contrairement à Aristote, *la puissance est supérieure à l'acte* : la vie est à la fois la puissance et l'énergie du Νοῦς, et cette puissance vitale dérive de lui pour venir dans l'Âme. La puissance vitale est donc toujours *une* en tant que puissance et pourtant *multiple* quand elle s'actualise. C'est la puissance qui se projette dans l'Âme et lui donne la vie[2], mais c'est par son acte qu'elle fait de cette puissance vitale son ἐνέργεια propre et toujours multiple. La puissance vitale est donc *toujours indéterminée*, illimitée et universelle ; elle est ce qui vient de l'Un, mais l'énergie qui en provient, et qui devient la vie propre de l'hypostase, est toujours actualisation de cette puissance vitale comme multiplicité – multiplicité de

---

1. Ici encore nous renvoyons à P. Hadot, « Être, vie, pensée chez Plotin et avant Plotin », *loc. cit.,* p. 105-142.

2. *Cf.* V, 1 (10), 3, 8-9.

formes pour le Noῦç, d'âmes pour l'Âme. L'Intelligence manifeste ainsi la puissance infinie de la vie sous forme d'une énergie dérivée de son acte propre. Au fond, on pourrait comprendre cette puissance infinie qui perdure comme ce qui ne trouve pas place dans l'actualisation, comme ce qui est toujours *en surplus* par rapport à l'actualisation, comme un *trop plein* de puissance que l'actualisation ne peut réaliser[1]. On comprend dès lors pourquoi Plotin dit que tout ce qui est produit est *d'abord* produit sans forme avant d'être informé en se tournant vers son producteur[2]. La puissance vitale, provenant du Principe, est en effet fondamentalement et essentiellement *indéterminée*, la détermination ne venant qu'avec l'acte même de l'hypostase, qui ainsi se réalise et s'achève en tant qu'hypostase. L'Âme va donc actualiser la puissance infinie et l'énergie dérivée du Noῦç en une multiplicité d'âmes, et c'est encore cette puissance vitale qu'elle transmettra au sensible, mais cette fois-ci ce ne sera plus sous forme d'une indétermination première mais sous forme *d'images* de ce qui est dans le Noῦç : la puissance vitale sera transmise au sensible *via* l'intermédiaire de l'*eidos*. Ceci se comprend aisément puisque la matière sensible est elle-même indétermination. Il y a donc là un véritable renversement dans le processus processionnel, ou plutôt il est préférable de dire que, de l'Intel-ligible au sensible, on ne peut plus parler *stricto sensu* de procession, puisque ce qui procède ne peut être que la puissance infinie et indéterminée de la proto-vie. De l'Intelligible au sensible donc, il s'agit bien d'une *création* dans la mesure où l'Âme donne au sensible la *forme* et la *vie contenue dans une forme*. Mais cette vie n'en est pas moins puissance, puisqu'elle est partout, puisqu'elle suffit à tous les corps, puisqu'elle reste

---

1. Ainsi se justifie, pensons-nous, le renversement complet que Plotin fait subir à la notion de puissance par rapport à Aristote. Chez lui, la puissance est toujours *excédentaire,* elle a le pouvoir de se définir et de se déterminer par elle-même ; elle est une puissance active supérieure à l'acte *qu'elle contient* et que n'épuise aucun acte. P. Hadot, *Porphyre et Victorinus,* t. I, *op. cit.,* p. 231, cite, il est vrai dans un tout autre contexte, un passage de Victorinus définissant la puissance : « La puissance possède déjà, et au plus haut degré, l'être qu'elle aura lorsqu'elle sera en acte, et à la vérité, elle ne l'a pas, elle l'est […]. En effet, la puissance, par laquelle l'acte qui naît d'elle a le pouvoir d'agir, est, elle-même, en acte ». C'est la même notion de puissance qui régit toute la métaphysique plotinienne. Cette puissance, qui n'est autre que la vie indéterminée et illimitée, la proto-vie universelle et sans forme qui sourd de l'Un, traverse tous les niveaux de l'ontologie plotinienne sans s'épuiser ni s'altérer dans la succession de ses actualisations. La puissance *s'amoindrit* seulement au fil de la procesion, au fur et à mesure de son plus grand éloignement d'avec sa source, l'Un. Une telle puissance active est, en vérité, la *dynamique érotique* qui préside au double mouvement de la procession/ conversion, et qui est encore à l'origine de la création du sensible par l'Âme inférieure.

2. *Cf.* III, 4 (15), 1, 8-10.

une et infinie et ne se divise pas, tout en ne se manifestant pourtant dans le sensible *que* sous la forme de corps individualisés et concrets[1].La puissance infinie et indéterminée de la proto-vie, actualisée sous forme de multiplicité d'âmes, va par conséquent passer dans la matière sensible grâce à ces âmes qui sont les formes, et même les images, des intelligibles contenus dans le Νοῦς. Mais ces âmes individuelles possèdent en elles-mêmes la puissance indivise de la vie de l'Âme :

> Il n'y a pas non plus de division dans l'Âme, elle paraît seulement divisée à l'être qui la reçoit[2].

C'est donc le sensible qui donne à l'Âme l'apparence de la division, mais en elle-même, elle reste une. Son unité essentielle est garantie par le fait qu'elle ordonne les corps à travers l'*eidos*.

En résumé : la puissance vitale que l'Âme transmet à la matière sensible obscure et impassible est la puissance infinie, indéterminée et vitale ; puissance communiquée qui sourd de l'Un, qui s'actualise dans le Νοῦς et se diffuse à nouveau dans l'Âme qui l'actualise à son tour. Mais l'Âme la transmet à la matière sensible à travers l'*eidos*, puisque cette matière sensible est elle-même indéterminée. Tout ceci signifie que la vie archéty-pale du Νοῦς se transmet à la matière sensible par l'intermédiaire de l'Âme. C'est pourquoi Plotin dit que cette dernière est l'énergie dérivée du Νοῦς ou son *logos*, car pour elle énergie et *logos* sont des termes équivalents :

> L'Âme est le *logos* du Νοῦς et en quelque sorte son activité[3]. Comme le *logos* proféré est le *logos* du *logos* qui est dans l'Âme, de même l'Âme, elle aussi, est *logos* du Νοῦς et toute son activité qu'il projette comme vie, pour conduire à l'existence quelque chose d'autre[4].

Il nous reste à préciser comment le *logos* est la manifestation dans l'Âme de la puissance vitale que cette dernière recueille en elle sous forme d'énergie dérivée du Νοῦς, et en quel sens λόγος et ἐνέργεια sont quasiment équivalents en l'Âme.

1. *Cf.* VI, 4 (22), 14, 2-5.
2. VI, 4 (22), 14, 13-14 (traduction É. Bréhier).
3. V, 1 (10), 6, 45.
4. V, 1 (10), 3, 7-9.

LA SPÉCIFICITÉ DU *LOGOS* DE L'ÂME INFÉRIEURE

Nous avons rappelé que Plotin distingue en l'Âme deux niveaux : un niveau supérieur et pur, et un niveau inférieur qui prend en charge la fonction organisatrice du cosmos sensible. Dans l'Âme supérieure le *logos* provient directement du Νοῦς, et ce *logos* issu de l'Intelligence fait que l'Âme pure pense : « ψυχὴν νοερὰν ποιῶν » [1]. L'Âme pure n'est donc que νοερόν et non pas νοητόν, car il appartient au Νοῦς seul de penser les intelligibles qui sont en lui et de se penser lui-même sous la forme de l'unité, puisque la pensée de soi et la pensée des objets intelligibles qui sont en lui-même ne sont qu'une seule et même pensée. En ce sens, la seconde hypostase est Un-multiple. L'Âme, cependant, n'est que puissance intellective et ne contient pas en elle-même les objets de son intellection, elle les reçoit de son générateur ; c'est pourquoi elle est unité *et* multiplicité : son intellection est *discursive*. Si le Νοῦς est l'unité de la multiplicité, c'est parce que « il possède en lui-même un *logos* qui est partout en lui-même » [2]. Le *logos* qui est en lui va être représenté dans l'Âme comme image du Νοῦς, et par son *logos* propre celle-ci va donner vie au sensible. Le *logos* propre de l'Âme se situe donc dans sa partie inférieure et non dans la partie supérieure qui est seulement intellection éternelle des objets intelligibles contenus dans l'Intelligence. Mais ces objets intelligibles seront représentés dans l'Âme sous la forme du *logos* qui est l'*energeia* propre de la partie inférieure. Si donc cette dernière donne vie au sensible par son *logos* propre, c'est bien qu'elle est intermédiaire entre le monde intelligible et le sensible ; et c'est bien aussi par elle que les formes intelligibles vont se transmettre au sensible, sous forme d'images ou de reflets qu'elle envoie dans la matière sensible [3]. Ces *logoi*, qui lui viennent du Νοῦς mais qui ne sont que des images des formes intelligibles contenues dans l'Intelligence, sont tout aussi bien des « raisons séminales » que des « âmes », ou encore des « raisons informantes ». En effet, le *logos* de l'Âme inférieure est le principe de création des choses soumises au devenir : le *logos*, dit Plotin, « les fait » (τὸν ποιοῦντα λόγον) [4], « les façonne » (πλάττει ὁ λόγος) [5], « les informe » (εὐθὺς λελόγωται, τοῦτο δέ ἐστι μεμόρφωται) [6]. Cependant, il ne peut présider à la production et au

---

1. II, 9 (33), 1, 32.
2. VI, 5 (23), 9, 40.
3. *Cf.* V, 9 (5), 3, 30.
4. III, 2 (47), 14, 7.
5. II, 3 (52), 16, 47.
6. III, 2 (47), 16, 21.

développement des êtres sensibles que parce qu'il transfère les formes intelligibles, les *logoi* qui lui viennent de l'Intelligence, dans la matière sensible. Il a donc un rôle d'intermédiaire entre l'Intelligible et le sensible, tout comme l'Âme inférieure à laquelle d'ailleurs il est identifié.

On peut se demander pourquoi Plotin insiste, d'une part, sur la *puissance vitale* que l'Âme transmet aux êtres sensibles et, d'autre part, sur le *logos* qui préside à la venue à l'être du sensible. Il nous semble que la raison en est que cette puissance vitale, infinie et illimitée, ne doit pas apparaître anarchique ni hasardeuse. En effet, dans la procession comme dans le processus de création, il ne doit y avoir aucune irrationalité et, de fait, il n'y en a pas [1]. Tout se déroule selon la Raison, et le Νοῦς apparaît là encore comme un *logos* originaire. En ce sens, de même que la vie du Νοῦς est, pour les êtres postérieurs à lui, vie originaire et première, de même l'Intelligence comme *logos* originaire est principe de rationalité pour l'organisation du sensible. Expliquons ce point.

Nous avons vu que l'Âme est *logos* du Νοῦς, mais à son tour le Νοῦς est lui-même dit être le "*logos*'de l'Un [2], ce qui ne va pas sans difficulté [3]. Nous pensons, quant à nous, en accord avec les analyses de John Michael

---

1. *Cf.* IV, 3 (27), 10, 38-41 : « Vivant dans la raison, l'Âme donne au corps une raison qui est une image de celle qu'elle possède (ζῶσα οὖν ἐν λόγῳ λόγον δίδωσι τῷ σώματι, εἴδωλον οὗ ἔχει) ; tout ce qu'elle donne au corps est une image de sa vie ; elle donne au corps toutes les formes dont elle possède les raisons ».

2. V, 1 (10), 6, 44-45 : οἷον καὶ ἡ ψυχὴ λόγος νοῦ καὶ ἐνέργειά τις, ὥσπερ αὐτὸς ἐκείνου.

3. Cette difficulté, qui pose le problème de la possibilité ou de l'impossibilité d'un *logos* de l'Un, a été relevée et discutée par J. M. Rist et A. H. Armstrong dans les ouvrages que nous avons cités et auxquels nous renvoyons. On consultera aussi L. Couloubaritsis, « Le *logos* hénologique chez Plotin », in ΣΟΦΙΗΣ ΜΑΙΗΤΟΡΕΣ« *Chercheurs de sagesse* », *Hommage à Jean Pépin*, Paris, 1992, p. 231-243. Ce dernier article analyse le « *logos* hénologique » comme un *principe d'unité* pour l'Intelligence et l'Âme. L. Couloubaritsis n'attribue pas, à proprement parler, le *logos* à l'Un, il en fait cependant *l'acte de l'Un*, s'appuyant pour garantir son interprétation sur le texte de V, 1 (10), 6, 44-45. C'est ainsi qu'il peut écrire : « La difficulté bien sûr est de se donner une idée de ce qui constitue un *logos* en tant qu'*acte* de l'Intelligence dans son rapport à l'Un, donc aussi *d'un certain acte de l'Un lui-même* » (p. 240, nous soulignons). Cette interprétation nous paraît contestable dans la mesure où il n'y a pas réellement des textes qui l'autorisent. Partant de là, l'auteur conclut que le *logos*, en tant qu'*acte de l'Un* manifeste « la présence de l'Un à tous les niveaux du réel. Il est le mode sous lequel se manifeste l'Un dans l'immanence, alors qu'il est absolument transcendant » (p. 243). Nous ne pouvons souscrire à ces conclusions, pour les raisons développées dans ce chapitre, mais nous sommes, en revanche, pleinement d'accord avec l'auteur au sujet du *logos* comme principe d'unité des hypostases dérivées de l'Un et du monde sensible *via* les raisons séminales.

Rist qu'il n'y a pas, à proprement parler, de *logos* de l'Un[1]. Cependant, nous pouvons néanmoins tenter d'expliquer pourquoi Plotin dit, dans ce traité 10 (V, 1), que le Νοῦς est le "*logos*'de l'Un.

1. Si nous sommes en accord avec J. M. Rist pour dire qu'il ne peut pas y avoir de *logos* hénologique, nous sommes un peu plus nuancé quant aux conclusions de cet auteur concernant le Νοῦς *logos* de l'Un, et ce, parce que la question de savoir si le Νοῦς est ou non le *logos* de l'Un est, pour la philosophie plotinienne, un enjeu théorique fondamental. En effet, si le *logos* manifeste bien l'ordre et la raison qui règnent dans l'Intelligible ainsi que dans ce qui en procède, alors le *logos* exprime la dimension *archétypale* du Νοῦς et signifie la dépendance du sensible à son égard. Mais le *logos* signifie-t-il de la même manière la subordination de chaque hypostase à celle qui précède? Si l'Âme en tant que *logos* du Νοῦς ne pose pas de problème d'interprétation majeur, c'est que cette dépendance s'inscrit dans l'ordre logique de la procession; mais il n'en va pas de même pour le Νοῦς *logos* de l'Un. Deux passages sont ici en cause. Le premier se trouve dans le traité V, 1 (10), 6, 44-45 : « οἷον καὶ ἡ ψυχὴ λόγος νοῦ καὶ ἐνέργειά τις, ὥσπερ αὐτὸς ἐκείνου ». Si l'on traduit avec la majorité des traducteurs : « L'Âme est le *logos* et l'acte de l'Intelligence, comme elle-même est le *logos* et l'acte de l'Un », on souscrit au principe qui voudrait que, chez Plotin, le *logos* apparaisse comme la manifestation du supérieur dans l'inférieur. C'est la lecture que fait É. Bréhier à la note 1, p. 23 de sa traduction de V, 1 (10), 6 : « Le *logos* en est venu à exprimer une fonction plutôt qu'un être ; *chaque hypostase est le logos de la précédente* », c'est aussi l'interprétation de L. Couloubaritsis, art. cit.. Or cette interprétation est sujette à caution, et J. M. Rist, quant à lui, suggère que la subordination ici en question du Νοῦς par rapport à l'Un n'est pas la même que celle de l'Âme vis-à-vis du Νοῦς. Aux p. 84 *sq.*, J. M. Rist indique que l'Âme est bien le *logos* et l'activité de l'Intelligence, mais que le Νοῦς en revanche n'est *que* l'activité de l'Un, sans en être le moins du monde *logos*, aussi préfère-t-il traduire par : « Ainsi l'Âme est le *logos* de l'Intelligence et une sorte d'activité, comme l'Intelligence l'est de l'Un ». Nous reviendrons tout à l'heure sur cette traduction.

Un autre passage, cité lui aussi par J. M. Rist, viendrait confirmer cette interprétation, il s'agit de VI, 7 (38), 17, 41-42 : « L'Intelligence elle-même est une trace de l'Un. L'Un est sans forme ; c'est ainsi qu'il peut produire la forme. S'il était lui-même une forme, l'Intelligence serait son *logos* (εἰ δ'ἦν ἐκεῖνος εἶδος, ὁ νοῦς ἦν ἂν λόγος) ». J. M. Rist comprend ainsi : étant donné que l'Un ne peut jamais être forme, l'Intelligence ne pourra jamais être son *logos*, et il conclut l'analyse de ces deux passages comme suit : « *And the only possible conclusion from this passage must be that a* logos *is the representative of something determinate and informed. It must be not the representative of the One, but only the representative of the* Νοῦς. *It must be connected first and foremost, as at V, 1, 3, 13, with the representation of the Forms at the next level of reality, the level of Soul* » (p. 85, tout le chapitre sur le *logos*, p. 84-103, peut être lu avec profit concernant cette question).

Si nous souscrivons pleinement à la conclusion de J. M. Rist quant au traité 38 (VI, 7), 17, conclusion confirmée d'ailleurs par la construction grammaticale employée par Plotin, il nous semble en revanche que le passage de V, 1 (10), 6 s'avère plus délicat. Laisser le Νοῦς dans l'indétermination de savoir de quoi « il l'est » de l'Un, ou rapporter cette détermination à la seule activité de l'Un, ce n'est pas rendre justice aux nuances théoriques que présente le concept plotinien de *logos* ; et ce n'est, de plus, qu'apporter une solution partielle au problème du *logos* et de sa place dans la logique processionnelle. C'est pourquoi nous tentons, dans ce travail, de comprendre l'enjeu théorique, pour la métaphysique de Plotin, de cette notion de *logos*, sachant que le Νοῦς ne peut être, *stricto sensu*, le *logos* de l'Un, sous peine de

Lorsque nous avons analysé l'*Ennéade* VI, 8 (39), nous avons sciemment omis de commenter un passage dans lequel Plotin affirme que l'Un est « le père de la Raison (ou du *Logos*) »[1]. Si nous suivons ici aussi la logique propre de l'Alexandrin, force nous est de comprendre que, pour Plotin, être le Père, ce n'est pas être semblable à ce dont on est le Père : la cause n'est jamais identique à l'effet, ou, pour le dire avec l'auteur lui-même, l'Un donne toujours ce qu'il n'a pas. N'ayant pas le *Logos*, l'Un donne pourtant le *logos* ; en ce sens, il en est le Père, parce que, justement, il ne l'a ni ne l'est. Mais comment, demandera-t-on, donne-t-il le *logos*, comment en est-il le Père, puisqu'il ne l'a pas ? Le même passage de VI, 8 (39), 14 ajoute que l'Un est pour les êtres « leur raison », « leur cause et leur essence causale », or cette attribution de la Raison, de la cause et de l'essence causale des êtres à l'Un est autorisée par le contexte très précis du traité 39 (VI, 8) : dans ce traité en effet, Plotin réfute la thèse attribuant à l'Un une existence due au hasard et faisant des êtres dérivés les fruits d'une procession anarchique et irrationnelle due à la contingence et non à la raison. De là cet argument réfutatif :

> Si donc il n'y a rien d'accidentel ou qui tienne du hasard, et qu'il n'y a pas non plus de "il est advenu ainsi" dans le cas des êtres qui possèdent en eux-mêmes leur cause, et si tous ces êtres qui viennent de lui possèdent cette cause, *puisqu'il est le père de leur raison, de leur cause et de leur essence causale*, – toutes choses qui sont éloignées du hasard – on pourrait dire qu'il est donc le principe et pour ainsi dire le paradigme (οἶον παράδειγμα) des êtres qui ne participent pas du hasard. Celui qui est réellement et primordialement, dépouillé de tout hasard, de la chance et de l'accident ; cause de lui-même, il est par lui-même et de lui-même ; et cela, lui l'est primordialement et il est au-delà de l'être (ὑπερόντως)[2].

La première remarque que l'on doit faire est que Plotin identifie ici la raison à l'être, et que, puisque l'Un est au-delà de l'être (ὑπερόντως), il est du même coup au-delà de la raison. La deuxième remarque est que notre auteur dit que l'Un est pour les êtres *une sorte* de paradigme, or la fonction paradigmatique, la fonction de modèle, est celle du Νοῦς, puisqu'en effet l'Intelligence est le modèle de l'ordre éternel que le *logos* de l'Âme devra, tant bien que mal, imprimer au sensible. Là encore, la clausule οἶον montre

---

comprendre l'"Εν comme forme, ce qui est strictement impossible. *Cf.* aussi A. Pigler, « De la possibilité ou de l'impossibilité d'un *logos* hénologique », *in* M. Fattal (éd.), *Plotin et le langage*, Paris, 2002 (à paraître).

1. VI, 8 (39), 14, 37.
2. *Ibid.*, 32-42, (traduction G. Leroux légèrement modifiée, nous soulignons).

un passage à la limite du langage lorsqu'il s'agit du Principe : Plotin transporte le langage qui vaut pour le Noῦς dans une région, celle de l'Un, où ce langage n'est plus approprié, et il l'ajuste au Premier à l'aide de l'οἶον. Nous avons donc déjà deux indications nous permettant d'affirmer que la raison *n'est pas* dans l'Un, mais qu'elle est néanmoins un don de l'Un aux êtres inférieurs, étant entendu qu'il ne peut donner que ce qu'il n'a pas, alors que les êtres postérieurs à lui, quant à eux, ne peuvent donner que ce qu'ils ont. Mais il y a plus encore : c'est l'Un qui communique aux êtres leur nécessité, entendons par là la raison de « leur être tel » dont parle Plotin, sans qu'il ne soit lui-même esclave de cette nécessité, car « il est de lui-même et par lui-même » ce qu'il est, et cette auto-position de soi, conjointe à l'absolue maîtrise de soi, fait qu'il est au-delà de l'être, c'est-à-dire de la *nécessité* « d'être tel ». La nécessité rationnelle qui préside à la venue à l'être des hypostases inférieures est donc muée en l'Un en liberté et volonté qui font qu'il se veut lui-même tel qu'il est. Aussi n'y a-t-il pas de hasard en lui, pas plus qu'il n'y en a dans les êtres dérivés, puisque l'ordre de l'Intelligible se rapporte à la puissance première et infinie qui sourd de l'Origine absolue et que cette puissance est telle que :

> La puissance de là-bas ne signifie pas le pouvoir des contraires, mais bien une puissance inébranlable et immobile qui est la plus grande puissance qui soit[1].

La puissance infinie de l'Un est donc univoque, elle est la nécessité pour les êtres « d'être tels » c'est-à-dire *vivants*, car tout acte est, selon Plotin, vie. Mais elle leur commande aussi en quelque sorte d'être, autant que faire se peut, aussi parfaits que le Principe, dans la mesure où celui-ci est *comme* leur paradigme. La volonté et la liberté qui dans le Premier fait qu'il se veut tel qu'il est, va devenir, dans les êtres inférieurs, leur raison d'être. Il y aura perfection pour les êtres inférieurs à hauteur de la raison qui est en eux. En ce sens, l'Un est bien le Père de la raison, sans être lui-même raison, et c'est bien ce qui exclut de la procession toute contingence et tout hasard, comme c'est la liberté et la volonté de l'Un qui excluent de lui tout hasard et toute contingence. Mais c'est aussi parce que la puissance infinie du Principe, qui fait qu'il s'auto-produit tel qu'il est et tel qu'il veut être, est une *puissance interne fondatrice*, qu'elle sera, pour les êtres dérivés qui reçoivent de lui l'énergie de son Acte auto-fondateur la nécessité de leur constitution selon la raison. C'est parce que la puissance dérivée du Premier l'est d'une *puissance fondatrice*, que tout ce qui vient d'elle et qui lui est postérieur a un caractère *nécessaire et rationnel*. Ainsi le Noῦς,

---

1. VI, 8 (39), 21, 1-5.

premier né de l'Un, possède originairement le *logos*, un *logos* qui est parfait, qui est le principe même des *logoi* qui en dérivent car, étant à l'origine des êtres, il importe que le *logos* soit d'abord dans le Noῦς avant d'être dans l'Âme. Mais le *logos* n'est pas dans le Premier, puisqu'il manifeste une infériorité vis-à-vis de la puissance absolument libre et fondatrice qui fait que l'Un seul peut se vouloir tel qu'il se veut. Le *logos* de l'Intelligence est donc un *logos* primitif, manifestation de la perfection d'une activité qui reste en elle-même, parce qu'il indique le degré d'unité de cette hypostase : « L'Intelligence, dit Plotin, est toujours comme elle est, son acte est stable et identique »[1], on pourrait ajouter que son *logos* lui est immanent.

C'est précisément ce *logos* qui est *logos* de tous les *logoi*[2] et leur principe[3]. Dans le traité 50 (III, 5), qui est une exégèse des mythes de la naissance d'Érôs du *Banquet* et du *Phèdre* de Platon, Plotin personnalise le *logos* sous les traits de Poros. Poros-*logos* est, dit l'Alexandrin[4], d'abord « enroulé sur lui-même dans l'Intelligence », ici appelée Zeus. Le *logos* est, dans l'Intelligence, totalement enveloppé parce qu'il se suffit à lui-même, mais l'Intelligence se diffuse dans l'Âme, fille de Zeus appelée Aphrodite, et y répand ses richesses. Ce qui signifie que dans l'Âme se trouvent déployées les raisons divines, beautés du « jardin de Zeus ». Le *logos* est donc l'énergie qui se diffuse du Noῦς dans l'Âme, produisant en elle la multiplicité des *logoi*. Ces *logoi* seront les principes actifs que sa partie inférieure transmettra, sous forme d'images et de reflets, à la matière sensible pour l'informer. Mais avec la vie que l'Âme inférieure donne aux formes sensibles, elle leur confère aussi le *logos* – certes, un *logos* qui n'est plus éternellement enroulé sur lui-même, comme dans l'Intelligence, mais qui se déploie selon la temporalité propre de l'Âme et qui est sa vie. C'est pourquoi la puissance de l'Âme inférieure va se déployer selon le *logos*, c'est-à-dire en projetant dans le sensible les images des formes intelligibles, images qui sont ses *logoi*. Le mouvement de déploiement de ces *logoi* par la *dunamis* de l'Âme ne se fait pas, ici non plus, sans rationalité, mais selon l'ordre même des raisons éternelles contenues dans le Noῦς,

---

1. II, 9 (33), 1, 29-30.
2. *Cf.* III, 5 (50), 7, *in fine*.
3. Cf. *ibid.*, 9, 15-16.
4. *Cf.* III, 5 (50), 8 et 9 et *Banquet* 203 b-d. Pour un commentaire du mythe de la naissance d'Érôs dans ce traité 50 (III, 5), *cf.* J. Lacrosse, *op. cit,* chap. ı, p. 17-64. Pour une étude exhaustive de ce même traité, voir P. Hadot, *Plotin, Traité 50, III, 5.* Introduction, traduction, commentaire et notes, Paris 1990, ainsi que A. M. Wolters, *Plotinus, « On Eros »,* a Detailed Exegetical Study of *Enneads* III, 5, Toronto, 1984. Ces travaux constituent, à eux deux, un commentaire absolument complet du traité 50 (III, 5).

dans lequel son propre *logos* prend sa source. L'Âme inférieure crée donc et gouverne le monde selon la raison :

> Car il ne convenait pas (où θεμιτὸν) que ce qui est dans le voisinage de l'Âme n'eût aucune part à la raison[1].

C'est pourquoi le *logos* de l'Âme inférieure va vers l'en-dehors, vers le souci et l'extériorité.

Nous avons dit que ce *logos* provient du Νοῦς, car lorsque l'Âme pure contemple l'Intelligence, elle produit un *logos* qui est comme l'image de la vie intérieure du Νοῦς. C'est cependant un *logos vital*, une puissance vitale et productrice, qui va transmettre au sensible les formes intelligibles que l'Âme supérieure contemple et qui sont les *logoi* de celle inférieure. La partie inférieure les transmet selon une raison qui lui est transcendante, puisqu'elle a son origine dans le Νοῦς, mais en même temps elle crée selon son propre *logos,* qui est sa *vie temporelle mais non spatiale*, mimant la vie éternelle des intelligibles, et qui est donc de lui-même et par lui-même imparfait, c'est-à-dire qui n'a plus en lui d'unité. Son unité, c'est l'Âme supérieure qui la lui donne, en contemplant éternellement l'Intelligence :

> L'Âme est en effet le *logos* de toutes choses ; elle est le dernier *logos* des intelligibles et des choses comprises dans l'Intelligible, et le premier *logos* des choses de l'univers sensible[2].

Entendons : l'Âme inférieure – qui, en tant que dernier *logos* de l'Intelligible, est un *logos*-principe d'ordre, c'est-à-dire de raison, car c'est par son *logos* que toutes choses sont réglées[3] – est, en tant que premier *logos* du sensible, un *logos* dont dépend la production des êtres soumis au devenir. L'Âme informe donc la matière sensible *via* son *logos*, mais aussi grâce à la puissance qui constitue son essence et qui est sa puissance-active-vivifiante. L'Âme inférieure donne la vie à ce qui vient après elle, non la vie telle qu'elle l'a reçue de l'Intelligence, vie éternelle et immuable, mais telle qu'elle constitue son essence et son acte, c'est-à-dire selon la temporalité. Naturellement, nous l'avons vu, cette temporalité est pour l'Âme inférieure encore intelligible, car ce ne sera que lorsqu'elle actualisera dans la matière sensible la vie multiple du Νοῦς, sous forme d'images et de reflets, que la temporalité, en s'adjoignant la spatialité grâce au contact avec la matière sensible, deviendra *le temps sensible du devenir*.

---

1. IV, 3 (27), 9, 27.
2. IV, 6 (41), 3, 5-7.
3. *Cf.* IV, 3 (27), 12, 17.

Récapitulons le chemin parcouru jusqu'ici. Nous avons montré que le *logos* est intimement lié à l'ordre de la procession des hypostases, mais aussi à la procession de la vie. Venant de l'Un, donné par lui, le *logos,* tout comme la vie, signifie l'étroite dépendance des êtres dérivés eu égard au Principe et souligne que de l'Un à l'Âme il y a passage de l'absolue simplicité à une multiplicité croissante. Cependant, il nous est apparu, à parcourir les textes plotiniens, qu'à strictement parler cette dépendance par le *logos* ne vaut qu'en ce qui concerne la relation de l'Intelligence et de l'Âme : du rapport existant entre le Noῦς et l'῞Εν nous ne pouvons que dire, avec Plotin, que l'Un donne ce qu'il n'a pas. C'est parce qu'il est lié à la vie de l'Âme, que le *logos* ajoute à la procession une réelle dualité exclue du Noῦς, et qu'il instaure en l'Âme un véritable écart de soi à soi, permettant par là même que naisse le sensible par la donation à l'obscurité de la matière de la vie et du *logos* que cette hypostase contient. Car si l'Âme supérieure demeurait toujours unie à son principe, le Noῦς, il n'y aurait aucune possibilité pour sa partie inférieure de déployer la puissance dérivée de l'Intelligence dans le sensible ; on pourrait même ajouter qu'il n'y aurait probablement pas d'Âme inférieure. C'est pourquoi la production par cette partie inférieure de l'univers sensible s'identifie au *logos,* puisque, dit Plotin, l'Âme-Nature est le *logos* lui-même : « τὴν φύσιν εἶναι λόγον » [1]. Enfin, c'est l'Alexandrin lui-même qui présente les *logoi,* au niveau de l'Âme, comme les essences vivantes éternellement actualisées par sa partie supérieure [2] contemplant éternellement les intelligibles dans le Noῦς ; tandis que dans l'Intelligence se trouve le *logos* originaire et primitif, le *logos* qui est principe de tous les *logoi* qui sont dans l'Âme, le *logos* primitif d'où dérive le *logos* propre de l'Âme. L'Intelligence n'est donc pas le *logos*, elle est vie en soi (αὐτοζῶν) [3], archétype de toute vie, parce qu'elle est contemplation absolument vivante, mais elle a en elle le *logos,* car elle possède en elle-même la raison d'être de son être qui lui a été donnée par la puissance infinie et dérivée de la puissance fondatrice de l'Un.

La production du sensible par l'Âme se fait donc grâce au *logos* image du *logos* du Noῦς et *energeia* dérivée du Noῦς, puissance productrice transmise par l'Intelligence. C'est par cette puissance vitale que l'Âme inférieure imprime à la matière sensible des formes qui ne sont que des reflets et des images déficientes des *logoi* contenus dans l'Âme. Mais c'est aussi grâce à son *logos* que la production du sensible par la partie inférieure advient selon une loi et une raison données par l'Intelligence elle-même :

1. III, 8 (30), 2, 28-29.
2. Cf. *ibid.,* 6, 19-20.
3. *Cf.* III, 8 (30), 8, 12.

Toutes choses sont accomplies par subordination à un unique *logos*; toutes choses sont réglées [par l'ordre universel] [1].

Or, nous avons aussi signalé au début de notre réflexion sur la nature et sur le *logos* de l'Âme, qu'il y a un *erôs* agissant à travers elle, un *erôs* qui se transmet à sa production et qui n'est qu'un *erôs* affaibli, et même "inversé" pourrait-on dire, par rapport au désir et à l'amour à l'œuvre dans la constitution des hypostases. Cet *erôs* déficient, lié au *logos* imparfait de l'Âme, d'après le traité 50 (III, 5) : « De l'Amour », doit maintenant être étudié.

LES DEUX ἔρωτες DE L'ÂME

Le désir et l'amour sont substantiellement liés à toute hypostase dans son acte de conversion vers le principe qui l'a engendrée :

Tout être engendré désire et aime l'être qui l'a engendré [2].

Le désir et l'amour pour le générateur arrêtent donc la procession du flux indéterminé qui dérive de la réalité supérieure pour le constituer en une unité déterminée, en une hypostase séparée et subsistante par elle-même. Cette conversion ne s'achève que dans l'union avec le Principe, le suprêmement aimable (ἐρασμιώτατον) dont parle le traité 38 (VI, 7) [3]. L'ἔρως est donc le processus fondamental par lequel une hypostase se constitue et s'actualise en une réalité intelligible et divine, de la même manière qu'il permet à cette hypostase un mouvement d'auto-dépassement, d'éternel élan amoureux vers le Bien, dans le désir d'union avec le Principe. C'est ainsi que nous avons discerné dans le Νοῦς un érôs noétique qui le constitue comme sensé (Νοῦς ἔμφρων) [4], mais aussi, antérieur et en somme plus pur

---

1. IV, 3 (27), 12, 17-18.
2. V, 1 (10), 6, 50-51.
3. *Cf.* VI, 7 (38), 32, 25.
4. *Cf.* VI, 7 (38), 35, 19-33. Le Νοῦς est dit « sensé » dans ce passage, afin de faire la distinction avec le Νοῦς "insensé", ivre d'amour et de désir. Mais Plotin parle en outre, toujours dans ce même passage, des deux puissances qui appartiennent aux deux états du Νοῦς, la puissance de se penser pour l'Intelligence « sage et sensée », et la puissance d'entrer en contact avec l'Un pour l'Intelligence qui transcende la pensée, l'Intelligence désirante, insensée et ivre d'amour pour le Bien : Καὶ ἔστιν ἐκείνη μὲν ἡ θέα νοῦ ἔμφρονος, αὕτη δὲ νοῦς ἐρῶν. Le Νοῦς est donc *à la fois* sensé et insensé, et cette nouvelle désignation du Νοῦς vient redoubler celle que nous avions déjà discernée comme la dualité du Νοῦς naissant et du Νοῦς pensant. Voici la citation dans sa totalité : « Et, à vrai dire, le Νοῦς lui-même, d'une part possède la puissance pour penser grâce à laquelle il regarde ce qui est en lui-même, d'autre part, la puissance grâce à laquelle il entre en contact avec ce qui est au-delà de lui-même par une sorte de toucher réceptif. C'est selon cette seconde puissance que

que lui, un Νοῦς pré-intellectuel et amoureux qui est vie auprès du Bien et qui est tout entier désir de le voir[1]. La vie intérieure du Νοῦς est, par ailleurs, un état de désir toujours comblé, puisque ce qu'il voit et aime en lui-même est la « ressemblance avec le Bien » (ἀγαθοειδής) – c'est-à-dire le Bien lui-même, auquel il accède par ce qui en lui est antérieur à la pensée, à savoir par le désir et l'amour. Cette *vection érotique* du Νοῦς *est* une contemplation non intellectuelle du Bien, l'érôs étant ici un amour pur pour le Principe. Il y a donc toujours, dans la dynamique érotique, deux moments : un moment où le désir et l'amour pour le Bien constituent l'hypostase en une réalité achevée et séparée, et un autre moment où le désir et l'amour trouvent leur achèvement, leur complétude dans l'union avec le Principe. Ce deuxième moment est en fait *premier*, car c'est de ce désir inné pour le Bien que naît la pensée de l'Intelligence. Le désir est donc originaire et antérieur au Νοῦς pensant, puisque c'est lui qui engendre la pensée et ne fait qu'un avec elle[2]. La pensée, qui détermine et délimite l'Intelligence par son désir de contempler le Principe, ne peut que s'auto-dépasser dans un mouvement qui la transcende, qui est négation d'elle-même et qui est véritablement la vie pré-noétique tournée vers le Bien. De ce contact éternel avec sa source (le Νοῦς καθαρός est en effet aussi bien Νοῦς ἐρῶν), l'Intelligence comme hypostase achevée tire une complétude et une unité qui font d'elle une hypostase supérieure à celle de l'Âme. C'est pourquoi le Νοῦς sera pour l'Âme l'aimé par excellence (τὸ ἐράσμιον)[3], alors que le Bien est le suprêmement aimé (τὸ ἐρασμιώτατον)[4]. On le voit, l'ἔρως agissant dans le Νοῦς lui assure simultanément et immédiatement son existence séparée *et* son union avec le Principe. L'Intelligence est toujours déjà pensante parce qu'elle est toujours originairement aimante.

Mais nous savons aussi que cet érôs qui se diffuse dans le Νοῦς et qui en est constitutif, provient d'un Érôs autrement plus grand, celui de l'Un qui, parce qu'il est Amour de soi et regard amoureux qu'il porte sur lui-

le Νοῦς a commencé par être vision pure, puis voyant quelque chose, il est devenu "sensé" et il est devenu une chose une. Et la première puissance, c'est la contemplation qui appartient au Νοῦς dans son état sensé. La seconde, c'est le Νοῦς épris d'amour, lorsqu'il devient insensé parce qu'il est *ivre de nectar*. Alors il devient Νοῦς aimant, s'épanouissant dans la jouissance, à cause de l'état de satiété dans lequel il se trouve. Et, pour lui, être ivre d'une telle ivresse, cela est bien meilleur qu'une gravité plus décente » (Traduction P. Hadot légèrement modifiée, nous soulignons).

1. *Ibid.*, 19-21.
2. *Cf.* V, 6 (24), 5.
3. *Cf.* VI, 7 (38), 32, 30.
4. Cf. *ibid.*, 24-29.

même [1], engendre, par la dérivation de son « immense puissance », la totalité des hypostases inférieures. L'Amour diffusif de l'Un est ainsi à la source de la procession, en tant que puissance dérivée et indéterminée, et moteur de la conversion par la puissance attractive de l'amour pour le Bien [2].

Nous en retiendrons pour l'instant que les deux niveaux du Noῦς, qui ont été séparés par Plotin pour expliquer, d'une part, la genèse de l'Intelligence en tant qu'hypostase et, d'autre part, la nature du désir qui lui est inhérent, ne sont en fait qu'une seule et même Intelligence dans la mesure où le Noῦς pré-intellectuel et celui pensant fusionnent dans l'amour pour le Bien. L'ἔρως est donc ce qui assure au Noῦς sa plus grande concentration, sa plus grande perfection et sa plus grande unité : toujours en contact avec l'objet de son désir, uni au Bien par un amour supérieur à la pensée, il peut, de ce fait, s'aimer lui-même car, à travers l'amour qu'il se porte, c'est encore et toujours son amour pour le Bien qui s'exprime.

En revanche, nous avons vu qu'en l'Âme il y a bien deux niveaux qui ne coïncident pas exactement, parce que l'ἔρως agissant en elle se dédouble, pour ainsi dire, en deux désirs contraires et pourtant non séparés absolument puisqu'unifiés, jusqu'à un certain point, par le désir qu'elle éprouve pour le Bien. Ainsi, sa partie supérieure a en elle-même un ἔρως pur qui s'adresse au Noῦς et le contemple comme l'objet de son désir, comme l'ἐράσμιον de l'Âme ; mais, dans un mouvement qui la porte toujours plus haut, cet ἔρως peut aussi dépasser le Noῦς en tant qu'il est une hypostase achevée belle et désirable, pour unir l'Âme au Bien lui-même, puisque ce qu'elle voit, lorsqu'elle contemple l'Intelligence, c'est le Bien suprêmement aimable, l'ἐρασμιώτατον de l'Intelligence *et* de l'Âme supérieure [3].

---

1. *Cf.* VI, 8 (39), 15 et 16.

2. Dans son ouvrage *La sagesse de Plotin, loc. cit.,* p. 112, M. de Gandillac discerne dans l'amour « la causalité idéelle d'un archétype transcendant » ; plus loin, p. 118, il écrit que Plotin « fait dépendre tout érotisme d'une connaturalité des hypostases inférieures à la perfection infinie de la triade indissoluble et originaire : aimant, amour en soi, amour de soi [...] ; le désir [...] est inséparable, chez lui, de cette vie intérieure qu'il attribue à l'Un infiniment fécond. » Nous ne pouvons, bien entendu, que souscrire à ces analyses.

3. M. de Gandillac, *op. cit.,* p. 120, écrit à propos de l'Âme supérieure : « liée sans médiation à l'Intelligence même qui la fait subsister et dont elle exprime la puissance, elle correspond à l'amour "sans mélange" (III, 5 (50), 2), celui qui "demeure en lui-même" (*ibid.*), [elle est la] gracieuse personnification d'une puissance unitive [: Érôs] capable d'entraîner vers la vision de l'archétype ceux qu'ont émus de belles images du beau ». L'auteur, dans ce passage, commente l'analyse plotinienne de l'Aphrodite d'en-haut du traité 50 (III, 5), 2, dont l'érôs, s'il peut être « en quelque façon intermédiaire entre le désirant et le désiré » (*ibid.*, 39-40), ne jette pourtant jamais lui-même un regard sur les beautés périssables, puisque son « regard ne quitte point l'archétype éternel » (*cf.* M. de Gandillac, *op. cit.,* n. 48, p. 120).

L'ἔρως de l'Âme supérieure participe donc de ce courant érotique qui a sa source en l'Un[1] et qui est à la fois constitutif des hypostases séparées *et* mouvement de transcendance de ces mêmes hypostases dans leur désir d'union avec le Bien.

L'ἔρως de l'Âme inférieure est, quant à lui, imparfait. Si en effet, dans la partie supérieure, l'amour se manifeste comme désir de rester unie à son principe, il est, dans l'inférieure, l'expression d'un désir d'extériorité qui se porte vers la matière sensible, désir de donner forme et vie à ce qui n'a pas du tout d'unité. C'est pourquoi il existe dans l'Âme une *tension* érotique qui se substitue à la *tendance* érotique univoque du Νοῦς manifestée par l'éternel désir du Bien. Cette tension implique, en l'Âme, l'existence de deux *erôtes* contraires : l'ἔρως de l'Âme supérieure s'exprime par le désir de rester unie, par la contemplation, aux réalités intelligibles et éternelles, tandis que celui de l'Âme inférieure se manifeste comme désir de ce qui est autre que soi, désir d'extériorité et de devenir, que confirme la "temporalité" de l'Âme inférieure ainsi que son inclination vers les êtres inférieurs. Mais cette *tension* s'exprime aussi sous la forme du *logos* dans cette partie de l'Âme, *logos* imparfait et déficient, bien qu'ayant sa source dans le *logos* parfait et éternel de l'Intelligence. Ce *logos* déficient donne naissance, en l'Âme inférieure, à un ἔρως lui-même imparfait et déficient, qui n'est plus celui dynamique et continu qui sourd de l'Un, ou plus exactement qui n'est plus son expression parfaite et éternelle, mais qui est un ἔρως engendré par des réalités intelligibles déficientes. Cet amour inférieur de l'Âme inférieure s'exprime aussi par une volonté d'indépendance vis-à-vis des réalités éternelles, et il est ainsi la marque de la *puissance créatrice* de l'Âme inférieure.

Dans cette Âme donc, le *logos* est inséparable de l'ἔρως. C'est ce que Plotin explique dans l'*Ennéade* III, 5 (50). Il convient de remarquer d'emblée que l'interprétation plotinienne des mythes platoniciens de la naissance d'Érôs dans le *Banquet* et le *Phèdre*[2] est entièrement *métaphysique* puisqu'elle suppose que sous les figures mythiques platoniciennes se trouvent des *réalités* intelligibles et intemporelles. Il y a donc possibilité de déployer en langage philosophique le récit mythique[3]. Dans

---

1. *Cf.* VI, 7 (38), 21 et 22.

2. Le mythe du *Banquet* considère qu'Ἔρως est un *démon* dans la mesure où il est le fils de Poros et de Pénia, conçu le jour de la naissance d'Aphrodite. Le *Phèdre* conçoit, quant à lui, Ἔρως comme un dieu. Notons cependant que cette détermination d'Ἔρως comme dieu n'est pas absente du *Banquet*.

3. C'est ce que Plotin exprime dans une formule saisissante du traité 50 (III, 5), 9, 24-26 : « Les mythes, s'ils sont vraiment des mythes, doivent séparer dans le temps les circonstances du récit, et distinguer bien souvent les uns des autres des êtres qui sont confondus et ne se

ce traité, c'est Logos qui engendre Érôs. Ainsi, en III, 5 (50), 7, Plotin – qui a décrit auparavant la naisance du *logos* de l'Âme inférieure – en vient à la description de la naissance de l'ἔρως de l'Âme inférieure comme le résultat de l'union (ici du mariage), de ce *logos* avec cette Âme, et écrit :

> Ainsi, le *logos* est venu dans ce qui n'est pas *logos*, car l'indétermination de l'Âme n'a pas encore rencontrée son bien, elle est seulement désir indéterminé et réalité indistincte, et elle produit un être imparfait [Érôs], car il a été engendré à partir d'un désir indéterminé, même s'il est aussi engendré à partir d'un *logos* qui se suffit à lui-même [1].

Pour mieux comprendre la naissance de l'ἔρως imparfait de l'Âme inférieure, il nous faut faire un nouveau détour par le *logos* car, en analysant ce qu'est le *logos* de l'Âme nous saisirons ce que signifie la naissance de l'ἔρως de l'Âme inférieure *par le logos*.

Tout d'abord, comment le *logos* naît-il dans l'Âme ? Un texte de Plotin décrit sa nature et sa naissance :

> Le *logos* n'est pas la pure Intelligence, l'Intelligence en soi (οὐκ ἄκρατος νοῦς, οὐδ᾽ αὐτονοῦς); il n'est pas non plus l'Âme pure (καθαρᾶς), mais il en dépend; il est comme un rayon lumineux (ἔκλαμψις) issu à la fois de l'Intelligence et de l'Âme. L'Intelligence et l'Âme, l'Âme qui se conforme à l'Intelligence, engendrent ce *logos*, telle une vie possédant en silence son *logos* [2].

Dans ce passage du traité 47 (III, 2), le *logos* de l'Âme nous est présenté comme le produit conjoint de l'Intelligence et de l'Âme pure ; il n'est donc pas le *résultat* d'une conversion de l'inférieur vers le supérieur, mais est

distinguent que par leur rang ou par leur puissance. » P. Hadot, *Traité 50, op. cit.,* p. 23, commente en ces termes : « En ce sens, les réalités métaphysiques qui se cachent [pour Plotin] derrière la profusion des images accumulées dans les mythes du *Banquet* sont dévoilées par le discours philosophique ».

Cf. *contra* É. Bréhier, qui écrit, dans sa *Notice* au traité III, 5 (50), p. 71 : « Ce traité est de la vieillesse de Plotin et, par le caractère moins serré de son argumentation, il justifie quelque peu l'appréciation sévère de Porphyre sur les écrits de son maître ». Néanmoins, et quelque sévère que soit le jugement de Porphyre et de Bréhier au sujet de ce traité 50 (III, 5), il faut être attentif au fait que Plotin, sous couvert d'interpréter les récits du *Banquet* contant la double naissance d'Érôs et d'Aphrodite, donne ici un saisissant raccourci de ce qui constitue le cœur même de sa métaphysique : la dynamique érotique, partant de l'Un et procédant jusqu'à l'obscurité qui vient après l'Âme inférieure, manifeste l'universel rayonnement du Premier, son irradiante lumière, et confirme que seul l'Érôs est le lien vertical qui unit à l'Un Amour de soi les dérivés en tant qu'ils sont désir et amour du Bien.

1. III, 5 (50), 7, 9-12.
2. III, 2 (47), 16, 13-17.

« comme un rayon lumineux » issu de la rencontre entre l'Âme supérieure contemplative et ce qu'elle contemple, le Νοῦς. Nous comprenons que ce « rayon lumineux », le *logos* de l'Âme supérieure, vient *éclairer*[1] le désir vague et indéterminé de l'*Âme inférieure*, puisqu'aussi bien Plotin ne cesse de rappeler que la partie supérieure demeure toujours *en haut*, « toujours fécondée et illuminée par ce qui est en haut »[2]. L'Âme supérieure reste donc toujours tournée vers l'Intelligence, dans une plénitude et une illumination éternelles ; il n'y a en elle ni désir vague, ni indétermination car, étant en acte une réalité achevée et parfaite, il ne saurait subsister en elle quelque indétermination. Mais, parce que sa contemplation, moins pure que celle de l'hypostase supérieure, ne peut épuiser le processus par lequel elle acquiert les intelligibles contemplés dans l'Intelligence, elle produit conjointement avec la seconde hypostase un *logos* qui est comme « un rayon lumineux » venant éclairer la matière qu'est, à ce stade, l'Âme inférieure, et produisant *en elle* un contenu à connaître. Les *logoi* sont ainsi dans la *seule* Âme inférieure, car la partie supérieure est pure intellection de ce qui est dans l'Intelligence, c'est-à-dire des formes intelligibles. On voit dès lors comment le *logos*, qui est « un rayon lumineux » produit conjointement par l'Intelligence et l'Âme pure, et qui est le *logos*, pour ainsi dire, de l'Âme supérieure, éclaire l'Âme inférieure, laquelle procède de la première. Cet "éclairage" va produire la multiplicité des *logoi* qui sont dans la partie inférieure en tant qu'images ou reflets de ce que la supérieure contemple dans le Νοῦς (à savoir les réalités intelligibles), et qu'elle peut connaître puisqu'elle les possède en elle-même[3]. Autrement dit, la transmission des formes intelligibles dans l'Âme se fait par l'intermédiaire d'un *logos*, produit conjoint de l'Intelligence et de l'Âme pure, "résultant" de la contemplation de l'Âme supérieure.

Dans un autre traité, Plotin explique pourquoi il y a nécessité d'un *logos* de l'Âme inférieure[4], et en donne une analyse sous forme de mythe : comme l'Intelligence ne peut entreprendre la création du sensible, puisqu'elle ne saurait produire en-dehors du monde intelligible, elle ne peut assumer les fonctions d'un Démiurge ; le Νοῦς est, en ce sens, semblable à Cronos qui conserve en soi la plénitude des intelligibles qu'il engendre, « engloutissant » ses enfants. Mais Zeus, ici l'Âme, échappe à

---

1. Nous retrouvons ici les "métaphores" de la lumière chères à Plotin, que nous avons déjà rencontrées au cours de notre travail et qui ont toujours une portée métaphysique supérieure car elles indiquent à chaque fois la transcendance-immanence du principe vis-à-vis de l'inférieur qu'il éclaire.
2. III, 8 (30), 5, 10-13.
3. *Cf.* III, 8 (30), 6, 28-29.
4. *Cf.* V, 1 (10), 7, 28-34.

cet engloutissement et va faire ce que l'Intelligence ne pouvait faire, à savoir déployer à l'aide du *logos* qui est en elle les puissances dérivées du Noῦς, car l'Âme élèvera ses enfants en étendant son action jusqu'à la matière sensible.

Il y a donc bien nécessité, pour l'Âme, de produire le *logos* ; mais il y a tout autant nécessité, pour l'Intelligence, de "prêter main forte", si l'on peut dire, à l'Âme pour le produire, c'est pourquoi le *logos* est le produit conjoint de l'Intelligence et de l'Âme pure. Mais, comme le *logos* de l'Âme a sa source dans celui non déployé de l'Intelligence, dans un *logos* parfait et totalement achevé qui est à lui-même plénitude, il sera nécessairement imparfait[1]. Tel est donc le *logos* de l'Âme, et, dans l'optique du traité 50 (III, 5), il va combler imparfaitement un désir lui-même vague et indéterminé.

Dans ce traité 50 (III, 5), le produit du *logos* n'est plus la multiplicité des *logoi*, mais l'ἔρως de l'Âme inférieure. Ce changement d'horizon est, comme nous l'avons dit, motivé par le fait que l'*Ennéade* III, 5 (50) est une exégèse du *Banquet* de Platon. Quoiqu'il en soit cependant de ce changement de point de vue, nous pouvons relever néanmoins des constantes ontologiques dans les analyses plotiniennes du *logos* de l'Âme. Ici comme en d'autres passages des *Ennéades*[2], le *logos* de l'Âme provient, ou est issu du *logos* de l'Intelligence. Ici comme ailleurs, Plotin insiste sur la nécessaire imperfection de ce *logos* dérivé du *logos* noétique parfait. Mais ici aussi, comme dans les autres traités, le *logos* n'est pas engendré par conversion vers le principe supérieur, mais « il est venu » dans l'hypostase inférieure, l'Âme, et plus exactement encore, dans l'Âme inférieure. C'est pourquoi l'ἔρως engendré par le *logos* imparfait ne peut être qu'un amour imparfait et incapable de se suffire à lui-même :

> Il [le *logos*] n'a pu rendre son produit [l'ἔρως] parfait et capable de se suffire à lui-même, mais au contraire il l'a rendu déficient, étant donné que ce produit a été engendré à partir d'un désir indéterminé, même s'il est engendré aussi à partir d'un *logos* qui se suffit à lui-même[3].

On peut cependant être surpris par la dernière ligne de cette citation : « même s'il est engendré aussi à partir d'un *logos* qui se suffit à lui-même », puisqu'en effet nous venons de voir que le *logos* de l'Âme

---

1. Rappelons que c'est une nécessité dans la philosophie plotinienne que le produit soit toujours nécessairement inférieur à ce qui l'a produit. Le *logos* ne fait pas exception à cette règle.

2. Voir par exemple VI, 7 (38), 38 ; VI, 5 (23), 9 ; V, 9 (5), 3.

3. III, 5 (50), 7, 12-14 (traduction P. Hadot modifiée).

inférieure est un *logos imparfait* qui ne peut donc pas se suffire à lui-même. Plotin lui-même corrige d'ailleurs ce qu'il peut y avoir d'excessif dans sa description du *logos* engendreur de l'ἔρως déficient de l'Âme inférieure. En effet, quelques lignes plus bas, il ajoute :

> Plus précisément, ce n'est pas le *logos* lui-même[1] qui est mêlé à l'indétermination, mais c'est le *logos* qui dérive de ce *logos* qui est mêlé à l'indétermination[2].

Si donc ce n'est pas le *logos* parfait de l'Intelligence qui est venu dans l'Âme, mais un « *logos* dérivé de ce *logos* », il faut comprendre que le *logos* de l'Âme est une image, un reflet, « un rayon lumineux » qui dérive du *logos* noétique pour venir en elle. Etant un dérivé, il est nécessairement moins parfait que le *logos* de l'Intelligence, et ce qu'il engendre, à savoir l'ἔρως de l'Âme inférieure, est un produit lui aussi nécessairement déficient et incapable de se suffire à lui-même. Mais tout en étant imparfait et déficient, cet ἔρως inférieur ne provient pas moins que les autres *erôtes* de ce même courant érotique, de cette même dynamique érotique qui a sa source en l'Un et qui s'exténue dans la matière sensible.

Des précédentes analyses nous avions conclu que le *logos* est étroitement lié à la procession de la vie ; nous pouvons affirmer à présent qu'il est aussi intimement uni à l'ἔρως, et plus particulièrement à celui de l'Âme inférieure. Parce que cette Âme est *comme* informée par le *logos*, sa vie est raison et, qui plus est, *raison de faire être*. En outre, si la vie que l'Âme inférieure projette dans le sensible *via* les *logoi* n'est pas exempte d'ordre et de raison, l'Âme transmet aussi aux êtres inférieurs l'ἔρως qu'elle possède, en même temps qu'elle leur confère la vie. Cet amour indissolublement lié à la vie n'est qu'un autre nom de la *puissance vitale* qui parcourt l'ensemble du monde intelligible ; il est, au niveau de l'Âme inférieure, le *dernier feu* de ce qui a procédé de l'Un, *l'ultime trace* du Principe que l'Âme *donne* à l'obscurité qui vient après elle.

Le problème particulier de L'ἔρως de l'Âme inférieure

Nous centrerons maintenant notre attention sur une autre difficulté des passages du traité 50 (III, 5) que nous rappelons ci-dessous :

> Ainsi le *logos*, parce qu'il est venu dans ce qui n'est pas *logos*, mais seulement *désir indéterminé* et *réalité indistincte*, n'a pu

---

1. Entendons le *logos* parfait du Νοῦς.
2. III, 5 (50), 7, 18-19 (traduction P. Hadot).

rendre son produit parfait et capable de se suffire à lui-même [...][1] ;
[le *logos*] s'est mêlé à l'*indétermination*[2].

Notre question sera celle-ci : de quoi parle donc Plotin lorsqu'il
emploie des expressions telles que « désir indéterminé », « réalité
indistincte » et « indétermination » ? Au tout début du chapitre 7, l'Âme a
été identifiée à Pénia, et Pénia à la matière intelligible ; mais Plotin a
insisté sur le fait que, bien qu'elle soit matière intelligible,

> Pénia *participe* à la nature même de l'Intelligible et n'est pas une
> *image* de l'Intelligible ou un *reflet* venu de l'Intelligible[3].

La matière intelligible, nous l'avons vu, est la dyade indéfinie en tant
que produit dérivé de l'Acte pur de l'Un. Toutes les hypostases, à savoir le
Νοῦς et l'Âme, sont faites de ce substrat destiné à recevoir les formes[4].
Ainsi dans l'Âme, les parties supérieure et inférieure proviennent toutes
deux de ce même produit dérivé du Principe, que Plotin nomme « matière
intelligible » ou « dyade indéfinie ». Si l'Âme inférieure est, elle aussi,
matière intelligible et non simple image ou reflet de l'Intelligible, c'est
qu'elle a procédé de la partie supérieure, et cette procession au sein d'une
même hypostase peut s'expliquer par le fait que l'Âme, en se tournant vers
son principe, l'Intelligence, n'a pas actualisé la totalité de ce qu'elle a reçu,
à savoir la totalité de la puissance multiple et indéterminée qui est comme
l'énergie dérivée de l'acte du Νοῦς. Mais nous savons maintenant que ce
dernier n'actualise pas lui-même la totalité de la puissance immense et
indéterminée qu'il reçoit de l'Un ; la matière intelligible peut donc se
comprendre, d'une part, comme le produit dérivé de l'Origine absolue, la
proto-vie, d'autre part, comme ce qui *reste* de ce produit une fois que les
hypostases se sont constituées en réalités achevées et séparées. La matière
intelligible est par conséquent toujours, en elle-même, *la puissance dérivée
et indéterminée de l'Un* qui possède par elle-même la possibilité de la
réalité eidétique[5]. Or si l'Âme, à l'instar du Νοῦς, n'actualise pas la totalité

1. *Ibid.*, 9-11 (nous soulignons).
2. *Ibid.*, 19 (nous soulignons).
3. III, 5 (50), 7, 4-5 (traduction P. Hadot légèrement modifiée, nous soulignons).
4. Voir en particulier le traité 10 (V, 1), 5 et 7. Rappelons encore que Plotin écrit, en V, 1
(10), 5, 6-8 : « L'Un est, en effet, antérieur à la dyade, mais la dyade est postérieure et, ayant
été engendrée par l'Un, elle le possède comme ce qui détermine, alors qu'elle, par
elle-même, est indéterminée ». La dyade, produit dérivé de l'Un, possède ainsi en elle-même
la possibilité de la réalité eidétique.
5. Au traité VI, 2 (43), 6, 8-10, Plotin se demande ce qui permet d'expliquer que l'Âme
soit une, bien qu'elle soit définie comme unité *et* multiplicité : « Cette unité est-elle celle du
logos ? Non, c'est le substrat (τὸ ὑποκείμενον) lui-même qui est un ; il est un, non sans être

de ce qu'elle reçoit – c'est-à-dire l'énergie dérivée de l'acte qui la précède ou encore la puissance infinie et indéterminée qui sourd de l'Un et qui n'est autre que la matière intelligible – elle ne peut pourtant, comme le fait le Noῦς, produire par ce surplus une *autre hypostase*, et elle ne le peut pas parce qu'elle n'a pas en elle suffisamment d'unité. Son acte n'est pas, comme c'est en revanche le cas pour l'Intelligence, un acte tel qu'elle enfermerait en elle-même la totalité de ce qu'elle possède. Tout au contraire, dépendante du Noῦς pour ce qui est de ses contenus, sa procession ne peut que lui être intérieure, elle ne peut que se dédoubler en Âme supérieure toujours contemplante, toujours comblée par ce qu'elle contemple, *et* en Âme inférieure recevant le produit de sa contemplation, ou plutôt étant elle-même *le produit* de sa contemplation :

> La première partie de l'Âme (τὸ πρῶτον), sa partie rationnelle (τὸ λογιστικὸν), demeure toujours en haut et tournée vers le haut, recevant ainsi sans cesse plénitude et illumination, elle demeure toujours en haut dans le monde Intelligible. L'autre partie de l'Âme *qui participe au monde Intelligible par cette participation qui est la première et qui est participation à celle qui lui est supérieure,* l'autre partie donc s'avance vers l'extérieur en laissant la partie antérieure, la partie d'elle-même qui est avant elle, demeurer en repos là où elle l'a laissée. Car si elle abandonnait cette partie antérieure d'elle-même, elle ne serait plus partout, mais seulement là où elle finit son parcours [1].

Retenons pour le moment de ce texte que Plotin y insiste sur la *participation* de l'Âme inférieure à l'Âme supérieure [2], ce qui nous ramène au texte de III, 5 (50), 7 où il est dit que Pénia *participe* au monde intelligible. Dans le texte de III, 8 (30), 5, Plotin affirme que la participation de l'Âme inférieure à celle supérieure est la *première* participation que l'on peut relever, et qu'elle est interne au monde intelligible. Ce qui veut dire, si nous interprétons convenablement, que l'Âme inférieure ne tire sa réalité intelligible *que* de cette participation à la supérieure, comme Pénia ne tire sa consistance intelligible *que* par participation aux réalités intelligibles. Dans le cas présent, la participation est celle de Pénia à

---

aussi deux et même plusieurs, non sans être tout ce que l'Âme est primitivement. » La matière intelligible, le substrat, est donc ce qui scelle, en l'Âme mais aussi en l'Intelligence, l'unité de leur détermination, parce qu'elle est primitivement et originairement proto-vie. La proto-vie est ce qui implique une unité plus haute que celle du *logos*, car en elle la vie ne se divise pas, elle se multiplie seulement en étant puissance de tout.

1. III, 8 (30), 5, 10-17 (nous soulignons).

2. Pour ce problème complexe de la participation chez Plotin, *cf.* J. Laurent, *Les Fondements de la nature selon Plotin. Procession et participation,* Paris, 1992.

Aphrodite, c'est-à-dire à l'Âme supérieure en tant qu'hypostase réalisée, car Aphrodite est plus « ancienne », entendons : *antérieure*, logiquement et en perfection, à l'Âme inférieure appelée ici Pénia. La partie supérieure est celle qui est « seulement » (μόνον) et absolument (ἁπλῶς) Âme, elle est l'Âme divine tournée exclusivement et essentiellement vers le Beau et le Bien[1]. Quant à l'autre Âme, qui est postérieure à Aphrodite, elle porte ses regards vers le haut, entendons ici la *participation* car cette conversion du regard n'engendre pas une hypostase nouvelle, comme c'est normalement le cas : bien au contraire, cette Âme est en plus l'Âme de « quelque chose », c'est-à-dire celle qui aura pour fonction d'organiser le monde sensible. C'est pourquoi la partie inférieure est *l'Âme des âmes* qui iront dans les corps individuels. Aphrodite, quant à elle, reste unie à Cronos puisqu'elle « s'attache à suivre Cronos ou, si l'on veut, le père de Cronos, Ouranos »[2] ; elle reste pure et sans aucun contact avec les choses inférieures, dans son éternelle contemplation amoureuse. Mais Pénia, qui est la matière intelligible en mal de détermination, parce qu'elle participe à l'Âme supérieure, à Aphrodite, va recevoir d'elle le fruit de sa contemplation, qui est le *logos* engendrant en elle l'ἔρως inférieur dont elle fera don aux êtres qui la suivent. Dans le traité III, 8 (30), 5, ce que l'Âme inférieure reçoit, de par sa participation à la supérieure – qui est une contemplation affaiblie – est une *energeia* amoindrie, une trace de la vie de la partie supérieure, une vie plus faible qu'elle aura pour fonction de déployer dans la matière sensible[3]. Par cette participation intelligible qui est, rappelons-le, la première parmi les réalités intelligibles, l'Âme inférieure ne se sépare pas de l'antérieure, elle lui reste tout au contraire attachée, mais elle s'en éloigne et se place, de par l'imperfection qui lui est inhérente, au niveau inférieur du monde intelligible. Cet éloignement n'est pas conçu par Plotin, au traité 30 (III, 8), 5, comme une rupture avec le monde intelligible, mais seulement comme un *écart* dû à l'infériorité ontologique de la partie procédante eu égard aux réalités parfaites, achevées et pures, que sont l'Intelligence et l'Âme supérieure[4].

---

1. *Cf.* III, 5 (50), 3, 31.
2. III, 5 (50), 2, 32-34.
3. L'Âme-Nature donne au sensible une trace d'elle-même (IV, 4 (28), 20, 15-16), elle est la partie inférieure de l'Âme qui participe à l'Âme supérieure (III, 8 (30), 5, 10-12), elle est « une Âme, produit *d'une Âme antérieure animée d'une vie plus puissante qu'elle* » (III, 8 (30), 4, 15-16, nous soulignons).
4. *Cf.* III, 8 (30), 5, 10-17. Dans ce passage, Plotin explique que la procession de l'Âme inférieure ne représente qu'un éloignement et non une rupture avec la supérieure. Cet éloignement est exprimé par le mot ἀπολιποῦσα, qui signifie bien un écart, et non pas une rupture, avec l'Âme supérieure : ἀπολιποῦσα γὰρ τὸ πρόσθεν οὐκέτι ἔσται πανταχοῦ (15-16).

Nous avons dit que dans le traité 50 (III, 5), Pénia – qui est la matière intelligible mais qui, de par sa participation, est de même nature que l'Intelligible – représente l'Âme inférieure. Pénia est donc *l'état* de l'Âme quand, par sa conversion vers le Noῦς, elle est devenue une hypostase séparée, quand elle n'a plus en elle de matière intelligible à offrir à l'information de son générateur, quand, en elle, le désir inhérent à l'indétermination de la matière intelligible a été comblé par l'*eidos* qui la spécifie, quand enfin toute la matière intelligible dont elle est constituée est devenue substrat de l'*eidos* qu'elle a reçu du Noῦς. Pénia est donc le *surplus*, le *reste*, inhérent à toute information par la réalité supérieure, elle représente l'*excédent* de la puissance infinie et indéterminée, de la proto-vie qui n'a pas trouvé place dans le processus eidétique de constitution de l'hypostase, elle est cette pure énergie érotique qui sourd de l'Un et qui n'a pas pu s'achever en réalité eidétique. Nous savons qu'au traité 10 (V, 1), 3, 20-23, l'Âme à l'état naissant, c'est-à-dire non encore devenue une hypostase, s'offrait comme *matière* au Noῦς, afin d'être informée par lui, c'est-à-dire afin de recevoir de lui la limite et la forme pour devenir une réalité eidétique. Nous avons aussi signalé que cette matière intelligible, qui n'est autre que la surabondance de la seconde hypostase est, pour l'Intelligence, belle :

> Etant la matière de l'Intelligence, elle est belle, intelligente et simple comme l'Intelligence elle-même[1].

Nous avons enfin établi un parallèle entre le fait que l'Âme soit matière pour l'Intelligence et le fait que cette dernière soit *en quelque sorte* "matière" pour l'Un[2], ce qui lui donne la possibilité d'acquérir par elle-même la limite et la forme. Or, cette matière qu'on pourrait dire pré-hypostatique est belle lorsqu'elle s'offre comme matière à déterminer, comme substrat de la forme[3]. C'est qu'elle a pour vocation de devenir une

---

1. V, 1 (10), 3, 22-24.

2. Insistons cependant sur le fait que le Noῦς est *à la fois* et *dans un même geste* matière et forme, alors que l'Âme est *d'abord* matière *puis*, informée *par* le Noῦς, devient une hypostase achevée. Le Noῦς, quant à lui, ne *reçoit pas* la forme de l'Un, qui est sans forme. En ce sens, il ne s'offre pas *comme* matière à informer pour l'Un, cependant il procède bien de l'Un et, partant, il est d'abord compris comme l'effet dérivé de l'Acte pur du Principe, c'est-à-dire la matière intelligible. Mais c'est le Noῦς qui se donne à lui-même la forme, dans la mesure où il se convertit vers l'Un.

3. *Cf.* II, 4 (12), 5, 33-35 : « Le mouvement et l'altérité sont choses indéfinies et, venant de l'Un, ils ont aussi besoin de lui pour se définir ; ils se définissent par leur conversion vers lui ; avant cette conversion, la matière ou altérité est indéfinie ; elle n'est pas bonne et elle est privée de la clarté du Bien ». En somme, le bien propre de chaque hypostase, c'est sa forme en tant que cette forme, par la lumière du Bien qui l'éclaire, entretient une ressemblance avec le Principe.

hypostase pleinement achevée et se suffisant à elle-même. Pour le Νοῦς, cela signifie que la fécondité du Principe qui s'épand dans la matière intelligible, dans la *proto-vie*, doit s'entendre comme la capacité qui lui est donnée d'engendrer *par lui-même* et *de lui-même* les formes qu'il contient. Mais pour l'Âme, en revanche, la fécondité du Νοῦς qui s'épanche dans cette matière qu'elle est à l'état naissant signifie que c'est bien le Νοῦς qui lui *donne* sa forme, sa réalité eidétique, dans la mesure où, en contemplant les εἴδη qui sont en l'Intelligence, l'Âme se les approprie et devient ainsi réalité en acte. Or l'Âme, dans son éternelle contemplation en tant qu'hypostase achevée « surabonde » elle aussi, est-on tenté de dire, mais, étant moins parfaite que l'Intelligence, car elle n'a pas en elle-même l'objet de sa contemplation, son produit dérivé est lui-même imparfait, puisque sa contemplation n'est plus qu'une *participation* à la perfection des intelligibles. Pénia est donc la matière intelligible au dernier degré de la procession ; une matière intelligible éloignée de sa source, l'Un, de tous les niveaux de perfection qui la précèdent. En tant que matière intelligible, elle s'offre elle aussi à la détermination [1] et à la forme, mais elle ne reçoit en elle que le *logos* dérivé du *logos* pur de l'Intelligence, et ce dérivé ne peut satisfaire son désir et combler son indétermination. Parce que la participation n'est pas une conversion, qui seule peut déterminer la matière en hypostase achevée, Pénia reste « dans l'indigence et dans l'indétermination de son désir », c'est-à-dire dans l'incapacité de réaliser son désir comme acte, ce qui ferait d'elle une hypostase achevée. Ne pouvant s'auto-constituer en hypostase, car elle *participe* seulement de la réalité qui lui est supérieure, elle reste une *dunamis* agitée, lacunaire, et ne peut réaliser en elle l'unité des êtres qui sont à eux-mêmes leur propre bien. A l'inverse, cette unité se réalise, pour la seconde hypostase, par le rassasiement et la complétude [2], et pour l'Âme supérieure, par son éternelle contemplation de la réalité supérieure [3]. Il est cependant à remarquer que même au niveau de l'unité, il y a une sorte de hiérarchie, puisque l'Intelligence est l'hypostase où se réalise la plus grande unité, en même temps qu'elle est, pourrait-on dire, l'hypostase la plus indépendante par rapport à son engendreur, l'Un ; alors que l'Âme supérieure est, quant à elle, dans un état de dépendance ontologique plus marquée, puisqu'elle doit son être et son unité à la contemplation éternelle de l'Intelligence ; enfin l'Âme inférieure est non

---

1. *Cf.* III, 5 (50), 9, 55 : « Car si l'on reste tourné vers soi, on est une forme pure qui demeure en elle-même (μόνον ἐν αὐτῷ μένον). Mais si l'on désire, en plus, recevoir, on s'offre comme matière pour la forme qui viendra en elle ».

2. *Cf.* V, 1 (10), 7, 35.

3. *Cf.* III, 8 (30), 5.

seulement dans un état de dépendance vis-à-vis de l'Âme supérieure, mais encore dans un état de *déficience* et d'*indigence* que sa pauvre contemplation, qui n'est qu'une participation, ne peut combler.

Pour le dire autrement, le Νοῦς contient en lui-même les νοητά et, parce qu'à ce niveau, Νοῦς et νοητόν coïncident, son objet d'intellection est lui-même, sa νόησις est son unité. En revanche, l'Âme supérieure ne possède pas en elle-même les νοητά, elle les contemple dans le Νοῦς, elle est donc νοερά, « intelligente », dans la mesure où, restant éternellement dans la contemplation du Νοῦς, elle est λογιστικόν ; sa νόησις est donc dépendante de l'Intelligence et son unité est déficiente par rapport à elle. Quant à l'Âme inférieure, elle n'a aucune réalité intelligible à contempler ; ce qu'elle reçoit de l'Âme supérieure est un *logos* dérivé de celui du Νοῦς, c'est-à-dire non pas une réalité intelligible à penser, ce qui ferait d'elle une Âme intelligente, mais à transmettre sous forme de *logoi*, de raisons formelles, aux réalités inférieures. Son unité ne provient donc pas d'une νόησις, mais de l'Âme supérieure ; par elle-même elle ne peut s'unifier, et c'est pourquoi son acte est sans fin.

Nous remarquons donc que, dans l'ordre de la procession des hypostases, l'unité est le fruit d'une plus grande aptitude *à penser* et *à se penser*. Cependant, nous savons aussi que, dans l'ordre de la conversion, ce qui détermine le plus grand rapprochement avec le Bien, et même l'union au Bien, est la plus grande pureté de l'*amour*, un amour qui *doit* être supérieur à la pensée puisque l'Un qui s'aime lui-même est ὑπερνόησις. La plus grande ressemblance avec le Bien n'est donc ni dans la forme, puisque l'Un est sans forme, ni dans l'être, puisqu'il est ἐπέκεινα ὄντος, ni dans la pensée, puisque le Principe est ὑπερνόησις, mais elle est dans ce qui *transcende* l'eidétique, l'ontologique et le noétique, à savoir l'*amour*. De cet amour, nous avons vu que le Νοῦς pré-intellectuel est comme "l'origine" et le "modèle" pour l'Âme : ce qui meut la conversion de celle-ci est, en effet, l'amour qu'elle porte à l'Intelligence et le désir de lui être unie. Le traité 50 (III, 5), 3, ajoute à ces acquis que l'ἔρως de l'Âme supérieure, d'Aphrodite, est comme *l'acte* de cette Âme[1] ; mais cet acte n'est pas celui par lequel cette dernière se constitue en tant qu'hypostase, car Plotin précise :

> Donc, c'est de la rencontre entre ce qui tendait intensément son activité de vision en direction de l'objet contemplé et ce qui s'écoulait en quelque sorte de l'objet contemplé, que l'amour a été

---

1. Dans ce traité III, 5 (50), 3, Plotin affirme que non seulement l'amour de l'Âme supérieure est son acte, mais encore son « fils », son « compagnon », son « œil », son « regard ». Toutes ces dénominations n'ont, nous semble-t-il, qu'un seul but : celui de montrer à quel point l'ἔρως est *connaturel* à l'Âme et fait partie de sa nature.

engendré, comme un œil rempli, en quelque sorte comme un *acte* de voir accompagné d'une image visuelle[1].

Ne nous étonnons pas de constater ici que l'Alexandrin rapproche l'ἔρως de la vision, car, à la ligne suivante, il propose pour l'ἔρως l'étymologie suivante : ἔρως vient d'ὅρασις[2]. Or, ce que voit l'Âme quand elle dirige son regard vers le Νοῦς, c'est sa lumière ; cette lumière emplit son œil, c'est-à-dire son désir, et le comble. Cette lumière est la beauté de l'Intelligence lorsque la lumière du Bien la fait chatoyer[3] ; ce que l'Âme aime, à travers son engendreur, c'est donc le Bien lui-même, puisqu'elle le voit lorsqu'elle dirige « son acte (ἐνήργησε) vers lui », « lui » signifiant, dans ce contexte, aussi bien Cronos, l'Intelligence, qu'Ouranos, le Bien[4]. Le désir est ainsi comblé par la vision de la lumière intelligible qui fait du Νοῦς l'ἐράσμιον de l'Âme parce qu'il est beau, mais cette beauté ouvre aussi en l'Âme un « voir » transcendant le Νοῦς lui-même, un amour et un désir de s'unir au Bien en tant qu'il est l'ἐρασμιώτατον[5]. Nous constatons donc que l'amour comme « acte de voir » de l'Âme lui est consubstantiel, et qu'il est inhérent à l'acte même par lequel une hypostase s'auto-constitue : sans l'ἔρως qui fait voir à l'Âme où est son bien, il ne pourrait y avoir de mouvement la portant jusqu'au Bien lui-même. L'engendrement d'Ἔρως par l'Âme-Aphrodite n'est dès lors pas un devenir : Ἔρως est engendré de toute éternité par l'Âme actualisée comme amour du Beau et du Bien, il est « l'acte de l'Âme désirant le Bien », l'œil qui lui permet de contempler, de *voir* ce qu'elle désire. Ainsi pouvons-nous dire que l'ἔρως de l'Âme-Aphrodite est divin, car il est *toujours en acte* contemplation du Beau, de l'Intelligence et du Bien. Ce n'est pas un amour qui se disperserait dans l'extériorité, mais c'est, tout au contraire, dans l'Âme-Aphrodite, ce qui est le plus intérieur et le plus semblable à son essence :

> Tel est donc assurément l'amour de l'Âme d'en haut, regardant lui aussi vers le haut, puisqu'il est le compagnon de cette Âme, qu'il est engendré à partir d'elle et qu'il se contente de la contemplation des dieux[6].

---

1. III, 5 (50), 3, 9-13 (traduction P. Hadot légèrement modifiée, nous soulignons).
2. Ce type de rapprochement étymologique est fréquent chez Plotin, qui avait déjà proposé de rapprocher l'être, εἶναι et l'Un, ἕν (V, 5 (32), 5, 14-19), ou encore, d'expliquer l'activité de penser de l'Âme par une dérivation étymologique de l'activité de penser du Νοῦς : διὰ νοῦ (V, 3 (49), 6, 20-22).
3. *Cf.* VI, 7 (38), 31.
4. *Cf.* III, 5 (50), 2, 33-34.
5. VI, 7 (38), 32.
6. III, 5 (50), 3, 19-23 (traduction P. Hadot modifiée).

L'ἔρως de l'Âme supérieure est donc un amour dont le regard se porte toujours vers le haut, dans la vision illuminative du Beau et du Bien. Mais cet amour a aussi pour fonction d'unifier la multiplicité des *erôtes*, dans la mesure où il est, vis-à-vis de la partie inférieure et des âmes qu'elle contient, le *fondement originaire* de leur amour. Co-éternel à l'Âme supérieure, puisqu'il fait partie de sa substance même, cet amour ne trouve, comme elle, son bien que dans la vision de ce qui lui est supérieur; il est appelé par Plotin « acte de l'Âme », parce qu'il est affranchi, comme celle-ci, de toute indétermination, de tout désir vague et incohérent, et qu'il est aussi toujours déjà comblé par sa vision.

Ainsi, de même que, dans le cas du Noῦς, sa partie anoétique, le Noῦς-aimant, voyait toujours son amour comblé par sa vision du Bien, de même, dans le cas de l'Âme, son ἔρως supérieur est lui aussi toujours déjà comblé par sa vision. C'est pourquoi l'union de sa partie supérieure avec le Noῦς représente la possibilité pour l'Âme, par-delà l'amour du beau intelligible, de s'unir à celui qui donne à l'Intelligence sa lumière, qui fait resplendir sur elle sa propre lumière et la rend belle. En s'unissant au Noῦς, l'Âme s'unit aussi à sa partie transcendante toujours dans la proximité du Bien, c'est-à-dire sa partie-anoétique-aimante. Son ἔρως se confond dès lors avec celui de l'Intelligence aimante, dans la fusion érotique du voir. Ainsi l'amour de l'Âme pour le beau et pour ce qui est au-delà du beau, le Bien, la rend semblable, non pas au Noῦς, mais au Noῦς-aimant :

> Quant à l'Âme, elle voit le Bien en brouillant et en effaçant en quelque sorte l'intelligence qui est en elle. Plus exactement, c'est l'intelligence en elle qui voit la première le Bien, mais cette vision vient dans l'Âme et les deux ne font qu'un. Le Bien s'étendant sur elles deux, et s'harmonisant intimement à leur union, les unit toutes deux, il leur est donc présent et leur procure une bienheureuse vision, il les emporte si haut qu'elles ne sont plus en un lieu ni en quoi que ce soit d'autre, où il est naturel qu'une chose soit dans une autre. Car lui-même n'est nulle part : le lieu intelligible est en lui, mais lui n'est pas en quelque chose d'autre [1].

Cet ἔρως pré-noétique, commun à l'Âme supérieure et à l'Intelligence, est par lui-même et de lui-même amour du Bien; il est ce qui lie l'Âme et le Noῦς et les retient tous deux auprès de l'Un; il a pour objet le Premier, et cet objet est atteint par un acte de voir qui est en même temps un désir orienté et toujours comblé.

---

1. VI, 7 (38), 35, 30-41.

Mais si nous nous interrogeons maintenant sur la nature de l'ἔρως de l'Âme inférieure, nous dirons qu'il n'est pas « acte de voir », parce que, comme l'explique Plotin, Pénia est toujours dans le manque et l'insatisfaction, parce que son désir est de ce fait indéterminé et vague, désir provenant de l'indigence inhérente à la matière personnifiée par Pénia[1]. Or, bien que ce soit là une matière intelligible attribuant à Pénia une *nature* intelligible, cette matière n'est pas subsumée sous un acte qui l'achèverait et comblerait ainsi son désir en enfermant en elle son bien propre[2]. Si tout désir est d'abord désir du bien, que ce soit son bien propre ou le Bien, l'indétermination de Pénia vient de ce qu'elle ne peut accéder à la connaissance de ce qui serait, pour elle, son bien propre, et cet *aveuglement* la met dans l'incapacité d'orienter son désir. C'est pourquoi il y a en elle un désir symbolisé par l'ἀπορία constitutive de son ἔρως :

> Pénia a engendré Ἔρως à partir de la forme (εἶδος) et de l'indétermination (ἀοριστίας) qui était propre à l'Âme avant qu'elle n'atteigne son bien, parce qu'elle pressent obscurément, et selon une représentation indéterminée et indéfinie, qu'il existe quelque chose de tel (μαντευομένη δέ τι εἶναι)[3].

L'Âme inférieure, Pénia, est donc une matière *à qui il manque quelque chose*, et ce qui lui manque, c'est son bien. Poros, qui est le *logos*-reflet du *logos* du Noῦς, le « rayon lumineux », est « venu » dans l'Âme pour combler ce manque, mais il ne le peut qu'imparfaitement ; pour cette raison, leur « union » engendre un ἔρως imparfait dont le désir, à cause de son indétermination constitutive, ne peut être comblé. Pourtant, Pénia a en elle un vague pressentiment[4] de ce que pourrait être son bien, puisque le *logos*, réalité inférieure provenant d'une réalité supérieure, lui apporte le

---

1. *Cf.* III, 5 (50), 7.
2. *Cf.* II, 4 (12), 5, 34-35. C'est pourquoi, dans ce traité, Plotin souligne que « avant cette conversion, la matière ou l'altérité est indéfinie, *n'est pas bonne* car elle est privée du Bien (πρὶν δὲ ἀόριστον καὶ ἡ ὕλη καὶ τὸ ἕτερον καὶ οὔπω ἀγαθόν, ἀλλ'ἀφώτιστον ἐκείνου) ». Dans l'ordre processionnel donc, la matière est bonne et belle, quand elle est éclairée par le Bien qui lui donne la possibilité de la limite et de la forme. La matière intelligible n'est bonne *que* si elle est prise dans une forme, *que* si elle est devenue un substrat eidétique.
3. III, 5 (50), 7, 6-9.
4. La façon dont Pénia *pressent obscurément qu'il y a quelque chose comme le bien qui existe*, n'est pas sans rappeler, comme l'ont fait remarquer A. M. Wolters, *op. cit.*, p. 175, et P. Hadot, *traité 50, op. cit.*, p. 129, un passage de *République*, 505 e, dans lequel Platon dit : « ce bien que toute âme poursuit et pour lequel elle fait toutes choses, pressentant qu'il y a quelque chose de ce genre (ἀπομαντευομένη τι εἶναι), mais étant dans l'embarras et sans pouvoir exactement saisir ce que cela peut être ». On retrouve la même idée en d'autres occurrences des *Ennéades*, par exemple en V, 5 (32), 12, 8 ; VI, 7 (38), 29, 21.

reflet de la beauté intelligible. Ce reflet de la beauté intelligible éveille en elle le désir de voir et de contempler, mais ce désir ne peut être comblé, parce que le *logos* qui est en elle ne peut la rassasier ni lui donner la plénitude du Νοῦς et de l'Âme supérieure, n'étant qu'un reflet. Dès lors, l'ἔρως de l'Âme inférieure ne peut exprimer qu'un manque, et son désir reste instable et toujours insatisfait. La rencontre en l'Âme inférieure du *logos* imparfait et de la matière indéterminée ne produit donc pas un ἔρως qui serait comme une vision transcendante du voir, mais un ἔρως dont la vision est obscurcie par son indétermination native, un amour qui, parce qu'il n'a pas suffisamment en lui d'unité, est aspiration à une complétude toujours insatisfaite. Le mélange de Poros et Pénia, du *logos* qui vient dans la matière indéterminée, fait ainsi naître un amour déficient. Même si, chez Plotin, la matière intelligible est toujours substrat (ὑποκείμενον) pour les formes, force est donc de reconnaître ici qu'elle n'est substrat que pour un *logos* déficient qui la détermine imparfaitement. Ce qu'elle reçoit n'est que la multiplicité des *logoi*, dispensée par le Νοῦς *via* un *logos* diffusé à partir de la perfection du *logos* noétique. Ainsi elle ne reçoit pas les νοητά mais des *logoi*, et ceux-ci ne peuvent la rassasier. C'est pourquoi son ἔρως est un amour déficient qui se manifeste par son désir d'extériorité et de devenir : dans la mesure où l'Âme ne peut garder en elle-même les *logoi* que lui transmet le *logos*-reflet du *logos* noétique, elle a pour vocation de les projeter dans la matière sensible.

Mais, parce que son ἔρως s'enracine malgré tout dans l'ἔρως universel de l'Âme supérieure, dans cet ἔρως qui est comme le fondement originaire de l'amour de l'Âme inférieure, son désir de devenir sera *un désir de devenir dans la beauté*. L'amour du beau qui agit dans l'Âme inférieure provient ainsi de la partie supérieure, et l'amour de l'ordre provient de ce que le *logos* lui apporte l'image de l'ordre éternel des intelligibles. La création de l'Âme inférieure ne manquera donc ni de beauté ni d'ordre, puisqu'elle *participe* aux réalités supérieures et éternelles. De même, l'ἔρως qu'elle communiquera aux réalités inférieures gardera en lui la trace de l'amour de l'Âme supérieure. Cependant, parce que son désir d'unité est toujours un échec, l'Âme inférieure ne peut rester en elle-même, et son regard s'abaisse sur ce qui vient après elle. Aussi comprend-on que la forme, le *logos* dérivé qui vient en elle, ne puisse venir à bout de son indé- termination : l'amour qui naît immanquablement de leur rencontre n'est que le dernier degré de l'amour il est, de ce fait, lacunaire et débile. Le *logos* transmet bien à l'Âme le désir du beau et du bien, mais l'indétermination de la matière rend ce désir imprécis, c'est pourquoi il s'exprime comme désir de déployer dans le spatio-temporel les *logoi* que l'Âme inférieure a reçus :

L'amour [de l'Âme inférieure] est comme un désir qui, par sa nature même, serait privé de ce qu'il désire. En effet, il ne peut se rassasier parce que le mélange qu'il est ne peut se rassasier ; car seul se rassasie véritablement ce qui est déjà rassasié par sa propre nature, mais ce qui désire à cause de l'indigence qui lui est inhérente, même s'il est rempli un moment, ne peut pourtant rien devenir : de la même manière, ce fait que l'amour soit démuni lui vient à cause de l'indigence, tandis que son inventivité (ποριστικόν) lui vient à cause de la nature du *logos* [1].

Par conséquent, ce qu'apporte le *logos* à la matière indéterminée n'est pas le moyen de parvenir à l'achèvement en une réalité parfaite et séparée, mais l'*inventivité*, c'est-à-dire les moyens de pallier son indigence, les *logoi* qu'elle va déployer dans la matière sensible. Or, si le *logos* ne peut venir à bout de Pénia, c'est que la matière *ajoute* à la forme un *désir autre*, un désir qui n'est plus tourné vers les réalités intelligibles mais qui incline vers le bas, vers l'extériorité. Ce *désir qui s'ajoute*, et qui est celui propre de l'Âme inférieure, est la *marque* de son altérité native. Ce désir inhérent à cette partie inférieure se manifeste encore par sa *dunamis* agitée, son insatisfaction, son inquiétude [2] ; ainsi le désir de l'Âme inférieure se traduit-il par l'aspiration à la contemplation d'un objet transcendant qui lui manque, mais aussi par la volonté de faire sans cesse passer *ailleurs* les *logoi* qui sont en l'Âme. Cette puissance agitée est aussi, nous l'avons vu, la temporalité propre de l'Âme inférieure : parce qu'elle ne se suffit pas à elle-même, parce qu'elle ne peut se rassasier, cette Âme engendre le temps. Son ἔρως est donc désir d'action, désir de création et de gouvernement [3]. L'Âme inférieure représente par là le dernier degré des réalités intelligibles ; sa place, à la limite inférieure de l'Intelligible, fait d'elle un intermédiaire entre l'Intelligible et le sensible : sa puissance est une puissance affaiblie, une énergie dérivée de l'énergie de l'Âme supérieure ; sa vie, une vie qui descend toujours plus bas vers l'extériorité pure et le monde sensible.

Pourtant, parce que toute vie est issue de la vie illimitée et originaire, de la proto-vie qui est l'effet dérivé de l'Un, parce que tout amour est issu de la puissance de l'Amour qui se diffuse à partir du Principe et qui donne aux réalités engendrées la force de se convertir vers lui, la puissance érotique qui agit dans l'Âme inférieure est, elle aussi, trace de l'Un. Cette puissance garde de l'Amour diffusif du Premier et de la puissance attractive de l'amour une empreinte ; mais, trop affaibli, son ἔρως éloigné n'a plus la

---

1. III, 5 (50), 7, 19-25 (traduction P. Hadot légèrement modifiée).
2. *Cf.* III, 7 (45), 11, 20-21.
3. *Cf.* IV, 7 (2), 13.

force de se convertir, c'est pourquoi son désir va manifester sa puissance comme création. En effet, si la procession ne suppose aucune intention dans le principe, puisqu'elle est l'effet nécessaire d'une énergie surabondante qui se manifeste par la perfection de ce qu'elle engendre, l'engendrement du sensible est, quant à lui, l'effet d'une insatisfaction propre à l'Âme inférieure qui reproduit dans le sensible les *logoi* qu'elle ne peut contenir en elle-même. Pour le dire autrement, cette Âme exprime le dernier degré nécessaire de la procession pour qu'il puisse y avoir, après elle mais venant d'elle, un monde sensible[1]. Cependant, de l'Âme inférieure au

---

1. Ainsi comprenons-nous ce passage de IV, 4 (28), 13, 3-14 : « La Nature [l'Âme inférieure] est une image de la sagesse ; dernière partie de l'Âme, elle ne contient que le dernier *logos* qui se reflète en elle […]. C'est pourquoi la Nature ne connaît pas, mais produit en donnant, sans choix délibératif, ce qu'elle possède à ce qui vient au-dessous d'elle, à la réalité corporelle et matérielle […]. C'est pourquoi la Nature n'a pas d'imagination (*phantasia*) […], elle n'a ni perception (*antilèpsis*) ni intelligence (*sunesis*). » En ce qui concerne le difficile problème de la nature ἄλογος, dont la contemplation n'est pas une θεωρία ἐκ λόγου, *cf.* E. Moutsopoulos, *Le Problème de l'imaginaire chez Plotin*, Athènes, 1980, notamment le chapitre II, « L'activité imaginative », p. 40-68.

Il est remarquable, dans cette production du sensible, que celui-ci ne soit pas le résultat d'une *theôria* fondée sur une raison, comme c'est le cas pour les productions de l'Intelligence et de l'Âme supérieure, mais qu'il existe néanmoins *nécessairement*. Nous avons vu que le *logos* permet à Plotin d'affirmer que l'Intelligence et l'Âme supérieure ne sont pas l'effet du hasard, mais d'une procession *nécessaire* renfermant en elle-même la raison de leur venue à l'être et la raison de leur « être tel ». La production du sensible par l'Âme inférieure, si elle est nécessaire, ne possède pas cette raison de « l'être tel », car la Nature produit sans connaître ses propres contenus. Sa conscience, ajoute Plotin en III, 8 (30), 4, 18-27, est semblable à celle que possède un individu quand il dort, contrairement à la « conscience » que possèdent l'Intelligence et l'Âme, et qui est semblable à l'état de veille. Ainsi la production du sensible par l'Âme inférieure est le fait d'une contemplation affaiblie, silencieuse et vague (III, 8 (30), 4, 27-29 ; 5, 21-22) qui lui donne le sentiment vague d'elle-même. C'est à partir de ce sentiment obscur que l'Âme a d'elle-même qu'elle produit les formes qui sont dans les corps, comme si ces formes (les *logoi*) tombaient d'elle : « Et si quelqu'un lui demandait pourquoi elle produit et si elle consentait à faire attention à celui qui la questionne et voulait bien lui répondre, elle dirait : "Il ne fallait pas m'interroger, mais plutôt comprendre, en restant soi-même silencieux, comme moi-même je me tais et n'ai pas l'habitude de parler. Comprendre quoi ? Que ce que je produis c'est le spectacle que je me donne à moi, la silencieuse, et que c'est un objet de contemplation qui se produit conformément à ma nature, et qu'à moi qui ait été produite par la contemplation, celle de là-bas, il convient que ma nature *soit amoureuse de contemplation* (φιλοθεάμονα ὑπάρχειν). Et c'est ce qui en moi contemple qui produit ce que je contemple, de même que les géomètres dessinent en contemplant. Mais moi, je ne dessine pas, je contemple seulement, et les lignes des corps se réalisent, comme si elles sortaient de moi. Car il n'en va pas avec moi autrement qu'avec ma mère [l'Âme supérieure] et ceux [l'Intelligence et l'Âme supérieure] qui m'ont engendrée. Eux aussi en effet viennent d'une contemplation et ma naissance s'accomplit sans qu'ils agissent en rien mais parce qu'il y a des *logoi* supérieurs qui se contemplent eux-mêmes, j'ai été moi-même engendrée." ».

monde sensible, on ne peut plus parler de procession mais seulement de création, car toute procession implique et nécessite une conversion au principe, ce qui n'est pas le cas de la création du monde sensible. L'ἔρως de l'Âme inférieure ne peut produire cette conversion, car sa contemplation, qui n'est qu'une participation, n'aboutit pas.

La rencontre de Pénia et de Poros, si elle engendre un amour affaibli et indigent, a néanmoins sa nécessité dans l'ordre processionnel, car s'il n'y avait que l'ἔρως pur de l'Âme supérieure éternellement tourné vers son principe, il n'y aurait pas de monde sensible. Pour que l'Âme consente à s'incliner au dehors vers la matière sensible, il faut, en effet, que l'Âme, en sa partie inférieure, produise un ἔρως *autre* qu'un désir de contemplation et d'union, un ἔρως dont l'indétermination et l'insatisfaction du désir poussent l'Âme vers ce qui est non pas supérieur mais inférieur. Mais, parce que cet amour de la partie inférieure est encore de l'ordre des réalités intelligibles, parce qu'il en est le dernier degré après lequel il n'y a plus « que des êtres qui sont nécessairement inférieurs à l'Âme »[1], la création du monde sensible ne peut se faire sans raison ni loi. C'est pourquoi l'amour de l'Âme inférieure a pour père le *logos* : il représente dans l'amour la part du désir des réalités supérieures, la part de contemplation toujours inassouvie cependant. Le *logos* apporte à l'Âme inférieure le reflet de l'ordre éternel et beau, qu'elle désire mais, et c'est là toute la *tension* de cet ἔρως, dont elle ne peut exprimer l'amour qui la remplit qu'en donnant à sa création toute la beauté et tout l'ordre possibles. Elle imitera donc, dans l'ordre du sensible, l'ordre éternel contemplé par l'Âme supérieure dans l'Intelligence et contenu dans les *logoi* que l'inférieure a en elle.

Les deux *erôtes* de l'Âme expriment, comme on le voit, toute la tension contenue dans l'Âme en tant que réalité hypostatique : d'un côté un ἔρως pur qui ne recherche que la vision du beau et du Bien, qui est désir de contemplation et d'union, qui est un « acte de voir » éternel et achevé ; de l'autre, un ἔρως indigent, inquiet, indéterminé qui porte ses regards vers le bas et dont le désir s'exprime dans la création d'êtres inférieurs à l'Âme. Pourtant, parce que l'Âme inférieure participe à la supérieure, son amour, aussi indigent et indéterminé soit-il, a sa racine dans l'amour supérieur de

---

La Nature, l'Âme inférieure, amoureuse de contemplation, ne peut cependant pas se tourner vers son principe et recevoir de lui sa forme et son achèvement. C'est pourquoi sa contemplation amoureuse mais vague, indéterminée en quelque sorte, va donner vie au sensible sans que l'Âme inférieure ne devienne de ce fait *immanente* à la matière sensible, puisqu'elle reste en contact avec sa partie supérieure. Son *erôs* se tourne vers le sensible, n'ayant pas la force de se convertir vers son principe.

1. V, 1 (10), 7, 48.

l'Âme pure. C'est qu'en effet, le *logos* qui se déploie dans l'inférieure, et qui engendre en elle son amour imparfait, est l'acte et l'*energeia* de l'Âme lorsqu'elle contemple l'Intelligence. C'est pourquoi, en dernière analyse, c'est l'ἔρως de l'Âme pure qui confère au tout de l'Âme son unité, puisque l'inférieure, en procédant[1], laisse en haut celle qui est antérieure, à savoir l'Âme pure, et lui reste liée par participation :

> Car si elle [la partie inférieure] abandonne cette partie antérieure, elle ne sera plus partout mais seulement là où finit son chemin[2].

Pour rester dans l'Intelligible, pour ne pas se disperser et se perdre dans la multiplicité sensible sans unité, l'Âme inférieure *doit* rester attachée à la supérieure, et cet attachement ne peut se faire que par l'ἔρως, puisque « tout être engendré désire et aime nécessairement l'être qui l'a engendré ». Même si l'on ne peut parler, *stricto sensu*, d'engendrement de la partie inférieure par la supérieure, il y a bel et bien néanmoins une *procession* qui valide le principe plotinien : l'amour de l'Âme inférieure se rattache *nécessairement* à l'amour de l'Âme supérieure, car l'Âme inférieure aime *nécessairement* l'Âme pure et éternelle dont elle provient, même si son amour n'est, par lui-même, qu'un désir vague et indéterminé. De plus, ce n'est que par l'unité que procure l'amour pour l'Âme pure que l'inférieure pourra donner à son propre amour une certaine unité, car, n'étant pas une réalité détachée et totalement séparée de l'Âme hypostase, l'amour de l'Âme inférieure participe *nécessairement* au désir du bien que provoque l'ἔρως en général. La recherche, le désir de son bien propre reste, pour l'ἔρως inférieur, inachevé et inabouti, ce qui fait que l'ἔρως-acte de l'Âme inférieure est un acte sans fin qui a pour objet, non l'éternité des intelligibles, mais la multiplicité sans unité du sensible. Néanmoins, parce qu'il est d'une certaine façon subsumé sous l'ἔρως de l'Âme pure, l'ἔρως de la partie inférieure et les *erôtes* des âmes individuelles donneront au sensible une certaine unité. Au fond, la puissance agitée de l'Âme inférieure, l'amour qui est désir de création et de devenir, restent *malgré tout* sous le gouvernement de l'Âme supérieure, pour autant que l'Âme inférieure participe d'elle. C'est pourquoi, vie dérivée de la vie de l'Âme supérieure, l'Âme inférieure communiquera au sensible une vie dont la dynamique est essentiellement une car elle est essentiellement érotique :

---

1. *Cf.* III, 8 (30), 5.
2. *Ibid.*, 14-16.

L'Âme est faite d'une essence qui reste là-haut et d'une essence qui dépend de celle-là, *mais qui émane jusqu'ici comme un rayon du centre*[1].

La vie sensible est donc participation à une vie supérieure, de même que l'Âme inférieure, qui communique cette vie au sensible, est participation à l'Âme supérieure.

A partir donc de l'Âme inférieure, *l'unité s'exprime non plus par la conversion mais par la participation* : puisque la fonction de cette Âme est de donner forme et vie à la matière sensible, de créer le monde sensible, il y a bien, dans l'ordre de la procession, une raison à son avènement onto-logique, car cette Âme a pour mission d'exprimer le Noῦς et d'en être le *logos*. Mais ce *logos* s'exprime dans l'extériorité, c'est un *logos expansif*. Cette possibilité, pour l'Âme inférieure, de répendre au-dehors la vie de l'Intelligence n'existe que parce qu'en elle agit un ἔρως qui est élan vers la matière sensible, désir d'action et de création. Cependant, ce désir vers l'inférieur n'est pas séparé, il est même uni à l'Âme pure et à l'ἔρως comme désir du bien (son bien propre tout autant que le Bien). L'Âme inférieure possède un ἔρως qui est, dit Plotin, un *démon*[2] car, comme Platon l'ensei-gnait, « ce qui est démonique est intermédiaire entre le Dieu et les mortels »[3]. Plotin reprend donc à Platon le caractère intermédiaire de la nature démonique de l'ἔρως ; l'amour de l'Âme inférieure a ainsi partie liée à la fois avec l'ἔρως pur de l'Âme supérieure et avec celui qui se manifeste sous la multiplicité des désirs indéterminés dans l'âme humaine[4]. Le désir reste indéterminé tant qu'il ne s'est pas commué en désir du Bien, tant qu'il n'unifie pas sous ce seul désir la multiplicité des désirs. Mais l'Âme inférieure est de nature intelligible, son ἔρως est encore non mélangé aux corps, et son *logos* est encore un *logos* déployant la splendeur de l'intelligi-ble dans l'Âme sous forme de *logoi*. Le récit mythique du traité 50 (III, 5), 7 nous apprend comment Poros, d'abord enroulé dans l'Intelligence, se déploie et vient dans l'Âme : quand Platon dit que « Poros est ivre de nectar, car il n'y a pas encore de vin »[5], cela signifie, selon Plotin, qu'ἔρως

---

1. IV, 1 (21), 1, 15-17 (traduction É. Bréhier, nous soulignons).
2. *Cf.* III, 5 (50), 6.
3. Platon, *Banquet* 202 e.
4. « Car l'Âme est la mère de l'amour et c'est l'Âme qui est Aphrodite, et l'amour est l'acte de l'Âme qui s'avance vers le Bien. Ainsi cet amour conduisant chacune des âmes vers la nature du Bien, celui de l'Âme d'en haut est le dieu qui unit toujours l'Âme au monde de là-bas, le démon est l'amour qui appartient à l'âme "mêlée" » (III, 5 (50), 4, 22-25).
5. *Banquet* 203 b. S'agissant du nectar dont s'enivrent les réalités intelligibles, Aristote, en *Métaph.* B, 4, 1000 a 5-20, analyse non sans ironie son rôle chez les poètes et les théologiens… Pour revenir à Plotin, souvenons-nous qu'avant d'être Noῦς pensant, le Noῦς

est né *avant* les choses sensibles, et donc que Pénia est la matière intelligible. Avant même d'exercer sa fonction productrice dans le monde sensible, l'Âme qui reçoit le *logos* et qui, par lui, se détermine sous forme de *logoi*, joue un rôle dans l'Intelligible ; l'Âme inférieure a donc bien une fonction intermédiaire, une fonction organisatrice et *vitale*. Son *logos* va se déployer dans la matière sensible parce que son ἔρως imparfait est désir d'extériorité, et parce que la vie qui est la sienne n'est plus l'éternité mais la *temporalité intelligible*. Son altérité incessante n'est plus subsumée sous l'unité que confère l'ἔρως comme désir du Bien et union contemplative avec lui. Au contraire, cette altérité incessante se traduit par un désir indéterminé d'*agir* dans l'extériorité, un désir qui la fait se pencher vers la matière obscure sensible pour l'illuminer et lui donner forme et vie. Aussi peut-on dire de cette Âme inférieure, dernier degré de l'Intelligible, que :

> Le don qu'elle fait de soi, c'est la puissance même qui façonne l'univers. Et s'il est vrai qu'en produisant elle ne demeure point intacte comme la lumière céleste, c'est parce qu'elle ne craint pas de donner forme à l'indéterminé lui-même [1].

Au niveau de l'Âme inférieure, l'ἔρως signifie finalement l'aspiration de l'Âme temporalisée qui se projette au devant d'elle-même pour produire indéfiniment ; mais sa participation à l'Âme supérieure unit son ἔρως à l'amour pur de l'Âme céleste qui infuse dans l'inférieure le désir du Bien. Ainsi, les deux *erôtes* de l'Âme sont en contact, l'inférieur étant toujours dans l'orbe du supérieur, auquel il participe et grâce auquel sa puissance ne perd jamais contact avec la puissance érotique infinie et illimitée issue de l'Un, sans laquelle il serait incapable de jamais rien produire. C'est pourquoi l'Âme inférieure est capable de produire un monde qui ne cesse d'imiter le tout indivisible et infini du monde intelligible :

> De même l'Âme fit le monde sensible à l'image du monde intelligible [...]. Ainsi l'univers sensible imitera ce tout compact et infini

est aimant, et que l'Intelligence pré-noétique est « enivrée de nectar », qu'il vaut mieux pour elle « être ivre d'une telle ivresse que d'être plus sobre » (VI, 7 (38), 35, 24-26). Ainsi l'ivresse est la condition même de la transcendance du non-noétique sur le noétique, et le signe d'un amour infini pour le Bien lui-même infini. Dans notre passage, c'est l'ivresse de Poros, entendons l'amour infini, qui va arracher Pénia à sa condition de matière indéterminée et faire naître en elle l'amour. Mais cet amour reste en même temps lesté de l'indétermination native de Pénia. L'Âme inférieure va donc posséder l'amour que lui donne Poros, mais cet amour, désir vague et indéterminé, ne peut se convertir en amour pur et infini pour son principe ni, *a fortiori*, pour le Bien.

1. M. de Gandillac, *op. cit.*, p. 121.

du monde intelligible, s'il aspire sans cesse à acquérir l'existence dans l'être[1].

Nous pouvons donc conclure en disant *qu'à la source comme au terme du monde intelligible* l'Un est le modèle transcendant de tout amour, car il est lui-même « objet aimé, Amour et Amour de soi »[2]. Par la puissance infinie et indéterminée qui sourd de lui, la proto-vie, il fait don de l'Amour qui le constitue, en diffusant dans les êtres qui viennent après lui l'amour moteur de la conversion et celui qui est désir d'union, ouverture à la générosité infinie de l'Amour. Même dans le monde sensible, grâce à l'intermédiaire de l'Âme inférieure et à son ἔρως, le courant dynamique érotique issu de l'Un ne se perd ni ne se disperse. La raison selon laquelle l'Âme inférieure ordonne le monde sensible et lui donne la beauté permet aux âmes individuelles les plus sages de remonter, dans un élan amoureux qui n'a pas de fin, jusqu'à celui qui donne la beauté et l'amour. Et cela est possible parce que le Principe, par la diffusion de son Amour, n'est absent à aucun être, parce qu'il est, au contraire, présent au plus profond d'eux-mêmes :

> Car certes l'Un n'est absent de rien et pourtant il est absent de tout, en sorte que, présent, il n'est pas présent, sinon pour ceux qui peuvent le recevoir et qui s'y sont bien préparés, de façon à ce qu'ils puissent venir coïncider et, en quelque sorte, être en contact avec lui, le toucher, grâce à la ressemblance, c'est-à-dire à la puissance que l'on a en soi et qui est parente avec lui : c'est seulement lorsqu'on est dans l'état où on était, lorsqu'on est sorti de lui, qu'on peut le voir, de la manière dont il peut être objet de vision[3].

Cette présence de l'Un au plus profond des êtres, en leur intimité la plus secrète, se signifie par l'amour, car lui seul peut se manifester comme cet état « où l'on était quand on est sorti de l'Un ». Vie originaire et première, charriant dans son flux l'Amour diffusif de l'Origine absolue, la puissance primordiale fusionne dans cet amour que seule la vie peut manifester. C'est ainsi qu'au moment où l'Intelligence se dépasse pour saisir et recevoir ce qui lui est transcendant, elle est primitivement Intelligence aimante et méta-noétique, vie vivant de la vie même du Bien, puissance dérivée de la puissance fondatrice de l'Un. C'est ainsi encore que lorsque l'Âme

---

1. III, 7 (45), 11, 26 et 56-58.
2. *Cf.* VI, 8 (39), 15.
3. VI, 9 (9), 4, 24-30 (traduction P. Hadot légèrement modifiée) : οὐ γὰρ δὴ ἄπεστιν οὐδενὸς ἐκεῖνο καὶ πάντων δέ, ὥστε παρὼν μὴ παρεῖναι ἀλλ᾽ἢ τοῖς δέχεσθαι δυναμένοις καὶ παρεσκευασμένοις, ὥστε ἐναρμόσαι καὶ οἷον ἐφάψασθαι καὶ θιγεῖν ὁμοιότητι καὶ τῇ ἐν αὐτῷ δυνάμει συγγενεῖ τῷ ἀπ᾽αὐτοῦ · ὅταν οὕτως ἔχῃ, ὡς εἶχεν, ὅτε ἦλθεν ἀπ᾽αὐτοῦ, ἤδη δύναται ἰδεῖν ὡς πέφυκεν ἐκεῖνος θεατὸς εἶναι.

supérieure se dépasse pour s'unir au Bien, elle efface en elle les contours de la vision noétique pour ne plus être qu'acte de voir, Âme originairement aimante fusionnant avec l'amour pré-noétique du Noῦς. C'est ainsi enfin que les âmes individuelles se simplifient au point qu'il ne reste plus que ce désir d'union, âmes essentiellement embrasées d'amour pour le Bien.

Dans la métaphysique de Plotin l'amour est donc toujours supérieur à la pensée, comme l'Un lui-même est *hypernoèsis*. De même, la vie est toujours ce qui manifeste l'amour comme étant le plus ressemblant au Bien : vie se multipliant sans se diviser, une et pourtant multiple dans ses formes, elle rend manifeste que le Premier est à la racine de toute vie et de toute pensée, à l'origine de l'existence et de la plénitude. Et, parce que l'Amour en l'Un est coïncidence de l'Amour de soi et de l'Amour en soi, l'amour dans les dérivés ne peut *que* s'exprimer sous la forme de *l'infini de l'amour*, amour absolu s'adressant à l'absolument Autre, amour pour le Bien dépassant infiniment tous les modes concevables de l'amour. La puissance infinie du Principe, diffusive de l'amour et de la vie, est source et origine de tout ce qui vit et existe ; et jusque dans le sensible, tout vit par la seule motion de l'Amour de l'Un.

Jusqu'au bout donc, *l'amour reste la seule dynamique de la procession / conversion*, de la création du monde sensible, de l'ascension des âmes incarnées vers la source même de leur amour. Telle est la signification de cette « ivresse amoureuse » qu'éprouvent les réalités intelligibles lorsqu'elles sont dans la proximité de l'objet de leur amour ; telle est aussi la signification de l'extase pour les âmes incarnées qui finissent leur « voyage érotique »[1] en s'unissant au Bien dans un "toucher" de cet indicible qui est leur vraie fin et leur seul repos, puisque l'amour est leur vraie nature et la trace en elles du Bien. Puissance illimitée et infinie du Principe, *l'amour est ainsi à l'œuvre partout où il y a la vie*, car la vie ayant reçu une forme porte au plus intime d'elle-même la trace du Premier *qu'est l'amour*. C'est pourquoi l'ἔρως est coïncidence avec soi-même, comme en l'Un, car en effet, coïncider avec soi-même c'est atteindre au plus intime de soi, la présence de l'Ineffable, c'est la reconnaître en se dépouillant de toute forme, en abdiquant toute pensée, en fusionnant avec le mystère de la vie, dans un embrasement d'amour pour cette présence qui pourtant porte la trace de son inaccessible transcendance.

---

1. Pour l'analyse de cette remontée de l'âme vers son Principe, ainsi que des conditions qui y sont requises, *cf.* A. Kéléssidou-Galanos, « Le voyage érotique de l'âme dans la mystique plotinienne », ΠΛΑΤΩΝ, 24 (1972), 88-100.

QUATRIÈME PARTIE

LA MATIÈRE PRÉCOSMIQUE :
NON-ÊTRE – IMPASSIBILITÉ – MORT

CHAPITRE PREMIER

LA PRODUCTION DE LA MATIÈRE PRÉCOSMIQUE

L'ORIGINE DE LA MATIÈRE PRÉCOSMIQUE

Nous avons vu, dans la troisième partie de notre travail consacrée à l'Âme, que l'Âme inférieure est une puissance organisatrice[1] dont la fonction spécifique est de créer, c'est-à-dire d'organiser la matière indéfinie en univers et de gouverner cet univers en conformité avec la contemplation de l'Intelligence par l'Âme supérieure. Or, avant de questionner les rôles de substrat et de sujet de la matière précosmique[2], ou encore son rôle de réceptacle des déterminations ou des formes que l'Âme inférieure tente

---

1. Cf. *supra*, Troisième partie, chapitre deuxième, 2 « L'Âme comme puissance organisatrice », p. 151-160, ainsi que le chapitre troisième « Le *logos* de l'Âme inférieure », notamment les paragraphes 1 et 2 p. 161-173.

2. Nous utiliserons de préférence le concept de matière précosmique plutôt que celui, plus usuel, de matière sensible, car cette dernière exprime davantage ce qu'est la matière une fois revêtue de la forme, dans le composé de *matière* et de forme que représente le corps sensible, alors que la matière précosmique manifeste davantage, pensons-nous, l'état de la matière *avant toute information eidétique*. La matière précosmique est donc celle qui est avant l'apparition du sensible comme tel. De même, la matière pré-hypostatique est l'indétermination première qui sourd de l'Un avant la formation des hypostases (*cf.* à ce propos notre travail, *supra*, Troisième partie, chapitre premier, paragraphes 1 et 2, p. 133-143). Cependant, ce qui différencie la matière précosmique de la matière pré-hypostatique, c'est que cette dernière contient en elle-même la possibilité eidétique, elle est la matière intelligible encore *indéterminée*. Sa puissance possède donc en elle-même l'acte par lequel une

d'imprimer en elle, il faut nous interroger sur son origine. Au traité 13, Plotin s'exprime ainsi relativement à ce problème :

> Il est naturel à l'Âme d'être toujours en haut ; ce qui vient immédiatement après elle est le Tout dont une partie est dans son voisinage tandis que l'autre est au-dessous du soleil. L'Âme inférieure, lorsqu'elle se porte vers ce qui est au-dessus d'elle, est illuminée et elle rencontre l'être ; mais quand elle se porte vers ce qui est au-dessous d'elle, elle va vers le non-être. Et c'est ce qu'elle fait lorsqu'elle se porte vers elle-même car, lorsqu'elle aspire à être avec elle-même, elle produit au-dessous d'elle une image d'elle-même, le non-être, comme si elle marchait dans le vide et devenait ainsi plus indéterminée. De même, son[1] image est indéterminée et totalement obscure, à la fois irrationnelle et inintelligente, elle se tient à une très grande distance de l'être. A ce moment-là, l'Âme est encore dans la région intermédiaire, à sa propre place, mais quand elle regarde à nouveau, par ce second coup d'œil jeté sur l'image, elle lui donne, pour ainsi dire, une forme et réjouie entre en elle[2].

La première remarque que nous pouvons faire est que le Tout dont il est question dans cette citation ne peut désigner que l'univers sensible, lequel est, pour Plotin, divisé en deux : « une partie est dans son voisinage [*i. e.* : de l'Âme] tandis que l'autre est au-dessous du soleil ». Autrement dit, la production de l'Âme, en ce qu'elle a de plus organisé et en ce qu'elle imite le plus parfaitement l'ordre éternel de l'intelligible, est l'univers des corps célestes, et c'est cette partie de l'univers, le cosmos, qui reste dans son voisinage. C'est encore ce cosmos que l'Âme inférieure gouverne en conformité avec la contemplation de l'Intelligence par sa partie supérieure.

---

hypostase s'auto-réalise. Il n'y a donc nul non-être dans l'intelligible puisque rien n'y est indéterminé, puisque la matière pré-hypostatique est déjà tout entière *pouvoir d'être*. C'est aussi pourquoi la puissance d'une telle matière est *puissance de tout*. La matière précosmique, quant à elle, est *non-être*, *altérité totale*, etc. Il ne peut donc y avoir, et de fait il n'y a pas, en elle de possibilité de réalisation eidétique puisque, comme nous le verrons, son engendrement par l'Âme inférieure instaure une rupture dans le processus processionnel, et par là-même, un renversement des pôles propres à "chaque matière". Étant non-être, la matière précosmique, à l'inverse de l'autre, est *en puissance de rien*.

1. Nous lisons, avec Kirchhoff, suivi par Bréhier et Harder, τοῦτο à la ligne 12, alors que les manuscrits portent τούτου ; l'apparat critique de HS[1] et HS[2] indique cependant que ce τούτου doit se rapporter à l'Âme. Le sens du passage n'en est donc pas fondamentalement changé puisque, dans les deux cas, il s'agit de la production de la même image générée par l'Âme inférieure.

2. III, 9 (13), 3, 5-16.

Les astres qui peuplent ce cosmos sont dès lors les répliques visibles, les dieux "sensibles" pourrait-on dire, des êtres intelligibles contenus dans le Noῦς [1]. L'autre partie de l'univers sensible commence, nous dit Plotin, « au-dessous du soleil ». C'est cette partie qui a le plus à voir avec la pure altérité de la matière, ainsi qu'avec l'indétermination qui la caractérise. Les êtres sensibles seront donc mixtes, à la fois forme et matière. Nous aurons à comprendre l'importance du rôle joué par la matière sensible dans cette composition, mais pour l'heure notre enquête porte sur l'origine de la matière précosmique et sur son rapport à l'Âme. C'est pourquoi il faut nous demander quelle relation l'Âme entretient avec ce qui vient après elle dans l'échelle de la procession.

Eu égard à nos analyses antérieures, concernant à la fois la place prépondérante de la procession au sein de la métaphysique plotinienne et son rôle primordial dans la constitution de son ontologie, il nous semble que l'on peut attribuer à la matière précosmique le sens d'une nécessité ontologique fondamentale dans l'ordre de la procession. Or, si ce sens ne fait aucun doute, le *statut* de la matière précosmique fait, en revanche, problème. En effet, les questions suivantes se posent : la matière pré-cosmique est-elle la dernière production de l'intelligible *via* l'Âme inférieure ? Pro-vient-elle de l'intelligible tout en étant générée par l'Âme ? Est-elle la dernière manifestation du flux indéterminé qui sourd de l'Un ? Ou bien cette matière, dans laquelle l'Âme engendre le monde, est-elle indépendante du Premier lui-même et préexiste-t-elle, pour ainsi dire, à la fabrication du sensible par l'Âme ? Pour répondre dès à présent à cette dernière question, remarquons que le statut d'une matière préexistante de toute éternité et distincte de l'Un ne semble nullement conforme à l'économie générale de la métaphysique plotinienne, laquelle exprime très clairement que tout provient d'un principe antérieur à lui-même, et que la

---

1. Nous voudrions insister sur le fait que l'ensemble de ce travail de recherche porte presque exclusivement sur les réalités intelligibles et divines et sur les réalités non périssables. Un travail complémentaire concernant la venue au monde du sensible et des objets sensibles que le monde sensible contient est prévu. Il ne sera donc pas question ici de la production, à proprement parler, du monde sensible par l'Âme, sinon d'une manière ponctuelle et circonstanciée, mais de la *production par l'Âme inférieure de la matière précosmique,* ce qui est tout autre chose.

totalité des réalités existantes dérivent directement ou indirectement de l'Un[1]. Une autre question urgente à régler immédiatement concernant ce

1. *Cf.* I, 8 (51), 7, 16-23 : « Il est aussi possible de saisir la nécessité du mal de la manière suivante. Comme en effet le Bien n'existe pas seul, il y a nécessairement, dans ce qui sort de lui – ou, si l'on préfère, qui en descend et s'en écarte –, un terme dernier après lequel plus rien ne saurait encore venir à l'être ; ce dernier terme serait le mal. Or, c'est *nécessairement* qu'il y a quelque chose de postérieur au Premier, et donc [nécessairement] il y a un terme dernier, et c'est là la matière, ne possédant plus rien du Premier. Telle est la nécessité du mal ». Voir aussi D. O'Meara, *Plotin. Traité 51 [I, 8]*. Introduction, traduction, commentaire et notes, Paris, 1999. Ce passage fait référence, nous semble t-il, au nécessaire engendrement de la matière précosmique. Notons que le traité 51 est l'un des derniers écrits de Plotin, ce qui vient, d'une part, confirmer la thèse de l'unité de sa métaphysique, et d'autre part, renforcer la nécessité de la procession puisque la matière est présentée ici comme le dernier degré de la procession descendante dont le point d'origine est en l'Un. La matière est donc le stade ultime où la lumière émise par le Premier devient obscurité ; elle remplit néanmoins sa "fonction" de réceptacle pour les corps sensibles et de substrat pour la forme. *Cf.* aussi IV, 8 [6], 6.

Tel n'est pourtant pas l'avis de J.-M. Narbonne qui, dans *Les deux matières, loc. cit.*, p. 146-159, défend la thèse de la matière inengendrée. En effet, pour cet auteur, la « qualification » de la matière par Plotin comme αὐτοετερότης (II, 4 (12), 13, 16-20) et comme ἄπειρον παρ'αὐτῆς (II, 4 (12), 15, 33-37), rend patente son existence séparée à côté de l'Un. Ainsi, il est évident pour lui que si la matière sensible est l'altérité-en-soi, elle ne relève pas de l'altérité intelligible et ne provient donc pas de l'Un. De même, si elle est infinie par elle-même, elle est nécessairement opposée à la raison formelle, c'est-à-dire à tout ce qui consiste en une forme ou participe à une forme. La matière précosmique est donc parfaitement autre que les réalités dont est composé l'univers métaphysique plotinien. Et notre auteur conclut : « On serait bien surpris dans un tel contexte de lire que cette matière qui n'est rien d'autre qu'elle-même, altérité et infinitude, est engendrée par quoique ce soit dans ce système. Mais justement, Plotin n'en souffle mot » (p. 148-149). Sur l'engendrement de la matière par l'Âme, J.-M. Narbonne est tout aussi catégorique (*cf.* p. 150-169) : l'Âme n'engendre pas la matière. Prenant appui sur des textes qui suggèrent pourtant bel et bien une génération de la matière par l'Âme [V, 1 (10), 2, 23-27 ; III, 6 (26), 16, 15 *sq.* ; II, 3 (52), 9, 43 *sq.*], il conclut que « la matière existait avant l'arrivée de l'Âme, qu'en l'absence de l'Âme ou du ciel et de tout ce qu'il contient, il y aurait encore de la matière, que celle-ci serait *abandonnée à sa condition antérieure* et qu'il n'y aurait alors que *l'obscurité de la matière*, bien que ce reste soit en effet *peu de chose* » (souligné par l'auteur, p. 61). A ceci, J.-M. Narbonne ajoute deux raisons censées ruiner totalement l'hypothèse d'une génération de la matière par l'Âme. La première est que la matière, pour être substrat unique de la multiplicité sensible doit être *une et continue* (μία καὶ συνεχής), et qu'une raison qui est par principe *une et multiple* (*cf.* III, 2 (47), 12 et III, 3 (48), 1, 1-6) ne peut engendrer la matière *une et continue* puisque « un être de composition ne peut créer une entité dont les seuls traits positifs sont peut-être la continuité et l'unité (III, 6 (26), 9, 37-38) ». La seconde raison découle de la constitution métaphysique du monde. En effet, si l'univers est constitué *sub specie aeternitatis*, alors l'Âme ne peut engendrer la matière puisqu'elle engendre le temps. Ses productions s'effectueront nécessairement *dans le temps* (*cf.* p. 162-163).

Nous ne trouvons convaincants ni les arguments mis en avant par J.-M. Narbonne concernant l'impossibilité, pour la matière précosmique, de provenir de l'altérité intelligible, ni ceux qui visent à pointer l'impossibilité, pour ladite matière, d'être générée par l'Âme. En

passage[1] est de décider si oui ou non l'entité dont Plotin dépeint ici la genèse est la matière. L'indécision conceptuelle du texte peut certes conduire à soulever un problème de ce type, cependant, la description que Plotin donne de l'engendrement de cette entité ne laisse aucun doute quant à son identité : la matière a même, ici, une genèse conforme au système de dérivation que l'Alexandrin a élaboré pour l'Intelligence et l'Âme. En effet, elle apparaît dans ce texte sous forme d'une énergie dérivée et totalement indéterminée de l'acte de l'Âme, acte qui a pour finalité son auto-constitution, et c'est pourquoi l'Âme se tourne d'abord vers elle-même. Examinons un peu ce point.

Le texte que nous analysons dit très explicitement que c'est lorsque l'Âme désire être avec elle-même qu'elle produit une image totalement privée de limite et totalement obscure. Or, continue le texte, c'est cette image qui est non-être, c'est-à-dire matière, et elle est, ajoute Plotin, irrationnelle et inintelligible. En générant ainsi une image d'elle-même qui est non-être, elle n'abandonne nullement son lieu intelligible pour produire. Ce qui signifie, dans le langage plotinien, que l'Âme qui tourne son regard vers elle-même dans un acte d'auto-constitution surabonde. C'est ce débordement que nous nommons matière précosmique. La surabondance ne peut avoir lieu, insistons-y, que si l'Âme veut être avec elle-même et pour elle-même, elle n'a lieu que si il y a acte auto-déterminant. Ce n'est

ce qui concerne la provenance intelligible de la matière précosmique, elle ne fait aucun doute puisque Plotin écrit, dans le traité 12 justement, que l'altérité intelligible engendre éter-nellement la matière : « En effet, l'altérité là-bas existe toujours, qui produit la matière ; *car c'est celle-ci qui est principe de la matière*, et le mouvement premier » (traduction de J.-M. Narbonne, *op. cit.*, p. 281, nous soulignons, II, 4 (12), 5, 28-30). La matière intelligible, ou pré-hypostatique comme il est préférable de dire, est donc l'altérité première qui procède de l'Un et possède l'infinité ; c'est dans sa conversion vers le Premier qu'elle se définit, en sorte qu'elle puisse être l'image paradigmatique de la matière précosmique. La matière précosmique est donc bien le *dernier terme* de la procession, mais c'est un terme si exténué qu'il ne peut plus trouver en lui-même la ressource de la conversion vers le principe. C'est en ce sens, comme nous aurons à le montrer, que la matière précosmique est une sorte d'*analogon inversé* de la matière pré-hypostatique. Mais c'est aussi dans cette inversion que l'infinité positive de l'altérité intelligible devient illimitation, négativité, indétermination absolue, altérité et infinité, non-être réel.

Quant à l'engendrement de la matière par l'Âme, disons, pour répondre à J.-M. Narbonne, que des textes comme V, 2 (11), 1, 18-27 ; III, 4 (12), 1 ; IV, 3 (27), 9, 20-26 ; II, 3 (52), 18 ; VI, 2 (43), 22, 20-35 indiquent tous que la matière est bel et bien engendrée par l'Âme. L'étude de D. O'Brien, « Plotinus on Evil : A Study of Matter and the Soul in Plotinus Conception of Human Evil », in *Le Néoplatonisme,* Royaumont 1969, éd. P. M. Schuhl et P. Hadot, Paris, 1971, 113-146, nous paraît, sur ce point, magistrale. Nous y reviendrons longuement.

1. Rappelons qu'il s'agit du traité 13 (III, 9), 3, 5-16.

donc que lorsque cet épanchement a déjà eu lieu que l'Âme se tourne vers l'extériorité, dans un second mouvement – qui est un regard de haut en bas, un regard qui se dirige vers l'extériorité qu'elle a elle-même engendrée en effectuant sa conversion vers elle-même. C'est ce second regard qui est proprement créateur. L'Âme va ainsi donner au substrat indéterminé, qui a débordé en quelque sorte d'elle-même, la forme. Nous pouvons donc dire que si Plotin envisage une hiérarchie dans le voir, puisque le texte exprime des niveaux différents quant au premier puis au second regard de l'Âme, cette hiérarchie exprime, d'une part, qu'il est ici question d'une *priorité métaphysique* et non, comme on l'a trop souvent cru, d'une priorité temporelle[1] : le regard contemplateur de soi-même est supérieur au regard qui se détourne de l'unité interne pour contempler l'extériorité infinie. Et d'autre part, d'une *supériorité ontologique,* dans la mesure où le premier regard maintient l'Âme dans l'être, tandis que le second produit le non-être. Or, ce double regard exprime aussi la double fonction de l'Âme : par sa partie supérieure, elle est unie à l'Intelligence, elle est éternelle et elle réside dans l'être ; par sa partie inférieure, qui procède de la première[2], elle organise la matière précosmique, le non-être. Nous avons vu aussi que la conversion de l'Âme vers l'Intelligence, qui est son principe, est produite par le désir et l'amour que l'inférieur éprouve nécessairement pour le supérieur[3]. Or, ce qui caractérise l'Âme inférieure est le désir de devenir qui l'agite[4] ; ce désir s'exprime par la production de la matière et la réalisation en elle d'une organisation. En effet, le procès par lequel surgit la matière s'explique par le désir flou, indéterminé et vague de l'Âme inférieure, lequel désir la laisse insatisfaite et pleine des douleurs de l'enfantement. Expliquons ce point.

Nous avons montré, dans le chapitre précédent consacré à l'Âme, que sa partie inférieure reçoit, *via* la partie supérieure qui contemple les intelligibles contenus dans le Νοῦς et qui reste, grâce à cette contemplation, dans l'être, la multiplicité intelligible. Or, le désir de l'Âme inférieure est de

---

1. Ce qui répond à l'objection de J.-M. Narbonne (cf. *supra*, note 1, p. 204) qui dénie à l'Âme le pouvoir d'engendrer la matière car alors sa production serait *sub specie temporalis.* Tout au contraire, Plotin montre ici, de manière éclatante, que la génération de la matière a éternellement lieu.

2. Cf. *supra*, Troisième partie, chapitre deuxième : « La double nature de l'Âme », paragraphes 1 et 2, plus précisément les pages 144-160.

3. *Cf.* V, 1 (10), 6, 46-53.

4. *Cf.* IV, 7 (2), 13, 2-8. Voir aussi, dans la troisième partie de notre travail, chapitre troisième, 4 « Le problème particulier de l'ἔρως de l'Âme inférieure », p. 180-198, comment cet *erôs* propre à l'Âme inférieure génère un désir flou et indéterminé qui la pousse à se tourner vers l'extériorité.

pouvoir déployer cette multiplicité. Pour ce faire, elle a besoin de la matière comme substrat de la diversité spatiale. Cependant, ce que dit le texte du traité 13, et que nous commentons ici, est que, lorsque l'Âme inférieure tente de réaliser, en se portant vers elle-même, la complétude et l'unité qu'elle contemple dans sa partie supérieure, elle échoue, et cet échec produit la matière précosmique qui est une image d'elle. De fait, cette image est, à l'instar du désir de l'Âme inférieure, « tout ce qu'il y a de plus indéterminé et obscur et à une très grande distance de l'être ». Nous avons ainsi analysé, dans ses grandes lignes, l'origine intelligible de la matière précosmique, mais nous verrons, dans le cours de nos investigations, que la difficulté de la question de l'origine de la matière précosmique rebondit toujours. Il nous faut maintenant déterminer comment l'Âme inférieure produit cette image d'elle-même totalement indéterminée, ce non-être.

La surabondance de l'Âme inférieure

Pour comprendre comment l'Âme inférieure a surabondé, aidons-nous d'un texte de Plotin tiré du traité 15 :

> De même que tout ce qui fut engendré antérieurement à ceci fut engendré sans forme et fut formé en se convertissant vers le générateur et fut nourri, pour ainsi dire, de même en effet fut ceci [*i. e.* : la matière] quand elle fut engendrée, non plus une forme de l'Âme, étant sans vie, mais une complète indétermination. Car si l'indétermination se trouve aussi aux niveaux supérieurs, elle est indétermination dans les êtres qui ont une forme, n'étant pas quelque chose de complètement indéterminé, mais [indéterminé] par rapport à la forme achevée. Mais elle est ici une indétermination totale. Quand elle est complétée, elle devient un corps, prenant une forme appropriée à sa capacité[1].

Ce texte est éclairant dans la mesure où il nous rappelle que l'indétermination est la condition préalable à la forme, et que ce qui procède est toujours nécessairement d'abord indéterminé avant d'être informé. Or, il s'agit ici de l'information de l'altérité intelligible qui est en même temps l'acte par lequel une hypostase s'auto-réalise. L'indétermination première est donc toujours déjà enfermée dans une forme dans l'intelligible, et n'existe pas comme telle en dehors de l'Être. Ceci est vrai aussi bien de l'Intelligence et des intelligibles qu'elle contient, que de l'Âme-hypostase.

---

1. III, 4 (15), 1, 8-15. Il s'agit ici naturellement de la génération de la matière précosmique, exactement comme en III, 9 (13), 3, 15-16.

Cependant, cette dernière laisse subsister, en sa partie inférieure, une certaine indétermination. Cette indétermination reste telle du fait que l'Âme inférieure s'avère impuissante à l'éclairer, c'est-à-dire, en langage plotinien, à s'actualiser [puisque "être éclairé" équivaut, dans le lexique de l'Alexandrin, à passer de la puissance à l'acte, ou encore à convertir son indétermination en être]. Mais justement, lorsque l'Âme inférieure reçoit de la supérieure l'illumination, elle ne se constitue pas comme acte achevé, c'est-à-dire comme hypostase[1]. L'illumination qu'elle reçoit de l'Âme supérieure produit en elle un contenu à connaître : la multiplicité des *logoi* qui sont des images ou des reflets des intelligibles que l'Âme supérieure contemple éternellement dans l'Intelligence. Or, il nous faut rappeler que cette Âme inférieure, procédant de la supérieure, est aussi celle qui est représentée par Pénia dans le mythe du traité 50[2]. Pénia, c'est la matière intelligible qui n'a pas trouvé place dans le processus d'actualisation de l'Âme-hypostase, elle est *l'excédent*, en quelque sorte, du processus eidétique de constitution de l'hypostase. Mais la matière pré-hypostatique, la matière intelligible, pour être bonne et belle doit recevoir la clarté du Bien[3]. Pénia est donc éloignée, en tant que matière intelligible, ou pré-hypostatique, de sa source, l'Un, de tous les niveaux de perfection qui la précèdent, à savoir, l'Intelligence et l'Âme supérieure. Pourtant, parce que, en tant que matière pré-hypostatique, elle contient en elle-même la possibilité de la réalité eidétique, elle est capable de s'offrir à la détermination et à la forme[4] ; mais elle ne peut réaliser en elle l'unité des êtres qui sont à eux-mêmes leur propre bien. Aussi, dans cet effort pour coïncider avec elle-même[5], elle surabonde et laisse s'écouler en dehors d'elle l'obscurité et le non-être, c'est-à-dire la matière précosmique[6]. Cette dernière est une image de l'Âme inférieure que Plotin appelle, au traité 13, l'indéterminé[7], car la matière précosmique est totalement dénuée de limite, de *logos*, d'intelligence et de lumière. Cependant, là encore nous avons affaire à l'altérité

---

1. Cf. *supra,* Troisième partie, chapitre troisième, 1 « L'Âme : δύναμις et ἐνέργεια, un bref rappel », p. 161-164.

2. *Cf.* III, 5 (50), 7.

3. *Cf.* II, 4 (12), 5, 33-35.

4. *Cf.* III, 5 (50), 9, 55 ; et aussi *supra,* Troisième partie, chapitre troisième, 4, p. 180-198.

5. Effort qui n'est qu'une contemplation affaiblie et obscurcie de ce qui lui est supérieur. C'est pourquoi son produit est indigent et obscur, *cf.* III, 9 (13), 3, 13. La matière ainsi générée par cette contemplation affaiblie est sans grandeur et ne sera par la suite localisée que par l'action de l'Âme qui en fera le *lieu* pour tout ce qui vient d'en haut, *cf.* III, 6 (26), 18, 38 *sq.*

6. Pour la détermination de la matière comme non-être, *cf.* V, 1 (10), 2, 23-27 ; III, 9 (13), 3, 9-14 ; III, 6 (26), 16, 15 *sq.* ; IV, 3 (27), 9, 16 *sq.* ; II, 3 (52), 9, 43 *sq.*, entre autres.

7. *Cf.* III, 9 (13), 3, 9-14.

intelligible, à l'altérité première, à cette matière pré-hypostatique qui sourd de l'Un mais qui se trouve, en tant que matière précosmique, au dernier degré de la procession au-delà duquel il n'y a plus rien du tout en termes de production : « Il est inhérent à toute nature de produire ce qui vient après elle »[1]. C'est pourquoi le flux indéterminé qui sourd de l'Un « doit avancer toujours jusqu'à ce que toutes choses parviennent à la dernière limite possible »[2].

Evidemment, cette « dernière limite possible » est la matière précosmique, puisqu'elle est le dernier feu de la procession qui a son commencement en l'Un et s'exténue en elle. Par conséquent, l'existence de la matière précosmique est éternelle[3].

Or, l'altérité qui en l'intelligible était toute positivité, possibilité eidétique, beauté, simplicité, se mue, lorsque cette altérité devient "sensible", en son contraire absolu, le non-être qu'est la matière précosmique. C'est ce que nous analyserons plus tard. Pour le moment, reprenons le fil de notre investigation relative à la génération de la matière. Nous avons dit que la matière était le dernier feu de la procession et, en effet, Plotin l'énonce lui-même au traité 6 :

> Ou bien la nature de la matière est éternelle, et il est impossible, puisqu'elle existe, qu'elle ne participe pas au Principe qui communique le bien à toutes choses, pour autant que chacune est capable de le recevoir ; ou bien la génération de la matière est une suite nécessaire des causes qui lui sont antérieures, et elle ne doit pas non plus dans ce cas être séparée de ce Principe, comme si ce qui lui confère l'existence par grâce s'arrêtait par impuissance d'aller jusqu'à elle[4].

Ce texte a suscité une multiplicité d'interprétations[5]. Disons tout de suite que pour l'ensemble des commentateurs sauf Denis O'Brien, il s'agit,

---

1. IV, 8 (6), 6, 13-14.
2. *Ibid.*, 13-14.
3. *Cf.* II, 9 (33), 3 ; IV, 8 (6), 6 ; III, 6 (26). Pour ce dernier traité on se reportera au travail de B. Fleet, *Plotinus. Ennead III. 6. On the Impassivity of the Bodiless.* Translation and commentary, Oxford, Clarendon Press 1995.
4. IV, 8 (6), 6, 18-23, εἴτ᾽ οὖν ἦν ἀεὶ ἡ τῆς ὕλης φύσις, οὐχ οἷόν τε ἦν αὐτὴν μὴ μετασχεῖν οὖσαν τοῦ πᾶσι τὸ ἀγαθὸν καθόσον δύναται ἕκαστον χορηγοῦντος. εἴτ᾽ἠκολούθησεν ἐξ ἀνάγκης ἡ γένεσις αὐτῆς τοῖς πρὸ αὐτῆς αἰτίοις, οὐδ᾽ὡς ἔδει χωρὶς εἶναι, ἀδυναμίᾳ πρὶν εἰς αὐτὴν ἐλθεῖν στάντος τοῦ καὶ τὸ εἶναι οἷον ἐν χάριτι δόντος.
5. Ce texte a été diversement compris, et la multiplicité de ces interprétations a été exposée, avec une remarquable concision, par D. O'Brien dans son article « Plotinus and the Gnostics on the Generation of Matter », in *Neoplatonism and Early Christian Thought ; Essays*

dans ce passage, de la matière précosmique et seulement d'elle. La diversité des interprétations porte, dès lors, sur la signification exacte de l'alternative. En effet, celle-ci propose *soit* une matière inengendrée, *soit* une matière engendrée, chacun des commentateurs s'engageant pour l'une ou l'autre branche proposée par l'alternative et comprenant alors tout le passage à la seule lumière de cette option. C'est ainsi qu'en suivant la première proposition de l'alternative, selon laquelle la matière est inengendrée, des commentateurs tels que Hans-Rudolf Schwyzer[1], ou encore Paul Henry interprètent l'ensemble de la pensée plotinienne ; et c'est encore cette interprétation qui est retenue par Heinrich Dörrie[2]. Pour John Michael Rist aussi, c'est la première hypothèse qui convient à Plotin, mais l'interprète comprend par cette première alternative que la matière est engendrée de façon intemporelle, alors que l'engendrement par l'Âme se produirait dans le temps[3]. Émile Bréhier, quant à lui, pense que les deux alternatives sont, pour Plotin, équivalentes et que l'Alexandrin ne prend pas parti[4]. Jean-Marc Narbonne est lui aussi de l'avis de Hans Rudolf Schwyzer, Paul Henry et Émile Bréhier pour qui l'opposition qui se manifeste dans l'alternative est de type matière inengendrée/matière engendrée[5]. Disons d'emblée que nous ne sommes pas d'accord avec John Michael Rist – pour les raisons déjà signalées à la note 1, page 204 de ce travail, à propos d'une remarque identique de Jean-Marc Narbonne sur la nécessité d'une génération *sub specie aeternitatis* que contredirait la génération temporelle de la matière par l'Âme. De plus, en ce même traité 6, Plotin affirme que le flux indéterminé qui sourd de l'Un doit aller jusqu'à la plus extrême limite, cette extrémité étant la matière précosmique :

> Il ne doit pas retenir cette puissance et, par jalousie, en circonscrire les effets : elle doit avancer toujours, jusqu'à ce que tout parvienne dans la mesure du possible au dernier des êtres, en raison du

in honour of A. H. Armstrong, eds. H. J. Blumenthal et R. A. Markus, London, 1981, p. 108-123.

1. H. R. Schwyzer, « Zu Plotins Deutung der sogennenten Platonischen Materie », in *Zetesis, Album amicorum,* door vrienden en collega's aangeboden aar Prof. Dr. E. Strycker, Antwerp-Utrecht, 1973, p. 266-280.

2. C'est ce qui ressort de la discussion qui suit l'exposé de l'auteur : « Die Frage nach dem Transzendenten im Mittel-platonismus », in *Les Sources de Plotin, loc. cit.,* p. 236-237.

3. J. M. Rist, *Plotinus : the Road to Reality, loc. cit.,* p. 118-119 et « Plotinus on Matter and Evil », *Phronesis* 6 (1961), p. 154-166.

4. É. Bréhier, « Le monde sensible et la matière », appendice à *La Philosophie de Plotin,* Paris, 1961[3], p. 206 sq.

5. J.-M. Narbonne, *Les Deux Matières, loc. cit.,* p. 142.

caractère inépuisable de cette puissance qui communique ses dons à tous les êtres et ne souffre pas qu'aucun d'eux en soit privé [1].

Mais, et nous l'avons déjà dit, c'est bien parce que la matière précosmique signifie le dernier degré de la procession que son existence est *éternelle* et que son engendrement par l'Âme ne signifie nullement un commencement dans le temps.

Reste l'analyse de Denis O'Brien. Pour ce commentateur, les deux branches de l'alternative ne sont pas identiques. En effet, dans un de ses articles [2] l'auteur comprend que la première branche de l'alternative concerne la matière intelligible, tandis que la seconde branche de l'alternative fait référence à la matière sensible. Pour Jean-Marc Narbonne, la position de Denis O'Brien est proprement intenable parce qu'elle élimine purement et simplement toute idée d'alternative et parce que « la matière ne peut « avoir toujours existé » d'une part, et « être engendrée dans le temps » d'autre part » [3]. Mais, malgré les guillemets que Jean-Marc Narbonne emploie, Plotin n'a jamais écrit, ni au traité 6 ni en aucun autre traité à notre connaissance, que la matière est engendrée dans le temps. Le passage que nous analysons ici stipule seulement que « la génération de la matière est *une suite nécessaire des causes qui lui sont antérieures* » [4]. L'engendrement de la matière dans le temps par l'Âme n'est donc nullement un problème, tout simplement parce que cette question de la temporalité de l'engendrement psychologique, si l'on peut dire, ne se pose pas pour Plotin. C'est d'ailleurs aussi, si nous l'avons bien compris, l'interprétation de Denis O'Brien. En effet, pour cet auteur ce n'est guère un hypothétique engendrement dans le temps qui fait difficulté, mais bien la position de l'alternative elle-même. De fait, si l'on s'exclut du contexte inengendrée / engendrée concernant, pour les deux membres de l'alternative, *la même matière*, et si l'on pose *une matière différente* correspondant à chacune des branches de l'alternative [pour l'inengendrement, la matière intelligible, et pour l'engendrement, la matière sensible], alors il n'y a plus de difficulté à saisir le raisonnement de Plotin et sa démonstration argumentative [5]. Pour défendre sa thèse des "deux matières", Denis O'Brien prend appui sur le fait qu'on ne peut comprendre l'alternative de Plotin que

1. IV, 8 (6), 6, 12-16.

2. D. O'Brien, « Plotinus and the Gnostics », art. cit.

3. J.-M. Narbonne, *op. cit.*, p. 143 et note 14. Pour l'interprétation de ce passage par l'auteur *cf.* p. 139-145.

4. Nous soulignons, εἴτ'ἠκολούθησεν ἐξ ἀνάγκης ἡ γένεσις αὐτῆς τοῖς πρὸ αὐτῆς αἰτίοις (IV, 8 (6), 6, 20-21).

5. D. O'Brien, art. cit., p. 115 et 120 note 13.

si l'on prend en compte la possibilité de participation ou de non-participation de la matière « au Principe qui communique le bien à toutes choses ». Pour ce commentateur, seule la matière intelligible et éternelle est capable d'une réelle participation au Bien ; la matière sensible, quant à elle, ne participe pas, cependant « elle ne doit pas se tenir à l'écart » de celui qui donne l'existence. C'est donc, pour Denis O'Brien, une participation qui n'en est pas vraiment une[1]. C'est pourquoi l'interprète comprend qu'il s'agit de deux matières différentes selon que l'on se place du côté de la participation au Bien, ou du côté du "voisinage", pourrait-on dire, du Bien. Dans un autre ouvrage, plus récent, Denis O'Brien revient une fois de plus sur cette nécessaire distinction des matières dans ce passage du traité 6 et écrit : « Dès que l'on a saisi cette différence [*i. e.* : des deux matières pour les deux branches de l'alternative], on n'est plus obligé de voir dans ce passage une alternative stricte : d'un côté, une matière éternelle qui ne serait pas engendrée ; de l'autre, une matière qui ne serait pas éternelle, donc engendrée. Même la matière qui est « toujours » provient en dernier ressort de l'Un ; même une « génération » de la matière du monde sensible, puisqu'elle est « nécessaire », sera sans fin ni commencement dans le temps »[2]. Cette interprétation de Denis O'Brien serait du miel à nos oreilles et nous pencherions volontiers de son côté, si nous arrivions à trouver, chez cet auteur, de quoi emporter, voire balayer nos réserves. La première de ces réserves, et non la moindre, est que l'interprète ne dit pas comment, si matière intelligible et matière sensible proviennent toutes deux « en dernier ressort de l'Un », il peut aussi y avoir un engendrement par l'Âme de la matière sensible. La deuxième réserve est que Denis

---

1. Essayons de résumer brièvement la pensée de l'auteur. Pour défendre la thèse des deux matières différentes pour chacune des deux branches de l'alternative, D. O'Brien s'appuie sur la possibilité, ou pas, d'une réelle participation au Bien. Or, seule la matière intelligible et éternelle est capable d'une authentique participation, même si, par ailleurs, elle ne peut être réellement qualifiée. La matière sensible, quant à elle, n'a pas de réelle participation, du moins si elle est sans qualification. Or, elle ne peut être qualifiée, car elle provient d'une matière dont la participation au Principe est elle-même inqualifiée. D. O'Brien peut alors conclure que la première alternative concerne bien la matière intelligible dont la participation n'est pas douteuse, bien qu'elle reste inqualifiée, cependant que la seconde hypothèse concerne bien la matière sensible, dont la participation au Bien tourne court, puisque, étant engendrée, elle ne peut participer au Bien. *Cf.* art. cit., p. 110-111, et aussi *Plotinus on the Origin of Matter. An Exercise in the Interpretation of the Enneads*, Napoli, 1993, p. 71-73 ; voir encore, sur ce même sujet et du même auteur, *Théodicée plotinienne, théodicée gnostique*, Leiden, 1993, p. 37-40 et les notes afférentes, ainsi qu'un article plus récent, « La matière chez Plotin : son origine, sa nature », *Phronesis* 44 (1999), p. 45-71, surtout les p. 63-69.

2. *Théodicée plotinienne..., loc. cit.*, p. 39, note 9.

O'Brien n'explique nulle part, à notre connaissance, pourquoi, si les deux matières ont une commune origine, il y a une matière qui est l'absolu contraire de l'autre, voire l'opposée de l'Un lui-même[1], ni quand ce renversement des pôles a eu lieu[2]. L'absence d'analyse de l'auteur quant à la provenance intelligible de la matière sensible, jointe à l'absence de définition quant à cette même matière sensible, engendrée cette fois par l'Âme, nous empêche d'adhérer totalement à son interprétation, de loin la plus séduisante pour nous. Enfin, ajoutons encore que si le commentateur relève bien que « la matière est une conséquence de principes antérieurs », il ne dit pourtant pas si cette conséquence est encore identique à la matière intelligible, puisqu'elles ont la même origine, ou si elle est devenue autre chose, et quoi ? Notre dernière réserve concerne le manque de clarté quant à la façon dont l'exégète concilie à la fois la production de l'indétermination originaire par l'Un et un engendrement de la matière par l'Âme car, *a priori*, les deux s'excluent mutuellement : ou bien c'est l'Un qui produit la matière, ou bien c'est l'Âme qui l'engendre.

Malgré la diversité des analyses qui concourent à rendre ce texte à peu près incompréhensible, il nous semble pourtant qu'une chose au moins ressort avec clarté, laquelle n'a pas été prise en compte par l'ensemble des commentateurs, à savoir que Plotin montre ici que tout vient de l'Un, que tout existe grâce à son don. Quant à notre propre commentaire, concernant ce passage décisif sur l'origine de la matière précosmique, il est que Plotin

---

1. *Cf.* notamment à ce sujet le traité 51 (I, 8), 6. Pour une analyse de l'ensemble de ce traité, *cf.* D. O'Meara, *Plotin. Traité 51 [I, 8]*. Introduction, traduction, commentaire et notes, Paris, 1999.

2. Dans son article récent, « La matière chez Plotin : son origine, sa nature », *Phronesis* 44 (1999), p. 45-71, D. O'Brien revient sur le problème de l'origine et de la nature de la matière sensible. Bien que nous partagions totalement les vues exprimées dans la conclusion de son article aux pages 67-69, nous ne pouvons que renouveler les réserves que nous avons déjà exprimées : comment l'Âme peut-elle produire « le non-être » (III, 9 (13), 3, 11 : τὸ μὴ ὄν), « l'engendré sans vie » (III, 4 (15), 1, 7 : τὸ γεννώμενον ἄζων), « l'indétermination absolue » (*ibid.*, 11-12 : ἀοριστίαν [...] παντελῆ) ; que représente la matière précosmique ; par quel *pouvoir* peut-elle faire (III, 9 (13), 3, 10 : ποιεῖ) ou engendrer (III, 4 (15), 1, 6 : γεννᾷ) cette obscurité, image d'elle-même en-deçà d'elle ? De plus, D. O'Brien ne nous dit à proprement parler rien au sujet de la *nature* de la matière, sinon qu'elle est non-être, privation et sans vie. Que représentent ces dénominations par rapport à l'essence même de la matière, par rapport au sensible lui-même, eu égard à la matière intelligible, vis-à-vis de l'Un lui-même ? La matière sensible est-elle de même nature que la matière pré-hypostatique, mais comment expliquer alors sa puissance de négativité eu égard à son homologue intelligible ? Bref, si les pages de D. O'Brien rejoignent nos propres conclusions, au moins jusqu'à un certain point, elles n'en demeurent pas moins indécises quant au problème fondamental que représente, comme l'exprime fort bien le titre de l'article de D. O'Brien, l'origine et la nature de la matière chez Plotin.

montre ici qu'on peut considérer cette origine selon deux points de vue :
soit selon sa provenance intelligible, de ce point de vue l'Alexandrin fait
référence, dans le premier membre de l'alternative, au flux indéterminé qui
sourd éternellement de l'Un ; *soit* du point de vue de sa génération [second
membre de l'alternative], et en ce cas il s'agit de la matière comme ce qui
reste une fois que les hypostases se sont constituées en réalités intelligibles
et divines.

Or, nous savons maintenant que la surabondance de l'Âme inférieure
produit une matière vidée, en quelque sorte, de toute possibilité eidétique.
C'est pourquoi, bien que la matière précosmique ait son origine en l'Un, elle
n'est plus que la radicale limite inférieure de ce que l'Un éclaire, puisqu'elle est
le dernier produit de la plus inférieure des réalités divines, mais elle reste,
malgré tout, de par son origine, non séparée de l'Un « qui lui confère
l'existence par grâce ». Le fait de n'être pas séparée du Principe s'explique en ce
que sa génération « est une suite nécessaire des causes qui lui sont
antérieures ». Ainsi comprenons-nous qu'il puisse y avoir, même pour la
matière précosmique, une illumination venant de l'Un. En effet, elle reçoit en
elle l'illumination de l'Âme, reflet de l'illumination de l'Un. Si la matière
précosmique était totalement séparée de ce que l'Un produit, si elle était autre
que l'Un et autre que ce qui sourd de lui originairement, alors il ne pourrait y
avoir ne serait-ce qu'un semblant de participation de la matière avec la forme,
et il n'y aurait tout simplement pas de monde sensible.

La surabondance de l'Un et la matière pré-hypostatique du Νοῦς

Nous avons dit que la matière « sensible » est de même nature que le
flux indéterminé qui sourd de l'Un. En explicitant cette assertion, qui ne va
pas de soi, nous comprendrons mieux pourquoi la matière précosmique
générée par l'Âme est dite « image (εἴδωλον) de l'Âme » au traité 13[1].

Au traité 38 la matière est présentée comme étant engendrée par l'Un :

> Car la forme, ce n'est que la trace du sans forme. En effet le sans
> forme engendre la forme, ce n'est pas la forme qui engendre le sans
> forme, et il l'engendre quand une matière s'approche de lui [ὅταν
> ὕλη προσέλθη]. Mais la matière se trouve nécessairement éloignée de

---

1. III, 9 (13), 3, 15-16.

lui à l'extrême, parce que, d'elle-même, elle ne possède même pas l'une des formes les plus basses[1].

Pierre Hadot, dans son commentaire au traité 38, analyse ainsi la formule « le sans forme engendre la forme quand une matière s'approche de lui [(τοῦτο γοῦν γεννᾷ τὴν μορφήν, ὅταν ὕλη προσέλθῃ)] » : Plotin énonce là une loi générale valable à tous les degrés de la réalité. En effet, pour Pierre Hadot, « tout formant est, en quelque sorte, sans forme, par rapport à la forme qu'il produit lorsqu'un inférieur (= une matière : par exemple l'Âme par rapport à l'Esprit) se tourne vers lui et s'approche de lui. De cette matière relative se distingue la matière en soi, qui est opposée comme son contraire au sans forme absolu »[2]. Si nous comprenons bien le commentaire de Pierre Hadot, il y aurait ici à distinguer deux matières : une matière relative capable de recevoir la forme de son générateur et une matière en soi qui serait comme un principe opposé et indépendant du Bien[3]. Laissons de côté, pour le moment, le problème de la matière en soi et analysons ce que représente la matière relative. Celle-ci serait l'état premier de l'Intelligence lorsqu'elle s'offre à l'Un comme matière à informer, et l'état premier de l'Âme lorsqu'elle se convertit vers l'Intelligence pour recevoir la forme[4]. Nous pouvons donc en inférer que la forme aussi bien que les εἴδη sont l'exposition du Bien et sa manifestation, de même que la forme exprime l'ordre du principe à ce qui le suit. C'est ainsi que l'on peut comprendre que, par l'intermédiaire de l'Âme, la totalité des êtres sensibles se voit assigner à l'ordre de l'intelligible, et que, par l'intermédiaire de l'Intelligence, l'univers sensible dans sa totalité découvre la primauté de l'Un. Mais à cette matière relative, qui est pour Pierre Hadot, la matière intelligible, la matière "sensible" s'opposerait comme le contraire absolu du « sans forme ». Ainsi, si la matière relative procède bien de l'Un, comme étant la trace du sans forme, la matière en soi, c'est-à-dire la matière "sensible" qui est le contraire absolu de l'Un, ne peut en aucun cas procéder de lui, et il est même absurde dans ces conditions de supposer une pareille hypothèse[5].

1. VI, 7 (38), 33, 30-32 (traduction P. Hadot légèrement modifiée). Se reporter aussi au commentaire de P. Hadot, *Traité 38, loc. cit.*, p. 335.
2. P. Hadot, *op. cit.*, p. 335.
3. Ce qu'est la matière du traité 51 (I, 8) ; c'est qu'elle est alors non-être absolu, altérité-en-soi, infinie par elle-même, elle est présentée comme le principe du Mal, en opposition totale au principe du Bien qu'est l'Un.
4. *Cf.* V, 1 (10), 3, 6-9 et 6, 43-45.
5. Le texte de III, 4 (15) montre cependant que la matière n'est pas une cause indépendante ou un contraire absolu du Bien, totalement séparé du premier Principe. Tout au contraire, elle dérive ultimement, comme tout le reste d'ailleurs, de l'Un. En tant qu'indétermination absolue, elle est la fin d'un processus de dérivation qui a sa source en l'Un. En elle

Pourtant, il nous faut revenir à la possibilité de la génération de la matière précosmique depuis l'altérité intelligible. A cet égard, le traité 25 (II, 5) est sans doute le plus significatif, à condition de le lire comme une description de la matière précosmique en tant qu'*analogon inversé* de la matière pré-hypostatique, ou, si l'on préfère, comme l'image aberrante et inversée de l'altérité intelligible. En effet, en tant que la matière précosmique est la limite négative de la procession, nous pouvons faire l'hypothèse d'un parallélisme entre la dégradation de l'altérité intelligible en un absolu de négativité et d'indétermination et la position d'un principe de dégradation de l'énergie ontologique jusqu'au terme ultime de la procession. C'est ainsi que les paragraphes 4 et 5 du traité 25 (II, 5) analysent la matière précosmique comme existant en puissance sans jamais rien être en acte :

> Dès l'origine, la matière n'était aucune chose en acte, étant éloignée de toutes choses, et elle n'est pas devenue (οὔτε δὲ ἦν ἐξ ἀρχῆς ἐνεργείᾳ τι ἀποστᾶσα πάντων τῶν ὄντων οὔτε ἐγένετο); La matière est toujours ce qu'elle était à l'origine, or elle était non-être (εἴπερ ἄρα δεῖ ἀνώλεθρον τὴν ὕλην τηρεῖν, ὕλην αὐτὴν δεῖ τηρεῖν) [1].

La matière est donc infinie, indéterminée, sans forme, etc. Or, si ces attributs sont, en ce qui concerne la matière pré-hypostatique, positifs, ils sont, en revanche, concernant ce non-être qu'est la matière précosmique, parfaitement négatifs. En effet, si la matière précosmique est non-être, c'est

apparaissent les images sans vie de l'Âme qui, en tant que telles, ne peuvent porter plus loin l'expression de la puissance et de la perfection de l'Un. Voici ce texte : « De même que tout ce qui fut engendré sans forme et fut formé en se tournant vers le générateur et fut nourri, pour ainsi dire, de même en effet fut ceci [*i. e. :* la matière], quand elle fut engendrée, non plus une forme de l'Âme, étant sans vie, mais une complète indétermination. Car si l'indétermination se trouve aux niveaux supérieurs, elle est indéterminée dans la forme, n'étant pas quelque chose de complètement indéterminé, mais [indéterminé] par rapport à sa perfection. Mais elle est maintenant une indétermination totale. Quand elle est complétée elle devient un corps prenant une forme appropriée à sa capacité », III, 4 (15), 1, 8-15. Ce qui veut dire que l'indétermination première, celle de la dyade indéfinie, de l'ἀόριστος δυὰς (V, 4 (7), 2; V, 1 (10), 5), est positive dans la mesure où elle est puissance de tout, c'est-à-dire de l'Être et de la Forme. Ce n'est que lorsque, exténuée, cette indétermination générée par l'Âme inférieure est totale, lorsqu'elle est non-être réel, qu'elle est négative, c'est-à-dire non-acte et en puissance de rien. *Cf.* aussi ce texte tardif de Plotin : « La matière se rend maîtresse de ce qui est imaginé en elle, le corrompt, le détruit, en lui juxtaposant sa propre nature, contraire à la forme », I, 8 (51), 8, 18-20.

1. II, 5 (25), 5, 13-15 et 33-34 : « Si vraiment l'on veut conserver la matière comme indestructible, on doit la conserver comme matière ». Pour l'ensemble de ce traité 25, *cf.* J.-M. Narbonne, *Plotin. Traité 25 [II, 5]. Introduction, traduction, commentaire et notes*, Paris, 1998.

qu'elle ne peut avoir d'acte et donc ne peut, en s'actualisant, acquérir la forme. Il est donc impossible pour elle de devenir limite et être. De plus, n'étant puissance de rien, elle ne peut en aucun cas être acte pour elle-même. C'est pourquoi l'indestructibilité de la matière précosmique tout comme son *éternité* sont à mettre au compte de son inaptitude à pouvoir être autre chose qu'elle-même. Or, ce qu'elle est, nous le savons : elle est privation pure, parce qu'elle est inactualisation pure, ce qui signifie que son "être" consiste à ne pas être encore, consiste, écrit Plotin au traité 25, à être « une annonce (τὸ μέλλον) » [1] indéfiniment différée de ce qui viendra en elle et qu'elle ne sera jamais elle-même. C'est donc cette impassibilité de la matière précosmique qui exprime le mieux sa nature. De fait, elle n'est qu'une essence sans existence, une représentation sans réalisation possible, une puissance sans efficience. C'est sans doute en ce sens que nous devons comprendre ce passage du traité 26 dans lequel la matière est dite « *tombée* » de l'Âme, de l'Intelligence, de la vie, de la forme, de la raison, de la limite [2]. C'est dire que la matière précosmique se tient en-dessous de l'Âme inférieure et est produite par elle, car c'est le flux indéterminé provenant de l'Un qui devient, en étant généré par elle, un non-être réel, un non-être qui est une image et un fantôme, une aspiration à l'existence [3].

Approfondissons ce point. Nous avons remarqué que Plotin décrit, au traité 25 (II, 5), 5, l'origine de la matière précosmique ainsi que sa nature, qui est non-être. Mais de quelle origine s'agit-il ? L'Alexandrin fait-il ici référence à l'engendrement de la matière par l'Âme ou à l'altérité première qui s'écoule de l'Un ? Nous ne reviendrons pas sur le processus de l'apparition de la dyade indéfinie, nous avons déjà eu l'occasion de l'analyser [4] et d'argumenter sur les difficultés relatives à une telle question [5]. Arrêtons-nous, pour le moment, à la description de l'engendrement des hypostases à partir de cette matière pré-hypostatique. Nous pouvons dire que le moment de la dérivation du flux indéterminé à partir de l'Un s'inscrit comme mouvement de la procession, mais que dans le même temps, si nous osons le formuler ainsi, cette indétermination première *se convertit* vers son générateur et s'auto-réalise ainsi comme hypostase séparée. L'Un donne

---

1. II, 5 (25), 5, 4 ; *cf.* J-M. Narbonne, *op. cit.*, p. 58, ainsi que son commentaire p. 121 *sq.*

2. *Cf.* III, 6 (26), 7, 7-10 : « οὔτε δὲ ψυχὴ οὖσα οὔτε νοῦς οὔτε ζωὴ οὔτε εἶδος οὔτε λόγος οὔτε πέρας – ἀπειρία γὰρ οὔτε δύναμις τι γὰρ καὶ ποιεῖ ; ἀλλὰ ταῦτα ὑπερεκπεσοῦσα πάντα ». Pour ce texte et son commentaire, *cf.* B. Fleet, *op. cit.*, p. 169-170.

3. Cf. *ibid.*, 12-13.

4. Cf. *supra*, première partie, chapitre troisième, 2 « Un "vieux problème rebattu" : comment le multiple provient-il de l'Un ? », p. 64-74.

5. Sur cette difficile question voir aussi J. M. Rist, « The Problem of "Otherness" in the Enneads », in *Néoplatonisme*, *op. cit.*, p. 77-87.

donc à la fois la matière et la forme, il offre au flux indéterminé qui sourd de lui la forme dans la mesure même où cette altérité première se convertit vers lui et demeure auprès de son origine. C'est pourquoi nous avons pu dire que l'altérité première possédait en elle-même la possibilité de la réalité eidétique. Dans l'intelligible donc, l'indétermination originaire, la matière pré-hypostatique, possède en elle-même et par elle-même la forme par sa capacité d'acte. Matière et forme naissent donc, pour ainsi dire, *ensemble* dans l'intelligible ; la forme en tant qu'acte étant la limite qui vient enclore la matière par elle-même illimitée. La matière pré-hypostatique est par conséquent, pour le Noῦς, tout aussi bien facteur d'identité en tant que dimension constitutive des formes. C'est ainsi que nous pouvons identifier la conversion avec l'acte et, comme il y a simultanéité de la procession et de la conversion, nous pouvons aussi déclarer que dans l'intelligible tout est à la fois en acte et acte. Le fondement de la genèse ontologique est donc bien l'altérité puisque la matière pré-hypostatique *est* l'altérité première, et que l'Intelligence n'est séparée de l'Un *que par* l'altérité[1]. Mais si l'Être est autre que l'Un, si c'est l'arrêt et la conversion vers le Principe qui produisent l'Être, nous pouvons comprendre que l'apparition conjointe du Noῦς et de l'"Ον est le don que fait l'Un à l'hypostase seconde : l'Un donne la matière et la forme, il donne la forme qui n'est pas sienne, étant lui-même in-forme, et il donne la matière qui ne lui appartient pas davantage. Matière et forme constituent donc les premières déterminations dans l'intelligible. Mais, parce que le Noῦς est au plus près de l'Un, son acte est plus resserré, et les intelligibles qui naissent en lui de sa contemplation, la multiplicité des êtres ou des εἴδη, sont des actes. Ainsi, toutes les parties de l'Intelligence sont à la fois en acte et acte, et le rapport de l'Intelligence à ses contenus est comparable à celui de la science à ses théorèmes : aucune des parties de la science ne reste *en puissance*, mais toutes sont contenues dans la partie de la science qu'on examine présentement[2]. Mais alors que dans la

1. Plotin répète à loisir que τῇ ἑτερότητι μόνον κεχωρίσθαι, *cf.* par exemple, V, 1 (10), 6 ; II, 4 (12), 5.
2. *Cf.* IV, 9 (8), 5, 7 *sq.* : « La science totale a des parties telles qu'elle persiste dans sa totalité, bien que des parties dérivent d'elle. La raison séminale aussi est un tout d'où viennent les parties, en lesquelles elle se trouve naturellement partagée, et chaque partie est un tout et le tout demeure un tout non diminué (c'est la matière qui divise), et toutes les parties sont une. – Dans une science, dira-t-on, la partie n'est pas le tout ! – Sans doute, là aussi ce qui a été bien préparé et dont on avait besoin est une partie en acte, et cette partie est mise au premier rang ; mais toutes les autres parties laissées inaperçues en puissance s'ensuivent, et elles sont contenues dans cette partie ; et c'est peut-être ainsi qu'on parle là du tout de la science, et ici de la partie. Là, toutes les parties sont pour ainsi dire en acte à la fois, donc chacune de celles que vous voulez amener à usage est prête ; alors que dans la partie, seul est en acte ce qui est prêt, bien qu'elle soit comme renforcée par le voisinage du tout ; alors on ne doit pas se repré-

science les parties qui ne sont pas immédiatement profitables restent latentes ou *en puissance*, tandis que celle qui nous occupe est en acte, dans l'Intelligence, toutes les parties sont à la fois en acte. La matière pré-hypostatique, qui est le substrat des êtres intelligibles contenus dans le Noῦς, est elle-même *puissance de tout*, ce qui signifie qu'elle est elle-même active puisque, comme nous l'avons vu, la puissance qui est à l'œuvre dans l'altérité première est une puissance-active-productrice[1]. C'est pourquoi dans l'Intelligence tout est acte et le Noῦς lui-même est une unité en acte de puissances actives. La pensée de l'Intelligence est donc une activité qui se complaît en elle-même puisque :

> L'Intelligence est en elle-même et se possède elle-même dans l'immobilité de son éternelle satiété[2].

Pour le dire encore autrement, il n'y a pas du tout d'en puissance dans l'Intelligence car tout est déjà réalisé, tout est en acte et tous les êtres intelligibles sont actes. De même l'Intelligence est à la fois chaque intelligible et tous les intelligibles en même temps, elle est manifestée à notre entendement comme une présence simultanée en acte des êtres intelligibles divers[3]. L'Intelligence est donc une unité multiple, puisque sa multiplicité est toujours subsumée par l'acte qui la ramène à l'unité[4]. Ce qui prime dans l'Intelligence est donc l'unité, et cette unité est elle-même donnée par le substrat intelligible, la matière pré-hypostatique considérée par Plotin comme déjà acte dès lors que la conversion est amorcée.

Pour l'Âme, il n'en va pas exactement de la même façon. Nous avons vu que la matière pré-hypostatique, c'est-à-dire le substrat indéterminé à

---

senter cette partie comme isolée des autres théorèmes, sans quoi il ne serait plus question d'art ou de science mais d'un bavardage d'enfant. Si donc cette partie est épistémique, elle contient aussi en puissance les autres théorèmes. Ainsi en est-il du savant qui, connaissant une partie, amène avec soi comme par conséquent les autres. Ainsi le géomètre dans son analyse montre qu'un théorème contient tous les théorèmes antérieurs par lesquels l'analyse se fait, et les théorèmes postérieurs qui naissent de lui. Si donc nous trouvons pareille chose incroyable, c'est à cause de notre faiblesse, et en raison de l'obscurcissement dû à notre corps ; mais dans le monde intelligible tous et chacun étincellent ».

1. Cf. *supra*, Première partie, chapitre deuxième, 2 « L'Amour comme puissance infinie de l'Un », p. 45-54.

2. V, 9 (5), 8, 7-8.

3. La difficulté que nous avons à comprendre cela est ainsi signalée par Plotin : « c'est nous qui les concevons les uns avant les autres [*i. e.* : les êtres intelligibles] en les divisant ; car autre est l'intelligence qui morcelle, autre l'Intelligence indivisible qui, ne morcelant pas, est l'Être et tous les êtres » (V, 9 (5), 8, 19-22).

4. Nous avons vu par ailleurs [cf. *supra*, Deuxième partie, chapitre deuxième, 2 « L'Intellect pensant », p. 93-103] que cela était possible parce que l'activité de l'Intelligence est noétique.

partir duquel l'Âme va s'auto-constituer en hypostase, est déjà éloignée de sa source de la perfection de la seconde hypostase[1]. De plus, ce substrat indéterminé est ce qui s'écoule, ce qui surabonde de l'Intelligence lorsque celle-ci s'est auto-réalisée en existence séparée. Le flux indéterminé qui sert de substrat à l'Âme, est donc, si l'on ose dire, de « seconde main » et ne permet nullement à l'Âme une unité aussi compacte, aussi indivisible que dans la seconde hypostase. Nous avons donc ici un passage, réalisé par la matière pré-hypostatique, entre l'Un-multiple de l'Intelligence et le Un et multiple de la troisième hypostase. C'est pourquoi nous pouvons affirmer que la diversité intelligible atteint son plus haut degré en l'Âme parce que cette dernière a un désir double correspondant à sa double fonction, à la fois désir d'unité et d'éternité, c'est l'Âme supérieure, et désir d'extériorité et de multiplicité, c'est l'Âme inférieure[2]. De plus, l'impossibilité pour elle d'être une hypostase parfaitement actualisée, d'être, par ses contenus, une unité en acte de puissances actives à l'instar du Noῦς la scinde en deux et fait apparaître en elle une double nature. A la différence de l'Intelligence, l'Âme est dianoétique, elle ne peut donc subsumer sous l'unité, qui est un acte de penser noétique, la multiplicité qu'elle contient. Tout au contraire, elle a besoin d'examiner ses contenus un à un pour atteindre à la connaissance d'elle-même. C'est donc elle qui est semblable au théorème scientifique, dont parle Plotin au traité 8. En effet, l'Âme active une partie d'elle-même, par l'acte de penser qui lui est propre et qui est dianoétique, ceci a pour contrepartie la désactivation partielle des autres parties qui sont en elle. Autrement dit, il y a en l'Âme de l'en puissance et de l'acte. Voyons cela.

Lorsque l'Âme pense, elle actualise l'objet intelligible qu'elle pense en laissant les autres dans l'attente d'être pensés, dans l'en puissance de l'actualisation. Mais cet en puissance doit cependant être compris comme une activité au repos, comme une activité en réserve. Il y a donc une réelle différence entre l'activité pensante de l'Intelligence et celle de l'Âme[3]. Cette différence se manifeste, en outre, par la dualité à l'œuvre dans la troisième hypostase[4]. En effet, l'Âme se dédouble pour pouvoir se connaître, c'est-à-dire se penser; c'est pourquoi, alors que l'Âme supérieure reste auprès de l'Intelligence et la contemple, cette contemplation ne

---

1. Cf. *supra*, Troisième partie, chapitre premier « La production de l'Âme par le Noῦς », 1 et 2, p. 133-143.

2. Pour l'analyse détaillée de ce double désir de l'Âme correspondant à sa double fonction, cf. *supra*, Troisième partie, chapitre deuxième et chapitre troisième, p. 145-198.

3. *Cf.* I, 2 (19), 3, 24 *sq.* où Plotin dit que l'Âme a bien, elle aussi, une activité de pensée, mais différente de celle exercée par l'Intelligence. *Cf.* aussi J-M. Narbonne, *op. cit.*, p. 100-142.

4. Cf. *supra*, Troisième partie, chapitre deuxième, 1 et 2, p. 145-160.

produit pourtant qu'une connaissance imparfaite, car l'Âme ne peut connaître son générateur qu'à travers la connaissance qu'elle a d'elle-même, c'est-à-dire comme Un et multiple. On comprend mieux dès lors pourquoi, lorsqu'elle s'éloigne de sa partie supérieure, l'Âme inférieure est vis-à-vis d'elle dans un état d'altérité : elle est ce que l'Âme supérieure projette lorsque l'Âme-hypostase se dédouble afin de se comprendre et de se connaître, « afin d'examiner, en le comprenant (καταμανθάνουσα), ce qu'elle possède »[1]. Or, ce que l'Âme supérieure projette dans l'inférieure c'est ce qu'elle contemple dans l'Intelligence, c'est-à-dire les formes intelligibles. Elle les fait passer dans sa partie inférieure afin de pouvoir les parcourir une à une et, de cette façon, se les approprier. La descente de la partie inférieure de l'Âme est ce qui permet à l'Âme-hypostase de s'actualiser comme une totalité, ce qui lui permet d'atteindre, en même temps, à la connaissance de ses propres contenus et d'être ainsi une unité englobant en elle la totalité de ses contenus et de ses puissances. Mais cette actualisation n'est jamais, comme pour la seconde hypostase, l'actualisation immédiate et unifiante de la totalité de ses contenus, de même que l'Âme n'est jamais, comme c'est le cas du Νοῦς, la présence simultanée en acte d'êtres intelligibles pourtant distincts les uns des autres.

Mais le dédoublement de l'Âme a aussi une autre fonction dans le système plotinien de la procession. En effet, la troisième hypostase doit déployer, en l'actualisant, la puissance-productrice-active qu'elle reçoit de l'Intelligence. Autrement dit, le substrat intelligible, la puissance de réalisation eidétique, ne doit pas s'arrêter aux réalités divines, et c'est justement là le rôle de l'Âme inférieure qui organise l'univers sensible. Cependant, la matière pré-hypostatique, qui a d'abord été actualisée par l'Intelligence puis par l'Âme, est celle-là même, pensons-nous, qui s'épanche de l'Âme inférieure en une image obscure, dépourvue de *logos*, inintelligente et indéterminée, comme la définit Plotin au traité 13[2].

Ainsi, si nous avions à décrire cette puissance originaire, la matière pré-hypostatique, nous pourrions dire qu'elle ne s'achève pas dans l'acte d'auto-réalisation d'une hypostase mais surabonde de tous les actes auto-constitutifs. Cependant, en ce qui concerne l'intelligible[3], la puissance indéterminée qui sourd de l'Un se porte elle-même à l'actualité, elle est

1. III, 8 (30), 6, 28-29.
2. *Cf.* III, 9 (13), 3, 5-16.
3. Rappelons que nous utilisons, dans ce travail, le concept d'intelligible au sens large, c'est-à-dire ce qui contient les trois hypostases ou réalités divines. Le concept de monde intelligible peut être pris, quant à lui, soit dans son sens strict, à savoir comme l'ensemble des formes, des Idées, des essences ou des êtres véritables que l'Intelligence contient, soit dans un sens plus large, comme ce qui englobe la totalité des réalités intelligibles et divines.

puissance de toutes les εἴδη, et c'est bien cette multiplicité des formes qu'elle contient en elle-même, en tant qu'elle est puissance de tout, qui fait d'elle-même une puissance en état d'actualité. Et c'est pourquoi dans l'intelligible cette puissance indéterminée, qui est en même temps actualisée et actualisante, est appelée vie. Elle a été aussi reconnue par nous, dans nos analyses antérieures, comme la proto-vie, la vie sous-jacente à l'acte proprement dit. La présence de l'origine, dans l'intelligible, est donc portée par la proto-vie qui s'actualise, l'acte exprimant à son tour l'identité de la forme et de la vie [1]. Ainsi, ce que charrie la proto-vie, la matière pré-hypostatique, est la pluralité eidétique non encore différenciée, la vie non encore actualisée. L'indétermination et l'infinité qui caractérisent la matière pré-hypostatique issue de l'Un ne doivent donc pas être méprisées puisque, d'après Plotin lui-même,

> on ne doit pas mépriser partout (πανταχοῦ) ce qui est indéfini, ni ce qui, par son propre concept serait informe, s'il est en mesure de s'offrir aux choses qui le précèdent et au meilleur des êtres [2].

Nous comprenons le « πανταχοῦ » de cette citation en un sens fort : l'indéfini non méprisable est celui de la matière pré-hypostatique car elle seule possède en elle-même la possibilité de passer de vie indéfinie à vie définie en recevant les εἴδη. Or, nous savons aussi que dans l'intelligible il n'y a pas de moment temporel où la matière pré-hypostatique aurait été d'abord ceci pour devenir ensuite cela. La notion « d'avant » apporte simplement, eu égard à la citation du traité 12, une précision, un sens logique. Il faut donc comprendre, à l'inverse du sens temporel, que la matière intelligible n'a jamais été *à un moment donné* indéfinie ; et ce d'autant plus qu'elle porte en elle-même la ressource de la conversion. C'est pourquoi elle est toujours déjà une vie active et intelligente qui se porte elle-même d'elle-même vers ce qui lui est supérieur [3]. C'est donc l'indéfini de la matière précosmique ou "sensible", qui est méprisé et méprisable, car cette matière est réellement informe, n'ayant plus en elle-

---

1. *Cf.* par exemple, VI, 7 (38), 18, 3 *sq.*

2. II, 4 (12), 3, 1-3 (traduction J. M. Narbonne), πρῶτον οὖν λεκτέον ὡς οὐ πανταχοῦ τὸ ἀόριστον ἀτιμαστέον, οὐδὲ ὃ ἂν ἄμορφον ᾖ τῇ ἑαυτοῦ ἐπινοίᾳ, εἰ μέλλοι παρέχειν αὐτὸ τοῖς πρὸ αὐτοῦ καὶ τοῖς ἀρίστοις.

3. J.-M. Narbonne, dans son ouvrage *Traité 25, loc. cit.*, définit ainsi la matière intelligible : « Il faut donc penser la matière intelligible comme immatérielle, comme *un réceptacle nerveux* qui relie les différentes formes intelligibles entre elles et les rend toutes présentes à toutes, comme le Démiurge lui-même, en tant qu'intellect, "reçoit" en sa pensée les Idées pour pouvoir les combiner à sa guise », (souligné par l'auteur, p. 107-108). Ceci est vrai mais incomplet. La matière indéterminée qui sourd de l'Un va jusqu'au sensible, elle est *aussi* la matière générée par l'Âme inférieure.

même la capacité de la conversion. Nous pouvons dès lors dire que, puisque la matière intelligible est porteuse de l'énergie ontologique issue de l'Un, elle est *puissance de toutes choses*, qu'elle est ce qui porte en soi la ressource de la conversion et ce qui est capable de mener à l'acte. En ce sens, elle est déjà acte, et, en tant que telle, productrice d'autres actes. C'est cette « puissance parfaite »[1] qui définit le mieux la matière intelligible, puisque cette puissance est toujours corrélée, dans l'esprit de Plotin, à l'acte[2]. En effet, il existe indéniablement, pour l'Alexandrin, une parfaite adéquation entre la matière pré-hypostatique, son type propre d'infinité, la vie et l'acte[3]. Les multiples appelations de ce qui sourd hors de l'Un : dyade indéfinie, pensée pré-noétique, vision indéterminée, désir flou, vie infinie, énergie première, infini, etc., n'ont d'autre signification que celle d'une nécessité doctrinale de la matière pré-hypostatique. Cependant, si par ὕλη on doit entendre ce qu'entendait Aristote, à savoir ce qui est toujours en puissance, alors la matière intelligible plotinienne n'est pas la ὕλη aristotélicienne puisqu'elle n'est *jamais* en puissance. Elle est pourtant bien *matière* dans la mesure où elle s'offre comme substrat des formes qu'elle reçoit, dans la mesure où elle est *la* puissance active de toutes les formes contenues dans l'Intelligence : elle est la *puissance-active-productrice de tout*. Elle est aussi vie première car elle actualise dans l'Intelligence, mais aussi en l'Âme, moins parfaitement cependant, ce dont elle est la puissance-active-productrice[4]. C'est donc surtout dans la seconde hypostase que l'on perçoit la perfection de la puissance qui est en même temps acte et vie de la matière divine. A ce propos, Jean-Marc Narbonne écrit :

> Cette puissance intelligible, à la fois actualisée et actualisante, est celle que Plotin désigne ultimement comme vie[5].

---

1. *Cf.* Proclus, *Eléments de Théologie*, proposition 78 : « La puissance qui est capable de mener à l'acte est en effet parfaite ; car à travers ses propres activités, elle rend les autres choses parfaites ; or ce qui peut rendre parfaites d'autres choses est lui-même plus parfait […]. En conséquence, la puissance parfaite est celle qui *réside dans l'actualité et qui est génératrice d'actualité* » (nous soulignons).

2. *Cf.* par exemple, II, 5 (25), 2, 32-34 : « En effet, ce qui est *en puissance* tient son être en acte d'un autre, tandis que *la puissance*, c'est ce dont elle a le pouvoir par elle-même qui est son acte » (nous soulignons).

3. *Cf.* II, 4 (12), 5, 15-16 : « La matière divine en recevant ce qui la définit possède une vie définie et intelligente ».

4. Pour la corrélation de l'acte et de la vie dans les *Ennéades*, *cf.* I, 1 (53), 6, 6, 12, 17 ; I, 4 (46), 2, 12 ; I, 5 (36), 1, 5 ; I, 7 (54), 1, 2 ; III, 2 (47), 16, 18-19 ; III, 7 (45), 6, 10 ; III, 8 (30), 5, 13, 10, 3 ; IV, 5 (29), 6, 28, 7, 52 ; *cf.* aussi *Lexicon Plotinianum*, J. H. Sleeman et G. Pollet, Louvain, 1980, p. 377-378.

5. *Traité 25, op. cit.*, p. 114.

L'exposé de ce qu'est cette puissance indéterminée culmine donc en un écho du « Vivant total » du *Timée*[1] et à la vie inhérente à « l'Être total » du *Sophiste*[2]. Le monde intelligible est « un lieu de vie » où tout est vivant à la fois, où « toutes choses surabondent et, en quelque sorte, bouillonnent de vie »[3]. Il est donc nécessaire, comme Plotin l'écrit encore, que « l'Intelligence vive toutes les vies et sous tous les modes, et qu'il n'y ait rien qu'elle ne vive », et cela est possible dans la mesure où « l'acte de ce qui, là-haut, est premier (*à savoir l'acte de l'Intelligence*), est à la fois tous les actes »[4]. La perfection de la seconde hypostase tient donc dans l'unité de la matière et de la forme puisque la matière est, au niveau de l'intelligible, toujours déjà forme, de même que ce qui est forme et idée est toujours déjà matière[5]. La réciprocité de la matière *une,* substrat des formes et des idées *plurielles* dans la mesure, naturellement, où elles sont prises en une matière, confère à l'Intelligence une structure telle qu'en se pensant elle pense en même temps la totalité des intelligibles qui sont en elle ; de même que chaque intelligible est à la fois lui-même et tous les autres grâce à l'altérité que lui confère la matière, mais aussi grâce à l'unité qui fait que chaque forme est inscrite dans un même substrat : la matière intelligible. De plus, l'Intelligence est la vie première, l'archétype de toute vie parce que la matière pré-hypostatique, la proto-vie, est le réceptacle vivant de la totalité des formes ou des idées. L'ἐπιστροφή, la conversion du flux indéterminé vers son propre producteur, produit la matière pré-hypostatique et celle-ci est

> la matière divine [qui] en recevant ce qui la définit, possède une vie définie et intelligente[6].

Au niveau de la seconde hypostase donc, la matière pré-hypostatique équivaut à l'acte, à la vie, à l'unité des εἴδη, à la forme. En tant que proto-

---

1. *Cf.* Platon, *Timée* 31 a, 39 d.

2. *Cf.* Platon, *Sophiste* 248 e.

3. VI, 7 (38), 12, 22-23.

4. VI, 7 (38), 13, 15 et 4). C'est aussi pourquoi la proto-vie, actualisée par l'acte de l'Intelligence, devient, comme vie de la seconde hypostase, *l'archétype de toute vie ;* cf. *supra,* Deuxième partie, chapitre troisième, 1 « La vie est le bien propre du Noῦς », p. 104-117.

5. La matière intelligible est, comme nous l'avons vu, le substrat, en lui-même indéterminé (puisqu'il s'écoule *infini*, (ἄπειρον, VI, 6 (34), 3, 1) hors de l'Un), des formes intelligibles et qui en rend possible l'unité : « les multiples formes dans l'unité sont en une matière, qui est cette unité, et elles sont ses formes » II, 4 (12), 4, 15-16.

6. II, 4 (12), 5, 15-16 (traduction J. M. Narbonne légèrement modifiée).

vie, c'est-à-dire vie indéterminée, infinie, énergie première[1], elle est déjà acte et intelligence puisqu'elle a la ressource par elle-même de la conversion vers son Principe.

Bien que l'Âme soit elle aussi formée de la même matière pré-hypostatique, elle est moins parfaite que l'Intelligence puisqu'il suffit, dans le système plotinien, de s'éloigner du Principe premier pour être moins parfait que ce qui précède, pour avoir moins d'unité et moins d'être que ce qui est immédiatement supérieur. En ce sens l'Âme a une vie au sein de laquelle le multiple domine, de même que son acte a moins de cohésion interne que celui du Noῦç. On peut aussi exprimer cette différence comme suit : alors que la seconde hypostase est dans un rapport d'indépendance vis-à-vis de l'Un, l'Âme est dans un rapport de totale dépendance vis-à-vis de son engendreur. C'est donc cette Âme moins parfaite qui est la cause du surgissement de la matière précosmique ou, plus exactement, c'est d'elle que la matière précosmique provient.

---

1. *Cf.* pour toutes ces déterminations, les traités 7 (V, 4), 2, 4 ; 49 (V, 3), 11, 11-12 et 38 (VI, 7), 17, 14-15 : « Au moment où la vie commence à diriger son regard vers le Bien, elle est encore illimitée ».

CHAPITRE II

L'ENGENDREMENT DE LA MATIÈRE PRÉCOSMIQUE PAR L'ÂME

LE DÉSIR INDÉTERMINÉ DE L'ÂME PRODUIT LA MATIÈRE

Pour comprendre comment l'Âme inférieure produit la matière précosmique, nous devons d'abord nous souvenir que l'Âme est double. Elle est, en effet, éternelle dans son union à l'Intelligence, [c'est là ce que Plotin appelle l'Âme supérieure] et temporelle[1] pour ce qui concerne sa fonction déterminée d'organisation du sensible et surtout d'intermédiaire entre le sensible et l'intelligible [c'est là l'Âme inférieure]. Or, si l'essence de l'Âme supérieure est de contempler l'Intelligence, à l'instar de la nature du Noῦς dont l'activité propre est la contemplation de l'Un, la fonction spécifique de sa partie inférieure est de créer et d'organiser la matière sensible[2] en un monde cohérent. De même il lui revient de gouverner cet univers sensible conformément à l'ordre et à la beauté que sa partie supérieure contemple dans l'Intelligence. Or, entre l'intelligible et le sensible qu'elle organise, l'Âme génératrice de la matière précosmique constitue le dernier relais du processus de dérivation ayant comme point de départ une matière intelligible indéterminée parfaitement positive et comme terme ultime d'arrivée la matière précosmique totalement

---

1. Rappelons que la temporalité de l'Âme inférieure n'est pas spatiale, que le temps vie de l'Âme est intelligible, et qu'il n'est nullement encore celui du devenir sensible. *Cf.* à ce propos *supra*, Troisième partie, chapitre deuxième, 2 « L'Âme comme puissance organisatrice », p. 151-160.

2. Rappelons que nous appelons matière sensible, la matière précosmique devenue *corps* grâce à l'information première de l'Âme-Nature. Les âmes viendront, par la suite, donner forme et vie particulières à ces esquisses-corps. *Cf.* III, 8 (30), 4, 1-14.

indéterminée, d'une indétermination toute négative. En cette matière totalement privée de détermination, apparaissent les images sans vie de l'Âme, derniers feux de l'expression de la puissance et de la perfection du Premier.

Pourtant, et c'est la question qui, en droit, se pose à moins de prétendre que c'est le Bien qui mène en droite ligne au mal que représente la matière précosmique, il faut soutenir que pour passer de l'Un à l'autre, de l'Être/ Bien au non-être/matière, il y a nécessairement un moment limite, un arrêt à partir duquel il faut faire le saut dans le non-être. Ce point d'articulation est l'Âme inférieure. Notre thèse est en effet que l'Âme inférieure, en créant le sensible, rompt avec la continuité de la procession *et qu'elle répète, tout en le pervertissant, en générant l'indétermination absolue qu'est la matière précosmique, le geste inaugural de l'Un.* C'est ce qu'il nous faut à présent analyser.

Revenons, pour comprendre comment l'Âme engendre à nouveau elle aussi l'indétermination totale, au texte du traité 13[1]. Dans ce texte, Plotin affirme que l'aspiration de l'Âme à être elle-même échoue. Cet échec est producteur d'une image qui lui est semblable et qui n'est autre que l'indétermination absolue procédant d'elle. Notons pourtant qu'à ce stade l'Âme "surabonde", pour ainsi dire, et que cette production n'implique pour l'instant aucune participation active de sa part à la venue de cet en-deçà d'elle-même[2] : l'Âme surabonde une image d'elle-même totalement indéterminée lorsqu'elle tourne ses regards vers elle-même, lorsque sa vision est *interne.* Jusque là nous sommes encore dans le schéma de la procession/conversion classique où le regard vers soi est en même temps regard vers le supérieur. Cependant, à y regarder de plus près, il n'en va pas réellement ainsi puisqu'ici le regard intérieur de l'Âme n'est pas en même temps un regard vers le supérieur. C'est pourquoi l'indétermination absolue qui s'échappe d'elle change aussi de nature : d'être elle devient non-être. C'est donc, à n'en pas douter, du même flux indéterminé originaire dont il est ici question, mais la matière pré-hypostatique qui est toute

1. *Cf.* III, 9 (13), 3, 5-16. Ce texte que nous suivons depuis le début de notre étude sur la matière précosmique est comme le fil d'Ariane de notre travail.

2. Rappelons, pour mémoire, ce fragment de texte : « L'Âme inférieure, lorsqu'elle se porte vers celle qui est au-dessus d'elle, est illuminée, et elle rencontre l'Être ; mais quand elle se porte vers ce qui est au-dessous d'elle, elle va vers le non-être. *Et c'est ce qu'elle fait lorsqu'elle se porte vers elle-même ; car, lorsqu'elle aspire à elle-même, elle produit au-dessous d'elle une image d'elle-même, le non-être,* comme si elle marchait dans le vide et devenait ainsi plus indéterminée. De même son image est indéterminée et totalement obscure, à la fois irrationnelle et inintelligente, elle se tient à une très grande distance de l'Être », III, 9 (13), 3, 7-14 (nous soulignons).

positivité et totalement être dans l'intelligible devient, engendrée par l'Âme inférieure, une image (εἴδωλον) de celle-ci, le non-être (τὸ μὴ ὄν), l'indéfini (τὸ ἀόριστον). C'est que l'acte de l'Âme inférieure, comme nous l'avons vu au précédent chapitre, n'est jamais achevé, parce que son désir n'est jamais comblé[1]. Le retour sur soi qu'elle amorce en aspirant à être elle-même ne peut donc en aucun cas s'achever en une unification d'elle-même, ni trouver son achèvement dans la contemplation de son principe. Tout au contraire, le seul fait de se contempler elle-même produit, du fait que cette contemplation est totalement affaiblie, une image d'elle-même qui est le non-être ou la matière précosmique. Ajoutons encore qu'il ne faut guère s'étonner de retrouver ici un principe général qui parcourt l'ensemble des *Ennéades* lorsqu'il s'agit d'engendrement. En effet, ce principe veut que tant qu'une hypostase contient en elle-même la puissance-active-productrice elle ne doit pas rester stérile, mais doit engendrer une image d'elle-même qui lui est nécessairement inférieure. Or, dans l'intelligible l'image ne reste pas image mais s'auto-constitue, c'est-à-dire s'actualise et s'achève par le regard porté vers le générateur, qui est en même temps regard tourné vers elle-même. De cette façon, l'acte/conversion est le moment radicalement constituant de la procession, le coup d'arrêt qui place d'emblée l'image dans l'être. L'acte/conversion *résorbe* donc l'écart institué par la procession et permet ce contact ineffable, immatériel, instauré par la contemplation de l'être générateur[2]. Or, nous savons que le statut de l'Âme est ambigu et relève d'une double participation, soit qu'on considère l'Âme dans sa relation à l'Intelligence – c'est là sa partie supérieure parfaite et éternelle comme la seconde hypostase auprès de laquelle elle reste –, soit

---

1. Cf. *supra*, Troisième partie, chapitre troisième, 4 « Le problème particulier de l'ἔρως de l'Âme inférieure », p. 180-198.

2. Souvenons-nous, par exemple, que l'Intelligence, en tant que premier accomplissement de la procession, trouve sa raison d'être et son origine dans la surabondance de l'Un. Or la dérivation de la matière indéterminée et intelligible est antérieure à toute procession et conversion interne. Le passage de l'Un à l'Intelligence s'énonce donc comme suit : « Le Premier demeure dans l'état qui lui est propre ; mais en même temps, de la perfection et de l'énergie qui lui sont immanents, vient une énergie engendrée qui, dérivant d'une si grande puissance, de la Puissance suprême, *va jusqu'à l'Être* – τὸ εἶναι – et l'essence », V, 4 (7), 2, 34-39. De même, la procession-constitution de l'Âme à partir de l'Intelligence s'opère par l'intermédiaire d'une image indéterminée qui sourd du Νοῦς et se constitue en Âme-hypostase grâce au regard contemplateur qu'elle tourne vers son origine : « L'Intelligence, du seul fait de sa perfection, engendre l'Âme. En effet, un être parfait doit engendrer, et une si grande puissance ne doit pas rester stérile. Mais il n'était pas possible ici encore, que l'être dérivé fût supérieur à son principe : *image* du générateur, il lui est inférieur ; de même, il est de lui-même *indéterminé*, puis déterminé et informé par le principe générateur », V, 1 (10), 7, 36-41 (nous soulignons) ; *cf.* aussi V, 1 (10), 6 ; IV, 8 (6), 3.

qu'on la considère dans sa relation à ses dérivés[1]. Mais si le regard auto-contemplateur de l'Âme supérieure est en même temps auto-constituant, force est de reconnaître qu'il n'en va pas de même pour la partie inférieure. En effet, lorsque cette dernière tente de se contempler elle-même dans un acte de conversion vers soi, lorsqu'elle désire être avec elle-même, elle fait, du même coup, *avorter* le processus auto-constituant qui va de pair, en règle générale, avec le regard contemplateur. L'échec de l'auto-constitution de l'Âme inférieure en hypostase produit néanmoins une image, mais celle-ci est sans réalité. Examinons ce point.

Nous savons que l'Âme inférieure, procédant de la supérieure, a en elle une « puissance agitée », qu'elle aspire sans cesse à un objet transcendant qui lui manque et que, par là-même, elle est incapable de garder son unité interne. C'est pourquoi l'Âme inférieure a vocation au temps : son unité se disperse et se distend par incapacité à coïncider avec elle-même. De façon analogue, l'altérité qui est en elle se manifeste comme un acte incessant, jamais achevé nécessitant la temporalité pour s'exprimer. La temporalité de l'Âme inférieure est donc l'expression d'un acte qui se manque à lui-même, l'expression d'une Âme qui ne se suffit pas à elle-même. Le temps permet donc à l'Âme inférieure d'accomplir un acte après l'autre. Mais il n'est ainsi que l'image de l'unité de l'Intelligence, c'est pourquoi il ne lui procure qu'une unité dans le continu car il s'exprime par une progression à l'infini et se manifeste comme un tout qui est toujours partie par partie et toujours à venir[2]. L'échec de l'Âme inférieure à coïncider avec elle-même, à se réaliser comme hypostase achevée, se convertit par là, grâce au temps qui est sa vie en même temps que son acte, en puissance de réalisation. C'est ainsi que sa contemplation débile produit une *image* à contempler qui est un pur non-être. Ce produit n'est, en outre, rien d'autre que le dernier avatar du flux indéterminé qui a d'abord surabondé de l'Un, s'est converti ensuite en Intelligence, a surabondé à nouveau de la seconde hypostase, puis s'est une fois de plus converti pour donner l'Âme. Cette dernière, dans son actualisation affaiblie a également procédé, mais cette procession interne n'a eu pour résultat que de l'exprimer comme duelle. C'est ainsi que la dernière partie de l'Âme, incapable d'actualiser en une unité achevée l'indétermination qu'elle a reçue de sa partie supérieure – et qui la constitue –, parce qu'en elle prédomine le souci, l'insatisfaction et l'inquiétude, et parce qu'elle ne possède aussi rien par elle-même, génère seulement une image

---

1. *Cf.* IV, 8 (6), 3, 26-28 : « En jetant son regard sur la réalité antérieure, elle pense ; en le posant sur elle-même, elle se conserve ; en l'inclinant sur ce qui la suit, elle ordonne, gouverne, commande » (il s'agit, bien entendu, de l'Âme).

2. *Cf.* III, 7 (45), 11.

d'elle-même obscure et indéterminée : la matière précosmique[1]. Le produit de l'Âme inférieure est, de ce fait, un sous-produit qui va avoir des caractéristiques totalement inverses de celles de la matière pré-hypostatique. Ainsi, la matière précosmique enfantée par l'Âme inférieure est-elle le dernier échelon, le dernier état du flux indéterminé dont l'origine se situe en l'Un.

L'Âme engendre la matière en reproduisant le geste inaugural de l'Un

Nos analyses nous ont amené à un point fort difficile du processus d'engendrement de la matière par la partie inférieure de la dernière des réalités divines et intelligibles. En effet, nous pensons que l'indétermination totale issue de l'Âme inférieure et de son imperfection native est l'expression d'un réel engendrement, mais qu'en même temps, l'Âme, par cet engendrement, inaugure un nouvel ordre, celui du sensible, *totalement étranger à l'intelligible*. C'est *cette production*, par la partie inférieure de la troisième hypostase, d'un nouvel ordre à côté de l'intelligible que nous avons appelé *le geste inaugural de l'Âme*.

De fait, des expressions telles que : « comme si elle [*i. e.* : l'Âme] marchait dans le vide (οἷον κενεμϐατοῦσα) », ou encore : « en devenant plus indéterminée (ἀοριστοτέρα γινομένη) »[2], montrent qu'il s'agit, pour l'Âme, d'un engendrement qui marque une rupture avec le type d'engendrement processionnel qui a lieu dans l'intelligible pour les réalités divines. Le problème de la production de la matière précosmique manifeste aussi à quel point l'acte de l'Âme inférieure s'exténue et se perd dans l'inconsistance. En effet, l'Âme inférieure, qui reste indéterminée eu égard à sa partie supérieure qui, elle, est illuminée et réside dans l'être, exprime une

---

1. *Cf.* les analyses de D. O'Brien concernant cette même question dans « Plotinus on Evil », art. cit., p. 127-128, et 137-138.

2. III, 9 (13), 3, 9-12. Pour une analyse quelque peu différente de la nôtre concernant l'engendrement de la matière par l'Âme, *cf.* D. O'Brien, *Théodicée plotinienne...*, *loc. cit.*, p. 19-35. Pour cet auteur, c'est l'âme particulière qui engendre la matière : « La matière n'existe pas indépendamment de l'âme ; car c'est l'âme qui la produit lors de sa descente ; et c'est encore l'âme qui transforme cette matière en corps », p. 26-27 ; *cf.* aussi p. 61-68. Nous ne pouvons adhérer à ces analyses pour les raisons développées dans ce travail. Concernant l'engendrement de la matière par l'Âme, *cf.* le très complet travail de K. Corrigan, *Plotinus'Theory of Matter-Evil and the Question of Substance : Plato, Aristotle, and Alexander of Aphrodisias*, Recherches de Théologie ancienne et médiévale (3), Louvain, 1996, plus particulièrement le chapitre 6, p. 257-298.

protension génératrice d'obscurité qui l'éloigne de l'être et la fait
« accoucher » du non-être. Cependant, Plotin ajoute que la production de la
matière précosmique ne fait pas sortir l'Âme d'elle-même, pas plus qu'elle
ne lui fait abandonner son lieu intelligible :

> A ce moment là, l'Âme est encore dans la région intermédiaire, à sa
> propre place [1].

De plus, ce n'est pas par perfection qu'elle produit, mais parce qu'en
elle il y a une perte d'unité et une perte d'*energeia* par rapport aux réalités
intelligibles qui lui sont antérieures. C'est pourquoi ce que produit l'Âme
inférieure est un *analogon* inversé de la matière pré-hypostatique. De fait,
les *Ennéades* sont parsemées de textes qui suggèrent que la matière
précosmique serait, en quelque sorte, une image inversée de l'altérité
intelligible, comme vidée de ce que la matière pré-hypostatique possède en
elle-même et par elle-même. C'est en ce sens que Plotin, dans des textes se
référant à l'indéterminé en-deçà de l'Âme, laisse entendre que la matière
précosmique existe seulement *en puissance* et qu'elle n'est, de ce fait,
jamais rien en acte [2] – à l'inverse de la matière intelligible qui possède en
elle-même la possibilité de la réalité eidétique puisqu'elle est *puissance de
tout*. La matière précosmique est donc un non-être en ce sens qu'elle n'est
ni ne sera jamais aucun des êtres qui se succèderont en elle. En outre, étant
informe par nature, elle ne peut jamais être modifiée par la forme des êtres
qui s'actualisent en elle. Mais il y a plus.

En effet, Plotin écrit, au traité 25, que la matière précosmique « a fui la
nature des êtres véritables, πέφευγε μὲν τὴν τῶν ὡς ἀληθῶς ὄντων
φύσιν » [3], ce qui signifie qu'elle s'est échappée de l'intelligible et que cette
fuite a été rendue possible par l'Âme inférieure. Dans ce même traité,
l'Alexandrin insiste sur le fait que cet indéterminé issu de l'Âme inférieure
en est comme expulsé et rejeté (οἷον ἐκριφεῖσα) [4] et est ainsi sorti de l'Être
véritable (ἐκβεβηκὸς τοῦ ἀληθῶς εἶναι) [5]. La matière précosmique, dont la
provenance est bien celle de l'altérité intelligible, change donc de signe, si
l'on peut dire et, de positive qu'elle était pour les réalités intelligibles et
divines, devient négative pour ce qui vient après l'Âme. A ce propos, un
autre texte de Plotin nous paraît tout à fait significatif, car il vient confirmer
ce changement de polarité de l'altérité première et indéterminée :

---

1. III, 9 (13), 3, 14-15 (εἰς δὲ τὸ μεταξύ ἐστιν ἐν τῷ οἰκείῳ).
2. Cf. par exemple, II, 5 (25), 4 et 5.
3. II, 5 (25), 4, 15.
4. Cf. *ibid.*, 11.
5. Cf. *ibid.*, 28.

Elle [*i. e.* : la matière précosmique] apparut lorsque les êtres intelligibles se furent déjà arrêtés et, prise par ceux qui vinrent à l'existence après elle, elle s'établit dernière parmi ceux-ci. Donc, ayant été prise par les deux classes de l'être, elle ne saurait être en acte aucune des deux, seul lui étant laissé d'être *en puissance*, une sorte de fantôme chétif et obscur, incapable d'être informé[1].

La matière précosmique est donc, comme le dit on ne peut plus clairement ce texte, *antérieure* aux êtres sensibles et *postérieure* aux êtres intelligibles[2], ce qui signifie que, tout en ayant pour origine l'altérité intelligible, elle n'en est néanmoins que le résidu, l'excédent qui n'a pu trouver place dans l'actualisation des hypostases. Cependant, dans le même temps, parce qu'elle est générée par l'Âme inférieure, elle résulte d'une procession exténuée et de l'écart instauré par cette procession débile eu égard à l'essence paradigmatique. La matière précosmique est l'effet dernier de l'altérité qui sourd de l'Un, elle est le fruit d'une protension génératrice de l'Âme. Il n'y a donc rien d'irrationnel dans la production de l'Âme inférieure, l'irrationnel (mais c'est un irrationnel de pure analogie[3]) étant

---

1. II, 5 (25), 5, 17-23, τῶν δ'ὄντων ἤδη παυσαμένων ἐκείνων φανεῖσα ὑπό τε τῶν μετ'αὐτὴν γενομένων καταληφθεῖσα ἔσχατον καὶ τούτων κατέστη. ὑπ'ἀμφοτέρων οὖν καταληφθεῖσα ἐνεργείᾳ μὲν οὐδετέρων ἂν εἴη, δυνάμει δὲ μόνον ἐγκαταλέλειπται εἶναι ἀσθενές τι καὶ ἀμυδρὸν εἴδωλον μορφοῦσθαι μὴ δυνάμενον. οὐκοῦν ἐνεργείᾳ εἴδωλον· οὐκοῦν ἐνεργείᾳ ψεῦδος.

2. A rapprocher de VI, 3 (44), 7, 3-6, texte dans lequel c'est l'Âme qui est dite *dernier logos* des intelligibles et *premier logos* du sensible (*cf.* aussi IV, 6 (41), 3, 5-7). Cette place mitoyenne permet aussi à l'Âme, comme nous l'avons vu dans la section précédente, d'avoir une fonction d'intermédiaire entre l'intelligible et le sensible. Or, comme ce qu'elle crée dans la matière sensible, les êtres sensibles, ne sont que des fantômes, des traces des êtres intelligibles, de même la matière précosmique qu'elle produit est à la fois *l'excédent* de l'hypostase intelligible, ce qui reste lorsque la totalité des êtres intelligibles et des réalités divines se sont constituées. Elle est aussi le double inversé de l'altérité intelligible, puisque l'Âme la produit pour avoir la même fonction que celle de l'altérité intelligible, à savoir être le substrat sensible des êtres sensibles. Il faut donc bien que l'Âme produise cette altérité précosmique en premier, eu égard à l'univers sensible constitué, mais ce qu'elle génère n'est, néanmoins, que l'image aberrante de la matière intelligible.

3. En effet, la matière précosmique est conçue, au traité 25 (II, 5), chapitres 4 et 5, comme ce qui est sorti, a été rejeté, ou a fui l'Être véritable, comme « une ombre de la raison », « une chute de la raison » (ἔκπτωσις λόγου, VI, 3 (44), 7, 8-9). Si la matière "sensible" est dite irrationnelle, c'est bien parce que le *logos* appartient aux réalités divines et intelligibles, alors qu'ici-bas ne règne qu'un *logos* mort, image vidée de toute substance par rapport à son modèle intelligible. Pour la description, par Plotin, du *logos* mort que produit l'Âme, *cf.* III, 8 (30), 2, 29-32 : « La nature (*physis*) est une forme rationnelle (*logos*) qui produit une autre forme rationnelle engendrée par elle ; cette dernière donne quelque chose au substrat [*i. e.* : la matière], mais reste, elle-même, immobile. La forme rationnelle qui est

tout entier concentré dans la matière précosmique. Après son engendrement par l'Âme inférieure l'altérité intelligible devenue, de par cet engendrement, altérité précosmique est tout entière *en puissance*, elle qui était, en tant qu'altérité intelligible, *puissance de tout*. La matière précosmique, qui est strictement en puissance, est aussi non-être et obscurité, tout comme elle est informe, irrationnelle, inintelligente et *morte*. Ce dernier qualificatif se justifie dans la mesure où, dans le système plotinien, la vie appartient à l'acte, y compris à un acte inférieur, et s'identifie même totalement à lui [1]. Mais nous savons à présent que la matière précosmique, qui n'a en elle-même aucune capacité à l'actualisation, pas plus qu'elle ne trouve en elle de ressource suffisante pour se convertir vers son générateur et, par cette conversion, s'actualiser, ne possède de la sorte aucune vie, et n'a même aucun pouvoir vivifiant par elle-même. Or, nos analyses nous ont permis d'établir que la proto-vie, l'altérité originaire ou matière pré-hypostatique est, dès son origine, porteuse d'actualisation et de vie, de même qu'elle est porteuse de l'être et de la vie qui naîtront d'elle. C'est pourtant bien cette altérité première vivifiante qui devient, en étant générée par l'Âme inférieure comme matière précosmique, un objet mort et même, pour les âmes qui viendront en elle, *un principe d'entropie* [2]. La matière enfantée par l'Âme inférieure est donc sans vie car elle est dans l'incapacité de produire aucun acte. La proto-vie, qui a permis au Noῦς de s'actualiser dans les formes et d'être ainsi l'archétype de toute vie, est convertie en son absolu contraire après être passée par les nécessités de l'engendrement psychique. C'est ainsi que la proto-vie devient altérité pure et principe de mort pour les êtres sensibles qui naîtront en elle.

Nous pouvons dès lors faire ce premier constat à l'appui de notre thèse, à savoir que si l'Âme inférieure, en produisant la matière précosmique, répète le geste inaugural de l'Un, c'est que, comme lui, *elle donne ce qu'elle n'a pas*. En effet, en tant que dernière réalité intelligible et divine,

dans la forme visible (*morphè*) est donc le dernier *logos*, un *logos* mort, qui ne peut produire un autre *logos*. »

1. *Cf.* par exemple, III, 2 (47), 16.

2. Nous définissons la matière précosmique comme un principe d'entropie dans la mesure où, si elle communique quelque chose d'elle-même aux êtres sensibles, c'est bien la capacité de générer d'eux-mêmes et par eux-mêmes le processus irréversible de leur propre dégradation et, à terme, de leur propre mort. La matière est donc, au sens propre, un principe *d'in-volution* (ἐντροπή), dont le sens naturel, si l'on peut dire, est celui du reploiement sur soi-même et de la diminution de la fonction vivifiante. Il est évident que ce reploiement « naturel » sur soi n'est nullement celui préconisé par Plotin lorsqu'il est question, par une ascèse rigoureuse, de retrouver l'unité de notre être, de coïncider avec nous-mêmes. Ce dernier reploiement sur soi, qui a le sens d'une purification, est une exigence de simplicité et de pureté ; dans le cas présent, il s'agit d'un *processus irréversible de mort*.

l'Âme (y compris naturellement l'inférieure) possède l'être, la vie et le *logos*. Or, elle met au monde une matière qui est non-être, morte et dépourvue de *logos*. Cette production est en outre intemporelle. Ce qui est temporel, en revanche, dans la production par l'Âme du monde sensible, c'est l'*ousia*, le mélange de matière et de forme, la forme que la matière est contrainte d'endosser en tant que substrat des objets sensibles. Disons tout de suite que la donation, par l'Âme, de la forme à la matière est en même temps l'attribution de la grandeur matérielle au substrat sensible qui, de lui-même, est inétendu et sans grandeur. La matière ne peut donc, d'elle-même, être un lieu pour tout ce qui vient d'en haut[1]. Nous pouvons donc comprendre que le premier geste *actif* de l'Âme inférieure est, par l'envoi des formes, de *localiser* la matière qui n'est pas par elle-même un *topos* puisqu'elle n'est rien en acte, puisqu'elle n'est qu'indétermination pure et infinité. A partir de ces constats, nous pouvons avancer une définition de ce qu'est la matière, définition inférée par les saisissantes analyses de Plotin[2], et que nous pouvons résumer sous cette formule : la matière est ce qu'elle est parce qu'elle a l'origine qu'elle a[3]. Nous connaissons d'ores et déjà son origine, et nous savons même qu'elle est double : c'est, d'une part, l'altérité première et intelligible et, d'autre part, le produit de l'Âme inférieure qui l'engendre. Nous avons aussi reconnu que l'Âme inférieure est le véritable point de rupture, ou plutôt d'inversion par rapport à la matière pré-hypostatique dans la mesure où, en engendrant la matière précosmique, elle lui permet de fuir les êtres véritables[4]. La matière est donc « la fugueuse originelle », « l'échappée »[5], « la rejetée »[6] et la « totalement séparée »[7] et ce dès l'origine. Ce qui signifie qu'étant née de l'Un indéterminée, puisqu'elle est l'altérité et le mouvement premiers qui en ont surabondé, mais n'étant jamais indéterminée dans l'intelligible, puisque la matière pré-hypostatique est de nature formelle, l'Âme inférieure engendre ce qui vient après elle inapte à l'acte et incapable d'endosser réellement une forme. La nature propre de la matière précosmique, telle que l'Âme en tout cas la

---

1. *Cf.* III, 6 (26), 18, 38 *sq.* Pour un commentaire exhaustif de ce traité 26 intitulé par Porphyre « De l'impassibilité des incorporels », *cf.* B. Fleet, *Plotinus Ennead III, 6,* Translation and Commentary, Oxford, Clarendon Press, 1995.

2. *Cf.* II, 5 (25), 4, 14-18.

3. *Cf.* le magistral commentaire de J-M. Narbonne, *op. cit.,* p. 119-121.

4. *Cf.* III, 6 (26), 13, 21-29 : « Cette nature s'est totalement échappée de la substance des êtres véritables et est complètement différente [...], il est nécessaire que la matière, par cette différence qu'elle a reçue, veille à sa propre préservation ».

5. Cf. *ibid.,* 13, 22-23.

6. Cf. *ibid.,* 5, 11.

7. Cf. *ibid.,* 5, 11-12.

produit, n'est plus celle de l'altérité intelligible, une puissance-active-productrice de toutes choses, mais au contraire *l'altérité en soi* en puissance de rien. L'image que l'Âme a générée n'a plus de commune mesure avec ce dont elle provient, et c'est en ce sens que l'Âme, tout comme l'Un, donne ce qu'elle n'a pas. Elle répète ce faisant, mais en le pervertissant, le geste inaugural de l'Un car elle produit une image d'elle-même qui est non-être, une image qui n'a plus aucune puissance de conversion, qui ne charrie plus en elle-même la possibilité de la réalisation eidétique, ce qui lui permettrait de passer du statut d'image au statut d'être. L'altérité précosmique est, comme Plotin l'énonce lui-même :

> [une matière] qui a fui l'être et le vrai et a sombré dans la nature de l'image (ὅσῳ πέφευγε τὸ εἶναι καὶ τὸ ἀληθές, εἰς δὲ εἴδωλον κατερρύη φύσιν) [1].

C'est pourquoi nous pouvons affirmer que dans le sensible la véritable nature de l'image est l'infini : la matière est donc, en plus d'être l'altérité pure en puissance de rien, l'infinité totale. C'est aussi selon cette conception que nous devons comprendre la rupture opérée par l'Âme dispensatrice d'images [2] lorsqu'elle engendre la matière précosmique : elle s'instaure entre l'altérité intelligible qui a toujours la ressource de convertir l'infini en acte, et l'altérité "sensible" qui ne possède plus en elle-même cette ressource, étant l'infinité en tant que telle. L'Âme répète donc le geste inaugural de l'Un en ce que, étant elle-même divine et possédant une puissance qui puise à la source même de la puissance de l'Un, elle produit une chose morte qui n'est absolument pas elle, qui est même à l'opposé absolu de la matière intelligible dont elle est elle-même constituée : elle engendre la matière précosmique en tant que non-être.

Nous pouvons aussi inférer, à partir de ces analyses, que la matière précosmique en tant que telle est inconnaissable. En effet, la connaissance est forcément la connaissance de l'être réel, c'est-à-dire des formes. S'il en est ainsi, la matière précosmique échappe à la connaissance puisque cette matière, qu'on pourrait presque dire en-soi, s'est échappée de l'être. Or cette fuite a pu avoir lieu grâce au rôle d'intermédiaire que joue l'Âme inférieure. De fait, l'indétermination absolument obscure générée par la partie inférieure de la troisième hypostase ne peut être connue, elle peut seulement être cernée par la négative, comme nous le rappelle ce texte :

1. II, 4 (12), 15, 27-28.
2. *Cf.* les analyses du traité 26 (III, 6), 10, 11 et 13, et le commentaire de B. Fleet, *op. cit.*, p. 195-233.

Elle [*i. e.* : la matière précosmique] n'est ni âme, ni intelligence, ni vie, ni forme, ni raison, ni limite (elle est l'absence de limite), ni puissance (que produit-elle en effet?); déchue de tous ces caractères, elle ne peut être appelée être; il serait plus juste de dire qu'elle est non-être, et non pas au sens où l'on dit du mouvement et du repos qu'ils ne sont pas l'être; c'est *le vrai non-être*, une image et un fantôme de la masse corporelle, *une aspiration à l'existence.* (ἀλλ'ἀληθινῶς μὴ ὄν, εἴδωλον καὶ φάντασμα ὄγκουκαὶ ὑποστάσεως ἔφεσις) [1].

La matière est donc différente du corps, lequel suppose toujours en lui l'activité de la forme. Elle est *réellement* le non-être, aussi ineffable dans sa négativité que l'Un peut l'être dans sa positivité. C'est pourquoi la seule matière pensable, pour Plotin, est celle qui admet des déterminations et des limites et qui est comme gouvernée par des formes [2]. Pour être pensée, la matière doit posséder une forme minimale puisque, par elle-même, elle n'est que le pur négatif qui n'offre aucune issue dialectique :

> La matière n'a même pas l'être qui lui permettrait d'avoir part au bien; si on dit qu'elle est, c'est par équivoque; la vérité, c'est qu'elle est un non-être [3].

Parce que la matière est autre que l'être, on ne peut rien en penser positivement, on peut seulement dire qu'en tant que telle, elle n'a ni forme ni sens. C'est pourquoi il faut distinguer la matière qui n'est rien, qui n'est que non-être, des corps pris en elle. Mais avant de comprendre comment la matière peut être considérée comme le substrat des corps, et puisqu'elle est toute négativité et non-être réel, il faut nous arrêter un moment encore sur les « attributs » que Plotin lui confère lorsqu'il la décrit comme non-être, comme impassible et comme morte. C'est ce que nous allons examiner maintenant.

---

1. III, 6 (26), 7, 7-13 (nous soulignons).

2. *Cf.* ce texte de Plotin : « On peut dès lors affirmer que tout ce qui existe ici était là-bas, dans l'intelligible; mais aussi que cela y était d'une plus grande beauté, car ici les choses sont mélangées, alors qu'elles sont là-bas sans mélange. Ainsi donc, toutes choses ici, du résultat à la fin, sont enchâssées dans des formes et d'abord la matière dans les formes élémentaires; et puis ces formes, d'autres formes les dominent encore, lesquelles à leur tour sont subordonnées à d'autres formes. Par quoi il est bien difficile de dévoiler la matière, puisqu'elle est cachée sous tant de formes. Et puisqu'en effet la matière elle-même est forme, et une forme dernière, alors cet univers est, dans sa totalité, une forme et toutes choses sont formes; dès lors que le modèle de chaque chose était lui-même une forme » (V, 8 (31), 7, 16-24).

3. *Cf.* I, 8 (51), 5, 9-12. Pour une analyse complète de ce traité, *cf.* D. O'Meara, *Plotin. Traité 51 [I, 8].* Introduction, traduction, commentaire et notes, Paris, 1999, notamment, en ce qui concerne ce passage, p. 112-119.

CHAPITRE III

LES "ATTRIBUTS" DE LA MATIÈRE PRÉCOSMIQUE

LA MATIÈRE "SENSIBLE" COMME NON-ÊTRE

Plotin écrit fort souvent, s'agissant de la matière précosmique, qu'elle est non-être, μὴ ὄν [1], ou bien qu'elle n'est pas, μὴ εἶναι [2], ou encore qu'elle n'est absolument pas, πάντη μὴ ὄν [3]. Il dit de plus à son sujet qu'elle est privation; et elle est, en effet, pure privation parce qu'elle est infinie, parce que « l'infini n'est pas un accident de la matière mais la matière elle-même. » [4] Si la matière est non-être, c'est en tant qu'elle est en-deçà de l'être, ou encore en tant qu'elle est radicalement opposée à l'être. Suivant Plotin lui-même, nous pouvons d'ores et déjà assimiler le non-être de la

1. *Cf.* II, 4 (12), 10, 35; 16, 3; II, 5 (25), 4, 6-11-13-14; 5, 9-13.

2. *Cf.* III, 6 (26), 7, 2.

3. Cf. *ibid.*, 14, 20. Voir aussi, à ce propos, l'article de J.-M. Narbonne, « Le non-être chez Plotin et dans la tradition grecque », *Revue de Philosophie Ancienne* (1992-1), 115-133.

4. II, 4 (12), 15, 10-12. Remarquons que Plotin analyse dans ce paragraphe polémique envers Aristote, la matière comme réelle privation, privation-en-soi serait-on tenter de dire. De fait, pour Aristote, la matière est « le sujet privé de qualité » (*Physique* I, 9); or Plotin va montrer qu'Aristote lui-même ne peut s'en tenir à la distinction qu'il a établie entre la privation comme relatif et la matière comme sujet puisque, toujours selon l'analyse plotinienne, le Stagirite met aussi la matière au nombre des choses relatives (*cf.* II, 4 (12), 14, 2-30 et aussi le commentaire de J.-M. Narbonne, *Les Deux Matières, loc. cit.*, p. 339-342). Plotin affirme donc qu'il faut admettre, contre Aristote, l'indistinction de la matière et de la privation : « Si cependant, du fait qu'elle est indéterminée, qu'elle est infinie et qu'elle est sans qualité, la privation est identique à la matière, comment les définitions pourraient-elles être encore deux ? », II, 4 (12), 14, 28-30. *Cf.* aussi, quant à ce problème de la matière identifiée à la privation, D. O'Brien, « La matière chez Plotin : son origine, sa nature », art. cit., surtout p. 60-66.

matière précosmique à l'altérité-en-soi[1] et à la privation pure, puisque ces deux termes, concernant la matière précosmique, sont équivalents : c'est en ce sens en effet qu'elle est dite incapable de la moindre détermination positive. Cette matière n'est pas non plus, contrairement aux analyses des Stoïciens concernant ce sujet, une étendue, pas plus qu'elle n'est une grandeur[2] : elle n'a par elle-même ni quantité, ni qualité et, constate l'Alexandrin, c'est encore trop de dire qu'elle est passive[3]. En effet, pour pâtir il faut quelque substantialité, or la pure privation ne saurait en posséder : la matière subit, elle ne pâtit pas, elle est *impassible*. Ce qui signifie qu'elle ne sera nullement altérée ou modifiée par les déterminations qu'elle reçoit : elle n'en conservera rien, elle n'en retiendra rien au moment où ces déterminations la quitteront, pareille en cela, non à ce marbre ou à cet airain qu'invoque toujours Aristote, mais plutôt à un miroir qui, des images qui s'y impriment, ne garde pas même le reflet[4]. Pourtant nous disons, avec Platon, que la matière est la χώρα : elle est la nourrice, la mère des choses, elle est, selon la belle image de Platon, comme l'or du lingot qu'un artiste façonne en n'importe quelle figure. Cependant, si Platon utilise la figure du lingot d'or, c'est pour suggérer ce qui n'est pas si aisément compréhensible, à savoir que la matière est pure impassibilité, qu'elle n'est en rien affectée par ce qu'elle reçoit. Mais si l'or du lingot demeure identiquement ce qu'il est, sous quelque forme qu'on lui donne, la matière quant à elle, en tant que nourrice, est à un plus haut degré encore impassible, car il n'y a en elle

que la présence purement apparente d'images qui ne sont pas réellement présentes (τῆς οἷον εἰδώλων οὐ παρόντων δοκούσης παρουσίας)[5].

C'est aussi pourquoi la nourrice des êtres sensibles ne saurait être, par définition, un être. La matière n'est donc rien, n'engendre rien, et si, en tant que nourrice, on a pu dire d'elle qu'elle était semblable à une femme, c'est seulement dans le sens où elle est apte à recevoir[6] ; d'elle-même, cependant,

---

1. *Cf.* II, 4 (12), 13, 18. J.-M. Narbonne écrit, à propos de cette assimilation, « si la première altérité [*i. e.* : intelligible] appartient encore à l'être, relève pour ainsi dire toujours de l'être, cette seconde altérité [*i. e.* : sensible], quant à elle, s'oppose à l'être, et si elle n'est pas néant pur et simple, elle ne saurait pourtant relever de ce qui a dignité d'être. C'est pourquoi elle est "*auto*", *i. e.* : relève de soi », « Le non-être chez Plotin », art. cit., p. 121.

2. *Cf.* II, 4 (12), 8.

3. *Cf.* III, 6 (26), 7.

4. Cf. *ibid.*, 9, 16-19. L'image du miroir est empruntée à Platon, *Rép.* VI, 510 a. Elle vient aussi se joindre à l'image du réceptacle empruntée au *Timée*.

5. III, 6 (26), 12, 26-27.

6. *Cf.* III, 6 (26), 19, 14-25 : « La matière demeure la même [...] ; les noms de "réceptacle" et de "nourrice" sont les plus propres vis-à-vis d'elle ; quant à celui de "mère", il n'est qu'une façon de parler, car la matière, d'elle-même, n'engendre rien. Pour ceux qui

la matière ne crée pas ni ne procrée. Le mythe sur lequel le traité 26 se clôt[1] montre que les Mystères entouraient Cybèle, la Grande Mère, d'eunuques; ce que Plotin analyse ainsi : la matière n'est en elle-même que pure vacuité puisqu'elle n'enferme rien, ne se referme sur rien, ne contient rien, ne couvre ni ne couve rien, elle ne conçoit pas, pas plus qu'elle n'enfante. Aussi, en parler c'est parler toujours de l'indétermination même, de l'indétermination absolue. La matière plotinienne est donc entièrement privée de forme, et celles qu'elle reçoit ne font que passer en elle sans y laisser la moindre trace de leur passage. On comprend mieux, dès lors, pourquoi Plotin, parlant de la matière précosmique, reprend à Platon[2] l'expression de « réceptacle et nourrice de l'universel devenir »[3] et lui emprunte même finalement le terme de χώρα, dans la mesure où la matière plotinienne doit jouer le rôle de « réceptacle des formes »[4]. De même, la matière est décrite comme un infini, non dans le sens où celui-ci serait plus grand que toute limite, mais dans le sens où il est, au contraire, dépourvu de limites, à la fois grand et petit, comme l'espace indéterminé lui-même :

> L'infinité de la matière, c'est l'espace ainsi entendu, il est dans la matière le réceptacle de la grandeur[5].

La matière précosmique est donc réellement sans qualité puisqu'elle ne possède par elle-même aucune dimension, et toute grandeur comme toute qualité lui sont surajoutées[6]. C'est aussi pourquoi, avant de recevoir les formes, elle n'est que privation, non-être[7]; elle n'est pas même, en ce sens, un corps. Et si elle est impassible, non-être, pure privation, altérité totale, infinité, la matière plotinienne ne saurait pourtant être altérée. En effet, rien ne peut venir mettre fin à son absolue dispersion, comme l'exprime fort bien le traité 26 :

l'appellent mère, il semblerait qu'ils le fassent parce qu'ils croient que la mère tient le rôle de la matière vis-à-vis de sa procréation, et qu'ainsi elle reçoit sans rien donner à sa progéniture, puisque toute la substance du corps de l'être engendré viendrait de la nourriture. Mais puisque la mère y est pour quelque chose dans ce qu'elle a engendré, elle n'est nullement semblable à la matière mais elle est forme, et ce parce que la forme seule est féconde, l'autre nature est stérile ».

1. *Cf.* III, 6 (26), 19, 25-41.
2. *Cf.* Platon, *Timée*, 49 a.
3. III, 6 (26), 13, 12-13.
4. II, 4 (12), 1, 1.
5. *Ibid.*, 11, 33-38.
6. Cf. *ibid.*, 8, 28-29.
7. *Cf.* II, 4 (12), 16, 24-27 : « Ici, c'est ce qui est avant la matière qui est être. Elle n'est donc pas elle-même un être, puisqu'elle est autre, du côté de ce qui est en-deçà de l'être ».

[Elle est] le vrai non-être, un fantôme de la masse corporelle, une aspiration à l'existence [...]. L'être qu'on imagine en elle est un non-être et comme un jeu fugitif ; tout ce qu'on croit voir en elle se joue de nous et n'est qu'un fantôme dans un autre fantôme. Exactement comme dans un miroir où l'objet apparaît ailleurs qu'à l'endroit où il est situé ; en apparence, le miroir est plein d'objets ; il ne contient rien et paraît tout avoir [...]. Les images qu'on voit dans la matière semblent agir sur elle, mais elles ne produisent rien, ce sont des êtres sans consistance, frêles et sans solidité. Comme la matière n'en a pas non plus, ils la traversent sans la fragmenter, tels des objets qui pénètrent dans l'eau [...]. Ce reflet n'est qu'un mensonge. Fragile et mensonger, mensonge tombé sur un autre mensonge, ce reflet doit laisser la matière impassible comme une vision de songe [1].

C'est pourquoi aussi, en déniant à la matière précosmique toute réalité Plotin va nettement plus loin que Platon, car si, comme nous l'avons vu, il convient d'après le *Timée*,

de comparer le réceptacle à une mère, le modèle à un père, et la nature intermédiaire entre les deux à un enfant [2],

pour Plotin, la matière est absolument stérile et,

en voulant se revêtir des formes, elle n'arrive même pas à en garder le reflet ; elle reste ce qu'elle était, *toujours en puissance des formes qui viendront après* [3].

Nous pouvons dire enfin, pour terminer cette description sommaire des « qualités » de l'altérité sensible que, pour Plotin, la matière est l'espace considéré comme milieu homogène mais dépourvu cependant de forme et de dimensions [4]. Cette homogénéité n'exclut pourtant pas – on pourrait même aller jusqu'à dire que, tout au contraire, elle implique – l'indépendance et l'extériorité des parties les unes par rapport aux autres. C'est pourquoi la matière précosmique, tout comme la matière pré-hypostatique d'ailleurs, est *une et homogène*. Néanmoins, il revient à la matière précosmique seule de pouvoir être décrite, dans le système plotinien, comme la pure indéfinité d'un espace, espace avec lequel cependant Plotin résiste à la confondre. De même, en tant que non-être, elle doit être cette

---

1. *Cf.* III, 6 (26), 7, 12-43.
2. Platon, *Timée*, 50 d.
3. II, 5 (25), 5, 15-17 (nous soulignons), ἃ γὰρ ὑποδῦναι ἠθέλησεν, οὐδὲ χρωσθῆναι ἀπ'αὐτῶν δεδύνηται ἀλλὰ μένουσα πρὸς ἄλλο δυνάμει οὖσα πρὸς τὰ ἐφεξῆς.
4. *Cf.* III, 6 (26), 18, 7-11.

pure négativité qui nie de soi, à tout instant, n'importe laquelle des formes qu'elle peut prendre, sinon elle se confondrait avec la pure indéfinité d'un devenir, ce que Plotin a posé, au traité 26, comme inconcevable. Si donc la matière doit être conçue comme espace, c'est seulement sous réserve que cet espace soit lui-même interprété comme antagoniste de la forme et de la vie, de même que la temporalité vivante des êtres sensibles ne vient pas du non-être qu'est la matière mais des âmes particulières, dont la vie est le temps [1] et qui viennent s'incarner dans les corps.

Au terme de cette description des « qualités » de la matière précosmique, il est aisé de déterminer quelles sont les catégories de l'univers sensible plotinien, catégories qui sont toutes *soumises* aux « qualités » de la matière. Nous pouvons en effet dire que cet univers ne possède pas en lui-même la substance véritable puisqu'il est tout imprégné d'une matière qui fait de lui un monde d'illusions [2]. Ensuite, il se caractérise par la quantité, laquelle est formée du nombre et de la grandeur, d'où résultent les corps. L'impénétrabilité devient, de ce fait, une conséquence de la grandeur des corps et signifie leur invincible répugnance « au mélange total » dont les Stoïciens affirmaient la réalité [3]. Or, pour Plotin, ce mélange est impossible car les corps s'excluent mutuellement et s'empêchent les uns les autres, contrairement à ce qui se passe dans l'univers intelligible où tout est dans tout. Enfin, l'espace et le temps sont, pour l'Alexandrin, des relatifs. L'espace est ce qui permet l'extension des corps, extension qui est, de fait, différente de la grandeur, laquelle est une forme :

> Tout ce qui s'étend (ἐκτέταται) dans l'espace, s'éparpille et s'écarte de soi-même, qu'il s'agisse de la vigueur physique, de la chaleur, de la force en général et aussi de la beauté [4].

L'extension est donc un principe d'affaiblissement, de morcellement et n'a de ce fait aucune réalité positive [5], mais il existe un autre principe de dispersion dans l'univers sensible plotinien, le temps auquel les corps sont soumis ; c'est pourquoi ils s'écoulent et se corrompent [6]. Le temps du monde sensible est donc, tout autant que l'espace plotinien, un milieu homogène fait de parties successives, indépendantes et extérieures les unes

1. *Cf.* III, 7 (45), 11, 12 et 13.
2. *Cf.* VI, 3 (49), 8 et 10.
3. *Cf.* IV, 7 (2), 3 et 8 ; V, 1 (10), 2.
4. V, 8 (31), 1, 27-30.
5. C'est pourquoi aussi les corps en tant qu'ils sont étendus sont également divisibles, d'où la remarque que fait Plotin : « la divisibilité est l'affection primitive du corps en tant que tel », VI, 4 (22), 8, 14-15.
6. *Cf.* IV, 3 (27), 8.

aux autres, et c'est, en son sens le plus plein, un temps spatialisé[1]. Ainsi, les catégories de l'univers sensible plotinien sont *l'impénétrabilité* et *l'extériorité réciproque des parties*, ce qui implique leur absence de cohésion dans l'espace et leur évolution dans le temps.

On comprend ainsi pourquoi la matière précosmique est, en dernière analyse, la Nature elle-même qui, à l'extrémité de sa descente, se pulvérise pour ainsi dire jusqu'à coïncider avec l'infini de division : l'univers sensible plotinien n'est que fumée et mensonge. La matière, écrit encore Plotin, est semblable à cette « lie amère » qui reste après l'évaporation[2], elle n'est que privation pure et infinité[3], et elle est aussi le mal. Mais avant d'en venir à l'analyse de la matière précosmique comme mal, il nous faut comprendre comment et pourquoi, de ce que la matière sensible plotinienne est un non-être réel, découle le fait qu'elle soit elle-même sans vie et qu'elle soit principe d'entropie pour les êtres qui prennent vie en elle.

LA MATIÈRE COMME PRINCIPE D'ENTROPIE

Nous avons déjà insisté à plusieurs reprises sur le fait que les hypostases, aussi bien le Νοῦς avec les formes qu'il contient, que l'Âme, proviennent toutes du Bien. Et nous avons longuement décrit comment la surabondance de l'Un est porteuse de tout le Réel. En effet, nous avons montré comment l'*energeia* – le flux qui s'écoule du Principe et qui est, dès l'origine, indéterminé, qui est une vie encore illimitée, une proto-vie procédant de l'archi-Vie de l'Un – se constitue en vie déterminée, en archétype de toute vie par sa conversion au Principe[4]. Nous pouvons poser à présent que, provenant de l'Un, l'*energeia* indéterminée est porteuse de vie, qu'elle est *proto-vie*. En se convertissant vers son Principe, cette vie illimitée se définit. Elle se détermine premièrement en un système des formes qui se constitue dans l'Intelligence[5] et, deuxièmement en une pluralité de *logoi* ou encore d'âmes qui sont contenues dans l'Âme-

---

1. Il est presque inutile de souligner combien ce temps spatialisé a très peu, voire plus du tout, à voir avec le temps psychologique qui est la vie de l'Âme cosmique et des âmes particulières qu'elle contient. Le temps spatialisé est lui aussi, comme tout ce qui constitue l'univers sensible, un fantôme, une image mensongère de la réalité intelligible et vraie dont il n'est, justement, qu'une image. *Cf.* III, 7(45), 13.

2. *Cf.* II, 3 (52), 17.

3. *Cf.* II, 4 (12), 15.

4. Cf. *supra*, Première partie, chapitre troisième, 2 « Un « vieux problème rebattu » : comment le multiple provient-il de l'Un ? », p. 64-74.

5. *Cf.* VI, 7 (38), 40, 16-20.

hypostase. Ce sont elles qui propageront la vie et la forme dans l'univers sensible. Or nous avons aussi vu comment, selon le principe de diffusion dégradée de l'*energeia* (de la proto-vie), selon lequel chaque réalité émet nécessairement un rayonnement semblable à la source dont elle provient, mais sous une forme *affaiblie*[1] cependant, on aboutit finalement à la matière précosmique. Nous avons aussi remarqué, dans les parties précédentes de ce travail, que plus on s'éloignait de l'Un plus le multiple était prépondérant, jusqu'à aboutir à l'Âme où la multiplicité, la diversité intelligible, atteint son plus haut degré. De plus, il y a en l'Âme un désir indéterminé, une puissance agitée *qui la fait aspirer à un lieu corporel*, la matière sensible pré-formée, où elle puisse déployer spatialement son contenu. Or, plus la réalité, dans son déploiement, s'éloigne de l'Un, plus grand est l'élan vers la multiplicité et la division. C'est pourquoi la matière précosmique, qui représente l'en-deçà de l'Âme, est le lieu même de la division qui se réalise quand la multiplicité se manifeste spatialement. Les êtres sensibles ne peuvent apparaître spatio-temporellement que *sur* la matière. Or nous savons que la matière, quant à elle, est non-être, qu'elle est impassible et constitue, pour les êtres qui naissent en elle, un principe d'entropie. D'où la question qui ne laisse pas de se poser : comment cette multiplicité vivante, cette pluralité spatiale que représente le sensible, est-elle possible ?

La matière, étant impassible, ne peut être atteinte en tant que telle par l'action de l'intelligible ; c'est pourquoi il est strictement nécessaire que l'Âme ait un rôle pour ainsi dire pratique dans la constitution des êtres sensibles. Or, si c'est bien l'Âme qui produit, ordonne et met en forme la totalité de l'univers sensible, ce n'est cependant pas elle dans sa totalité qui donne au sensible une configuration, mais seulement sa partie inférieure, partie que Plotin appelle Nature[2]. La « descente » de l'Âme inférieure jusqu'à la matière correspond donc à un nécessitarisme métaphysique, de même que la descente des âmes particulières dans cette même matière a une convenance ontologique fondamentale[3]. Pourtant, à cette « descente » de la

---

1. *Cf.* IV, 8 (6), 6, 7 ; V, 4 (7), 2, 27.
2. Sur ce problème de l'ordonnancement du monde sensible par l'Âme inférieure, *cf.* IV, 3 (27), 10, 10 *sq.* ; 11, 8 *sq.* ; 12, 30 *sq.* ; IV, 7 (2), 13, 5 *sq.* Soulignons que la Nature donne à la matière précosmique une forme qui n'est qu'une image ou un reflet, une imitation des *logoi* présents en elle, et qu'elle saisit à travers sa propre contemplation.
3. *Cf.* à ce propos D. O'Brien, « Le volontarisme et la nécessité : réflexions sur la descente de l'Âme dans la philosophie de Plotin », *Revue Philosophique* [1977-4], 401-422. Nous ne traiterons pas explicitement de ce problème dans ce travail, nous en réservons l'analyse approfondie pour le moment où nous examinerons particulièrement le problème de la création proprement dite du monde sensible par l'Âme. Rappelons que, pour l'instant,

Nature dans la matière Plotin apporte une restriction ou, plus exactement, ajoute une remarque :

> En ce qui concerne l'Âme du monde [...] il faut bien penser que, si nous parlons de cette Âme comme entrant dans un corps et comme venant l'animer, c'est seulement dans un but d'enseignement et pour éclaircir notre pensée, car à aucun moment cet univers n'a été sans Âme, à aucun moment le corps n'a existé en l'absence de l'Âme, et il n'y a jamais eu de matière privée d'ordre [1].

C'est donc grâce à l'action informante de l'Âme inférieure que la matière précosmique devient

> quelque chose de limité, [alors que par elle-même] elle n'est ni vivante ni pensante ; c'est une chose morte qui reçoit l'ordre (νεκρὸν κεκοσμημένον) [2].

C'est bien parce que la matière précosmique est dépourvue d'acte, parce qu'elle est une *inactualisation pure*, qu'elle est *une chose morte*. La matière en ce sens ne peut être, comme Plotin le constate lui-même au traité 25, qu'une « annonce » [3] indéfiniment différée de ce qui viendra en elle et qu'elle ne sera en aucune façon elle-même. Mais plus encore, la matière précosmique s'oppose négativement au Principe suprême qui est pure activité et agir désincarné. Bien qu'ayant ultimement sa source en lui, elle s'y oppose en faisant étalage de son absolue impuissance, de sa puissance négative qui ne débouche sur aucun acte. Plus encore la mort dont elle est porteuse, en étant principe d'entropie, la met en totale opposition avec l'Un dont l'archi-Vie est principe de toute vie.

D'un côté donc, venant de l'Un il y a une puissance-productrice-active, puissance qui est elle-même déjà un acte et qui est germe de tout ce qui sera ; de l'autre côté, venant aussi de l'Un il y a une puissance négative et stérile, qui n'est en puissance de rien, qui n'est que puissance d'entropie, qui n'est rien ni ne sera jamais, à aucun moment, un être en acte, et qui est une chose morte. Si donc l'Un est principe de vie, étant lui-même l'archi-

---

toutes nos analyses n'ont qu'un seul objet : la matière précosmique, et qu'une seule finalité : son explicitation métaphysique, cosmologique tout autant qu'éthique.

1. IV, 3 (27), 9, 12-18 : περὶ μὲν δὴ τῆς τοῦ παντός - ἐντεῦθεν γὰρ ἴσως <εἰκὸς> ἄρξασθαι, μᾶλλον δὲ ἀναγκαῖον τυγχάνει - δεῖ δὴ λόγῳ τῷ τὴν εἴσοδον καὶ τὴν ἐμψύχωσιν διδασκαλίας καὶ τοῦ σαφοῦς χάριν γίγνεσθαι νομίζειν. ἐπεὶ οὐκ ἦν ὅτε ἐψύχωτο τόδε τὸ πᾶν· οὐδὲ ἦν ὅτε σῶμα ὑφειστήκει ψυχῆς ἀπούσης, οὐδὲ ὕλη ποτὲ ὅτε ἀκόσμητος ἦν. Voir aussi les traités II, 1 (40), 4 ; III, 2 (47), 1 ; III, 7 (45), 6 dans lesquels Plotin parle aussi de la production intelligible comme nécessaire et éternelle.
2. II, 4 (12), 5, 16-18.
3. II, 5 (25), 5, 4.

Vie, la matière précosmique, quant à elle, est principe de mort, n'étant elle-même qu'un cadavre maquillé. Et c'est parce que la matière précosmique ne possède en elle aucune ressource pour s'actualiser, qu'elle est elle-même morte et principe d'entropie pour les choses qui viennent en elle. Ce qui lui donne un semblant de vie, c'est le reflet de la vie des intelligibles qui lui est transmis par l'Âme inférieure. Arrêtons-nous un instant sur ce point.

Nous avons vu, en commentant le passage du traité 13[1], comment l'Âme, qui aspire à être avec elle-même et qui, pour ce faire, opère une conversion vers elle-même, produit de ce fait la matière précosmique, cette image sans limite, pleine d'obscurité, dépourvue de *logos* et inintelligible. Or, nous avions sciemment omis de commenter la fin du texte. Cette conclusion, la voici :

> A ce moment-là, l'Âme est encore dans la région intermédiaire, à sa propre place, mais quand elle regarde à nouveau, par ce second coup d'œil jeté sur l'image, elle lui donne, pour ainsi dire, une forme, et réjouie, entre en elle[2].

La descente de l'Âme inférieure ou, si l'on préfère, de la Nature, est *un substitut de la conversion* que l'Âme inférieure est incapable de produire car elle est déjà trop multiple. On peut pourtant analyser le fait de cette « descente » comme le moyen dont elle se sert pour se connaître elle-même, pour connaître ses propres contenus. Ainsi l'Âme, qui est une vie seconde et une seconde pensée eu égard à l'hypostase qui la précède, doit projeter hors d'elle-même son contenu, la *physis*, afin de pouvoir atteindre à la connaissance de soi-même. Sa descente ne constitue donc pas un mal[3], mais, au contraire, une nécessité dans l'ordre processionnel. La descente de la Nature implique donc nécessairement que l'Âme inférieure s'écarte de la supérieure qui, elle, reste auprès du Noῦς et de l'être ; dans cet éloignement, elle produit, par surabondance, la matière précosmique. Ce n'est donc que dans un second mouvement (le premier étant celui de sa séparation d'avec sa partie supérieure) qu'elle se tourne vers ce qu'elle vient de produire, vers la matière précosmique pour lui donner forme. Mais en même temps qu'elle donne forme à l'indéterminé dont elle a surabondé, elle produit le sensible qui est un mixte de matière et de forme, ou, si l'on préfère, de matière et de *logos*. C'est l'âme particulière qui se jettera, réjouie, dans

---

1. *Cf.* III, 9 (13), 3, 10-16, et *supra*, l'ensemble du chapitre premier de la quatrième partie : la production de la matière précosmique.

2. III, 9 (13), 3, 14-16.

3. *Cf.* D. O'Brien, « Plotinus on Evil », art. cit., p. 142. Pour cet auteur, il est évident que l'Âme du monde n'a, en elle-même, aucun mal et ne peut être le sujet d'aucun mal. Nous partageons ces vues.

cette « pré-forme », dans ce *corps* pour l'animer. Mais restons-en, pour le moment, à la description du schéma processionnel qui exige une production continue de l'inférieur par le supérieur; et c'est eu égard à cette exigence que la procession aboutit au point où s'éteint toute force productive-active, toute vie et tout être. Nous avons vu que la descente est inhérente à l'hypostase dianoétique elle-même puisqu'elle est le moyen dont l'Âme se sert pour connaître ses propres puissances et infuser la vie au corps matériel[1]. La descente de la Nature n'est donc pas « réelle », car elle reste dans cette « région intermédiaire, à sa propre place ». Les âmes individuelles, en revanche, s'écartent de l'Âme du monde pour *s'incarner dans les corps* afin de leur infuser la vie. Insistons donc avec Plotin : la matière précosmique participe bien à la nécessité universelle de production au sein du système, mais par elle-même elle n'est rien. Sa passivité est même décrite comme un néant, un vide, un zéro que les formes intelligibles viennent informer en donnant, simultanément à cette information, un semblant de vie à une matière qui est, par elle-même, inerte. On peut donc dire que la matière est passive et morte, qu'elle est obscurité et non-être, mais qu'elle est cependant comme « réveillée » en étant touchée par le reflet de la vie intelligible qui parvient jusqu'à elle *via* l'Âme. Il y a donc bien exténuation progressive de la proto-vie dans la procession englobant, ultimement, la matière précosmique. Pourtant, grâce au reflet de la vie des intelligibles qui lui parvient et grâce à la donation par l'Âme inférieure, des formes ou des *logoi*, la matière sensible participe à la formation de l'univers sensible en tant qu'elle est le substrat des êtres sensibles. C'est pourquoi, « si tout s'arrêtait au stade de la matière, et s'il n'y avait rien pour l'informer »[2], alors il n'y aurait pas de monde sensible du tout, il n'y aurait, en-deçà de l'Âme inférieure, que le pur néant[3]. C'est donc bien l'Âme, et elle seule, qui donne à la matière un semblant de vie :

> Avant la venue de l'Âme, le ciel n'était qu'un corps mort, terre et eau, ou plutôt obscurité de la matière et non-être (ἔσχε τε ἀξίαν

---

1. *Cf.* II, 9 (33), 7, 7-18. Voir aussi J. M. Rist, *Plotinus...*, *loc. cit.*, chapitre 9, p. 112-129. Dans ce chapitre, l'auteur montre la différence existant entre la descente de l'Âme du monde et celle des âmes particulières : la première est une nécessité ontologique, la deuxième est l'expression d'une volonté particulière.

2. IV, 7 (2), 3, 18-25, ἀλλὰ στήσεται ἐν ὕλῃ τὰ πάντα, μὴ ὄντος τοῦ μορφοῦντος αὐτήν.

3. C'est la matière précosmique qui est comparable au Néant, et non, comme l'avait écrit É. Bréhier, dans son article « L'idée de Néant et le problème de l'origine radicale dans le néoplatonisme grec », l'Un. *Cf.* aussi *supra*, chapitre troisième, 1 « L'amour diffusif de l'Un, source de la procession », p. 55-64. Le Principe suprême ne peut donc être soupçonné de totale vacuité, mais la matière précosmique, elle, le peut, puisque d'elle-même et par elle-même, elle n'est rien et n'a rien.

οὐρανὸς ψυχῆς εἰσοικισθείσης ὢν πρὸ ψυχῆς σῶμα νεκρόν, γῆ καὶ ὕδωρ, μᾶλλον δὲ σκότος ὕλης καὶ μὴ ὄν)[1].

L'Âme est par conséquent la seule source de vie et de mouvement dans l'univers sensible. Elle a aussi un rôle cosmique dans la mesure où c'est elle qui fait de la matière qu'elle engendre un univers. Mais l'Âme du monde diffère par nature des êtres sensibles sur lesquels elle agit, et leur vie tout comme leur mort dépendent de sa présence ou de son absence. Pour décrire cette donation de la vie, Plotin utilise la métaphore de l'illumination :

Comme les rayons du soleil, éclairant un nuage obscur, le font briller et lui confèrent l'apparence de l'or, ainsi l'Âme pénétrant le corps du ciel lui a donné la vie, lui a donné l'immortalité et l'a éveillé de son immobilité[2].

Pour donner la vie au monde sensible, l'Âme de l'univers ne se morcelle pas en la pluralité des corps ; la vie qu'elle donne est une vie unique, comme elle est elle-même tout entière partout[3]. En lui donnant cette vie unique, l'Âme, du même coup, unifie l'univers sensible qui, sans elle n'est que « du cadavre-fumier » selon le mot d'Héraclite. L'Âme est donc la seule vie, la seule source de vie pour le sensible, la matière n'étant rien, n'étant qu'un cadavre, une chose morte[4]. C'est donc bien la matière qui obscurcit et affaiblit l'illumination qui vient de l'Âme, ce qui n'empêche nullement le fait que la matière soit toujours et éternellement, si l'on peut dire, illuminée[5]. Et on sait que, pour Plotin, le propre de l'illumination est de donner la vie et la beauté, tout en demeurant, pour ce qui concerne la source de l'illumination, transcendant à ce à qui ou à quoi la vie et la beauté ont été données.

Nous pouvons dire, pour conclure, que c'est en déployant l'espace et le temps comme conditions primordiales de l'engendrement du sensible que l'Âme va de l'avant et produit un ordre, une organisation conforme à ce qu'elle contemple dans l'Intelligence. Le désir de l'Âme, quant à lui, est créateur du temps, qui est à l'origine de l'organisation de l'univers : temps

1. V, 1 (10), 2, 24-27.
2. V, 1 (10), 2, 20-23.
3. *Cf.* V, 1 (10), 2, 24 *sq.* ; IV, 7 (2), 5 ; IV, 2 (4), 1 et 2 ; IV, 9 (8), 1 ; VI, 4 (22), 4, etc.
4. Remarquons que dans la donation de la vie à la matière précosmique, ou plutôt à l'univers sensible, l'Âme répète encore une fois, mais ici encore de façon perverse et maladroite, le geste inaugural de l'Un, source de vie.
5. *Cf.* II, 9 (33), 1 et 3.

et univers sont donc simultanément engendrés[1]. C'est pourquoi l'univers sensible est une image de l'univers intelligible, et la vie temporelle, inscrite dans le devenir des êtres sensibles, n'est plus qu'un faible reflet de la vie éternelle des intelligibles. Mais c'est pourtant bien l'acte propre de l'Âme inférieure qui est médiateur entre l'intelligible et le sensible, et c'est l'Âme universelle qui administre le monde. La matière, quant à elle, n'entre quasiment pour rien dans ce composé de matière et de forme qu'est l'être sensible ; elle reste, quelle que soit la forme dont elle est revêtue par l'Âme, un absolu de négativité et d'indétermination, le terme ultime de la procession qui est l'obscurité que ne peut plus atteindre l'illumination venue de l'Un. C'est en ce sens que la matière précosmique est engendrée morte, en ce sens aussi qu'elle est principe d'entropie pour les êtres sensibles. Mais il convient à présent d'expliquer pourquoi le mal existe.

Si le mal a partie liée avec la matière, et il ne peut évidemment pas en être autrement, il faut alors doter la matière d'un certain pouvoir actif, puisque le mal est *agissant*. C'est ce que Plotin fait sans sourciller, et ce que nous allons maintenant analyser.

LA MATIÈRE COMME MAL

Nous l'avons dit, le système plotinien de la procession exige un dernier terme : la matière. Cette matière précosmique, bien que décrite par Plotin comme totalement négative, *est*. Quant à savoir ce qu'elle est exactement, nous ne le pouvons car, voulant saisir la matière par la pensée, nous n'arrivons nullement à la pensée de la matière, mais plutôt à l'obscurcissement, voire à la négation, de la pensée[2]. Ce que nous pouvons dire, en

---

1. *Cf.* III, 7 (45), 12. N'oublions pas que le temps est la vie de l'Âme inférieure. En donnant le temps au sensible, l'Âme lui offre du même coup son acte qui est en même temps sa vie. La donation du temps à l'univers n'est donc pas autre chose que la donation de la vie.

2. *Cf.* par exemple, II, 4 (12), 10, 7-10. La matière est décrite par Plotin comme non-être, comme altérité en soi, comme infinité, pure indétermination, etc. On ne peut donc connaître la matière par la pensée car alors il nous faudrait utiliser une intelligence différente, autre que la nôtre qui connaît le semblable par le semblable. Notre intelligence nous permet, en effet, de nous hisser jusqu'à la contemplation de la forme, c'est une intelligence *positive*. Il faudrait donc, pour connaître le non-être qu'est la matière, lui substituer une intelligence en quelque sorte négative, en tout cas une intelligence autre, un νοῦς ἄλλος, car l'absence de forme de la matière contraindrait l'intelligence qui veut la penser à devenir différente d'elle-même, à concevoir ce qui ne relève en aucune manière d'elle, et à comprendre la matière de façon négative, comme on voit, en quelque sorte, l'obscurité : « L'intelligence est comme un œil qui s'écarte de la lumière afin de voir l'obscurité ; il ne voit plus, puisqu'il a abandonné la lumière à l'aide de laquelle ce n'est pas l'obscurité qu'il voyait ; sans elle donc, il ne peut voir,

revanche, c'est que la matière, puisqu'elle est défaut radical de forme, existe dans le sens le plus pauvre du terme comme simple présence dans le mélange dont sont constitués non seulement les objets et les êtres sensibles, mais aussi les corps. C'est pourquoi la meilleure définition que l'on puisse donner d'elle est celle de *substrat*, car son existence est nécessaire comme terme ultime de la procession en lequel (ἐν ᾧ) les réalités mondaines se constituent. Mais le monde, les âmes et les corps ne sont pas la matière, l'univers sensible n'étant que le résultat d'un mélange où l'illumination informante de l'Âme a produit le meilleur composé qui soit[1]. Ainsi :

> la matière est nécessaire à la qualité et à la grandeur et par conséquent aux corps ; elle n'est pas un mot vide de sens, mais elle est un sujet (*hypokeimenon*), bien qu'elle soit un sujet invisible et inétendu ; ou alors, niant l'existence de la matière, nous devrions nier, par là-même, l'existence des qualités et de la grandeur [...], mais si ces choses existent, bien que d'une existence obscure, la

il peut seulement ne pas voir, et en cela consiste sa vision de l'obscurité, autant qu'elle est possible. De même, l'intelligence abandonne sa lumière intérieure, sort d'elle-même et avance jusqu'à un domaine qui n'est plus le sien ; elle n'y amène pas avec elle sa propre lumière, *et elle est affectée d'une manière contraire à son être, afin de voir la réalité contraire à la sienne* » (I, 8 (51), 9, 19-26 ; nous soulignons). Si donc notre intelligence est conforme à l'Être, elle ne peut connaître le non-être de la matière que par une perversion absolue d'elle-même. Mais à ce mal intégral, l'intelligence ne participe pas. Nous pouvons, en revanche, postuler que c'est par la déperdition du pouvoir de connaître, par l'abdication du pouvoir de penser, que l'intelligence ainsi obscurcie « comprend », pour ainsi dire, *qu'il y a quelque chose en-deçà de toute connaissance.* Quant à savoir ce qu'est cette chose par essence inconnaissable, l'expérience que l'intelligence fait des limites où elle abandonne le Bien suffit à lui permettre de penser que la matière précosmique existe, qu'elle existe comme mal, et que ce mal n'est nullement une illusion.

1. *Cf.* III, 2 (47), 3, 2-7. C'est aussi pourquoi Plotin peut soutenir, contre les Gnostiques, que ce monde n'est ni laid, ni méchant, puisque c'est l'Âme qui l'a produit en contemplant les intelligibles ; notre univers n'est ni mauvais, ni méprisable, il n'est pas le reflet d'un mauvais modèle, comme l'affirment les Gnostiques, mais celui de l'univers intelligible qui est parfait (*cf.* V, 9 (33), 8 et 9). Ce traité 33 est d'ailleurs intitulé par Porphyre « Contre ceux qui disent que le Démiurge est méchant et le monde mauvais », ce qui montre bien que Plotin ne peut nullement adhérer à la thèse gnostique d'un monde mal conçu et débile, d'un monde qui incarne en lui-même le mal. Voir aussi, à ce propos, les analyses que D. O'Brien développe dans son ouvrage *Théodicée plotinienne, théodicée gnostique.* En ce qui concerne la « bonté » du monde sensible image du monde intelligible, nous pouvons l'expliquer succintement. En effet, puisqu'il existe, dans l'intelligible, une matière intelligible, puisque cette dernière est elle-même substrat des formes intelligibles, un substrat stable, vivant et intelligent, et puisque le monde intelligible, du fait de sa composition avec l'altérité intelligible, est un monde à la fois multiple et indivisible, alors nous pouvons bien poser que le monde intelligible n'est modèle idéal du monde sensible que parce que ce dernier est déjà lui-même, en quelque sorte et à l'instar du monde intelligible, hylémorphique.

matière existe à plus forte raison, même si elle n'est pas visible, n'étant pas saisissable par les sensations[1].

La matière est donc un sujet pour les figures, les formes, les limites, les mesures ; elle est ce qui permet de comprendre le devenir, car ce qui change s'explique par le passage d'une forme à une autre forme. Cependant, le substrat qui reçoit la multiplicité des formes reste, quant à lui, identique à lui-même, inchangé[2]. Mais comment, puisque la matière est ici considérée comme une nécessité ontologique, comme le "ce sans quoi" le monde sensible n'aurait pu apparaître, expliquer que Plotin identifie matière précosmique et mal (non pas seulement qu'il identifie la matière avec le mal relatif, mais encore avec le mal radical, le mal en soi) ?[3].

En ce qui concerne le mal relatif, Plotin écrit que :

> le substrat qui se pare de figures, de formes, de mesures, de limites et de parures étrangères, puisqu'il ne possède aucun bien en lui-même, ce sujet qui est comme un simulacre à l'égard des êtres, telle est l'essence du mal[4].

Dans ce texte le mal est considéré comme le mensonge absolu puisque la matière elle-même est menteuse à titre originaire et ontologique. Développons un peu ce point. Nous avons vu que la caractéristique de la

---

1. II, 4 (12), 12, 21-28 ; *cf.* aussi *ibid*, 28 *sq.* ; 10, 5 *sq.*

2. Cf. *ibid.*, 6, 10-11.

3. Sur le problème de la génération de la matière connecté à celui de la matière comme mal, *cf.* J. M. Rist, « Plotinus on Matter and Evil », art. cit. ; du même auteur « Monism : Plotinus and some Predecessors », *Harvard Studies in Classical Philology*, 70, 1965, 329-358 ; et aussi *Plotinus : the Road to Reality, loc. cit.*, p. 117-119 et 127-129 ; ou encore « Plotinus and Augustine : on Evil » in *Plotino e il Neoplatonismo in Oriente e in Occidente (Atti del Convegno Internazionale sul Tema) ;* Roma 5-9 Octobre 1970, Roma Accademia Nazionale dei Lincei, 1974, 495-508 ; H. R. Schwyzer, « Zu Plotins Deutung der Sogennanten Platonischen Materie », art. cit. ; F. P. Hager, « Die Materie und das Böse im antiken Plato-nismus », *Museum Helveticum* 19, 73-103 ; et du même auteur *Gott und das Böse im antiken Platonismus*, Würzburg-Amsterdam, 1987, ; D. O'Brien, « Plotinus on Evil... », art. cit. ; du même auteur *Plotinus on the Origin of Matter...*, *loc. cit. ;* de même que *Théodicée plotinienne, théodicée gnostique, loc. cit. ;* K. Corrigan, « Is there more than One Generation of Matter in the Enneads ? », *Phronesis* 31 (1986), 167-181 ; et aussi du même auteur *Plotinus Theory of Matter-Evil and the Question of Substanse..., loc. cit. ;* J.-M. Narbonne, « Plotin et le problème de la génération de la matière ; à propos d'un article récent », *Dionysius*, XI (1987), 3-31 ; et du même auteur « Le non-être chez Plotin... », art. cit. ; ainsi que *Plotin. Traité 25 [II, 5], loc. cit. ;* D. O'Meara *Plotin. Traité 51 [I, 8], loc. cit.*.

4. I, 8 (51), 3, 35-38 : τὴν δ'ὑποκειμένην σχήμασι καὶ εἴδεσι καὶ μορφαῖς καὶ μέτροις καί πέρασι καὶ ἀλλοτρίῳ κόσμῳ κοσμουμένην, μηδὲν παρ'αὐτῆς ἀγαθὸν ἔχουσαν, εἴδωλον δὲ ὡς πρὸς τὰ ὄντα, κακοῦ δὴ οὐσίαν. *Cf.* aussi D. O'Meara, *op. cit.*, p. 109-111.

matière précosmique est d'être *impassible*. Elle a fui la forme, ce qui signifie qu'elle est antérieure au devenir et, par conséquent, antérieure aussi à toute altération[1]. Ceci implique nécessairement que la matière n'appartient ni à l'être intelligible, ni à l'être sensible et que, comme telle, elle est non-être dans les deux sens. Or, c'est justement de ne pouvoir prendre forme qui est le mal inhérent à la matière précosmique : *ne pas devenir un être, voilà le mal relatif de la matière*[2]. De la même façon, parce que la matière ne peut refléter que des images, parce qu'elle a encore moins de réalité, en ce sens, qu'un miroir, nous pouvons comprendre qu'elle ne soit qu'une tromperie immanente au sensible, puisqu'elle fait croire qu'il y a du réel alors qu'il n'y a rien du tout. La matière précosmique est ainsi, et c'est là, insistons, le mal relatif qui lui est inhérent, *un pouvoir permanent d'illusion*[3]. C'est aussi la raison pour laquelle Plotin peut affirmer que le monde matériel est mort, car en lui le dernier vestige de l'Âme est tombé en-deçà de son pouvoir de contemplation[4]. Ce qui signifie que la matière est elle-même quelque chose de mort qui ne possède la forme que comme un reflet qui lui vient d'ailleurs, et qu'elle ne paraît vivante que par une vie d'emprunt. En elle il n'y a ni vie ni acte propres, parce que d'elle-même la matière n'est rien, elle n'est que, il convient de le répéter,

la présence purement apparente, en elle-même, d'images qui ne sont pas réellement présentes[5].

Autrement dit, si l'Âme inférieure illumine l'obscurité de la matière, elle le fait sans s'y mêler, c'est pourquoi il n'y a pas dans la matière de présence *effective* de l'Âme, et donc de *vie réelle*. Le mal relatif est donc tout entier du côté de la matière, puisqu'il est tout premièrement non-être, il est « la forme du non-être (οἷον εἶδός τι τοῦ μὴ ὄντος ὄν)[6]. La matière précosmique, parce qu'elle est démesure, illimitation, nécessité informelle, éternelle déficience ontologique, indétermination constante, invariable instabilité, passivité complète, faim perpétuelle, pauvreté totale, se confond avec la substance même du mal[7]. La matière, en tant que non-être qui est, est donc identique au mal, et lui-même est, comme la matière avec

1. *Cf.* III, 6 (26), 12 et 13 ; II, 5 (25), 4 et 5.
2. Voir aussi Platon, *Sophiste* 258 d 6, ainsi que les analyses de D. O'Brien, « Plotinus on Matter and Evil », art. cit., p. 111.
3. *Cf.* I, 8 (51), 3, 6 et 8.
4. *Cf.* III, 8 (30), 2.
5. III, 6 (26), 12, 26-27. *Cf.* aussi le traité 25 (II, 5), 5, 5 *sq.* où Plotin explique que la matière est un reflet affaibli et donc incapable de recevoir une forme.
6. I, 8 (51), 3, 4-5.
7. Cf. *ibid.*, 16-15 : καὶ οὐ συμβεβηκότα ταῦτα αὐτῷ ἀλλ'οἷον οὐσία αὐτοῦ ταῦτα.

laquelle il se confond, une nécessité ontologique. Ainsi, même si le monde sensible est, eu égard au monde intelligible, illusoire et mensonger, la matière qui en est le substrat est, elle, un réel non-être, tout comme elle est une réelle nécessité métaphysique aussi bien qu'ontologique. C'est ainsi que la matière est à la fois un non-être réel et un mal relatif correspondant néanmoins bel et bien à une réalité nullement illusoire du mal. Encore une fois, c'est parce que la matière précosmique est une image inversée de la matière intelligible, qu'elle est elle-même l'inverse de l'être. En d'autres termes, si nous revenons au procès de constitution des hypostases, nous voyons que ce qui sourd de l'Un est une indétermination totale que Plotin appelle altérité et mouvement premiers. Cette indétermination totale, parce qu'elle possède en elle-même la possibilité de l'acte, celle de sa réalisation eidétique, se convertit vers le Principe et devient ainsi l'hypostase de l'Intelligence qui est une multiplicité intelligible-une. De même parce que de cette hypostase s'échappe par débordement la multiplicité indéterminée qui trouve refuge dans l'Âme en s'actualisant, c'est-à-dire là encore en se convertissant vers son principe, la troisième hypostase est réalisée. C'est ainsi que de la puissance de diffusion du Bien s'écoule la multiplicité virtuelle, *puissance de toutes choses*, qui devient réelle dans les hypo-stases, pour ne plus être qu'une image fantômatique dans la matière précosmique. C'est ce qu'exprime, selon nous, ce passage du traité 34 :

> Est-il vrai que la multiplicité soit un éloignement de l'Un, et l'infi-nité, un éloignement total de l'Un, du fait qu'elle est une multipli-cité impossible à nombrer ? Est-ce aussi la raison pour laquelle l'infinité est un mal, et nous-mêmes sommes-nous mauvais lorsque nous sommes une multiplicité ? De fait, est multiple toute chose qui, incapable d'incliner vers soi-même, s'écoule et s'étend en s'éparpillant. Si elle est totalement privée de l'Un dans cet écou-lement, elle devient multiplicité dans laquelle ce qui unit l'une à l'autre ses parties n'existe plus. Si, en revanche, dans le cours de cet écoulement, elle devient quelque chose de stable, elle devient une grandeur[1].

Nous retrouvons dans ce passagre la majorité des thèmes que nous avons déjà abordés. En effet si, dans l'intelligible, la proximité de la multi-plicité virtuelle, comme indétermination première qui sourd de l'Un, trouve dans la conversion vers le Principe, c'est-à-dire dans l'acte, de quoi s'auto-réaliser comme être et vie, cette conversion est en même temps identique à un *arrêt* dans le processus d'éloignement de l'Un. Or, la matière précosmique ne trouve pas en elle-même la ressource de cet arrêt,

---

1. VI, 6 (34), 1, 1-8 (traduction J. Bertier *et alii*).

puisqu'elle ne possède pas la possibilité d'actualisation, ni la possibilité eidétique – puisqu'elle est « incapable, dit Plotin, de s'incliner vers soi-même ». Elle ne peut, dès lors, que s'écouler, s'étendre, s'éparpiller à l'infini. De plus, nous avons là confirmation de ce que nous avons analysé plus haut, à savoir que la matière est bien ce qui est produit en marge, pour ainsi dire, de la constitution des hypostases. En effet, elle représente, dans le processus de constitution des réalités divines, l'excédent de l'indétermination originaire ou encore de l'altérité première, qui n'a pu trouver place dans cette auto-constitution ; ce qui explique que la matière pré-hypostatique devienne, *via* le passage par l'Âme et son débordement, la matière précosmique. C'est ce passage, en effet, qui transmue la multiplicité intelligible en matière précosmique, c'est-à-dire en infinité sans limite, en infinité absolue. C'est aussi pourquoi nous avions signalé que l'Âme est le lieu où s'effectue une rupture dans l'ordre de la procession car, en surabondant elle aussi, elle produit une infinité qui s'échappe de l'être, qui fuit l'être, et qui a pour nom le mal. Cependant, dans l'intelligible, il n'y a pas de mal puisqu'il n'y a aucun non-être : l'Âme produit donc ce qu'elle ne possède pas elle-même, étant une réalité intelligible et divine. En fait, ce qu'elle produit est l'envers absolu de l'altérité première, (πρώτη ἑτερότης) et de la Dyade première, (πρώτη δυάς), l'envers absolu de ce qui est au départ de toute multiplicité et qui est *puissance de toutes choses*, qui fait la réalité une de la multiplicité intelligible, et la réalité une et multiple de l'Âme. Or, dans la matière précosmique il n'y a plus de multiplicité, seulement de l'infinité. C'est pourquoi, donnant ce qu'elle n'est ni n'a pas, l'Âme répète, tout en le pervertissant, le geste inaugural de l'Un. Elle donne pourtant néanmoins à la matière précosmique, et ce, *sans que cette matière se convertisse vers celle qui en est le générateur*, de quoi arrêter son flux. Ainsi, ce qui s'est échappé de l'être grâce à l'Âme est rattrapé par les dons que fait l'Âme à la matière, c'est-à-dire par les formes que l'Âme projette en elle. La matière précosmique est ainsi enveloppée de l'extérieur par l'Âme[1]. Pourtant, parce que l'information de la matière, totalement indéterminée par elle-même, n'est nullement le fruit d'une conversion ou, pour le dire autrement, d'un acte, il s'agit bien là, comme nous le soulignions au début de cette étude, de création et non de procession. C'est donc *de l'extérieur*, à proprement parler, que la matière précosmique est stoppée par l'Âme dans sa fugue infinie. Mais c'est aussi parce qu'elle a fui l'être et la forme que la matière précosmique reste ce qu'elle était dès l'origine, c'est-à-dire non-être. Or, dans le vocabulaire plotinien, le non-être équivaut au mal ; c'est pourquoi, dans une perspective cosmologique, la matière est

---

1. *Cf.* VI, 6 (34), 3, 16, 18-41 *sq.*

identifiée au mal relatif : elle est *nécessairement* le dernier terme provenant de l'Un et il est dans son essence *de ne pouvoir faire acte de conversion*. La matière est ainsi le lieu de l'ultime dispersion qui, en dépit des formes dont elle se revêt[1], ne parvient pas même à en garder le reflet – d'où le mensonge du monde sensible –, et elle reste donc ce qu'elle est originairement, à savoir, une indétermination totale[2]. En ce sens aussi elle est assimilable au mal, comme le confirme Plotin au traité 51 :

> Puisque le Bien ne reste pas seul, il y a nécessairement en ce qui dérive de lui, ou si l'on préfère, en ce qui descend éternellement de lui et s'en détache, un terme ultime après lequel il n'y a plus de génération, et ce terme est le mal. Il y a nécessairement des étants qui suivent le Premier, en sorte qu'il y a un terme dernier. Ce terme c'est la matière qui ne participe en rien au Premier, telle est la nécessité du mal[3].

Ce texte vient confirmer l'analyse selon laquelle le mal inhérent à la matière est bien assimilable à l'absence de forme et à sa définition comme non-être. Nous pouvons donc en conclure que le mal n'est que l'aspect nécessaire pris par la coexistence de l'Un et du multiple ; il est, pour ainsi dire, l'envers et même la perversion de la surabondance de l'Un.

Or, si le mal, en tant que non-être, est bien inhérent à la matière, les formes qui sont engagées dans cette dernière ne peuvent être l'origine du mal : ainsi, ce n'est pas la forme du feu, dira Plotin, qui brûle[4], mais le feu est brûlant parce que la matière se rend maîtresse de « l'image de la forme qui est en elle »[5]. Ainsi il y a un réel pouvoir de la matière qui la rend cause du mal et des maux dans le monde sensible, et qui fait que la matière n'est pas seulement un mal relatif mais aussi *le mal radical et absolu*.

LE POUVOIR ET LE DÉSIR DE LA MATIÈRE PRÉCOSMIQUE

Si la matière est sortie de l'être véritable[6], si elle a fui l'être véritable[7], si elle est ce qui en a été rejeté, elle est aussi *celle qui aspire à devenir autre que ce qu'elle est*. La matière est, comme Plotin l'énonce au traité 26, « une

---

1. *Cf.* V, 5 (32), 5, 15.
2. *Cf.* II, 4 (12), 5 et 14.
3. I, 8 (51), 7, 18-24 (traduction É. Bréhier modifiée).
4. Cf. *ibid.*, 8, 13-14.
5. *Ibid.*, 18-19.
6. *Cf.* II, 5 (25), 5, 28.
7. Cf. *ibid.*, 4, 15, et aussi II, 4 (12), 15, 23-27.

aspiration à l'hypostase »[1], entendons à l'existence réelle qui est celle de l'être. La matière précosmique est désir d'existence continuée. Cette aspiration est aussi un désir infini et indéterminé, un immense désir de vivre qui communique aux corps sa nature propre. C'est dès lors bien ce rapt de la matière qui est appelé par Plotin « audace », et celui-ci s'effectue lorsque la matière « tente, comme par violence, de s'emparer de ce qui vient en elle et est frustrée de sa prise »[2]. La matière a donc un pouvoir destructeur, facteur de privation et surtout de corruption. En fait, son pouvoir est, comme nous l'avons déjà analysé antérieurement, un *pouvoir d'entropie*, puisque

> le mal ne consiste pas en un défaut partiel mais en un défaut total de bien ; la chose qui manque un peu de bien n'est pas mauvaise, et elle peut même être parfaite autant que cela appartient à sa nature ; mais lorsque le défaut de bien est total, ce qui est le cas de la matière, c'est le mal véritable, et qui n'a aucune part au Bien[3].

Dans son extraordinaire désir d'un bien dont elle manque, la matière obscurcit et affaiblit la lumière qui vient de l'Âme[4]. De la sorte, elle empêche que les puissances qui viennent d'en-haut parviennent à l'acte[5] et elle fait ainsi obstacle à ce que toutes les puissances de l'Âme soient *véritablement* vie. Bien au contraire elles ne sont, puisqu'elles ne peuvent s'actualiser dans la matière précosmique, *qu'images de la vraie vie* dont les réalités de là-bas jouissent. Le pouvoir irréalisant de la matière est donc double : d'une part, il est restrictif en ce qu'il limite l'expression des multiples puissances de l'Âme, d'autre part, il est cause de la dégradation de l'illumination venue de l'Âme, dégradation qui a lieu lorsque la matière précosmique *s'approprie* cette illumination.

En effet, non seulement la matière ne peut recevoir les formes réelles, les intelligibles dont les êtres sensibles ne sont que les images, mais encore, elle est et sera toujours inapte à s'approprier ces dites images. Nous pouvons même affirmer que parce que la matière ne reçoit que des reflets, et parce que ces reflets ne sont nullement ressemblants aux êtres intelligibles

---

1. III, 6 (26), 7, 13 et 14, 8.
2. *Ibid.*, 14, 8-9.
3. I, 8 (51), 5, 1-9 : 'Αλλ'εἰ ἡ ἔλλειψις τοῦ ἀγαθοῦ αἰτία τοῦ ὁρᾶν καὶ συνεῖναι τῷ σκότει, τὸ κακὸν εἴη ἂν ἐν τῇ ἐλλείψει [ἡ τῷ σκότῳ] τῇ ψυχῇ καὶ πρῶτον - δεύτερον δὲ ἔστω τὸ σκότος - καὶ ἡ φύσις τοῦ κακοῦ οὐκέτι ἐν τῇ ὕλῃ, ἀλλὰ καὶ πρὸ τῆς ὕλης. ἢ οὐκ ἐν τῇ ὁπωσοῦν ἐλλείψει, ἀλλ'ἐν τῇ παντελεῖ τὸ κακόν. τὸ γοῦν ἐλλεῖπον ὀλίγῳ τοῦ ἀγαθοῦ οὐ κακόν, δύναται γὰρ καὶ τέλεον εἶναι ὡς πρὸς φύσιν τὴν αὑτοῦ. ἀλλ' ὅταν παντελῶς ἐλλείπῃ, ὅπερ ἐστὶν ἡ ὕλη, τοῦτο τὸ ὄντως κακὸν μηδεμίαν ἔχον ἀγαθοῦ μοῖραν.
4. Cf. *ibid.*, 14, 41-42.
5. Cf. *ibid.*, 46-48.

qui sont en l'Intelligence, la matière ne les a pas réellement en elle-même, ce qui signifie qu'ils ne sont pas réellement présents en elle. Ils apparaissent en elle, mais c'est une trompeuse apparition. Les reflets qui sont dans la matière sont donc trompeurs et mensongers parce que le milieu qui les reçoit, la matière précosmique, est elle-même non-être et mauvaise. Ainsi peut-on comprendre en quoi le reflet sensible est distinct de celui des formes intelligibles que l'Âme-hypostase reçoit de l'Intelligence. En effet, la multiplicité des *logoi* de l'Âme manifeste sa présence et son pouvoir dans la variété hiérarchique de ses degrés et de ses fonctions, et c'est ce qu'exprime la vie de l'Âme vivant de la vie de l'Intelligence. De même, cette multiplicité permet à l'Âme de gouverner, après l'avoir organiser conformément au monde intelligible, le monde sensible. Ainsi, l'action de l'Âme inférieure, qui consiste à donner vie, ordre et forme à la matière précosmique qu'elle a elle-même engendrée, n'implique nullement que l'Âme s'unisse à la matière, mais seulement qu'elle envoie dans la matière les reflets des formes intelligibles. Or, ces reflets sont par eux-mêmes sans force et sans vérité puisqu'ils proviennent d'une action de l'Âme qui procède de plus en plus vers le bas et qui, ce faisant, perd de plus en plus de sa puissance, laquelle s'épuise presque totalement dans le non-être de la matière précosmique. Les reflets captifs de la matière sensible sont donc quasiment irréels car, même s'ils proviennent bien de l'Âme inférieure, ils sont néanmoins prêts, pour ainsi dire, de s'évanouir dans la matière.

Cette puissance irréalisante de la matière précosmique est également illustrée par Plotin qui utilise, à cette fin, le mythe du *Banquet* de Platon[1]. Ce mythe servira aussi du même coup à montrer que le mal qui existe dans le monde sensible et aussi dans les âmes incarnées, comme un vice qui leur est propre, n'est qu'un *effet* de la matière précosmique. Analysons donc ce mythe pour les deux traités 51 et 26.

Au chapitre 14 du traité 51, Plotin assimile la matière *précosmique* à Pénia, qui est la mendiante par excellence et qui, parce qu'elle est dans l'indigence absolue et la pauvreté la plus totale, parce qu'elle représente le

---

1. *Cf.* Platon, *Banquet*, 203 be, et Plotin, III, 6 (26), 14, 6-18 ainsi que le traité 51 (I, 8), 14. Nous avons déjà rencontré, cf. *supra*, Troisième partie, chapitre troisième, 4 : « Le problème particulier de l'ἔρως de l'Âme inférieure », p. 180-198, ce mythe du *Banquet* au traité 50 (III, 5) de Plotin. Comme nous l'avions alors précisé dans ce chapitre concernant l'*erôs* de l'Âme inférieure, l'exégèse de Plotin du mythe du *Banquet* dans le traité 50, est assez différente de celle qu'il propose au traité 26, tout comme elle est différente de celle proposée au traité 51. En effet, dans ces deux derniers traités, le mythe de Pénia et de Poros sert à établir en quoi la matière *précosmique* est mauvaise et ce qu'il en est de sa puissance, alors que dans le traité 50 il s'agissait, pour Plotin, de montrer que la matière *intelligible* est, par participation, *de même nature que l'intelligible*.

non-être, limite la richesse des puissances de l'Âme qui vont jusqu'au sensible. En effet, nous savons que le monde sensible est généré par l'Âme inférieure grâce aux archétypes que sont les formes intelligibles et au réceptacle que fournit la matière et qui est le substrat des êtres sensibles [1]. Mais parce que la matière occupe cet unique lieu de la genèse des êtres sensibles, elle limite l'expression des puissances intelligibles de l'Âme. Plus encore, étant totalement indigente, la matière, pour s'emparer de ce qu'elle convoite, pour entrer en l'Âme, va jusqu'à la violence. Mais elle ne peut entrer en l'Âme car, dit Plotin en une très belle formule, « tout y est sacré » [2], entendons que tout y est divin et pur et donc exempt de tout mal. Le mythe du *Banquet* sert donc, dans ce traité 51, de cadre à une explication de l'existence du mal *comme extérieur à ce qu'il contamine*. L'Âme ne peut contenir le mal et le non-être parce qu'ils sont étrangers à son essence, comme ils sont aussi étrangers à tout être doté d'une forme [3]. C'est pourquoi, au traité 51, Plotin écrit que la richesse dont la matière est exclue est identique à la multiplicité qui vit dans l'Âme et à la puissance d'organisation hiérarchique de cette dernière. Cependant, tout en échouant dans sa tentative de pénétrer l'Âme (Poros), la matière précosmique, c'est-à-dire Pénia, lui dérobe néanmoins un peu de cette richesse en se couchant au-dessous d'elle : elle lui vole une fécondation, une illumination [4]. Mais cette illumination est mauvaise parce qu'elle est mélangée au non-être de la matière précosmique et parce que l'Âme doit la subir [5].

Le traité 51 expose donc, à travers le mythe du *Banquet*, les traits propres à la matière qui la caractérisent comme mal radical. De plus, ce même traité explique en quoi la matière est assimilable au mal en soi : d'une part parce qu'elle est un obstacle et une entrave pour l'Âme, d'autre part parce qu'elle a le pouvoir d'obscurcir et d'affaiblir la lumière qui vient de l'Âme [6]. Le pouvoir actif que Plotin attribue à la matière précosmique est aussi, comme nous l'avons vu, celui d'empêcher que toutes les puissances de l'Âme ne parviennent à l'acte :

1. *Cf.* I, 8 (51), 14, 34-39.
2. Cf. *ibid.*, 37.
3. Cf. *ibid.*, 11, 13-16. C'est aussi parce que l'essence même de l'âme est, par définition, la vie, qu'elle ne peut contenir en elle-même le mal, car elle contiendrait alors le contraire de sa propre essence : « Voici donc une âme qui ne sera pas une âme ? Or elle possède la vie par sa propre notion (*tôi logôi tôi heautès*) si bien qu'elle ne peut posséder par elle-même la privation du bien ».
4. *Cf.* I, 8 (51), 14, 38-41.
5. Cf. *ibid.*, 39-48.
6. Cf. *ibid.*, 41-42.

en occupant le lieu que l'Âme occupe, en produisant une sorte de *resserrement* (οἷον συσπειραθῆναι) de l'Âme, et en rendant mauvais ce dont elle s'est emparée par une sorte de vol[1].

Le vocabulaire de Plotin devient ici extrêmement précis : ce « *resserrement* » de l'Âme signifie qu'elle ne peut, à cause du pouvoir actif de la matière, donner naissance à ce qui est beau ; elle perd donc, de ce fait, vis-à-vis de la laideur que représente la matière, sa faculté créatrice[2]. Plotin octroie en outre à la matière, toujours dans ce même traité, une sorte de volonté, puisqu'il écrit que la matière « veut pénétrer en l'Âme »[3], ainsi qu'un pouvoir de communiquer sa nature propre aux corps qui contiennent en eux de la matière sensible, bien que les corps ne soient nullement identiques à cette dernière. Précisons enfin que ce pouvoir est un pouvoir destructeur dans la mesure où il est facteur de privation, de corruption et surtout de mort.

La seconde occurrence où apparaît le mythe du *Banquet* de Platon se trouve au traité 26[4]. Dans ce traité, Plotin déclare que la matière-Pénia possède une « audace » qui lui permet de s'emparer du reflet issu de l'Âme-Poros afin de produire l'illusion qu'est le monde sensible. En effet, ce qui est ainsi engendré dans la matière est « vide de réalité substantielle »[5], et n'est rien d'autre qu'un « fantôme dans un fantôme »[6], cela n'existe pas réellement mais prétend seulement à la réalité[7]. En s'unissant au reflet issu de l'Âme-Poros, la matière-Pénia devient ainsi le substitut illusoire de la réalité authentique. Or, le pouvoir de la matière provient de ce que celle-ci « aspire à l'existence »[8], désire l'être, et ce désir devient violence lorsque la matière veut se rendre maîtresse de l'image de la forme qui vient en elle[9].

---

1. *Ibid.*, 46-48 : τῷ τὸν τόπον ὃν κατέχει αὐτὴ καταλαβεῖν καὶ οἷον συσπειραθῆναι ποιῆσαι ἐκείνην, ὃ δ'ἔλαβεν οἷον κλέψασα ποιῆσαι κακὸν εἶναι.
2. Précisons que le verbe συσπειραθῆναι est rare, comme l'a d'ailleurs signalé H. Dörrie dans son article « La manifestation du *LOGOS* dans la création. Quelques remarques à propos d'une attribution du platonicien Thrasyllos à la théorie des Idées », in *Néoplatonisme, mélanges offert à Jean Trouillard, loc. cit.*, p. 141-159, surtout, en ce qui concerne notre propos, les pages 148-149, il resterait à mener à bien une réflexion approfondie quant à son emploi par Platon et Plotin dans le domaine de la philosophie.
3. I, 8 (51), 14, 36.
4. Cette seconde occurrence pour nous est en fait, du strict point de vue chronologique, première selon l'ordre des traités.
5. III, 6 (26), 12, 11-12.
6. *Ibid.*, 7, 24-25.
7. Cf. *ibid.*, 14.
8. *Ibid.*, 7, 13 : ὑποστάσεως ἔφεσις.
9. Cf. *ibid.*, 14, 8-9.

Il y a donc identité du pouvoir et du désir en la matière, ce qui lui permet de parvenir à faire en sorte que la forme *paraisse* lui appartenir. Or ce pouvoir d'illusion, de corruption, ce pouvoir du mal radical est aussi un pouvoir de mort : l'âme incarnée qui a contemplé la matière et le mal, et qui a participé à la matière et au mal *en les devenant,* cette âme, dit Plotin,

> meurt alors comme meurt une âme ; mourir pour elle, tant qu'elle est encore immergée dans le corps, c'est sombrer dans la matière et s'en rassasier ; quand elle est sortie du corps, c'est se reposer dans la matière, jusqu'à ce qu'elle remonte et arrache ses regards au bourbier ; c'est là venir dans le *Hadès et y sommeiller*[1].

Si nous pouvons, avec Plotin, identifier le mal radical avec le pouvoir total de destruction, le pouvoir de mort de la matière, faut-il aller jusqu'à dire que la matière est comme un second principe à côté de l'Un principe-de-vie, un principe séparé qui existe indépendamment du Premier et, pour tout dire, qui existe en quelque sorte face à l'Un ? Cette hypothèse n'est nullement saugrenue, et prend appui sur un curieux texte de l'Alexandrin, dans un traité de vieillesse déjà abondamment commenté ici :

> Ne faut-il pas dire que le contraire de l'être est le non-être, le contraire de la nature du Bien ce qui est la nature et le principe du mal ? *Car les deux sont principes, l'un des maux, l'autre des biens*[2].

---

1. I, 8 (51), 13, 21-27. Nous avons sciemment négligé de parler ici de la descente des âmes dans les corps, ainsi que du problème particulier que peut soulever l'âme individuelle dans sa confrontation avec le mal. Ceci est dû en partie à ce que notre propos n'est pas tenu d'expliciter, pour le moment en tout cas, *le problème du mal pour les âmes particulières*, ni d'expliciter pourquoi il y a des âmes mauvaises, ni même de trouver une explication au problème de la nécessité des âmes particulières dans la production du monde sensible. Toutes ces questions seront développées en leur temps, dans un travail ultérieur portant exclusivement sur le problème particulier de l'univers sensible chez Plotin, ainsi que sur la question de l'*erôs* au sein de ce monde sensible. Notre propos pour l'heure se limite à l'examen de la procession de l'altérité première à partir de l'Un jusqu'à son dernier terme, la matière précosmique, ainsi qu'à l'exténuation progressive de son *Erôs* diffusif. Pour le problème particulier de la descente des âmes, *cf.* D. O'Brien, « Le volontaire et la nécessité : Réflexions sur la descente de l'âme dans la philosophie de Plotin », art. cit., p. 401-422, voir également du même auteur, *Théodicée plotinienne, ..., loc. cit.*, de même qu'un de ses autres articles, « Plotinus on Evil », art. cit., p. 138-141. Concernant ce même problème, *cf.* J. M. Rist, *Plotinus ..., loc. cit.*, chap. 9, p. 112-129 ; Ph. Merlan, *Monopsychism, Mysticism, Metaconsciousness,* La Haye, 1963, p. 11-16.

2. I, 8 (51), 6, 32-34 (nous soulignons), ἢ τῇ μὲν οὐσίᾳ ἡ μὴ οὐσία, τῇ δὲ ἀγαθοῦ φύσει ἥτις ἐστὶ κακοῦ φύσις καὶ ἀρχή. ἀρχαὶ γὰρ ἄμφω, ἡ μὲν κακῶν, ἡ δὲ ἀγαθῶν.

Le traité 51 est en cela remarquable qu'il laisse apparaître pour la seconde fois dans les Ennéades, si nous comptons l'Altérité indicible de l'Un[1], une véritable altérité, un autre radical qui s'oppose aux êtres intelligibles et même à l'Un[2]. Cet autre radical est la matière précosmique en tant qu'elle est le principe indéracinable du mal. Or, que la matière soit élevée au rang de principe dans ce traité s'explique par l'analyse qu'en fait Plotin dans ce texte. Non seulement Plotin affirme très clairement ici qu'il y a deux principes, « l'un des maux, l'autre des biens », mais encore il analyse pourquoi ces deux principes sont opposés l'un à l'autre comme « un tout à un tout (τὸ ὅλον τῷ ὅλῳ) »[3] : ils sont, en effet, totalement séparés l'un de l'autre[4]. Si donc la matière peut se rendre maîtresse de ce qui, en elle, est reflété, et si, en lui appliquant sa nature propre, elle le corrompt et le détruit[5], c'est bien que la matière précosmique, en tant que principe du mal absolu, ôte aux êtres sensibles et aux âmes individuelles cette maîtrise de soi que l'Un, maître de lui-même, avait octroyé aux réalités intelligibles en la leur communiquant[6].

La matière, mal radical, principe indépendant du mal, se rend, par cette annihilation de la maîtrise de soi des âmes individuelles, maîtresse des âmes-reflets. C'est pourquoi on peut encore souligner que, toujours dans ce traité 51, Plotin rend manifeste le rôle éminemment actif de la matière précosmique dans la production du mal. Cependant, s'il est vain de prétendre que le mal n'existe pas, il est tout aussi vain de croire que le mal pourrait régner véritablement dans le monde sensible comme un principe réellement indépendant qui échapperait, de par son indépendance même, à la puissance de l'Un. Plotin nous garantit, à la fin du traité 51, que le retour

---

1. L'Altérité originaire et unique de l'Un apparaît, par exemple, au traité 38 (VI, 8). Cf. *supra*, Première partie, chapitre premier, 1 et 2, p. 27-36.

2. Souvenons-nous que nous avions décrit l'Un lui-même comme Altérité absolue, comme indiciblement Autre par rapport à ce qui vient après lui. La matière précosmique, en tant que mal radical et principe du mal, semble requérir pour elle-même les caractères qui, jusque là, n'appartenaient qu'à l'Un. C'est ce que nous verrons un peu plus loin dans ce travail.

3. I, 8 (51), 6, 43-44.

4. Cf. *ibid.*, 54.

5. Cf. *ibid.*, 8, 11-20.

6. Pour l'analyse de l'Un maître de lui-même et Père de la Raison, cf. *supra* Troisième partie, chapitre troisième, 2 : « La spécificité du *logos* de l'Âme inférieure », p. 165-173. On sait en outre que pour Plotin avoir la maîtrise de soi-même équivaut à posséder en soi-même la raison de son être-tel, dans la mesure où la venue à l'être des réalités intelligibles est présidée par la nécessité rationnelle, ce qui leur donne leur perfection.

à l'Origine absolue est toujours possible, et que le mal a un statut
éternellement inférieur eu égard au Bien :

> Le mal n'existe pas, solitaire, grâce à la puissance et à la nature du
> Bien ; il apparaît, précisément, enserré de toute nécessité, dans les
> liens de la beauté, tel un captif couvert de chaînes d'or[1].

La dualité des principes n'est donc pas le dernier mot de Plotin, et le
mal tel que le décrit l'image du captif enchaîné d'or est comme la promesse
que le dernier terme de la série, « s'il est apparu par nécessité »[2], n'existe
pas tel quel, à l'instar du Bien lui-même, en transcendant la réalité sensible.
Le mal existe, en vérité, caché, toujours revêtu de ces chaînes d'or ; c'est
seulement ainsi qu'il est perceptible et pensable, tout auréolé de beauté.

L'Âme qui projette dans la matière précosmique les formes par
lesquelles les réalités sensibles se constitueront en elle, empêche donc que
la matière qui surabonde d'elle ne se disperse en infinité. En ce sens, les
formes *retiennent la matière prisonnière* et elles en sont, de plus, l'illumination : elles illuminent l'obscurité de la matière précosmique qui a dérivé
primitivement de l'Âme inférieure. Les formes sont donc ce qui vient
s'intercaler entre la matière précosmique et l'Âme inférieure qui est la
dernière réalité intelligible et divine.

Reste que le statut de mal radical attaché à la matière pose, quant à la
dialectique spéculative, de réels problèmes. En effet, si l'on s'étonne de ce
que la matière, dans le traité 51, soit un symétrique négatif de l'Un
– puisqu'elle est posée comme un principe du mal, au même titre que l'Un,
principe du bien –, c'est parce que nous continuons à comprendre la notion
de *contraire* telle que l'a définie Aristote. De fait, selon le Stagirite[3], l'être
n'a pas à proprement parler de contraire, puisque les contraires ne peuvent
se penser que comme des termes extrêmes *à l'intérieur d'un même genre*.
A l'inverse, selon Plotin, au traité 51, la matière peut être pensée sur le
mode du contraire séparé[4]. C'est ainsi qu'il peut y avoir une sorte d'οὐσία
du mal, dans la mesure même où, exclu des principes qui communiquent
avec le Bien, le mal s'érige en quelque sorte en mal-substance. Dans un
ordre strictement logique, nous pouvons dès lors avancer que le mal est un

---

1. I, 8 (51), 15, 23-26 : τὸ δὲ κακὸν οὐ μόνον ἐστὶ κακὸν διὰ δύναμιν ἀγαθοῦ καὶ φύσιν.
ἐπείπερ ἐφάνη ἐξ ἀνάγκης, περιληφθὲν δεσμοῖς τισι καλοῖς, οἷα δεσμῶταί τινες χρυσῷ,
κρύπτεται τούτοις.

2. *Ibid.*, 24.

3. *Cf.* Aristote, *Catégories* 5, 3 b 25 *sq.*, et aussi *De generatione et corruptione*, II, 3 et 7.

4. Pour l'analyse de la nécessité *logique* du mal comme contraire du Bien dans le traité
51, *cf.* D. O'Meara, *op. cit.*, p. 124-133.

principe *nécessaire* à la métaphysique plotinienne, comme il est aussi nécessaire qu'il soit identique à la matière précosmique, de façon à ce que le mal soit *l'extérieur ontologique* qui captive l'âme et la contamine *du dehors*. Nous pouvons donc poser sans crainte la thèse suivante : la matière-mal, en tant que contraire absolu du Bien, récupère, pour ainsi dire, son *eidos*, elle est à elle-même son propre pensable et sa propre forme, c'est-à-dire une existence fantômatique, elle est mensonge en acte pour pouvoir avoir l'être dans le non-être [1].

Or, nous avons vu que « l'être » de la matière consiste justement à être *en puissance*, sans jamais rien être en acte : elle est toujours autre que tout ce qu'elle contient en elle-même en tant que substrat (*i. e.* : les formes en acte). Son « être », c'est d'être le vide de toute forme et l'obscurité totale. C'est pourquoi nous pouvons conclure à propos du mal radical, ou du mal en soi que serait la matière en tant que principe indépendant du Bien et contraire à l'Un, qu'il représente, pour Plotin, *une nécessité ontologique* qui délivre l'âme du drame de la perversité. En effet, si la matière précosmique représente le principe de dégradation de l'énergie ontologique jusqu'à son terme ultime, le mal qui lui est inhérent ne peut être, quant à lui, qu'originaire, *puisqu'il n'y a pas de mal dans l'intelligible*. Nous pouvons donc mieux comprendre maintenant pourquoi il est absolument nécessaire que le mal relatif soit identifié à la matière précosmique car, de cette façon, il appartient à la nécessité de la procession. En suivant le même fil conducteur du raisonnement, nous saisissons mieux, en même temps, pourquoi il est aussi nécessaire que la matière soit identique au mal radical, au mal en soi, car ainsi elle provoque, par une répulsion positive, la conversion et la purification de l'âme. Ainsi, la notion de mal radical fait le lien entre le mal relatif et, d'une certaine manière, cosmologique, et le mal éthique. Par cette notion, Plotin tente d'expliquer ce que peut être une participation inversée de l'âme au mal par l'intermédiaire du corps, lequel est un facteur de fascination et de précipitation dans l'abîme de la matière. Et puisque l'âme ne peut être mauvaise, séparée de la matière, il faut bien en conclure que c'est la matière qui apporte à l'âme le mal, tout en maintenant fermement que celui-ci lui est extérieur.

La matière précosmique est donc bien le lieu (*topos*) de rencontre de l'âme avec la matière sensible, de l'âme avec le mal inhérent à la matière :

> Il n'y a pas un lieu séparé pour la matière et un lieu séparé pour l'âme, par exemple la terre pour la matière et l'air pour l'âme. Quand

---

1. *Cf.* II, 5 (25), 5, et le commentaire de ce traité par J.-M. Narbonne, *op. cit.*, surtout p. 121-142.

on parle d'un lieu séparé pour l'âme, c'est un lieu séparé au sens où elle n'est pas dans la matière ; cela veut dire qu'elle n'est pas unie avec la matière, et qu'il n'y a pas une unité qui provienne d'elle et de la matière ; cela veut dire qu'elle n'est pas dans la matière prise comme un substrat ; tel est le sens de "être séparé" [1].

Puisque la matière est, le mal existe aussi nécessairement, et le mal-matière existe comme la négation pure contredisant toute détermination eidétique. De ce fait, le mal radical, identique à la matière précosmique, consiste donc, pour elle, à être un principe d'entropie, c'est-à-dire un principe de mort pour tout ce qui a pris forme et vie en elle. En ce sens, le mal radical est l'absolu contraire de l'Un qui est le principe de la vie et du bien.

Nonobstant cette existence avérée du mal et de la mort provoquée par la mixité des êtres sensibles, l'âme n'est nullement condamnée à subir l'influence néfaste de la matière-mal. Tout au contraire, pourrait-on dire, elle peut se purifier grâce à l'action agissante en elle de la multiplicité des puissances de l'Âme. Elle le peut aussi parce qu'en elle existent un désir qui mène à l'intelligence et un amour qui la meut vers le suprêmement aimable. Mais cette conversion et cette purification sont, en outre, possibles parce que l'âme y est aidée par le statut toujours inférieur du mal eu égard au Bien, et aussi par l'incapacité qu'a le mal à régner véritablement dans le monde sensible.

C'est pourquoi nous pouvons affirmer, pour conclure, qu'il n'y a qu'un seul véritable principe dans la philosophie plotinienne, le Bien. De cette affirmation, soutenue par l'ensemble de nos analyses, nous pouvons aussi inférer que la métaphysique de Plotin est un réel monisme, même si ce monisme est, pourrait-on dire, "différé", en ce qui concerne le monde sensible, puisqu'il est perturbé par le mal, inexistant dans l'intelligible et pour les réalités divines. La réalité du monisme est donc ainsi sauvegardée par la métaphysique plotinienne de même que par son ontologie. Et si le mal est la matière, même la vie mélangée au mal et à la mort contient en elle du désir et de l'amour, ainsi que de quoi trouver en elle la ressource d'une conversion véritable. Car ce monde est beau, et la contemplation des beautés d'ici-bas mène, sans coup férir, à la réminiscence du Beau en soi. Contemplation et réminiscence sont donc pour l'âme incarnée l'éveil à la conscience de son origine intelligible et divine, l'élan vers le Principe

---

1. I, 8 (51), 14, 28-34 : οὐ γὰρ χωρὶς μὲν ὁ τόπος τῇ ὕλῃ, χωρὶς δὲ αὖ ὁ τῆς ψυχῆς – οἷον ὁ μὲν ἐν γῇ τῇ ὕλῃ, ὁ δὲ ἐν ἀέρι τῇ ψυχῇ – ἀλλ᾽ ὁ τόπος τῇ ψυχῇ χωρὶς τὸ μὴ ἐν ὕλῃ. τοῦτο δὲ τὸ μὴ ἑνωθῆναι τῇ ὕλῃ. τοῦτο δὲ τὸ μὴ ἕν τι ἐξ αὐτῆς καὶ ὕλης γενέσθαι.

suprêmement désirable d'où la totalité du Réel provient. Ainsi, malgré l'existence avérée du mal et la finitude de la vie mélangée de matière, il est possible de comprendre, de désirer et d'aimer l'Un, qui est la source et « la puissance productive de la vie sage et intellectuelle »[1], le seul véritable Principe de la Vie, de la Beauté et de l'Amour.

1. V, 5 (32), 10, 12.

CONCLUSION

L'AMOUR : TRACE DE L'UN

La singularité de la philosophie plotinienne réside dans la doctrine fondamentale de la procession. A la source de cette dernière se trouve la surabondance de l'Un, diffusive d'un *erôs* et d'une vie indissociables : issus du Premier, la vie et l'amour se communiquent aux dérivés par la médiation de la puissance à partir de laquelle, moyennant la conversion vers leur principe, les hypostases se constituent en réalités achevées. C'est pourquoi vie et amour sont connaturels dans les dérivés et expriment, dans leur différence d'avec l'Un, la trace de celui-ci en eux, sa *présence*. Cependant, l'*erôs* ne signifie pas tant la différence ontologique de l'hypostase relativement à son origine que *l'expression d'une identité*, d'une continuité qui traverse le monde intelligible[1]. Dans sa continuité avec l'origine, l'*erôs* est ainsi fondateur : il structure le rapport de dépendance des hypostases envers leur principe, il manifeste, dans la différence, la marque, l'empreinte de l'Origine absolue.

Ceci est vrai pour le Noῦς aussi bien que pour l'Âme, mais à des degrés différents. En effet, Plotin conçoit l'Intelligence comme pur rapport à elle-même, présence de soi à soi qui est de pure perfection et d'autosuffisance, alors que l'Âme est conçue dans un rapport de complète dépendance eu égard à l'Intelligence. Cependant, l'autosuffisance du Noῦς s'exprime comme vie première et archétype de toutes les formes de vie qui viendront après lui : l'Intelligence possède en elle-même la totalité des εἴδη, elle est le

---

1. « D'où vient la vie là-haut, d'où vient la vie qui est totale, et l'Intelligence qui est totale ? [...]. Là-haut toutes choses surabondent et, en quelque sorte, bouillonnent de vie. De ces choses bouillonnantes de vie, il y a comme un flux qui s'écoule d'une source unique » (VI, 7 (38), 12, 20-24).

Tout[1]. D'un autre côté, bien qu'étant indépendante et autosuffisante, elle comporte aussi une partie non intellective par laquelle elle reste attachée à ce qui lui est antérieur et supérieur : l'Un.

Par cette partie aimante, vivant de la Vie de l'Un, la perfection de l'Intelligence s'exprime alors selon une modalité différente : de pur rapport à soi, elle devient trace active et dynamique du Premier; sa vie est *amour pour le Bien*. Ainsi, l'amour supérieur à la pensée est la trace de son origine, il manifeste la dépendance du Noῦς vis-à-vis de son générateur, c'est-à-dire la continuité qui relie l'Intelligence à l'Un par-delà leur radicale différence ontologique. L'amour signifie donc *à la fois* la provenance et la continuité dynamique de la procession *et* de la conversion.

L'érôs est aussi ressemblance avec le Bien, car il est lui-même sans forme, trace de la pure puissance érotique-vitale issue de l'Origine absolue; mais, pourtant, bien que l'amour soit la trace de l'Un dans l'Intelligence, bien qu'il soit sa présence, il n'instaure nullement un rapport d'identité stricte avec le Principe. En effet, l'*érôs* est aussi bien le signe de l'*absence* de l'Un, puisque celui-ci, dans son absolue transcendance, dans son irréductible altérité, ne se trouve jamais *en tant que tel* dans l'hypostase qui en dérive immédiatement : le désir et l'amour de l'Intelligence pour le Bien sont donc aussi bien les traces de son infinie différence d'avec lui. Ainsi, en tant que trace de la présence du Premier, l'amour manifeste un infini de dépendance, une proximité dans la tension du désir vers le suprêmement aimable; il permet qu'un lien vivant puisse unir ce qui est différent à son origine. Mais l'absence du Principe est aussi caractérisée par le fait qu'il ne se manifeste jamais que sous les traits d'une puissance infinie *dérivée* de son Acte pur, puissance dans laquelle fusionnent l'amour et la vie diffusifs de l'Absolu. Ainsi, la puissance dynamique érotique qui sourd de l'Un manifeste *en même temps* le lien qui l'unit à ses dérivés et son absence dans ce qu'il a produit : l'*érôs* en tant que trace du Principe est la manifestation de sa présence/absence.

Mais l'amour est aussi puissance générique car, dans l'acte de produire, l'origine laisse sa trace[2]. C'est pourquoi l'amour, entendu comme acte

---

1. Dans l'Intelligence « Tout est transparent; rien d'obscur ni de résistant; chacun est clair pour tous jusque dans son intimité; c'est la lumière pour la lumière. Chacun a tout en lui et voit tout en chaque autre : tout est partout, tout est en tout; la splendeur est sans borne » (V, 8 (31), 4, 4-8).

2. *Cf.* III, 8 (30), 11, 14-23 : « En atteignant le Bien, l'Intelligence en prend la forme; du Bien elle reçoit son achèvement et la forme qu'elle possède en elle provient du Bien et la rend semblable au Bien. Telle est la trace du Bien qu'on voit dans l'Intelligence, et c'est ainsi qu'il faut concevoir le modèle. En effet, c'est d'après la trace du Bien qui vient s'imprimer sur l'Intelligence qu'on possède la notion du Bien véritable. *Le Bien a donné à l'Intelligence qui*

d'engendrement, n'est pas métaphorique chez Plotin, mais *absolument réel* : l'*erôs* permet le passage, la continuité entre ce qui est absolument autre, l'Un, et son dérivé immédiat, le Noῦς. De ce fait, l'amour ne souligne pas seulement la distance de l'éminence, mais aussi et surtout la présence vivante de l'Origine absolue[1] : si l'Un donne ce qu'il n'a pas, il donne cependant une trace de lui-même qui est indéfectiblement amour et vie. Cependant, dans l'Intelligence achevée, la vie première est totalité des formes, elle est vie ontologique ; ce n'est donc pas dans la forme que réside la trace de l'Origine, mais dans ce qui permet à la forme d'entretenir une ressemblance avec le Bien. La vie informe issue de l'Acte pur du Principe, devenant vie ontologique dans le Noῦς, maintient une ressemblance avec lui dans la mesure où l'amour est, en elle, *agissant*. En effet, seul l'ἔρως, comme trace de l'Inexprimable, peut accomplir le dépassement de l'ontologique, car il est lui-même comme la lumière du sans forme : il fait rayonner sur la vie archétypale de l'Intelligence la lumière du Bien parce qu'il est, au sein de la seconde hypostase, la présence de l'origine, la marque d'une continuité agissante.

Or, si l'amour est bien une puissance génératrice agissante, le Noῦς va également produire par amour : il engendrera l'Âme, et cet engendrement exprimera la continuité de la dynamique érotique processionnelle. L'engendrement de l'Âme est ainsi l'effet d'une générosité active, car de la puissance fondatrice de l'Un sourd une puissance érotique-vitale *qui ne s'épuise pas* dans la constitution de l'hypostase de l'Intelligence. Cette puissance érotique-vitale excède, en effet, toujours le processus par lequel une hypostase s'actualise et s'achève ; la proto-vie est *toujours excédentaire*, et ce surplus est à l'origine d'une autre hypostase, il est à l'origine de l'Âme. Mais cette fois-ci, le mode d'engendrement est différent car, si le Noῦς se constitue à partir de ce que l'Un ne donne pas, il fera, quant à lui, don à l'Âme de ce qu'il possède.

L'Âme s'actualise alors, et s'achève comme hypostase en se convertissant amoureusement vers son générateur. Elle reçoit, de ce fait, la forme et

---

voit une trace de lui-même et c'est pourquoi il y a un désir dans l'Intelligence (τὸ μὲν οὖν ἐπ'αὐτοῦ ἴχνος αὐτοῦ τῷ νῷ ὁρῶντι ἔδωκεν ἔχειν. ὥστε ἐν μὲν τῷ νῷ ἡ ἔφεσις) ; à chaque instant l'Intelligence désire, et à chaque instant, elle obtient ce qu'elle désire » (nous soulignons).

1. *Cf.* III, 8 (30), 10, 1-5 : « Il [l'Un] est la puissance de tout ; s'il n'est pas, rien n'existe, ni les êtres, ni l'Intelligence, ni la vie première, ni aucune autre. Il est au-dessus de la vie et cause de la vie ; l'activité de la vie qui est tout l'être n'est pas première ; elle coule de lui comme d'une source (Τί δὴ ὄν ; δύναμις τῶν πάντων. ἧς μὴ οὔσης οὐδ'ἂν τὰ πάντα, οὐδ'ἂν νοῦς ζωὴ ἡ πρώτη καὶ πᾶσα. τὸ δὲ ὑπὲρ τὴν ζωὴν αἴτιον ζωῆς. οὐ γὰρ ἡ τῆς ζωῆς ἐνέργεια τὰ πάντα οὖσα πρώτη, ἀλλ'ὥσπερ προχυθεῖσα αὐτὴ οἷον ἐκ πηγῆς) ».

la limite que l'Intelligence possède, en contemplant les intelligibles qui sont dans le Noῦς ; et la pensée de l'Âme, qui est une pensée dianoétique, nourrit son désir et son amour pour l'hypostase supérieure[1]. Mais il y a plus encore. En effet, contemplant les intelligibles, l'Âme contemple par là même la beauté qui châtoie sur les formes, or la beauté est un indice de la présence du Bien. Aussi cette beauté est-elle un appel puissant à l'amour de l'Âme pour son générateur et pour ce qui réside au-delà[2]. Issue elle aussi de la puissance érotique-vitale qui sourd du Premier, mais médiatisée par le Noῦς, l'Âme reçoit donc de l'Intelligence la trace de l'Un, mais alors que la genèse de la seconde hypostase est l'expression d'un premier rapport à l'origine, alors qu'elle est la manifestation première de la trace de l'Un, le don que fait l'Intelligence à l'Âme n'est que celui de la trace de ce qu'elle a elle-même reçu du Bien. Or, si la trace première n'est autre que la forme, si « la forme n'est que la trace du sans forme »[3], ce qui se transmet en revanche du Noῦς à l'Âme, ce sont les formes intelligibles. Ainsi, l'Intelligence et l'Âme dans leur perfection achevée expriment le Bien sans forme. La forme peut dès lors être considérée comme trace de l'Un, dans la mesure où le processus d'engendrement est le fait de l'amour et constitue, dans l'acte de production d'une hypostase par une autre, un rapport actif. En dernière analyse donc, ce qui donne à la forme trace du Bien, c'est l'amour *en ce qu'il excède toutes formes*. En effet, même si la présence du Bien ne peut être pensée en dehors de l'identité de la forme et de la vie, c'est néanmoins l'amour, comme trace et présence du Bien en chacune des hypostases dérivées, qui l'exprime.

L'amour est, par suite, effectivement constitutif du monde intelligible : il est à l'origine de la procession et s'enracine dans l'Amour que l'Un se porte à lui-même, s'identifiant ainsi à la puissance dynamique et diffusive qui marque la continuité des hypostases entre elles et avec l'Origine absolue ; et il est aussi à l'origine de l'acte de conversion, en tant que désir

---

1. *Cf.* II, 3 (52), 18, 15-16 : « L'Intelligence donne à l'Âme qui vient après elle les formes dont les traces se trouvent dans la réalité de troisième rang ». Dans le processus dynamique de constitution des hypostases, la hiérarchie implique la diffusion de la puissance érotique-vitale. C'est pourquoi, d'une part, l'Âme est toujours attachée par l'amour et la contemplation à l'Intelligence et s'en remplit, produisant ainsi sa partie inférieure, et, d'autre part, la partie intelligente de l'Âme est remplie de formes par le Noῦς. Mais sans l'amour qui meut les hypostases vers leur générateur, sans l'érôs assurant le passage processionnel dans la continuité, il n'y aurait ni vie, ni hypostase.

2. *Cf.* VI, 6 (34), 18, 47-49 : « Sa puissance et sa beauté sont si grandes que toutes choses subissent sa fascination, qu'elles se rattachent à elle [l'Intelligence], qu'elles sont comblées de recevoir d'elle sa trace et qu'elles se mettent en quête du Bien qui est après elle ».

3. VI, 7 (38), 33, 30.

et tension érotique vers ce qui est antérieur et supérieur. Trace de l'Un, l'érôs se manifeste comme puissance dynamique, mais aussi comme présence du Premier à ses dérivés. En ce sens, l'amour est l'expression de la continuité dans le moment même où cette continuité s'expérimente comme présence d'une altérité radicale, efficacité d'une puissance immense, originarité d'un infini transcendant. Manifestation de la présence de l'Un au plus profond des hypostases, l'*erôs* est donc *la trace vivante* de ce qui excède tout langage et que seul peut percevoir le silence de la contemplation dans le retrait de son intériorité.

*

Il aurait fallu, pour compléter ces analyses, s'attacher également au processus de création du monde sensible par l'Âme inférieure, et montrer comment la puissance érotique-vitale exerce, là encore, son action. En effet, par la fonction d'intermédiaire entre l'Intelligible et le sensible qu'exercent l'Âme-Nature et les âmes individuelles, la présence du Bien, c'est-à-dire sa trace dans l'univers sensible, n'est pas éteinte, mais seulement affaiblie et amoindrie. L'érôs est actif *aussi* dans la totalité vivante de la Nature, dans la force et la puissance génératrice qui anime le monde sensible, puisque toute force est, chez Plotin, trace de la puissance érotique-vitale ayant sa source en l'Un[1]. En ce sens, l'amour de l'Âme, comme puissance propageant la vie, maintient le monde sensible dans une cohérence avec le Tout qui procède du Principe. En effet, c'est parce qu'il y a en l'Âme un désir qui la pousse à agir, qu'elle organise le monde sensible en projetant vers l'extérieur la puissance érotique-vitale qu'elle a reçue de sa partie supérieure[2]. Et c'est bien parce que l'*erôs* est actif en l'Âme que le cosmos est un cosmos vivant empli d'une harmonie et d'une sympathie universelle de type stoïcien[3] : tout y est animé, tout y est parfait et y manifeste la splendeur de l'Intelligible. La richesse des déterminations concrètes exprime ainsi la dynamique érotique-vitale dans le monde phénoménal[4].

1. *Cf.* IV, 4 (28), 27, 3 ; VI, 7 (38), 11, 17.
2. *Cf.* III, 7 (45), 11 et 12 ; IV, 4 (28), 16 ; IV, 7 (2), 13.
3. *Cf.* à ce propos A. Pigler, « La réception plotinienne de la notion stoïcienne de sympathie universelle », in *Revue de Philosophie Ancienne* (2001-1), 45-78.
4. *Cf.* VI, 7 (38), 7, 8-16 : « Qui empêche que la puissance de l'Âme du Tout, puisqu'elle est une raison (*logos*) universelle, ébauche une première esquisse, avant que les puissances animiques descendent d'elle et que cette ébauche illumine en quelque sorte préalablement la matière ? Les âmes n'ont, pour produire, qu'à suivre le dessin déjà tracé et qu'à organiser les parties une à une ; et chacune accorde son attitude à la partie qu'elle approche, comme dans un chœur le danseur s'unit au thème qui lui a été donné ».

Néanmoins, le désir inquiet et l'amour insatisfait de l'Âme inférieure sont à l'origine de la matière précosmique, substrat en lequel les êtres sensibles naîtront. Mais cet en-deçà de l'Âme inférieure est aussi non-être, une chose morte, un principe d'entropie à l'œuvre dans le monde sensible. Ainsi, si c'est bien le désir vivant en l'Âme inférieure qui est à la source de sa surabondance, *ce qu'elle produit est, en revanche, privé de tout désir et de tout amour, ou plutôt il faut dire que l'unique désir de la matière précosmique est un désir d'être*[1]. En effet, elle désire être autre qu'elle n'est, elle est une aspiration à l'existence. Il n'y a donc plus d'amour dans le dernier rejeton qui clôt la procession de l'altérité première issue de l'Un, et il n'y a même plus, en lui, trace du Principe, dans la mesure où la matière précosmique ne contient plus rien des dons de l'Un. Le désir d'exister qui agite la matière précosmique est un désir pervers aboutissant à l'appropriation par la matière de la forme : la forme devient alors *comme* la vie et la perfection de la matière. Le désir inhérent à la matière est donc ce qui permet qu'il y ait une *ousia* sensible et, dans ce mélange de matière et de forme, chacune des deux perd quelque chose : la matière *semble* perdre l'infinité de son indétermination, la forme perd, puisque par ce mélange elle est amoindrie et particularisée, sa prérogative d'être universelle en même temps que l'éclat de sa beauté intelligible.

Pourtant, si la nature cosmique et biologique est une immense hiérarchie de contemplations (parce que la structure antérieure, grâce à la vision aimante qu'elle porte vers le supérieur, est productrice d'une réalité postérieure), force est de reconnaitre que le désir flou et indéterminé, de même que l'*erôs* affaibli de l'Âme inférieure sont incapables de produire autre chose qu'un non-être mort en lequel n'entre plus du tout d'erôs, en lequel l'influence de l'Amour-de-soi du Premier n'est plus agissante. C'est pourquoi, en imitant le geste inaugural de l'Un, l'Âme n'est capable de mettre au monde qu'un engendré perverti, à l'extrême opposé de ce que le Principe lui-même produit, le contraire absolu des dons de l'Un. Là est aussi l'origine du mal, identique au non-être mort qu'est la matière précosmique. Le mal est réel, puisque la matière *est*, mais il n'existe que dans le monde sensible, il est, ici-bas, ce qui se substitue au pouvoir agissant de l'erôs dans l'intelligible, ce qui prend la place ici-bas de l'amour infini qu'éprouvent les réalités divines et hypostatiques pour le Bien.

Pourtant, si la production du monde sensible par l'Âme cosmique est le fruit de sa puissance de réalisation, si c'est bien son action naturante *sur la matière précosmique* qui produit le monde visible, et si cette production est *belle*, c'est parce que le désir et l'amour qui vivent en l'Âme qui va de

---

1. *Cf.* III, 6 (26), 7, 13.

l'avant font de sa production un monde régi par l'ordre et organisé conformément à ce qu'elle a vu dans l'Intelligence. Le monde sensible est beau et harmonieux grâce aux dons que l'Âme fait à la matière sensible, grâce aux formes, reflets des Formes intelligibles, que l'Âme envoie dans la matière. Mais ce monde est beau grâce aussi et surtout aux âmes particulières qui viennent donner vie à la matière, puisque la descente de l'âme particulière s'opère dans l'illumination de la matière[1]. C'est donc aux âmes particulières que ce monde doit de n'être pas privé d'amour, d'harmonie et de sympathie universelle. La matière, quant à elle, qui est comme la lie des êtres supérieurs, ne peut, de ce fait, communiquer à ce monde que son amertume.

La descente des âmes particulières est ainsi destinée à l'achèvement de l'univers sensible; mais l'amour qui agit en l'âme particulière, l'érôs qui lui est connaturel et qui se dirige de lui-même vers le Bien, l'amène à la conversion et la restaure dans sa dignité ontologique. En effet, l'amour vivant en l'âme transmue les liens corporels en exercice de puissance pour une mise en ordre de ce qui est ontiquement inférieur, comme il permet aussi à l'âme mélangée au corps de se purifier et de tourner ainsi ses regards vers sa vraie patrie.

C'est donc surtout l'analyse de l'âme humaine qui montrerait que la puissance érotique *en nous* nous rattache de toute sa force à un amour originel dont nous gardons la trace. Puisque l'amour est un don de l'Un[2], il *est* la présence du Bien en nous et nous donne la force d'entreprendre « le voyage » qui nous conduira jusqu'à l'extase et l'union amoureuse avec le Principe, s'il est vrai que notre âme désire atteindre la contemplation de l'objet de notre amour[3]. En parcourant avec l'âme le chemin qu'elle a à faire pour atteindre l'objet de son amour, nous pourrions ainsi analyser les étapes intermédiaires d'ordre théorique, éthique et esthétique qui jouent un rôle préparatoire à son « voyage érotique ».

C'est ici qu'il faudrait montrer que l'analyse de l'érôs par Plotin, si elle garde de la tradition philosophique grecque classique, notamment de Platon, l'idée d'une illumination par le *logos* et celle d'un embellissement par la splendeur du Beau, dépasse la notion *d'intermédiaire* démonique que Platon avait attribué à l'érôs, pour devenir *la réalité en acte* révélant à l'âme amoureuse la bonne voie qui mène de la beauté sensible à la Beauté absolue, et de la contemplation des formes parfaites dans l'Intelligence à

---

1. *Cf.* VI, 7 (38), 7.
2. *Cf.* VI, 7 (38), 32, 21-23.
3. *Cf.* V, 1 (10), 3, 1-3.

celle de l'Un[1]. Cette interprétation débordait néanmoins le cadre fixé au présent travail ; mais nous espérons pouvoir développer prochainement l'analyse de la dynamique érotique à l'œuvre dans le processus de création du monde sensible, ainsi que celle de l'érôs agissant dans le sensible et dans l'âme humaine en tant que manifestation de la présence de l'Un dans le Tout et en nous.

Pour conclure la présente recherche, nous nous proposons de donner un bref commentaire des derniers mots que Plotin prononça au moment de mourir, et qui nous ont été rapportés par Porphyre :

> Je m'efforce de faire remonter ce qu'il y a de divin en nous vers le divin qui est dans le Tout (πειρᾶσθαι τὸ ἐν ἡμῖν θεῖον ἀνάγειν πρὸς τὸ ἐν τῷ παντὶ θεῖον)[2].

Les commentateurs ont généralement compris cette ultime parole de Plotin en un sens platonicien[3] : la mort serait pour l'âme la délivrance du corps dans lequel elle est retenue "prisonnière" ; elle lui permettrait ainsi, soit de réintégrer l'Âme du Tout d'où elle provient, soit de remonter jusqu'à l'Intelligence. Notre interprétation est différente : ce qui se joue dans la tension ultime décrite ici par Plotin, c'est la possibilité d'une coïncidence entre la trace en nous de l'Un, trace vivante et présente en l'âme, et la trace de l'Un qui agit dans le Tout, c'est-à-dire aussi bien dans le sensible que dans l'Intelligible. Or, cette trace n'est autre que la puissance érotique-vitale qui sourd de l'Origine absolue, la puissance infinie dérivée de son Acte pur dans laquelle fusionnent les notions de vie et

---

1. C'est ainsi que Plotin nous exhorte : « [...] recherche Dieu avec assurance à l'aide d'un tel principe et remonte jusqu'à lui ; il n'est pas loin du tout et tu y parviendras : les intermédiaires ne sont pas nombreux » (V, 1 (10), 3, 2-4).

2. Porphyre, *La vie de Plotin*, II, 25-27. Pour une étude approfondie, tant grammaticale qu'interprétative, de ce passage *cf.* J. Pépin, « La dernière parole de Plotin », in *Porphyre. La vie de Plotin*, t. II, Paris, 1992, p. 355-383.

3. C'est le cas notamment de J. Igal « Una nueva interpretación de las últimas palabras de Plotino », *C. F. C.* (1972-4), 441-462 ; P. Henry « La dernière parole de Plotin », *S. C. O.* (1953-2), 113-130 ; H.-R. Schwyzer « Plotins letztes Wort », *M. H.*, 33 (1976), 85-97. Tous ces travaux sont commentés par J. Pépin, *op. cit.*, p. 377-383. L'interprétation de P. Hadot, quant à elle, est d'autant plus remarquable qu'elle est la seule à ne pas donner une interprétation purement platonicienne des derniers mots de Plotin. En effet, l'auteur les comprend ainsi : « Ce qui veut dire : je m'efforce de mourir, je m'efforce de libérer mon âme. La Vie qui est en moi va rejoindre la Vie universelle. Il n'y aura plus entre elles l'écran du corps et de l'individualité », *Plotin ou la simplicité du regard*, *loc. cit.*, p. 58. Voir aussi, du même auteur et se rapportant à ce même thème, « Les niveaux de conscience dans les états mystiques selon Plotin », *Journal de Psychologie*, 77 (1980-2/3), 243-266 ; *Plotin. Traité 9, VI, 9*, Introduction, traduction, commentaire et notes, Paris, 1994, notamment p. 37-53.

d'amour. Le texte des *Ennéades* est parsemé de ces rappels à notre véritable origine[1], et l'expérience de l'extase[2] y est présentée comme une préparation à l'union avec le Principe qui surviendra après notre mort. Or, si dans le cours de notre existence la contemplation du Bien ne peut s'accomplir qu'au terme d'une ascension qui nous unit d'abord à l'Âme intelligible, puis à l'Intelligence et enfin à cette partie anoétique du Noῦς dont la vie est amour, la mort, en revanche, nous fait accéder d'emblée, et sans étapes préalables, au divin en soi. En effet, la mort nous délivre non seulement de l'engluement dans la matière sensible, *mais encore de la forme*, car en mourant nous retournons dans l'Intelligible, qui est notre vraie patrie, *tel que nous étions lorsque nous sommes sortis de l'Un*[3]. Or, ce qui sourd de l'Un, avant même la constitution de l'hypostase du Noῦς et donc des formes intelligibles, c'est la proto-vie, c'est une puissance infinie, une énergie érotique-vitale semblable à l'Un dans la mesure où elle est elle-même *une et sans forme*. Notre « antique nature »[4] est identique à la proto-vie qui dérive du Principe, elle est sans forme et elle est amour. Nous sommes ainsi faits de cette puissance originelle primordiale, que la *forme* revêt et qu'elle occulte d'une certaine manière, et que la *matière* exténue presque, mais dont il reste en nous la *trace*[5]. C'est pourquoi l'expérience de

1. *Cf.* la quasi-totalité du traité VI, 9 (9) et aussi V, 1 (10), 12 ; IV, 8 (6), 8 ; III, 8 (30), 9 et 10 ; I, 2 (19), 2 ; I, 6 (1), 9.

2. Notons cependant que l'extase est difficilement atteignable. Porphyre souligne sa rareté dans *La vie de Plotin*, XXIII, 16, en indiquant que l'Alexandrin lui-même n'y accéda que quatre fois au cours de sa vie. De plus, l'extase est un état qui ne peut durer. Cependant, l'âme humaine en garde le souvenir et en est toute illuminée.

3. *Cf.* VI, 9 (9), 4, 24-30 : « car certes, l'Un n'est absent de rien et pourtant il est absent de tout, en sorte que, présent, il n'est pas présent, sinon pour ceux qui peuvent le recevoir et qui s'y sont bien préparés, de façon à ce qu'ils puissent venir coïncider et, en quelque sorte, être en contact avec lui, le toucher, grâce à la ressemblance, c'est-à-dire à la puissance que l'on a en soi et qui est parente avec lui, parce qu'elle vient de lui : c'est seulement lorsqu'on est dans l'état où l'on était, lorsqu'on est sorti de lui, qu'on peut le voir, de la manière dont il peut être objet de vision (οὐ γὰρ δὴ ἄπεστιν οὐδενὸς ἐκεῖνο καὶ πάντων δέ, ὥστε παρὼν μὴ παρεῖναι ἀλλ' ἢ τοῖς δέχεσθαι δυναμένοις καὶ παρεσκευασμένοις, ὥστε ἐναρμόσαι καὶ οἷον ἐφάψασθαι καὶ θιγεῖν ὁμοιότητι καὶ τῇ ἐν αὐτῷ δυνάμει συγγενεῖ τῷ ἀπ'αὐτοῦ. ὅταν οὕτως ἔχῃ, ὡς εἶχεν, ὅτε ἦλθεν ἀπ'αὐτοῦ, ἤδη δύναται ἰδεῖν ὡς πέφυκεν ἐκεῖνος θεατὸς εἶναι) », traduction P. Hadot.

4. *Cf.* VI, 9 (9), 8, 14 : l'*archaia phusis* est, chez Plotin, la nature originelle de l'âme. Notre auteur reprend de Platon cette dénomination, cf. *Timée* 90 d 5 ; *République* 611 d 2 ; *Banquet* 192 e 9.

5. Plotin, décrivant l'expérience unitive de l'âme avec son Principe, explique que l'on parvient à toucher l'Un « grâce à la *ressemblance*, c'est-à-dire à la *puissance* que l'on a en soi et qui est *parente* avec lui *puisqu'elle vient de lui* » (VI, 9 (9), 4, 27-28, nous soulignons).

l'extase est illuminante : elle dévoile à notre âme que son amour porte l'empreinte de notre unité originelle et sans forme.

L'âme qui a ainsi su se préparer à mourir, par les exercices préparatoires à l'extase et à l'union amoureuse avec le Principe, sait que la mort n'est que retour à notre état originel, retour à la puissance infinie dont nous provenons et dont nous gardons en nous-mêmes, intacte, une trace[1]. C'est ainsi que la mort nous délivre de *l'altérité de la forme* qui nous différencie de notre origine[2] : le divin en nous et le divin dans le Tout coïncident alors par le sans forme. Ainsi, si la mort est bien un passage, comme l'enseignait Platon, elle est pour Plotin, non certes un retour à l'Un lui-même, puisqu'il reste absolument autre dans sa radicale transcendance, mais un retour à ce qui manifeste le plus identitairement possible sa présence : *la puissance érotique-vitale issue de lui une et sans forme.*

« Faire remonter ce qu'il y a de divin en nous vers le divin qui est dans le Tout » signifie donc très précisément libérer en nous la trace intacte de la présence de l'Un, redevenir cette proto-vie dont nous provenons et qui est, par son absence de forme, la plus semblable à l'archi-Vie de l'Un. Ce qui signifie encore : redevenir la proto-vie qui est, par l'amour qui la meut, la plus semblable à l'Amour ineffable de l'Un pour lui-même.

---

1. Nous pouvons saisir ce qui est au-delà de l'Intelligence « par ce qui en nous est semblable à lui, car il y a en nous quelque chose de lui (πρὸς ὃν δεῖ σημῆναι, ὅπως οἶόν τε, τῷ ἐν ἡμῖν ὁμοίῳ φήσομεν) » (III, 8 (30), 9, 22-23).
2. *Cf.* V, 1 (10), 3.

ORDRE CHRONOLOGIQUE DES TRAITÉS DE PLOTIN

BIBLIOGRAPHIE

AUTEURS ANCIENS : ÉDITIONS ET TRADUCTIONS

1. *Éditions et traductions du texte de Plotin*

Œuvres complètes

HENRY P. et SCHWYZER H.-R. (H-S [1]), *Plotini Opera,* éd. par P. Henry et H.-R. Schwyzer, Paris-Bruxelles-Leiden, 1951-1973, 3 vols.

HENRY P. et SCHWYZER H.-R. (H-S [2]), *Plotini opera,* tomus I, *Porphyrii Vita Plotini, Enneades* I-III, Oxford, Clarendon Press, 1964 (Scriptorum Classicorum Bibliotheca Oxoniensis).

– tomus II, *Enneades* IV & V, Oxford, Clarendon Press, 1976 (Scriptorum Classicorum Bibliotheca Oxoniensis).

– tomus III, *Enneades* VI, Oxford, Clarendon Press, 1982 (Scriptorum Classicorum Bibliotheca Oxoniensis).

ARMSTRONG A. H., Plotinus, *Enneads,* Londres, Heinemann, 7 vols., 1966-1988 (Loeb Classical Library).

BRÉHIER E., *Plotin. Ennéades,* Paris, C. U. F., 1923-1938, 6 vols., avec texte grec, traduction, introduction, notes et un index du vocabulaire grec.

CILENTO V., *Plotino. Enneadi,* Traduction italienne et commentaire critique par V. Cilento, Bari, 1947-1949, 3 vols.

KIRCHHOFF A., *Plotini Opera,* Leipzig, 1856, 2 vols.

Traductions partielles des Ennéades

ATKINSON M., *Plotinus : Ennead V, 1. On the three Principal Hypostases.* A Commentary with Translation, Oxford, 1983.

BERTIER J., BRISSON L., CHARLES A., PÉPIN J., SAFFREY H.-D, SEGONDS A.-Ph., Plotin, *Traité sur les nombres [Ennéade* VI, 6 (34)]. Introduction, texte grec, traduction, commentaire et index grec, Paris, Vrin, 1980.

FLEET B., *Plotinus. Ennead III. 6. On the Impassivity of the Bodiless,* Translation and Commentary, Oxford, Clarendon Press, 1995.

HADOT P., *Plotin. Traité 38, VI, 7.* Introduction, traduction, commentaire et notes, Paris, Éditions du Cerf, 1988.

– *Plotin. Traité 50, III, 5.* Introduction, commentaire et notes, Éditions du Cerf, Paris, 1990.

– *Plotin. Traité 9, VI, 9.* Introduction, traduction, commentaire et notes, Paris, Éditions du Cerf, 1994.

LEROUX G., *Plotin. Traité sur la liberté et la volonté de l'Un [Ennéade VI, 8 (39)].* Introduction, texte grec, traduction et commentaire, Paris, Vrin, 1990.

MEIJER P. A., *Plotinus on the Good or the One (Enneads VI, 9).* An analytical Commentary, Amsterdam, A. M. Gieben, 1992.

NARBONNE J.-M., *Plotin : Les deux matières, [Ennéade II, 4 (12)].* Introduction, texte grec, traduction et commentaire, Paris, Vrin, 1993.

– *Plotin. Traité 25, II, 5.* Introduction, traduction, commentaire et notes, Paris, Éditions du Cerf, 1998.

O'MEARA D., *Plotin. Traité 51, I, 8.* Introduction, traduction, commentaires et notes, Paris, Éditions du Cerf, 1999.

PIGLER A., *Plotin. Ennéade III, 7 [45]. De l'éternité et du temps.* Introduction, traduction et commentaire, Paris, Ellipses, 1999.

WOLTERS A. M., *Plotinus, « On Eros ».* A Detailed Exegetical Study of *Enneads* III, 5, Toronto, Wedge Publishing Foundation, 1984.

2. Vie de Plotin, auteurs anciens et lexique plotinien.

PORPHYRE, *La Vie de Plotin et l'ordre de ses écrits, Ennéades,* I (tr. E. Bréhier), Paris, Les Belles Lettres, « C. U. F. », 1928.

PORPHYRE, *La Vie de Plotin, Plotini Opera,* I (tr. P. Henry et H.-R. Schwyzer), Oxford, 1964.

Porphyre : La Vie de Plotin. Travaux préliminaires et index grec complet, t. I, Paris, 1982 ; Etudes d'introduction, texte grec et traduction française, commentaire, notes complémentaires et bibliographie, t. II, Paris, Vrin, 1992.

PROCLUS, *The Elements of Theology*, A revised Text with Translation, Introduction, and Commentary by E. R. Dodds, Oxford, Clarendon Press, 1963.

SLEEMAN J. H., POLLET G., *Lexicon Plotinianum*, Leiden-Leuven, Brill, 1980.

THILLET P., « Bibliographie plotinienne », *Les Cahiers Philosophiques de Strasbourg*, 8 (1999), 123-285.

3. *Éditions complètes des dialogues de Platon utilisées.*

BURNET I., *Platonis Opera*, 5 volumes, Oxford, Clarendon Press, 1900-1907 (Scriptorum Classicorum Bibliotheca Oxoniensis).

Œuvres complètes de Platon, Paris, Les Belles Lettres, « C. U. F. », 1946-1964, 14 vols., texte grec, traduction, introduction, notes et lexique de Platon.

4. *Éditions des œuvres d'Aristote utilisées.*

Aristote est cité dans l'édition d'Oxford (Scriptorum Classicorum Bibliotheca Oxoniensis). Le texte de la *Métaphysique* auquel nous nous référons dans notre travail a été établi par W. Jaeger (1957). Pour la traduction française, nous utilisons celle de J. Tricot, *Aristote. La Métaphysique*, Paris, Vrin, 2 vols., 1933.

II. COMMENTAIRES

ABOUT P.-J., *Plotin et la quête de l'Un*, Paris, Seghers, 1973.
– « Husserl lecteur de Plotin », in *Néoplatonisme. Mélanges offerts à Jean Trouillard*, Cahiers de Fontenay, n° 19-20-21-22, 1981, p. 31-45.
ARMSTRONG A. H., *The Architecture of the Intelligible Universe in the Philosophy of Plotinus*, Cambridge-Londres, Cambridge University Press, 1940.
– *Plotinian and Christian Studies*, Londres, Variorum, 1979.
ARNOU R., *Le Désir de Dieu dans la philosophie de Plotin*, Paris, Alcan, 1921.
– ΠΡΑΞΙΣ et ΘΕΩΡΙΑ, in *Le Désir de Dieu dans la philosophie de Plotin*, Paris, Alcan, 1921.
ATKINSON M., *Plotinus : Ennead V, 1. On the three Principal Hypostases*. A Commentary with Translation, Oxford, 1983.
AUBENQUE P., *Le Problème de l'être chez Aristote*, Paris, P.U.F., 1962.
– « Plotin et le dépassement de l'ontologie grecque classique », in *Le Néoplatonisme*, colloque de Royaumont 9-13 juin 1969, P. M. Schuhl et P. Hadot éds, Éditions du C.N.R.S., Paris, 1971, p. 101-109.

– « Plotin philosophe de la temporalité », *Diotima*, 4 (1976), 78-86.

– « Les origines néoplatoniciennes de la doctrine de l'analogie de l'être », in *Néoplatonisme. Mélanges offerts à Jean Trouillard,* Cahiers de Fontenay, n° 19-20-21-22, 1981, p. 63-76.

– « La matière de l'intelligible », *Revue philosophique* (1982-2), 307-320.

AUBIN P., « L'image dans l'œuvre de Plotin », *Recherches de sciences religieuses,* 41 (1953), 348-379.

AUBRY G., « Puissance et principe : la δύναμις πάντων, ou puissance de tout », *Kairos,* 15 (2000), 9-32.

BALADI N., *La Pensée de Plotin,* Paris, P.U.F., 1970.

– « Origine et signification de l'audace chez Plotin », in *Le Néoplatonisme,* colloque de Royaumont 9-13 juin 1969, P. M. Schuhl et P. Hadot éds, Éditions du C.N.R.S., Paris, 1971, p. 88-99.

BALAUDÉ J.-Fr., « La communauté divine et au-delà : les fins du dépassement selon Platon », *Philosophie,* 26 (1990), 73-94.

– « Le traitement plotinien de la question du mal : éthique ou ontologique ? », *Les Cahiers Philosophiques de Strasbourg,* tome 8 (1999), 67-85.

BEIERWALTES W., « Die Metaphysik des Lichtes in der Philosophie Plotins », *Zeitschrift für philosophische Forschung,* 15 (1961), 334-362.

– *Plotin. Über Ewigkeit und Zeit (Enneade III, 7),* Francfort / Main, V. Klostermann, 1967.

BERGSON H., *La Pensée et le Mouvant,* Paris, P.U.F., 1934.

BLUMENTHAL H. J., « Did Plotinus believe in Ideas of Individuals ? », *Phronesis,* 11 (1966), 61-80.

– *Plotinus' Psychology. His Doctrine of the Embodied Soul,* La Haye, M. Nijhoff, 1971.

BOUSQUET Fr., *L'Esprit de Plotin, l'itinéraire de l'âme vers Dieu,* Quebec, Canada, Sherbrooke, 1976.

BRÉHIER E., « L'idée de Néant et le problème de l'origine radicale dans le néoplatonisme grec », *Revue de Métaphysique et de Morale,* 26 (1919), article repris in *Études de philosophie antique,* Paris, 1955, p. 248-283.

– *La Philosophie de Plotin,* Paris, Boivin, 1923 ; Paris, Vrin, 1961.

BRETON St., « Actualité du néoplatonisme », in *Études néoplatoniciennes,* Neuchâtel, A la Baconnière, 1973, p. 110-126.

– « Difficile néoplatonisme », in *Néoplatonisme. Mélanges offerts à Jean Trouillard,* Cahiers de Fontenay n° 19-20-21-22, 1981, p. 91-101.

– *Matière et Dispersion,* Grenoble, J. Millon, 1993.

BRISSON L., « *Logos* et *logoi* chez Plotin. Leur nature et leur rôle », *Les Cahiers Philosophiques de Strasbourg,* 8 (1999), 87-10.

BROCHARD V., « Sur le *Banquet* de Platon », *Année Philosophique*, XVII (1906), article repris in *Études de philosophie ancienne et de philosophie moderne*, Paris, Boivin1912 ; nouvelle édition, Paris, Vrin, 1974.

BRUNNER F., « Le premier traité de la cinquième *Ennéade* : "Des trois hypostases principielles" », in *Études néoplatoniciennes*, Neuchâtel, A la Baconnière, 1973, p. 61-98.

BUSSANICH J., *The One and its Relation to Intellect in Plotinus*, Leiden, E. J. Brill, Philosophia Antiqua, 1988.

CHARLES-SAGET A., *L'Architecture du divin. Mathématique et philosophie chez Plotin et Proclus*, Paris, Les Belles Lettres, 1982.

CHARRUE J.-M., *Plotin lecteur de Platon*, Paris, Les Belles Lettres, 1978.

CHRÉTIEN J.-L., « L'analogie selon Plotin », *Les Études Philosophiques*, (1989-3/4), 305-318.

– *La Voix nue. Phénoménologie de la promesse*, Paris, Minuit, 1990.

COMBÈS J., « Deux styles de libération : la nécessité stoïcienne et l'exigence plotinienne », *Revue de Métaphysique et de Morale*, (1969-3), 308-324.

CORRIGAN K., *Plotinus'Theory of Matter-Evil and the Question of Substance : Plato, Aristotle, and Alexander of Aphrodisias*, Recherches de Théologie ancienne et médiévale (3), Louvain, Peeters, 1996.

– « Is there more than One Generation of Matter in the Enneads ? », *Phronesis* 31 (1986), 167-181.

COULOUBARITSIS L., « Le caractère mythique de l'analogie du Bien en *République VI* », *Diotima*, 12 (1984), 71-80.

– *Aux origines de la philosophie européenne. De la pensée archaïque au néoplatonisme*, Bruxelles, De Boeck, 1992.

– « Le *logos* hénologique chez Plotin », in ΣΟΦΙΗΣ ΜΑΙΗΤΟΡΕΣ. « Chercheurs de sagesse ». Hommage à Jean Pépin, Paris, Les Études Augustiniennes, 1992, p. 111-120.

– *Histoire de la philosophie ancienne et médiévale. Figures illustres*, Paris, Grasset, 1998.

D'ANCONA COSTA Cr., « Determinazione e indeterminazione nel sovrasensibile secondo Plotino », *Rivista di Storia della Filosofia*, 45, (1991), 271-302.

– « *AMOPΦON KAI ANEIΔEON*. Causalité des Formes et causalité de l'Un chez Plotin », *Revue de Philosophie Ancienne* (1992-1), 69-113.

DIXSAUT M., *Contre Platon*. (2 tomes : 1. *Le platonisme dévoilé* ; 2. *Renverser le platonisme*), textes réunis par Monique Dixsaut, Paris, Vrin, 1993, 1995.

DODDS E. R., « The *Parmenides* of Plato and the Origin of the Neoplatonic "One" », *Classical Quarterly*, 22 (1928), 129-143.

DÖRRIE H., « Die Frage nach dem Transzendenten im Mittel-platonismus », in *Les Sources de Plotin*, « Entretiens sur l'Antiquité classique », t. V, Vandœuvres-Genève, Fondation Hardt, 1960, p. 191-241.

– « La doctrine de l'âme dans le néoplatonisme de Plotin à Proclus », in *Études néoplatoniciennes*, Neuchâtel, A la Baconnière, 1973, p. 27-41.

– « La manifestation du LOGOS dans la création. Quelques remarques à propos d'une attribution du platonicien Thrasillos à la théorie des Idées », in *Néoplatonisme, mélanges offert à Jean Trouillard*, Cahiers de Fontenay n° 19-20-21-22, 1981, p. 141-159.

EMILSSON E. K., *Plotinus on Sense-Perception : A philosophical Study*, Londres, Cambridge University Press, 1988.

EON A., « La notion plotinienne d'exégèse », *Revue internationale de philosophie*, 92 (1970-2), 252-289.

FATTAL M., *Logos et Image chez Plotin*, Paris, L'Harmattan, 1998.

– *Études sur Plotin*, sous la direction de Michel Fattal, Paris, L'Harmattan, 2000.

FERWERDA R., *La Signification des images et des métaphores dans la pensée de Plotin*, Groningen, J. B. Wolters, 1965.

FRAISSE J.-Cl., *L'Intériorité sans retrait. Lectures de Plotin*, Paris, Vrin, 1986.

GALPÉRINE M.-Cl., *Lecture du Banquet de Platon*, Lagrasse, 1996.

GANDILLAC (de) M., *La Sagesse de Plotin*, Paris, Vrin, 1966².

– « La *Métaphysique* d'Aristote », in *Études sur la* Métaphysique *d'Aristote*, Actes du VIᵉ Symposium Aristotelicum (P. Aubenque éd.), Paris, Vrin, 1979.

GERSON L. P., *Graceful Reason : Essays in Ancient and Medieval Philosophy Presented to Joseph Owens*, Toronto, Pontifical Institute of Mediaeval Studies, 1983.

– *Plotinus*, Londres, Routledge, 1994.

GILSON Et., *L'Être et l'Essence*, Paris, Vrin, 1948.

HADOT P., « Être, Vie, Pensée chez Plotin et avant Plotin », in *Les Sources de Plotin*, « Entretiens sur l'Antiquité classique », t. V, Vandœuvres-Genève, Fondation Hardt, 1960, p. 105-157.

– « Compte rendu de P. Henry et H.-R. Schwyzer, *Plotini Opera* », *Revue de l'Histoire des Religions*, 164 (1963), 92-96.

– *Plotin ou la simplicité du regard*, Paris, 1963 ; Paris, Les Études Augustiniennes, 1973.

– *Porphyre et Victorinus*, 2 vols., Paris, Les Études Augustiniennes, 1968.

– « Philosophie, exégèse et contresens », Actes du XIVᵉ *Congrès international de philosophie*, t. I, Vienne, 1968.

– « L'être et l'étant dans le néoplatonisme », in *Études néoplatoniciennes,* Neuchâtel, A la Baconnière, 1973, p. 27-39.

– « Les niveaux de conscience dans les états mystiques selon Plotin », *Journal de Psychologie,* 77 (1980-2/3), 243-266

HAGER F. P., « Die Materie und das Böse im antiken Platonismus », *Museum Helveticum,* 19 (1962), 73-103.

– *Gott und das Böse im antiken Platonismus,* Würzburg, Köningshausen und Neumann, Amsterdam, Rodopi, 1987.

HENRY P., *Plotin et l'Occident,* Louvain, Spicilegium sacrum lovanense, 1934 (Études et documents, Fasc. 15).

– « La dernière parole de Plotin », *Studie Classici e Orientali* (1953-2), 113-130.

– « Une comparaison chez Aristote, Alexandre et Plotin », in *Les Sources de Plotin,* « Entretiens sur l'Antiquité classique », t. V, Vandœuvres-Genève, Fondation Hardt, 1960, p. 427-445.

IGAL J., « Una nueva interpretación de las últimas palabras de Plotino », *Cuadernos de Filología Clásica* (1972-4), 441-462.

INGE W. R., *The Philosophy of Plotinus,* 2 vols., Londres, Longmans, 1923.

KÉLÉSSIDOU-GALANOS A., « Le voyage érotique de l'âme dans la mystique plotinienne », ΠΛΑΤΩΝ, 24 (1972), 88-100.

KOCH I., « *Tolma* et *Kakia* dans la réflexion éthique sur le mal chez Plotin », *Kairos,* 15 (2000), 75-98.

KRAKOWSKI E., *Une philosophie de l'amour et de la beauté. L'esthétique de Plotin et son influence,* Paris, De Boccard, 1929.

– *Plotin et le paganisme religieux,* Paris, Denoël et Steel, 1933.

KRÄMER H.-J., *Der Ursprung der Geistmetaphysik,* Amsterdam, B.R. Grüner, 1967.

KREMER K., « *Bonum est diffusivum sui* : Ein Beitrag zum Verhältnis von Neuplatonismus und Christentum », *Aufstieg und Niedergang der römischen Welt,* II, 36-2, 994-1032.

LACROSSE J., *L'Amour chez Plotin, Érôs Hénologique, Érôs Noétique, Érôs Psychique,* Bruxelles, Ousia, 1994.

LASSÈGUE M., « Le temps, image de l'éternité chez Plotin », *Revue philosophique,* 107 (1982-2), 405-418.

– « Note sur la signification de la notion d'image chez Plotin », *Revue de l'enseignement philosophique,* 33 (1983), 4-12.

LAURENT J., *Les Fondements de la nature selon Plotin. Procession et participation,* Paris, Vrin, 1992.

– *L'Homme et le monde selon Plotin,* Cahiers de Fontenay / Saint-Cloud, 1999.

LAVAUD L., « Désir et pensée dans la philosophie de Plotin », *Kairos*, 15 (2000), 107-130.

LEROUX G., « La trace et les signes, aspects de la sémiotique de Plotin », in ΣΟΦΙΗΣ ΜΑΙΗΤΟΡΕΣ, « *Chercheurs de sagesse* ». *Hommage à Jean Pépin*, Paris, Les Études Augustiniennes, 1992, p. 245-261.

LÉVI A., « Il concetto del tempo nelle filosofie dell'età romana », *Rivista critica di storia della filosofia*, 7, (1952), 173-200.

LÉVINAS E., « La trace de l'autre », in *En découvrant l'existence avec Husserl et Heidegger*, Paris, Vrin, 1967, p. 197-202.

LLOYD A., « Plotinus on the Genesis of Thought and Existence », *Oxford Studies in Ancient Philosophy*, V (1987), 155-186.

MATTÉI J.-Fr., « Le symbole de l'Amour dans le *Banquet* de Platon », in *Herméneutique et ontologie*, Hommage à Pierre Aubenque, Paris, Vrin, 1990, p. 55-77.

– *Platon et le miroir du mythe*, Paris, P.U.F., 1996.

MERLAN Ph., *From Platonism to Neoplatonism*, La Haye, M. Nijhoff, 1960.

– *Monopsychism, Mysticism, Metaconsciousness*, La Haye, M. Nijhoff, 1963.

MONTET D., *Archéologie et généalogie. Plotin et la théorie platonicienne des genres*, Grenoble, J. Millon, 1996.

– « Sur la Notion d'ἀγαθοειδές », *Kairos*, 15 (2000), 131-149.

MOREAU J., « Plotin et la tradition hellénique », *Revue internationale de philosophie*, 92 (1970-2), 171-181.

– *Plotin ou la gloire de la philosophie antique*, Paris, Vrin, 1970.

– « Origine et expression du beau suivant Plotin », in *Le Néoplatonisme. Mélanges offerts à Jean Trouillard*, Cahiers de Fontenay n° 19-20-21-22, 1981, p. 249-263.

MORTLEY R., « Love in Plato and Plotinus », *Antichton*, 14 (1980), 45-52.

– « The ignorance of lovers (Plotin V, 8 (31), 8) », in ΣΟΦΙΗΣ ΜΑΙΗΤΟΡΕΣ, « *Chercheurs de sagesse* ». *Hommage à Jean Pépin*, Paris, Les Études Augustiniennes, 1992, p. 263-273.

– « Nous aussi nous sommes des rois », Plotin *Enn.* V. 3, 4 », *Kairos*, 15 (2000), 131-149.

MOSSÉ-BASTIDE R.-M., *Bergson et Plotin*, Paris, P.U.F., 1959.

– *La Pensée philosophique de Plotin*, Paris, Bordas, 1972.

MOUTSOPOULOS E., *La Musique dans l'œuvre de Platon*, Paris, P.U.F., 1959.

– *Le Problème de l'imaginaire chez Plotin*, Athènes, Grigoris, 1980.

NARBONNE J.-M., « Plotin et le problème de la génération de la matière ; à propos d'un article récent », *Dionysius*, XI (1987), 3-31.

– *La Métaphysique de Plotin*, Paris, Vrin, 1994 ; 2ᵉ édition revue et augmentée, Paris, Vrin, 2001.

– « Le non-être chez Plotin et dans la tradition grecque », *Revue de Philosophie Ancienne* (1992-1), 115-133.

– « *Henôsis* et *Ereignis* : Remarques sur une interprétation heideggerienne de l'Un plotinien », *Les Études Philosophiques* (1999-1), 105-121.

– « L'*ou ti* de Plotin », *Les Cahiers Philosophiques de Strasbourg*, 8 (1999), 23-51.

NYGREN A., *Érôs et Agapè*, trad. fr., Paris, 1944.

O'BRIEN D., « Plotinus on Evil : A Study of Matter and the Soul in Plotinus'Conception of Human Evil », in *Le Néoplatonisme*, colloque de Royaumont 9-13 juin 1969, P. M. Schuhl et P. Hadot éds, Éditions du C.N.R.S., Paris, 1971, p. 113-146.

– « Le volontarisme et la nécessité : réflexions sur la descente de l'Âme dans la philosophie de Plotin », *Revue Philosophique* (1977-4), 401-422.

– « Plotinus and the Gnostics on the Generation of Matter », in *Neoplatonism and Early Christian Thought ; Essays in Honour of A. H. Armstrong*, eds. H. J. Blumenthal et R. A. Markus, Londres, Variorum, 1981, 108-123.

– « Temps et éternité dans la philosophie grecque », in *Mythes et représentations du temps*, Paris, Dorian Tiffeneau (éd.), Éditions du C.N.R.S., 1985, p. 59-85.

– *Théodicée plotinienne, théodicée gnostique*, Leiden, E. J. Brill, Philosophia Antiqua, 1993.

– *Plotinus on the Origin of Matter. An Exercise in the Interpretation of the Enneads*, Napoli, Bibliopolis, 1993.

– « La matière chez Plotin : son origine, sa nature », *Phronesis*, 44 (1999), 45-71.

O'MEARA D., *Structures hiérarchiques dans la pensée de Plotin*, Leiden, E.J. Brill, 1975.

– « Le problème du discours sur l'indicible chez Plotin », *Revue de théologie et de philosophie*, 122 (1990), 145-156.

– *Plotinus. An Introduction to the Enneads*, Oxford, Clarendon Press, 1992.

PÉPIN J., « Plotin et les mythes », *Revue Philosophique de Louvain*, 53 (1955), 5-27.

– « Eléments pour une histoire de la relation entre l'Intelligence et l'intelligible chez Platon et dans le néoplatonisme », *Revue philosophique*, 146 (1956), 39-64.

– « La dernière parole de Plotin », in *Porphyre. La Vie de Plotin*, t. II, Paris, Vrin, 1992, p. 355-383.

PIGLER A., « Interprétation de la durée chez Plotin et Bergson », *ΦΙΛΟΣΟΦΙΑ*, 21-22 (1991-1992), 358-365.

– « Plotin exégète de Platon ? La question du temps », *Revue philosophique*, 1 (1996), 107-117.

RAPPE S., *Reading Neoplatonism. Non-discursive thinking in the texts of Plotinus, Proclus and Damascius*, Cambridge University Press, 2000.

RICHARD M.-D., *L'Enseignement oral de Platon*, Paris, Éditions du Cerf, 1986.

RICH A., « Reincarnation in Plotinus », *Mnemosyne*, 10 (1957), 232-238.

– « Body and Soul in Philosophy of Plotinus », *Journal of the History of Philosophy*, 1 (1963), 2-15.

RIST J. M., « Plotinus on Matter and Evil », *Phronesis* 6 (1961), 154-166.

– « The Indefinite Dyad and Intelligible Matter in Plotinus », *Classical Quarterly*, 12 (1962), 99-107.

– « Theos and the One in some texts of Plotinus », *Mediaeval Studies*, 24 (1962), 169-180.

– *Eros and Psyche. Studies in Plato, Plotinus and Origen*, Toronto, Phoenix, 1964.

– « Monism : Plotinus and some Predecessors », *Harvard Studies in Classical Philology*, 70 (1965), 329-358.

– *Plotinus. The Road to Reality*, Cambridge, Cambridge University Press, 1967.

– « Plotinus and Augustine : on Evil », in *Plotino e il Neoplatonismo in Oriente e in Occidente (Atti del Convegno Internazionale sul Tema)* ; Roma 5-9 Octobre 1970, Roma, Accademia Nazionale dei Lincei, 1974, 495-508.

– « Ideas of Individuals in Plotinus : A reply to Dr. Blumenthal », *Revue internationale de philosophie*, 92 (1970-2), 298-303.

– « The Problem of « Otherness » in the Enneads », in *Le Néoplatonisme*, colloque de Royaumont, 9-13 juin 1969, éd. P. M. Schuhl et P. Hadot, Paris, Éditions du C.N.R.S., 1971, p. 77-87.

– « The One of Plotinus and the God of Aristotle », *Review of Metaphysics*, 27 (1973-1974), 75-87.

– « Back to the Mysticism of Plotinus : Some More Specifics », *Journal of the History of Philosophy*, 27 (1989), 183-197.

ROBIN L., *La Théorie platonicienne de l'amour*, Paris, P.U.F., 1933.

ROMEYER DHERBEY G., *Les Choses mêmes. La pensée du réel chez Aristote*, Lausanne, L'Âge d'Homme, 1983.

ROSEN S., *Plato's Symposium*, New Haven and London, Yale University Press, 1968.

RUTTEN Chr., « La doctrine des deux actes dans la philosophie de Plotin », *Revue philosophique*, 146 (1956), 100-106.

– *Les Catégories du monde sensible dans les* Ennéades *de Plotin*, Paris, Les Belles Lettres, 1961.

SANTA CRUZ DE PRUNES M. I., *La Genèse du monde sensible dans la philosophie de Plotin*, Paris, P.U.F., 1979.

SCHROEDER F., « Saying and Having in Plotinus », *Dionysius*, 9 (1985), 75-94.

SCHÜRMANN R., « L'hénologie comme dépassement de la méta-physique », *Les Études Philosophiques* (1982-3), 331-350.

SCHWYZER H.-R., « Zu Plotins Deutung der sogennenten Platonischen Materie », in *Zetesis, Album amicorum,* door vrienden en collega's aangeboden aar Prof. Dr. E. Strycker, Antwerp-Utrecht, Nederlandsche Boekhandel, 1973, p. 266-280.

– « Plotins letztes Wort », *Museum Helveticum,* 33 (1976), 85-97.

SZLEZÁK Th. A., *Platon und Aristoteles in der Nuslehre Plotins*, Bâle-Stuttgart, Schwabe, 1979.

TAORMINA D. P., *Jamblique critique de Plotin et de Porphyre, quatre études*, Paris, Vrin, 1999.

TROUILLARD J., « La présence de Dieu selon Plotin », *Revue de Métaphysique et de Morale,* 59 (1954), 38-45.

– *La Purification plotinienne*, Paris, P.U.F., 1955.

– *La Procession plotinienne*, Paris, P.U.F., 1955.

– « Valeur critique de la mystique plotinienne », *Revue Philosophique de Louvain,* 59 (1961), 431-444.

– « Le *Parménide* de Platon et son interprétation néoplatonicienne », in *Études néoplatoniciennes,* Neuchâtel, A la Baconnière, 1973, p. 9-26.

TURLOT F., « Le *logos* chez Plotin », *Les Études Philosophiques,* (1985-4), 517-528.

WHITTAKER J., « Ἐπέκεινα νοῦ καὶ οὐσίας », *Vigiliae Christianae,* 23 (1969), 91-104.

– « Goodness Power Wisdom : A Middle Platonis Triad », in ΣΟΦΙΗΣ ΜΑΙΗΤΟΡΕΣ, « *Chercheurs de sagesse* ». *Hommage à Jean Pépin*, Paris, Les Études Augustiniennes, 1992, p. 179-194.

INDEX DES PASSAGES DES *ENNÉADES* CITÉS
ET COMMENTÉS

INDEX DES AUTEURS CITÉS

I. AUTEURS ANCIENS

ANAXAGORE 9

ARISTOTE 9, 31, 32, 33, 34, 35, 37, 44, 46, 47, 48, 52, 72, 162, 163, 195, 223, 239, 240, 263

EMPÉDOCLE 9

HÉRACLITE 9, 249

PARMÉNIDE 9, 12, 43, 93, 98, 119, 127

PLATON 9, 10, 11, 12, 13, 14, 15, 16, 17, 18, 19, 33, 35, 37, 39, 40, 43, 44, 48, 50, 51, 52, 90, 93, 94, 98, 100, 106, 110, 112, 119, 124, 127, 136, 159, 170, 179, 189, 195, 224, 240, 241, 242, 252, 253, 258, 260, 273, 275, 276

PORPHYRE 20, 28, 31, 35, 42, 43, 46, 62, 72, 73, 77, 83, 90, 106, 108, 133, 163, 177, 235, 251, 274, 275

PROCLUS 223

PYTHAGORE 9

STOÏCIENS 243

VICTORINUS 42, 43, 62, 72, 77, 83, 106, 163

II. AUTEURS MODERNES

ARMSTRONG (A. H.) 161, 166, 210

ARNOU (R.) 29, 43

ATKINSON (M) 77

AUBENQUE (P.) 13, 33, 34, 52, 94, 159

BALADI (N.) 39

BEIERWALTES (W.) 41, 143

BERGSON (H.) 11

BRÉHIER (E.) 10, 30, 31, 50, 51, 56, 57, 65, 86, 94, 96, 100, 111, 117, 119, 121, 125, 138, 142, 148, 153, 164, 167, 177, 195, 202, 210, 248, 256

BROCHARD (V.) 15

CHARRUE (J. M.) 10, 11

CHRÉTIEN (J. L.) 52, 56, 59, 60, 61, 62, 87, 126

CORRIGAN (K.) 231, 252

COULOUBARITSIS (L.) 7, 12, 15, 16, 17, 53, 124, 161, 166, 167

DÖRRIE (H.) 210, 260

EON (A.) 10

FERWERDA (R.) 40, 80

FLEET (B.) 209, 217, 235, 236

GALPÉRINE (M. C.) 13, 14, 15

GANDILLAC (M. de) 34, 35, 55, 58, 175, 196

TABLE DES MATIÈRES

ACHEVÉ D'IMPRIMER
EN JANVIER 2003
PAR L'IMPRIMERIE
DE LA MANUTENTION
A MAYENNE
FRANCE
N° 3-03

Dépôt légal : 1er trimestre 2003